外務省 三・四
외무성 삼·사

조사시찰단기록 번역총서

16

外務省
三・四

—

외무성 삼・사

심상학 편

김용진 역

보고사
BOGOSA

차례

일러두기

1. 본 번역서는 서울대학교 규장각 한국학연구원 『일본외무성시찰기(日本外務省視察記)』(奎 3015, 8권 4책)의 현대어 번역이다.

2. 번역문, 원문, 영인본 순서로 수록하였다.

3. 가능하면 일본의 인명이나 지명을 일본어 발음으로 표기하였다. 서양의 지명이나 인명은 현재 한국어에서 통상적으로 쓰는 표기(예: 영국)가 아니면 되도록 각 나라의 본 발음을 기준으로 표기하였다.

4. 원주는 번역문에 【 】로 표기하고 본문보다 작은 글자로 편집하였다. 원문에서도 동일한 방식으로 편집하였다. 각주는 모두 역자 주이다.

5. 원문에서 한역, 또는 표기되지 않은 서양의 고유명사나 도량형, 화폐 단위 등은, 번역문에서 역자가 확인 가능한 경우에 괄호 안에 부기하였다.

6. 본서에 수록된 내용들은 일본어, 영문 등의 원문이 따로 존재하는 경우도 많으나, 본 번역서는 19세기 당시 조선 관리의 번역을 다시 현대어로 번역하는 것에 초점을 두었다. 따라서 일본어, 영문 원문 등과 대조하여 다른 점이 있더라도, 되도록 한역 원문을 충실히 현대어로 옮기는데 주력하였다. 당시 조선 관리의 실수나 오해 등도 역사적으로 고찰할 가치가 있기 때문이다.

7. 원문에서 오탈자가 확실한 경우는 원문 각주에서 언급하였으며, 번역은 각주에 언급된 수정사항을 근거로 하였다.

8. 원문을 입력하면서 독자들이 참고하기 편하도록 인명이나 지명 등의 고유명사는 밑줄을 그어 표시하였다.

외무성(外務省) 삼·사

1. 기본 서지

본 번역서의 저본은 규장각 한국학연구원 소장『일본외무성시찰기(日本外務省視察記)』(奎3015)의 제3책『外務省三』(권5~권6)과 제4책『外務省四』(권7~권8)이다. 이 저본의 권수제(卷首題)는 모두 '일본외무성사무(日本外務省事務)'이다. 간행연도는 고종 18년(1881)이며 필사본(筆寫本)이다.

2. 편저자

『외무성』의 편저자에 대해서는 다소간의 논란의 여지가 있다. 책 자체에 편저자가 명시되어 있지는 않으나, 일반적으로 1881년 조사시찰단 일원이었던 민종묵(閔種默, 1835~1916)이 편저자로 알려져 있다. 이헌영(李𨯶永, 1837~1907)의『일사집략(日槎集略)』에 대한 문선규의 해제(1974)에는『일본외무성시찰기』의 편저자로 민종묵이 명시되어 있다. 하지만 동시찰단의 심상학(沈相學, 1845~1890)이 편저자라는 설도 있다.『외무성』은 일본 외무성 관련 문서들을 단순히 번역·집적한 보고서라는 점에서, 시찰단에서 외무성과 세관(稅關) 조사를 담당한 위 두 인물, 혹은 고종으로부터 역시 일본 외무성 감찰을 명받은 박정양(朴定陽) 및 그 속원을 포함한 '외무성·세관 팀'의 공동 작업일 가능성도 있다.

민종묵의 본관은 여흥(驪興), 자는 현경(玄卿), 호는 한산(翰山)이다. 본래 민승세(閔承世)의 아들이나 민명세(閔命世)에게 입적되었다. 1874년(고종 11) 증광문과에 을과로 급제하였고, 이듬해 청나라 사은사(謝恩使) 서장관(書狀官)으로 임명되어 청나라에 다녀왔다. 이후 홍문관부수찬(弘文館副修撰)·사복시정(司僕寺正) 등을 역임하였다. 1881년 승지로 있을 때 조사시찰단(朝士視察團)의 일원으로 4개월간 일본에 다녀왔다. 이후 조정에서 주로 외교와 관련된 관직을 역임하고, 관련 사무를 처리하였다. 1896년에는 친러파가 되어 아관파천을 결행하였고, 외부대신으로 임명되었다. 이때 한아회사(韓俄會社)를 설립, 절영도(絶影島)를 러시아 태평양함대에 조차(租借)시키려다가 독립협회의 반대로 실패하였다. 1905년 을사조약 때는 조약에 찬성한 대신들의 처벌을 요구하기도 하였으나, 1910년 한일병합 조약 체결 후에는 일본 정부로부터 남작 작위를 받고, 일본 정부로부터 한국병합기념장을 받기도 하였다.

심상학의 본관은 청송(靑松), 자는 덕초(德初), 호는 난소(蘭沼)이다. 심경택(沈敬澤)의 아들이다. 1873년(고종 10) 식년시에 병과로 급제하였고, 홍문관 교리, 예조참의 등을 역임하였다. 1881년 승지가 되었고, 역시 조사시찰단의 일원으로 일본에 다녀왔다. 이때 심상학의 공식 신분은 암행어사(暗行御史)였는데, 봉서(封書)에 일본 외무성(外務省)을 감찰하도록 명령받았다. 심상학도 민종묵과 마찬가지로 이후 조정에서 외교와 관련된 관직들을 주로 역임하였다. 1884년 예조참판에서 협판내무부사(協辦內務府事)가 되었고, 1886년 10월 동지 부사(冬至副使)로 임명되어 청나라에 다녀왔고, 1887년 영국·독일·프랑스·러시아·벨기에 5개국의 특파전권대신(特派全權大臣)이 되었으나, 실제로 파견되지는 않았다.

3. 구성

○ 卷之五

「葡萄呀條約」,「孛漏生條約」,「獨逸北部聯邦條約」,「瑞西條約」,「白耳義條約」,「伊太利條約」,「伊太利貿易副約」

○ 卷之六

「丁抹條約」,「副條約」,「瑞典那耳回條約」,「西班牙條約」,「副規則」,「澳地利條約」,「布哇條約」

○ 卷之七

「淸國修好條規」,「臺灣蕃地措置之件與淸國政府訂約如左」,「淸國在留日本人規則」,「秘魯國和親貿易航海假條約」,「萬國郵便聯合」,「電信萬國條約書」,「下關取極約書」,「計開」,「約書」

○ 卷之八

「兵庫港大阪定外國人居留地結約」,「箱館港規書」,「會議書」,「外國人江戶居留結約」,「設江戶橫濱間引船輸物運送船及外國人混乘船規則」,「越後新瀉佐州夷港外國人居留結定」,「在大阪外國人貿易竝居留規則」,「大阪兵庫間設挽船及貨物運送船規則」,「大阪兵庫外國人居留地約定」,「兵庫大阪外國人居留地地基糶賣條款」,「地券模形」,「記臆書」,「兵庫神戶外國居留地所有嚮稱墓地地基一區之約定地券書」,「布告」,「關大坂港經界之件書簡」,「布告」,「大坂開港規則」,「新瀉天渡船約定」,「就襦袢股引減稅之件與英佛米公使書翰」,「請以橫濱山手爲公園地書」,「千八百六十六年第十二月二十九日臆記書第十箇條」,「神奈川縣權知事所與山手公園地券」,「外國人東京居留規則附錄」,「東京外國人居留地區競賣條款」,「東京外國人居留地地券案」,「新瀉外國人墓地約定書」,「箱館外國人墳墓地證書」,「萬延元年庚申八月十五日西曆千八百六十年第九月二十九日押印」,「地所賣渡券

書」, 「地所規則添書」, 「千八百六十年地所規則第二之附錄」

4. 내용

조사시찰단(朝士視察團)의 일원이 일본의 외무성 소관 사무, 외교실무와 관행 등에 관한 여러 규칙과 서식, 총 17개국과 체결한 수호·통상이나 분쟁 타결에 관한 여러 조약 등을 포괄 수록하여 제출한 보고서이다.

5권과 6권에는 일본이 당시 유럽 국가인 포르투갈, 프로이센, 독일북부 연방, 스위스, 벨기에, 이탈리아, 덴마크, 스웨덴-노르웨이, 오스트리아-헝가리 및 하와이와 맺은 조약의 원문이 실려 있다. 일본이 이들 국가와 맺은 조약의 내용은, 각국의 상황 및 요구에 따라 차이가 나는 부분을 제외하면 다음과 같다.

1. 일본과 조약 당사국은 서로의 수도에 외교 대표를 파견하고 개항장에는 영사를 주재토록 한다.
2. 시모다(下田), 하코다테(箱館) 이외에 가나가와(神奈川), 나가사키(長崎), 니가타(新潟), 효고(兵庫)를 개항(開港)한다. 그리고 에도(江戶)와 오사카(大阪)는 개시(開市)한다.
3. 일본 정부가 금지하는 물품 이외에는 자유롭게 무역을 할 수 있다. 그러나 일본 정부는 쌀, 보리의 수출을 금지하고, 동(銅)은 여유가 있으면 판매한다. 아편의 수입은 금지한다.
4. 일본 정부는 수입상품에 대하여 소정의 관세를 부과한다.
5. 일본에 거주하는 조약 당사국 국민은 개항장에서 사방 4km 내에서 유보(游步)를 할 수 있다.
6. 조약 당사국의 금은(金銀) 화폐를 일본의 금화, 은화와 동종(同種) 동량(同量)으로 교환할 수 있다.

7, 조약 당사국에 영사재판권을 부여한다. 일본인에게 범죄를 저지른 조약 당사국의 국민은, 조약 당사국의 영사재판소에서 심리되고 그 국가의 국내법으로 처벌받는다.

8, 조약 당사국은 최혜국(最惠國)의 대우를 받는다.

9, 일본에서 조약 당사국 국민은 자국의 종교를 믿을 수 있고, 예배당 건설의 자유가 있다.

10, 일본의 해안에서 조약 당사국의 선박이 조난을 당하면 일본 정부는 구호조치를 할 의무가 있다.

11, 일본에 거주하는 조약 당사국 국민은 일본인을 고용할 수 있다.

7권의 「청국수호조규(淸國修好條規)」는 청(淸)나라와 체결한 최초의 조약으로써 대등한 지위로 우호를 맺는 것이 목적이며, 「대만번지조치지건여청국정부정약여좌(臺灣蕃地措置之件與淸國政府訂約如左)」는 대만에 표류한 류큐(琉球)인이 생번(生蕃)에게 살해된 사건의 처리와 배상에 대해 청나라와 맺은 조약이다. 「청국재류일본인규칙(淸國在留日本人規則)」은 청나라에 머무는 일본인이 준수해야 하는 규칙을 담고 있으며, 「비로국화친무역항해가조약(秘魯國和親貿易航海假條約)」은 페루와 화친과 무역 및 항해에 대해 맺은 가조약(假條約)이다. 「만국우편연합(萬國郵便聯合)」과 「전신만국조약서(電信萬國條約書)」는 각각 만국우편연합과 만국전신연합에 대한 조약인데, 규정과 비용 등이 상세하게 기록되어 있다. 「하관취극약서(下關取極約書)」는 조슈번(長州藩)이 시모노세키 해협에서 외국 상선을 향해 포격(砲擊)을 가한 사건에 대한 배상금과 그 지불 방법을 약정한 것이며, 「계개(計開)」와 「약서(約書)」는 요코하마(橫濱) 외국인 거류지의 확장과 개조(改造)에 관한 사항들을 담고 있다.

8권의 「병고항대판정외국인거류지결약(兵庫港大阪定外國人居留地結約)」은 효고항(兵庫港)과 오사카(大阪)의 외국인 거류지(居留地)를 정하는 데 대한 결약(結約)으로, 거류지의 위치와 경매 방법 및 지세(地稅)와 묘지(墓地)에 관한 내용을 담고 있다. 「상관항규서(箱館港規書)」는 하코다테항(箱館港)에 입항하는 외국 선박과 선원이 준수해야 하는 규정에 관한 것이다. 「회의서(會議書)」는 요코하마(橫濱) 외국인 거류인의 생활과 관련된 조항을 담고 있다. 「외국인강호거류결약(外國人江戶居留結約)」은 에도(江戶)에서 외국인이 거류할 수 있는 지역과 선박으로 물품 또는 사람을 운송하는 것에 관한 조항을 담고 있다. 「설강호횡빈간인선수물운송선급외국인혼승선규칙(設江戶橫濱間引船輸物運送船及外國人混乘船規則)」은 에도와 요코하마 사이를 왕복하여 물품 또는 사람을 운송하는 선박들이 지켜야 할 규정에 대한 것이다. 「월후신사좌주이항외국인거류결정(越後新潟佐州夷港外國人居留結定)」은 에치고(越後)·니가타(新潟)·사슈(佐州)의 이항(夷港)에서 외국인이 무역하고 거류하는 데 관한 조항을 담고 있다. 「재대판외국인무역병거류규칙(在大阪外國人貿易並居留規則)」은 오사카에서 외국인이 무역하고 거류하는 데 관한 규칙이다. 「대판병고간설만선급화물운송선규칙(大阪兵庫間設挽船及貨物運送船規則)」은 오사카와 효고 사이를 왕복하여 물품 또는 사람을 운송하는 선박들이 지켜야 할 규칙이다. 「대판병고외국인거류지약정(大阪兵庫外國人居留地約定)」은 오사카와 효고의 외국인 거류지의 경매 방법과 지세 및 거류지를 관리하는 데 들어가는 비용을 마련하고 지출하는 데 대한 조항을 담고 있다. 「병고대판외국인거류지지기조매조관(兵庫大阪外國人居留地地基糶賣條款)」은 효고와 오사카의 외국인 거류지의 땅을 경매하는 데 대한 조항을 담고 있다. 「지권모형(地券模形)」은 경매로 땅을 낙찰 받은 사람에게 발급하는 지권(地券)의 예시이고, 「기억서(記臆書)」는 효고 외국인 거류지의 도랑과 제방 및 교량의 설치와 관리에 대한 내용을 담고 있다. 「병고신호외국거류지소유향칭묘지지기일구지약정지권서(兵庫神戶外國居留地所有嚮稱墓地地基一區之約定地券書)」는 효고와 고베(神戶)의 외국인 거류지에 포함된 묘지 구역의 지권에 대한 약정(約定)인데, 묘지의 면적과 위치 그리고 관리 비용에 대한 내용을 담고 있다. 「포고(布告)」는 화선(火船)의 하천에 정박하는 데 관한 내용을 담고 있다. 「관대판항경계지건서간(關大坂港經界之件書簡)」은 오사카 항의 경계를 정하고 표목(標木)을 세우는 데 대한 내용을 담고 있다. 「포고」는 화선이 화물을 내리는 부두로 진입하는 것을 금지하는 내용을 담고 있다. 「대판개항규칙(大坂開港規則)」은 오사카를 개항(開港)하는 데 대한 규칙으로 항구의 경계와 영업일 및 세관의 역할과 선박의 운행 요령에 관한 것이다. 「신사천도선약정(新潟天渡船約定)」은 니가타에서 외국인의 화물을 운반하는 천도선(天渡船)의 운용 방법과 요금에 대해 약정한 것이다. 「취유번고인감세지건여영불미공사서한(就襦袢股引減稅之件與英佛米公使書翰)」은 주반(襦袢)과 모모히키(股引)에 부과하는 수입세를 감세하는 데 대한 내용을 담은 서한이다. 「청이횡빈산수위공원지서(請以橫濱山手爲公園地書)」는 외국 영사(領事)들이 야마테(山手)의 일부 지역을 공원 용지로 사용하게 해 줄 것을 요청하는 서한이다. 「천팔백육십육년제십이월이십구일억기서제십개조(千八百六十六年第十二月二十九日臆記書第十箇條)」는 야마테의 일부 지역을 공원 용지로 제공하는 데 대한 내용을 담고 있다. 「신내천현권지사소여산수공원지권(神奈川縣權知事所與山手公園地券)」은 가나가와현 권지사(神奈川縣權知事)가 발급한 야마테공원(山手公園)의 지권으로 공원이 납부해야 하는 지조(地租) 및 공원을 관리 하는 데 대한 내용이다. 「외국인동경거류규칙부록(外國人東京居留規則附錄)」은 도쿄(東京) 외국인 거류지의 구분 및 각각 납부해야 하는 지조와 거류지를 관리하는 데 대한 내용을 담고 있다. 「동경외국인거류지구경매조관(東京外國人居留地區競賣條款)」은 도쿄 외국인 거류지를 경매하는 데 대한 조항을 담고 있다. 「동경외국인거류지지권안(東京外國人居留地地券案)」은 도쿄에 거류하는 외국인에게 발급하는 지권의 예시이다. 「신사외국인묘지약정서(新潟外國人墓地約定書)」는 니가타의 외국인 묘지에 대한 약정서로,

묘지의 면적과 위치 및 용도에 관한 내용이다. 「상관외국인분묘지증서(箱館外國人墳墓地證書)」는 하코다테의 외국인 묘지에 대한 증서이다. 「만연원년경신팔월십오일서력천팔백육십년제구월이십구일압인(萬延元年庚申八月十五日西曆千八百六十年第九月二十九日押印)」은 나가사키(長崎) 거류지의 임차와 양여(讓與) 및 지가(地價)를 납부하는 방법과 거류지를 관리하는 것과 상업행위에 대한 내용을 담고 있다. 「지소매도권서(地所賣渡券書)」는 나가사키에 거류하는 외국인에게 발급하는 지권의 예시이다. 「지소규칙첨서(地所規則添書)」와 「천팔백육십년지소규칙제이지부록(千八百六十年地所規則第二之附錄)」은 나가사키 거류지에 관한 조항 중에 이견(異見)이 있는 부분을 삭제하는데 합의하는 내용을 담고 있다.

8권에 수록된 서식과 규칙, 조약은 민종묵(閔種默)이 작성한 『일본각국조약(日本各國條約)』 3권 「각국거류조례(各國居留條例)」에 수록된 것과 대부분이 일치한다. 같은 내용이면서 문장이 약간 다르기 때문에, 해석에 있어서 어려움이 있는 조항을 상호 대조하여 내용에 대한 이해도를 높일 수 있다.

5. 가치

일본이 각국과 맺은 조약은 쌍무적(雙務的) 성격을 가진 조항들이 포함되어 있었지만, 일본이 당시 국제 조약에 대한 이해가 부족했고, 또 애초에 일본 측의 의사와 상관없이 각국의 요구로 포함된 내용들이 많았기 때문에 불평등 조약이 될 수밖에 없었다. 덕분에 조선은 본격적인 개항을 앞서서 전례가 될 수 있는 조약을 수집하여, 앞으로 각국과 맺게 될 조약의 선례를 확인할 수 있었다. 이를 통해 무역과 외교에서 조선이 얻게 될 이익을 증가시키는데 밑바탕이 되는 자료로의 활용 가치가 있었을 것이다.

『외무성 2』와 『외무성 3』이 주로 외국과의 통상과 무역 및 우호에 관한 조약이 실려 있어서 그 내용과 표현이 비슷한 데 비하여,『외무성 4』는 앞에서 말한 성격의 조약을 제외하고 대부분 개별 사건 또는 사안을 협의하고 결정하는 내용을 담고 있다. 외국인 거류지(居留地)에 대한 것이 주류를 이루고 있고, 무역을 위해 일본으로 입항하는 외국 선박이 준수해야 하는 규정을 명시한 것이 또한 많다. 외국의 요청으로 맺은 조약에 거류지와 선박에 대한 내용이 많다는 것은, 곧 일정 부분 제한 사항이 존재하더라도 외국인이 일본에서 가지는 권한과 이익을 일정 수준에서 보장해주는 역할을 하고 있음을 뜻한다. 따라서 이들 조약에 일본이 외국에 제공하는 편의가 어느 정도인지 파악하고, 이를 토대로 조선이 외국의 요구로 인해 어떤 사안을 협상하여 조약을 체결할 때 이 보고서를 활용하여 가능한 만큼 조선의 권리를 지키고 이익을 증대시킬 수 있었을 것으로 보인다.

외무성(外務省) 삼

일본국외무성사무(日本國外務省事務) 권지오

·

포르투갈[葡萄呀] 조약

만엔(萬延) 원년(元年) 경신(庚申) 6월 17일 곧 서력 1860년 8월 3일에, 에도(江戶)에서 날인한다. 분큐(文久) 2년 임술(壬戌) 3월 10일 곧 서력 1862년 4월 8일에, 에도에서 본서를 교환하기로 한다.

대일본제국(大日本帝國) 대군(大君)과 포르투갈 국왕은 친목을 영원히 공고(鞏固)하게 하고, 또 양국 국민들의 무역과 교통을 용이하게 할 목적으로 평화와 친교 및 무역의 조약을 맺는다. 일본 대군은 미조구치(溝口) 사누키수(讚岐守)·사카이(酒井) 오키수(隱歧守)·마쓰히라 지로베에(松平次郎兵衛)에게 위임하고, 포르투갈 국왕은 일본에 파견한 모(某)【관명과 인명은 생략한다.】에게 위임하였다. 각각은 위임서(委任書)를 서로 교열(較閱)하여 아래의 각 조항을 합의하여 결정한다.

제1조   일본 대군과 포르투갈 국왕은, 그 친족(親族) 및 후예(後裔)가 양국의 국민들 간에 평화와 친교를 영구적으로 보존하게 하도록 한다.

제2조   일본 대군은 모(某)【지명은 생략한다.】 지역에 참정관리(參政官吏)를

주재시키고, 또 포르투갈의 각 항구에 머무는 일본인의 보호 및 무역의 사무를 처리하기 위한 관리를 주재시킨다. 그 참정관리 및 항구를 관할하는 관리는 자유롭게 포르투갈 국내를 다닐 수 있다. 포르투갈 국왕은 에도에 전권공사(全權公使)【인명은 생략한다.】를 주재시킬 수 있고, 아울러 이 조약에 의거하여 포르투갈과의 무역을 위하여 개항한 일본의 각 항구에 영사관(領事官)을 주재시킬 수 있다. 혹 영사관이 없으면 전권공사가 자유롭게 일본 국내를 다닐 수 있다.

제3조 가나가와(神奈川)·나가사키(長崎)·하코다테(箱館)는 만엔 원년 경신 8월 17일 곧 서력 1860년 10월 1일에, 포르투갈인을 위하여 개항한다. 그밖에 아래에 기록한 각 지역은, 기한을 어기지 않고 포르투갈인을 위하여 개항하기로 한다.

효고(兵庫)는 경신(庚申) 6월부터 28개월 뒤, 곧 서력 1863년 1월 1일. 니가타(新潟)는 만약 개항하기에 어려움이 있으면, 마땅히 일본의 서해안에 별도로 다른 항구를 개항한다. 다만 개항할 항구를 결정할 때에, 개항하는 시기를 통보해야 한다.

앞에 기재된 각 항구 및 지역은 포르투갈인이 거주할 수 있는데, 일정한 구역의 땅을 임차(賃借)하여 그 땅에 건축된 가옥을 구입하는 하는 것도 무방하다. 비록 그 땅에 주택과 창고를 건축하는 것을 허가하지만 건축을 핑계로 첩책(疊柵) 등을 지어서는 안 된다. 이 규율의 준수를 위하여 건축을 시작할 때에 마땅히 일본 관리의 검사를 받아야 한다.

포르투갈인이 건축할 수 있는 땅 및 각 항구에 관한 규칙은 해당 지역의 일본 관리가 포르투갈 영사와 함께 상의하여 정한다. 만약 의견이 합치되지 못하면 일본 정부에 보고하여 일본 정부가 포르투

갈 전권공사와 사리(事理)에 맞게 결정한다. 거류지(居留地)의 둘레
에는 문과 담장을 설치하지 않고, 포르투갈인이 자유롭게 출입할
수 있게 한다.

▶일본 개항지에 포르투갈인 유보(遊步) 규정은 다음과 같다.

가나가와는 로쿠고가와(六鄕川)로 한정하고 그 나머지는 각 방면 10
리를 유보할 수 있다.

하코다테는 사방 10리를 유보할 수 있다.

효고는 교토에서 10리 거리의 지역은 포르투갈인이 들어갈 수 없
다. 그러므로 그 방향을 제외하고 각 방면 10리를 유보할 수 있다.
또 선박을 타고 효고로 가는 사람은 이나가와(猪名川)를 건너서 해
만(海灣)으로 통하는 하천(河川)으로 갈 수 없다.

모든 이수(里數)는 각 항구의 부청(府廳)에서부터 계산한 육로(陸路)
이다.

나가사키는 개항지 주위의 관가(官家)가 관할하는 지역을 한계로
유보할 수 있다.

니가타는 개항이 결정된 뒤에 경계를 정한다.

에도는 경신 6월부터 17개월 뒤, 곧 1862년 1월 1일.

오사카(大坂)는 경신 6월부터 29개월 뒤, 곧 1863년 1월 1일.

에도와 오사카 두 지역은 다만 상업의 목적으로만 거주할 수 있다.
포르투갈인이 이 두 지역에서 집을 짓기 위해 적당한 땅을 빌리는
것 및 산보(散步)에 대한 규정은 일본 관리가 포르투갈 전권공사와
상의하여 정한다.

제4조 일본에 있는 포르투갈인 사이에 다툼이 생기면 포르투갈 관리에게
가서 재결(裁決)을 받는다.

제5조 포르투갈인을 상대로 범죄를 저지른 일본인은 일본 관리가 조사하

여 일본의 법도(法度)를 따라 처벌하고, 일본인 혹은 외국인을 상대로 범죄를 저지른 포르투갈인은 영사(領事) 혹은 다른 관리가 조사하여 포르투갈의 법정(法程)을 따라 처벌하는데, 재판은 서로 공평하게 하여 편파적이지 않도록 한다.

제6조 포르투갈인이 일본인에게 소송을 제기하게 되면 영사관(領事館)에 가서 고지하는데, 영사(領事)는 그 사안을 심사한 뒤에 사실대로 처리한다. 일본인이 영사에게 가서 포르투갈인을 상대로 소송을 제기하게 되면, 영사가 사실대로 재결하여 처리한다. 만약 영사가 처결(處決)하기 어려우면 일본 관리에게 알려서, 함께 검문(檢問)한 뒤 공평하게 재결(裁決)한다.

제7조 포르투갈인이 일본 상인에게 부채(負債)가 있는데 상환을 게을리하고 또 부정한 행위를 하면, 영사(領事)가 재판하여 상환할 수 있도록 엄히 조치한다. 일본 상인이 포르투갈인에게 부채가 있으면 일본 관리가 앞서 말한 것과 동일하게 처리한다.
일본 정부와 포르투갈 영사는, 양국 국민이 갚지 않은 부채를 대신 배상하지 않는다.

제8조 일본에 거주하는 포르투갈인이, 일본인을 고용하여 일에 종사하게 하는 것이 무방하다.

제9조 일본에 거주하는 포르투갈인은 자기 나라의 종교를 믿을 수 있고, 거류지에 예배당(禮拜堂)을 설립하는 것도 무방하다.

제10조 외국의 여러 화폐는 일본 화폐와 동종(同種)과 동량(同量)으로 통용한다.
양국의 국민들이 서로 물건 값을 지불할 때, 일본과 외국의 화폐를 함께 사용해도 무방하다.
일본의 여러 화폐는 동전(銅錢)을 제외하고 수출할 수 있다. 외국의 금은(金銀)은 화폐로 주조한 것이든 화폐로 주조하지 않은 것이든 모두 수출할 수 있다.

第11조 포르투갈 해군이 사용하기 위해 비축하는 물품으로서, 가나가와·나가사키·하코다테에 내려서 그곳의 창고에 보관하고 포르투갈 감인(監人)이 지키는 것에는 세금을 거두지 않는다. 만약 그 물건을 판매하게 되면, 구매한 사람이 정해진 세금을 조회하여 일본 정부에 납부한다.

第12조 포르투갈 선박이 일본 해안에서 난파되거나 혹은 표류하거나, 또는 위난(危難)을 피하여 온 경우에, 각 해당 지역의 일본 관리가 인지하게 되면 되도록 즉시 구조하고 보호하여 가까운 곳에 있는 포르투갈 영사(領事)에게 인계한다.

第13조 포르투갈 상선(商船)이 일본에 입항하여 정해진 세금을 납부하고 또 부채를 모두 상환하면, 출항하기 위하여 자유롭게 도선사(導船士)를 고용할 수 있다.

第14조 포르투갈인은 개항한 각 항구에 여러 물품을 수입하여, 자유롭게 매매(賣買)와 수출을 할 수 있다.

금지하지 않는 물품에 대하여, 이미 규정된 세금을 납부했다면 다른 세금은 거두지 않는다.

군에서 쓰는 여러 물품은 일본 정부가 구매하는 것 외에 다른 사람에게 판매할 수 없다. 다만 외국인이 외국인과 주고받는 것은 간섭하지 않는다.

양국의 국민들이 물품을 매매하는 것을 막지 않고, 물건 값을 내는 등의 경우에 일본 관리가 입회(立會)하지 않는다. 모든 일본인은 포르투갈인에게 구입한 물품을 매매하거나 소유하는 것이 모두 무방하다.

제15조 일본의 세관[租廳]에서 포르투갈 화주(貨主)가 보고한 가격에 부정
이 있는 것을 적발하면, 적당한 값을 매겨 그 물건을 매수하는 것을
의논할 수 있다. 화주가 만약 이를 거부하면 화주는 세관에서 매긴
값에 따라 세금을 납부해야 하고, 화주가 이를 받아들이면 세관에
서 매긴 값으로 매수한다.

제16조 수입한 화물에 정해진 세금을 완납하면, 비록 일본인이[1] 국내로 수
송하더라도 별도로 세금을 거두지 않는다.

제17조 포르투갈 상선이 개항한 항구를 통해 수입한 물품에 대해 정해진
규례대로 세금을 완납한 증서(證書)가 첨부되어 있으면, 비록 다른
항구로 옮기더라도 이중으로 세금을 거두지 않는다.

제18조 항구의 일본 관리는 밀상(密商)의 부정한 행위를 예방하기 위하여,
마땅히 적절한 규율을 마련한다.

제19조 벌금[罰錢]과 몰수품[公收物]은 모두 일본 관부에 소속된다.

제20조 이 조약에 덧붙인 상법(商法)의 별책은, 응당 본서와 동일하게 양국
의 국민들이 준수해야 한다. 일본 귀관 및 위임받은 관리는 일본으
로 온 포르투갈 전권공사와, 이 조약의 규칙 및 별책의 조항[條款]
을 완비하기 위하여 마땅히 그 규율 등을 상의해야 한다.

제21조 이 조약은 일본어와 포르투갈어 및 네덜란드어로 기록한다. 각 번
역문은 모두 같은 뜻으로 작성하되, 네덜란드어 번역문을 원문으로
삼는다.

　　　　포르투갈 전권공사 및 영사(領事)가 일본 관리에게 보내는 일체의
공사(公事) 통서(通書)는 영어로 작성한다. 다만 조약을 날인하는

1　일본인이 : 원문의 내용으로는 문맥이 통하지 않는데, 『日本國外務省事務』 다수의 용례에
근거하여 바로잡아 번역하였다.

날로부터 3년 동안은 일본어 혹은 네덜란드어 번역문을 덧붙여야 한다.

제22조 양국이 조약의 실제를 시험하고 나서 개정하고자 하는 것이 있으면 1년 전에 고지해야 하는데, 또한 지금부터 11년 뒤에 개정을 논의할 수 있다.

제23조 일본 정부가 향후 외국 정부 및 국민들에게 특전(特典)을 허가하게 되면 포르투갈 정부 및 그 국민들도 동일하게 적용을 받는다.

제24조 이 본서(本書)는 일본 대군(大君)은 어명(御名)을 쓰고 날인하며 포르투갈 국왕은 직접 이름을 쓰고 압인(押印)하여, 18개월 안에 에도에서 교환하기로 한다.

앞의 조약을 결정하기 위하여 만엔 원년 경신 6월 17일에, 에도에서 앞서 기재된 양국의 관리가 이름을 쓰고 날인한다.

미조구치 사누키수　　　　　화압(花押)

사카이　오키수　　　　　　　화압

마쓰히라 지로베에　　　　　　화압

모(某)【인명은 생략한다.】　　수기(手記)

프로이센[孛漏生] 조약

만엔(萬延) 원년(元年) 경신(庚申) 12월 14일 곧 서력 1861년 1월 24일에, 에도(江戶)에서 날인한다. 분큐(文久) 3년 계해(癸亥) 12월 13일 곧 서력 1864년 1월 21일에, 에도에서 본서를 교환하기로 한다.

대일본제국(大日本帝國) 대군(大君)과 프로이센 국왕은 평화와 친교의 약속을 체결하고 아울러 양국 국민들의 화친과 무역의 조약을 맺고자 한다. 일본 대군은 무라가키(村垣) 아와지수(淡路守)·다케모토(竹本) 도서두(圖書頭)·구로카와(黑川) 좌중(左中)에게 명령하고, 프로이센은 왕족 섭정대신(攝政大臣)이면서 특명으로 파견된 일본 대사인 오일렌부르크[不列底力亞爾伯列的喝喇布峒冇連堡克]에게 명령하였다. 각각은 위임서(委任書)를 조응(照應)하여 사실을 살핀 뒤에, 협의하고 헤아려 아래의 여러 조항을 제정한다.

제1조 일본 대군과 프로이센 국왕은, 그 친족[宗族] 및 양국 국민들 간에 평화와 친교의 조약을 체결하여 대대로 변함이 없게 한다.

제2조 일본 대군은 전권공사를 차견(差遣)하여 프로이센의 수도인 베를린[伯林]에 주찰(駐紮)시키고, 아울러 프로이센 각 항구에 영사(領事)를 배치한다. 공사 및 영사는 모두 프로이센 국내를 자유롭게 다닐 수 있다.

프로이센 국왕이 에도【지금의 도쿄(東京)이다.】에 전권공사를 주찰시키는 것 및 각 항구에 영사를 배치하는 것을 급선무로 여기면, 모두 원하는 대로 할 수 있다. 공사 및 영사는 모두 일본 국내를 자유롭게 다닐 수 있다.

제3조 가나가와(神奈川)·나가사키(長崎)·하코다테(箱館) 및 그곳의 시장은, 조약을 시행하는 날로부터 프로이센인 위하여 개방하여 무역을 할 수 있도록 한다.

이 세 항구 및 그 시장은 프로이센인이 거주를 목적으로 값을 내어 임차(賃借)한 땅에 건축된 가옥을 구입할 수 있고 아울러 가옥과 창고를 건축할 수 있다. 하지만 건축을 핑계로 몰래 요해처(要害處)로 삼을 만한 건물을 지을 수 없다.

이 규정을 준수하게 할 목적으로, 프로이센인이 토목공사를 시작할 때마다 일본 관리가 반드시 직접 가서 검사한다.

프로이센인이 거주할 수 있는 지역 및 각 항구에 관한 규칙은 해당 지역의 일본 관리가 프로이센 영사와 함께 상의하여 정한다. 만약 의견이 합치되지 못하면 일본 정부에 보고하여 일본 정부가 프로이센 전권공사와 헤아려 처리한다.

프로이센인이 거주하는 지역의 둘레에는 일본 정부가 담장과 가리개 등을 설치하여 둘러싸지 않고, 프로이센인이 자유롭게 출입할 수 있게 한다.

▶ 일본 개항지에 프로이센인이 유보(遊步)하는 데 각각 한계가 있으니, 그 규정은 다음과 같다.

가나가와항은 북쪽으로는 로쿠고가와(六鄕川)로 한정하고 그 나머지는 각 방면 10리를 유보할 수 있다.

하코다테항은 사방 10리를 유보할 수 있다.

모든 이정(里程)은 각 항구의 관청(官廳)에서부터 육로(陸路)의 이법(里法)을 사용하여 계산한 것이다.

나가사키는 시외(市外) 사면(四面)의 대군(大君)이 관할하는 지역을 한계로 유보할 수 있다.

제4조 일본에 거류하는 프로이센인은 자유롭게 자국의 종교를 신봉(信奉)할 수 있고, 아울러 거류지(居留地)에 예배당을 짓는 것을 금지하지 않는다.

제5조 일본에 있는 프로이센인 사이에 다툼이 생기면 프로이센 관리[有司]가 재판한다.

프로이센인이 일본인과 다투거나 일본인에게 소송을 제기하게 되면 일본 정부에서 재판한다.

일본인이 프로이센인과 다투거나 프로이센인에게 소송을 제기하게 되면 프로이센 영사(領事)가 재판한다.

일본인이 프로이센인에게 부채(負債)가 있는데 상환을 게을리 하고 혹 거짓으로 속여 도망가려고 하면, 일본 관리가 재판하여 부채를 갚게 한다. 프로이센인이 일본인에게 부채가 있으면, 프로이센 영사가 앞서 말한 것과 동일하게 처리한다. 일본 관청(官廳)과 프로이센 영사는, 양국 국민이 갚지 않은 부채를 대신 배상하지 않는다.

제6조 일본인이 프로이센인을 상대로 범죄를 저지르면 일본 관리가 조사하여 일본 법률로 처벌한다.

프로이센인이 일본인이 및 외국인을 상대로 범죄를 저지르면 프로이센 영사(領事) 혹은 다른 관리가 조사하여 프로이센 법률로 처벌한다.

제7조 프로이센인이 이 조약 및 납세 규정을 위반하면 일본 관리가 과은(科銀)을 징수하거나 혹 화물을 몰수하여 프로이센 영사(領事)에게 맡긴다. 영사가 조사한 뒤에, 그 과은 및 몰수품(沒收品)은 모두 일본 정부에 귀속된다.

제8조 프로이센인은 개항한 각 항구에, 자국의 화물은 물론 비록 다른 나라의 화물이라도 일본 정부가 금지하는 것이 아니면 모두 마음대로 수입할 수 있다. 그리고 그 물품을 일본의 산물(産物)과 교역하거나, 매매하거나 실어서 수출하는 것을 모두 자유롭게 할 수 있다. 프로이센 선박이 실어온 일본에서 금지한 것이 아닌 물품에 대하여, 규정된 세금을 납부하면 다른 세금은 내지 않는다.

프로이센인이 일본인과 화물을 매매하는 것을 막지 않고, 물건 값을 내는 등의 경우에 일본 관리가 입회(立會)하지 않는다. 모든 일본인은 프로이센인에게 구입한 물품을 매매하거나 소유하는 것이 모두 무방하다.

제9조 일본에 거주하는 프로이센인이, 일본인을 고용하여 법에서 금지하
　　　는 것 이외의 일에 종사하게 하는 것이 무방하다.

제10조 이 조약 및 세법은 무역을 위한 규칙을 완비한 것으로 간주한다.
　　　일본에 있는 프로이센 전권공사는 일본 정부가 위임한 관리와 함
　　　께, 이 조약에 부속된 세법을 시행하기 위하여 개항한 여러 항구에
　　　긴요한 규칙을 설치하는 것 등을 상의한다.

제11조 여러 개항지(開港地)의 일본 관리는 적절한 법규를 설치하여 밀상
　　　(密商)의 부정한 거래 행위를 예방한다.

제12조 프로이센 선박이 화물을 싣고서 일본이 개항한 항구에 들어와, 정
　　　해진 세금을 납부하고 또 부채를 모두 상환하면 자유롭게 도선사
　　　(導船士)를 고용하여 출항할 수 있다.

제13조 프로이센 상인이 수입해온 화물에 대하여, 한 항구에서 정해진 세
　　　금을 완납한 증서(證書)를 첨부하고 있으면, 비록 다시 다른 항구로
　　　옮겨서 화물을 내리더라도 이중으로 세금을 거두지 않는다.

제14조 수입한 화물에 대하여 프로이센인이 정해진 세금을 완납하면, 비록
　　　일본인이 국내로 수송하더라도 이중으로 세금을 거두지 않는다.

제15조 여러 외국 화폐는 일본 화폐와 동종(同種)과 동량(同量)으로 통용
　　　한다.
　　　양국의 국민들이 서로 물건 값을 지불할 때, 일본 및 외국의 화폐를
　　　사용해도 무방하다.
　　　일본의 여러 화폐는 동전(銅錢)을 제외하고 외국으로 가져갈 수 있
　　　다. 외국의 금은(金銀)은 화폐로 주조한 것이든 화폐로 주조하지 않
　　　은 것이든 모두 외국으로 가져갈 수 있다.

제16조 일본 세관(稅關)에서 프로이센 화주(貨主)가 보고한 가격에 부정이
　　　있다고 의심하게 되면, 적당한 금액을 더하여 값을 매긴다. 화주가

이를 받아들이면 세관에서 매긴 값으로 화물을 매수하고, 화주가 만약 이를 거부하면 세관에서 매긴 값을 기준으로 하여 화주에게 세금을 거둔다. 은화(銀貨)의 경우 마땅히 고세(估稅)를 조회하여야 한다.

제17조 프로이센 선박이 일본 해상(海上)에서 난파되거나 혹은 표류하거나, 또는 위난(危難)을 피하여 온 경우에, 그곳의 일본 관리는 마땅히 그 사람들을 힘써 구호하여 가까운 항구에 있는 프로이센 영사(領事)에게 인계한다.

제18조 프로이센 군함이 사용하기 위해 가나가와·나가사키 및 하코다테에 내려 창고에 보관하는 물품은 프로이센인이 간수(看守)하는데, 여기에는 세금을 거두지 않는다. 다만 이 물품을 일본인 혹은 외국인에게 판매하게 되면 구매한 사람이 정해진 세금을 일본 정부에 납부한다.

제19조 일본 정부가 향후 외국 정부 및 그 국민들에게 특전(特典)을 허가하게 되면 프로이센 정부 및 그 국민들도 동일하게 적용을 받는다.

제20조 양국이 이 조약을 시행하고 나서 개정하고자 하는 것이 있으면, 1년 전에 서로 통보해야 하여 정한 시기(時期)가 되면 상의하여 개정한다. 다만 선행하여 통보하는 것은 지금부터 12년이 지난 뒤가 아니면 할 수 없다.

제21조 프로이센 전권공사 및 영사(領事)가 일본 관리에게 보내는 일체의 공문(公文)은 독일어로 작성한다. 다만 조약을 시행하는 날로부터 5년 동안은 일본어 혹은 네덜란드어 번역문을 덧붙인다.

제22조 이 조약은 일본어와 독일어 및 네덜란드어로 기록한다. 각 번역문은 모두 같은 뜻으로 작성하되, 네덜란드어 번역문을 표준(標準)으로 삼는다.

제23조 이 조약서는 일본 대군(大君)은 어명(御名)을 쓰고 날인하며 프로이
센 국왕 또한 직접 이름을 쓰고 날인하였으니 나중에 에도에서 교
환하기로 한다.

이 조약은 경신(庚申) 12월부터 24개월이 지난 뒤, 곧 서력 1863년
1월 1일에 시행한다.
만엔 원년 경신 12월 14일에, 양국의 전권 관리가 에도부(江戸府)에
서 이름을 쓰고 날인하여 이 조약을 확정한다.

무라가키 아와지수   화압(花押)

타케모토 도서두   화압

구로카와 좌중   화압

오일렌부르크   화압

독일북부연방(獨逸北部聯邦) 조약

메이지(明治) 2년 기사(己巳) 정월(正月) 10일 곧 서력 1869년 2월 20일에,
가나가와(神奈川)에서 날인한다. 메이지 2년 9월 9일에 비준하기로 한다.
일본 천황 폐하와 프로이센 황제 폐하는, 독일북부연방 및 독일북부연방
에 소속되어 있지 않으나 조세(租稅)와 상업에 관하여 함께 동맹을 한 각국
즉 모(某) 제국(帝國)【관명은 생략한다.】·모(某) 제국【관명은 생략한다.】·모(某)
대공국(大公國)【관명과 인명은 생략한다.】·모(某) 하남국(河南國)【관명과 인명은
생략한다.】 및 일본과 조세와 공물(貢物)의 법규를 시행하고 있는 대공국(大
公國)【관명과 인명은 생략한다.】과 함께 일본과 독일(獨逸) 양국 간에 무역과
교통을 왕성하게 하려는 목적으로 이 조약을 결정한다.

일본 천황 폐하는 일등관(一等官) 의정(議定) 겸 외국관(外國官) 준지사(準知事) 하가시쿠제(東久世) 중장(中將)·삼등관(三等官) 가나가와 현지사(神奈川縣知事) 겸 외국관 판사(判事) 데라시마 도조(寺島陶藏)·삼등관 외국관 판사 이세키 사이에몬(井關齋右衛門)에게 명령하여 전권(全權) 관리로 삼고, 프로이센 황제 폐하는 일본에 주재하는 독일북부연방 모(某)에게 명령하여 전권 관리로 삼았다. 양국의 관리는 위임장(委任狀)을 확인하여 실상이 양호함을 살피고, 적절하게 협의하여 아래의 각 조항을 결정한다.

제1조 조약을 체결한 양국 및 그 국민들 간에, 영원한 평화와 무궁한 화친을 맺는다.

제2조 프로이센 황제 폐하는 일본에 공사(公使)를 주재시킬 권리가 있는데, 이 공사는 지금 조약을 체결한 독일 각국을 대신하여 사무를 집행할 권한을 가진다. 이 조약에 해당하는 독일의 각국은 총영사(總領事)를 일본에 주재시킬 수 있고, 또 일본의 개항지(開港地) 및 개시지(開市地)에 영사(領事)·부영사(副領事)·서영사(署領事)를 주재시킬 권리가 있다. 앞에서 말한 공사 및 영사는 일본 정부와 가장 친밀한 국가의 영사관(領事官)과 동일하게 특허(特許) 및 여러 특권(特權)을 허가받을 권리가 있다.

프로이센 황제 폐하의 명을 받아 주재하는 공사 및 총영사관(總領事官)은 일본 국내를 자유롭게 다닐 권리가 있다. 또 재판의 권한이 있으니, 독일 영사[領事吏人]가 재판을 관할하는 경계 안에서 독일 선박이 파손되거나 혹 화물 및 인명이 위해를 받는 등의 일이 생기면 그 사실을 감찰하기 위하여 그 일이 발생한 곳으로 갈 수 있는 권리가 있다. 비록 그렇지만 독일 영사는 이렇게 할 때에, 먼저 그 의사(意思)와 가고자 하는 지역을 서간(書簡)을 통해 그 지역의 일본 관부(官府)에 통보해야 한다. 그리고 이때는 일본 관부에서 고위[貴重] 관리로 하여금 반드시 동행하게 한다.

일본 천황 폐하는 베를린[伯爾林] 왕궁 안에 공사(公使)를 배치할 수 있다. 아울러 독일 각 항구 및 그 지역[街坊]에 외국의 영사가 주재하게 되면, 일본도 마찬가지로 각 해당 지역에 영사를 파견하여 주재시킬 수 있다. 일본 공사 및 영사는, 독일 각국이 조약을 맺은 나라의 공사 및 영사에게 지금 허가했거나 이후에 허가하는 특허 및 권리를 동일하게 적용받기로 약속한다.

제3조 하코다테(箱館)·효고(兵庫)·가나가와·나가사키(長岐)·니가타(新潟) 및 사슈(佐州) 이항(夷港)·오사카(大坂) 시가(市街) 및 항구·도쿄(東京) 시가는 이 조약을 시행하는 날로부터 조약을 맺은 독일 각국의 국민들 및 교역을 위하여 개방한다.

앞에서 말한 시가 및 항구는 독일 각국의 국민들이 영구히 거주할 수 있다. 그러므로 땅을 임차(賃借)하여 건축된 가옥을 구입하는 것과 가택과 창고를 짓는 것을 자유롭게 할 수 있다.

독일인이 거주할 수 있는 지역 및 가옥을 건축할 수 있는 장소에 관한 규칙은 독일 영사가 해당 지역의 일본 관리와 상의하여 정한다. 항구에 관한 사항도 또한 동일하다. 만약 독일 관리 및 일본 관리가 이 일을 의논하여 정하지 못하게 되면, 독일 공사 및 일본 정부에 보고한다.

일본인은 독일인이 거주하는 지역의 둘레에 장벽(牆壁)과 책문(柵門)을 설치할 수 없고, 기타 출입의 자유를 방해할 수 있는 건축물도 지을 수 없다.

▶독일인이 마음대로 유보(遊步)할 수 있는 경계는 다음과 같다. 하코다테와 니가타는 사방 10리를 유보할 수 있다. 이항(夷港)에서

는 사슈 전도(佐州全島)를 유보할 수 있다.

가나가와는 가와사키(川崎)와 시나가와(品川) 사이에서 에도만(江戶灣)으로 흘러가는 로쿠고가와(六鄕川)를 한계로 유보할 수 있다. 그 밖에는 각 방면 10리를 유보할 수 있다.

나가사키는 개항지 주위의 일본 관부가 관할하는 지역을 한계로 유보할 수 있다.

효고는 교토[京師] 방향으로는 교토에서 10리 밖 지역을 한계로 유보할 수 있고, 그 나머지는 각 방면 10리를 유보할 수 있다.

오사카는 남쪽으로는 야마토가와(大和川) 어귀부터 후나하시무라(舟橋村)까지는 교코지무라(敎興寺村)를 지나 사다(佐太)로 통하는 경계를 한계로 유보할 수 있다. 사카이(堺) 시장(市場)은 독일인이 경계를 벗어나 유보하는 것을 허가한다.

도쿄는 신토네가와(新利根川) 어귀부터 가나마치(金町)까지는, 그곳부터 미토카이도(水戶街道)[2]를 따라 센주역(千住驛) 대교를 한계로 유보할 수 있고, 그곳부터 스미다가와(隅田川) 상류로 거슬러 올라가 후루야카미고(古谷上鄕)를 한계로 유보할 수 있고, 또 그곳부터 고무로무라(小室村)·다카쿠라무라(高倉村)·고야타무라(小矢田村)·오기와라무라(荻原村)·미야데라무라(宮寺村)·미키무라(三木村)·다나카무라(田中村) 등 여러 촌락에서 로쿠고가와의 히노(日野) 나루[渡津]를 한계로 유보할 수 있다.

앞의 10리 거리는, 앞에서 말한 각 지역의 재판소에서부터 계산한 것이다.

---

2 미토카이도(水戶街道) : 에도 시대(江戶時代)에 지정된 센주슈쿠(千住宿)와 미토(水戶)를 잇는 간선도로이다.

1리는 프로이센의 1만 2456피트(feet 富脫)와 영국의 4275야드(yard 耶爾獨)와 프랑스의 3910미터(meter 米兒)에 해당한다.

만약 독일인이 앞에서 규정한 유보 범위 밖으로 나가면, 멕시코[墨 是哥] 은화 100매(枚)를 벌금으로 부과한다. 재범(再犯)인 경우에는 멕시코 은화 250매를 부과한다.

제4조 일본에 거류하는 독일인은 자유롭게 자국의 종교를 신봉할 권리가 있다. 그러므로 거류지(居留地)에 종교를 신봉하기 위하여 궁사(宮 社)를 지을 수 있다.

제5조 일본에 거류하는 독일인 사이에 신체 혹은 소유 화물과 관련하여 논쟁이 발생하면 독일 관리가 재결(裁決)한다.

일본 장관(長官)은, 독일 각국의 국민들이 일본과 조약을 맺은 다른 외국인과 일으킨 논쟁에 관여하지 않는다.

만약 독일인이 일본인을 상대로 소송을 제기하게 되면 일본 장관이 재결한다.

만약 일본인이 독일인을 상대로 소송을 제기하게 되면 독일 장관이 재결한다.

만약 일본인이 독일인에게 부채(負債)가 있는데, 상환을 게을리 하고 혹 거짓으로 속여 도망가려고 하면 일본의 담당 장관이 재결하여 부채를 갚을 수 있도록 여러모로 힘쓴다. 또 독일인이 일본인에게 부채가 있는데, 상환을 게을리 하고 혹 거짓으로 속여 도망가려고 하면 독일 장관이 공정하게 재결하여 부채를 갚을 수 있도록 여러모로 힘쓴다.

독일 장관과 일본 장관은 양국 국민이 갚지 않은 부채를 대신 배상하지 않는다.

제6조 일본인 혹은 외국인을 상대로 범죄를 저지른 독일인에 대하여, 독일

영사(領事)에게 소송을 제기하는데 영사는 독일 규율로 처벌한다. 독일인을 상대로 범죄를 저지른 일본인에 대하여, 일본 장관에게 소송을 제기하는데 장관은 일본 헌법(憲法)으로 처벌한다.

제7조 이 조약에 덧붙인 무역 규율(貿易規律)을 위반하여 징수한 벌금 혹은 물품의 처리는, 독일 영사(領事)의 재결(裁決)을 따라 결정한다. 징수한 벌금 혹은 물품은 모두 일본 정부에 귀속된다. 압수한 화물은 일본 장관이 독일 영사와 함께 봉인하는데, 독일 영사가 재결하는 동안에는 세관[租所]의 창고에 보관한다.

만약 독일 영사가 화주(貨主) 혹은 관리인[收管人]이 정당하고 재결하면, 일본 정부는 속히 그 창고에 보관한 화물을 영사에게 인계해야 한다. 비록 그렇지만 일본 장관이 영사의 재결에 동의하지 않아, 고관에게 재판을 받고자 하면 화주 혹은 관리인이 응당 그 화물에 해당하는 값을 영사관(領事館)에 기탁하여 재판이 끝나기를 기다려야 한다. 억류된 화물의 재질이 쉽게 부패(腐敗)하는 것이라면 독일 영사관에서 그 물품에 해당하는 값을 받아놓고 화물은 화주 혹은 관리인에게 인계한다.

제8조 무역을 위하여 개방했거나 개방하게 될 일본의 여러 항구에 있는 독일인이, 독일의 영유지(領有地) 혹은 다른 나라의 항구에서 수입한 일본에서 금지하지 않는 여러 물품은, 자유롭게 매매(賣買)하거나 독일 또는 다른 나라의 항구에 수출할 수 있다. 이 조약에 부속된 세목(稅目)에 게시한 세금은 완납해야 하니, 그 밖의 여러 가지 세금은 완납할 필요가 없다.

독일인은 여러 종류의 상품을 일본인에게서 구매할 수 있고 또 일본인에게 판매할 수 있는데, 매매할 때나 값을 낼 때에 일본 관리가 간섭하지 않는다.

독일인이 일본 개항지(開港地)에서 구매한 일본 산물(産物)은 여러 세금을 낼 필요가 없고, 일본 개항지로 수송할 때 일본 관리가 입회(立會)하지 않는다. 일본인이 독일인에게 매수한 여러 종류의 상품은 자유롭게 저장하거나 사용하거나 다시 판매할 수 있다. 다만 일본인이 독일 각국의 국민들과 무역을 할 때 일본인이 상업에 대하여 내는 세금 외에, 일본 정부는 이중으로 세금을 거두지 않는다. 또 일본의 여러 후백(侯伯) 및 그 사인(使人)이 현재의 규칙을 준수하여 규례대로 조세를 납부하면, 일반적인 통칙(通則)을 따라서 독일 각국 혹은 일본의 여러 개항지로 가는 것을 허가한다. 그곳에서 일본 관리의 입회 없이 독일 각국의 국민들과 교역할 수 있다. 일본인이 자국의 산물 혹은 다른 나라의 산물을 가지고 일본의 개항지로 싣고 가거나, 혹은 일본의 개항지에서 다른 일본의 개항지로 싣고 가거나, 혹은 다른 나라의 항구에서 또 다른 나라의 항구로 싣고 가는 등의 일에 대해서는 일본인 소유의 선박과 독일인 소유의 선박을 구별하지 않고 자유롭게 이용할 수 있도록 허가한다.

제9조 일본에 거류하는 독일 각국의 국민들이 일본인을 통역(通譯) 혹은 교사[師表]와 잡부[小丁] 등의 여러 가지 직업으로 고용하는 것과 또 금법(禁法)에 위배되지 않는 여러 가지 일에 종사하게 하는 것을 일본 정부에서 모두 막지 않는다.

일본인은 자유롭게 독일 선박에서 필요로 하는 여러 가지 직업에 고용될 수 있다.

독일인이 고용한 일본인은 고용주를 따라 해외로 나가고자 하면 그 지역의 관부(官府)에 요청하여 정부의 인장(印章)을 받을 수 있다. 또 이미 일본 게이오(慶應) 2년 병인(丙寅) 4월 9일 곧 서력 1866년 5월 23일에 일본 정부가 유서(諭書)를 포고 했듯이, 일본인은 절차를 거쳐 정부의 인장을 수령(受領)하게 되면 수업(修業) 혹은 상업을 목적으로 독일 각국으로 갈 수 있다.

제10조 이 조약에 덧붙인 교역의 규율은 이 조약과 일체(一體)이니 서로가 굳게 지켜야 한다.

일본에 있는 독일 공사(公使)는, 일본 정부가 위임한 관리와 함께 협의하여 조약에 덧붙인 교역 규율의 취지를 시행하기 위하여, 응당 교역을 위해 개항한 여러 항구에 긴요한 규칙을 확립할 권리가 있다.

제11조 일본 정부는 독일인이 무역을 할 수 있도록 개항한 각 항구의 근방에, 각 선박의 출입의 안전을 위하여 등대(燈臺)·등선(燈船)·부목(浮木) 및 초표(礁標)를 설치한다.

일본 관리는 각 항구에 적절한 규칙을 마련하여, 밀상(密商)이 법을 위반한 물건을 매매하는 것을 예방한다.

제12조 일본 개항지에 온 독일 선박을 항구 안으로 인도하기 위하여 자유롭게 도선사(導船士)를 고용할 수 있다. 또 그 선박이 부채 및 상세(商稅)를 모두 상환하면, 마찬가지로 출항하기 위하여 자유롭게 도선사를 고용할 수 있다.

제13조 독일 상인(商人)이 일본 개항지에 상품을 수입하여 조세를 납부하면 일본 장관에게 상세(商稅)를 납부한 데 대한 증서(證書)를 요청할 권리가 있다. 이 증서를 소유하고 있으면 그 상품을 가지고 다시 일본 개항지에 출입하더라도 또한 상세를 내지 않는다.

일본 정부는 여러 개항지에 힘써 창고를 건설해야 하는데, 또 그 창고는 수입자(輸入者) 및 화주(貨主)의 요구에 따라 화물세(貨物稅)를 거두지 않고 물품을 저장하게 한다.

일본 정부는 화물을 대신 관리하는 동안에 손해가 발생하기 않도록

화물을 보호해야 한다. 또 외국 상인들이 맡겨 놓은 화물에 대해서
는 응당 일본 정부가 확실하게 준비하여 화재를 예방한다. 또 화물
을 수입하는 사람 및 화주가 창고에서 화물을 반출하고자 하면 조
세 목록(租稅目錄)을 살펴 정해놓은 조세를 내야 한다. 그 화물을
다시 수출하게 되면 수입세(輸入稅)를 낼 필요가 없다. 화물을 반출
할 때 창고 임대료를 완납하는데, 창고 임대료의 액수 및 창고 임대
에 관한 규칙은 양국이 상의하여 약정(約定)한다.

제14조 독일인이 일본 개항지에 수입하여 이 조약에서 정한 상세(商稅)를
완납한 여러 화물은, 일본인과 독일인의 구분 없이 일본 국내로 수
송할 수 있는데 다만 세금 혹은 도로 조세(道路租稅) 등은 내지 않
는다.

일본 산물(産物)에 대해서는 수로와 육로를 보수(補修)할 목적으로
여러 상인(商人)에게 규례대로 거두는 세금 외에, 별도로 운송세(運
送稅)를 거두지 않는다. 일본인은 일본 산물을 국내 어느 곳에서든
자유롭게 각 개항지로 운송할 수 있다.

제15조 외국의 화폐를 일본 안에서 편의에 따라 통용할 수 있도록 하기 위
하여, 일본 정부는 속히 일본의 긴요한 화폐 제조법을 개정한다.
또 일본의 중요[首重]한 화폐제조국(貨幣製造局)[3] 및 여러 개항지에
건설하게 될 화폐국(貨幣局)에서, 일본인 및 외국인은 지위의 높고
낮음에 상관없이 여러 종류의 외국 화폐 및 금은(金銀)을 가져와서
개주비(改鑄費)를 제외하고 일본 화폐와 동종(同種)과 동량(同量)의
비율로 환전할 수 있다. 이 개주비는 양국이 협의한 뒤에 정한다.

---

3 화폐제조국(貨幣製造局) : 원문은 '貨幣局'인데 일본어 조약에 근거하여 '貨幣製造局'으로
바로잡아 번역하였다.

독일인과 일본인이 서로 물건 값을 지불할 때 일본 혹은 외국의 화폐를 자유롭게 사용할 수 있다.

일본 동전(銅錢)을 제외하고 여러 종류의 화폐 및 화폐로 주조하지 않은 외국의 금은을 일본에서 외국으로 수출할 수 있다.

제16조 일본 세관[租所]의 관리가 독일 상인(商人)이 보고한 상품 가격에 이의(異意)가 있으면 상품의 가격을 평가하여, 평가한 값으로 매수하는 것을 자유롭게 의논할 수 있다.

만약 화주(貨主)가, 평가한 값으로 매수하는 것을 승낙하지 않으면 세관의 관리가 정한 값을 조회하여 세은(稅銀)을 납부해야 한다.

화주가 세관에서 평가한 값을 받아들이면, 세관의 관리가 평가한 값을 감(減)하지 않고 화주에게 지불하고 매수한다.

제17조 독일 선박이 일본 해안에서 난파되거나 혹은 표류하거나, 또 부득이하게 위난(危難)을 피하여 일본 항구로 들어온 경우에, 해당 지역의 일본 장관(長官)이 이를 알게 되면 즉시 그 선박을 힘써 구조하고 또 구조한 선원들을 친절하게 대우해야 한다. 필요하면 각 선원에게 근방의 독일 영사관(領事館)으로 가는 방편(方便)을 알려준다.

제18조 독일 해군이 사용하기 위해 준비하는 여러 물품을, 일본의 여러 개항지에 내려서 독일 관리가 보호하는 창고에 보관할 수 있는데 이로 인하여 세금을 낼 필요는 없다. 만약 이 사용하기 위해 준비한 물건을 일본인 혹은 외국인에게 판매하게 되면, 구매한 사람이 정해진 세금을 일본 장관(長官)에게 완납한다.

제19조 일본 천황 폐하는, 다른 나라 정부 및 그 국민들에게 이미 허가했거나 이후에 허가하는 특전(特典) 및 편의를, 독일 각국 및 그 국민들이 이 조약이 시행되는 날을 기다려 동일한 적용을 받을 수 있도록 허가하는 것을 이번에 확정한다.

제20조 임신(壬申)년 곧 서력 1872년 7월 1일에, 이 조약의 각 사항을 실제로 시험한 뒤 필요한 부분을 변혁하거나 개정하고자 하면 다시 의논할 수 있다. 다시 의논하려고 뜻은 적어도 1년 전에는 고지해야 한다. 만약 일본 천황 폐하가 앞에서 정한 기한에 앞서 이 조약을 의논하고자 하는 경우에, 이 조약을 맺은 각국이 동의하면, 조약을 맺은 독일 각국이 또한 일본 정부의 희망에 따라 이 회의에 참여한다.

제21조 독일 각국의 공사(公使) 및 영사(領事)가 공사(公事)로 일본 장관에게 보내는 서한(書翰)은 독일어로 쓴다. 그러나 일본 관리가 이해하기 편하도록 이 조약을 시행한 뒤로 3년 동안은 네덜란드어 혹은 일본어 번역문을 덧붙인다.

제22조 이 조약은 독일어와 일본어로 각각 4통씩 기록하는데, 그 문의(文意)는 모두 동일하다.

제23조 이 조약은 일본 천황 폐하 및 프로이센 황제 폐하가 서로 이름을 쓰고 날인하여 확정한다. 본서는 18개월 안에 교환하기로 한다. 이 조약은 이름을 쓴 날로부터 시행한다.

앞의 조약을 증빙하기 위하여 양국의 전권(全權) 관리가 이름을 쓰고 날인한다.

일본 메이지 2년 기사 정월 10일 곧 서력 1869년 2월 20일에, 가나가와에서.

하가시쿠제 중장　　　화압(花押)
데라지마 도조　　　　화압
이세키 사이에몬　　　화압
모(某)[4]　　　　　　인(印)

스위스[瑞西] 조약

분큐(文久) 3년 계해(癸亥) 12월 29일 곧 서력 1864년 2월 6일, 에도(江戶)에서 압인(押印)한다. 게이오(慶應) 원년(元年) 을축(乙丑) 5월 14일 곧 서력 1865년 6월 7일, 해당 지역에서 본서를 교환하기로 한다.

일본 대군(大君)과 스위스[西合衆國]의 모(某)【관명은 생략한다.】는 친교의 인연을 맺어, 양국 간의 각 국민들에게 긴요한 화친과 교역의 조약을 결정한다. 일본 대군은 이 일을 다케모토(竹本) 가이수(甲斐守)·기쿠치(菊池) 이요수(伊豫守)·호시노(星野) 금오(金吾)에게 위임하고, 스위스의 모(某)【관명은 생략한다.】는 모(某)【직명(職名)과 인명은 생략한다.】에게 명령하였다. 양국의 관리는 서로가 가지고 온 위임서를 조응(照應)하여 실상의 양호함을 살핀 뒤 적절하게 합의하여 아래의 각 조항을 결정한다.

제1조 일본 대군 및 그 후손은 스위스의 모(母)【관명은 생략한다.】와 양국의 국민들 간에 평온(平穩)과 친교를 영구적으로 보존한다.

제2조 스위스의 모(某)【관명은 생략한다.】는 에도부(江戶府)에 전권공사(全權公使)를 주재시킬 수 있는데, 이를 급선무로 여기면 명령하여 시행할 수 있다. 아울러 이 조약에 의거하여 스위스가 교역을 할 수 있도록 개항한 일본 각 항구에 영사(領事)를 배치할 수 있다. 전권공사 및 영사는 일본 국내를 자유롭게 다닐 수 있다.

일본 대군은 참정관리[參政理吏人]를 스위스 수도[都府]에 임명하고, 아울러 시장에 영사[收割領事] 및 관리를 임명하여 상사(商事)를 관리하게 한다.

---

4 모(某) : 원문에는 없는데, 『日本國外務省事務』 다수 용례에 근거하여 보충하여 번역하였다.

참정관리 및 영사는 스위스 국내를 자유롭게 다닐 수 있다.

제3조 외국과의 교역을 위해 개항한 항구 및 그 지역은, 이 조약을 시행하는 날로부터 스위스인의 무역을 위하여 개방한다.

그 항구 및 지역은 스위스인이 거주할 수 있고, 아울러 땅을 임차(賃借)할 수 있으며 빌린 땅의 건축물을 구입할 수 있다. 또 비록 주택과 창고의 건축을 허가하지만 이를 핑계로 요해처(要害處)로 삼을 만한 건물을 지을 수 없다.

이 규정을 준수하게 할 목적으로, 스위스인이 건축물을 보수할 때에 일본 관리가 검사한다.

스위스인이 거주할 수 있는 지역과 건축 및 각 항구에 관한 규칙은, 해당 지역의 일본 관리가 스위스 영사와 함께 상의하여 정한다. 만약 의견이 합치되지 못하면 일본 정부에 보고하는데, 일본 정부가 스위스 전권공사와 헤아려 처리한다.

일본에서 스위스인이 거주하는 지역의 둘레에는 문과 담장과 설치하지 않고, 스위스인이 자유롭게 출입할 수 있게 한다.

외국을 위하여 개항한 일본 항구에 스위스인이 유보(遊步)할 수 있도록 허가하는 경계는 다른 외국과 차이가 없다.

제4조 일본에 거류하는 스위스인은 자국의 종교를 신봉하기 위하여 거류지 안에 예배소[拜所]를 지을 수 있다.

제5조 일본에 있는 스위스인 사이에 논쟁이 발생하면 스위스 관리[司人]에게 재결(裁決)을 받는다.

만약 스위스인이 일본인을 상대로 소송 혹은 이론(異論)을 제기하게 되면 일본 관부(官府)에서 재결한다.

위의 상황처럼 일본인이 스위스인을 상대로 소송 혹은 이론을 제기하게 되면 스위스 영사(領事)가 재결한다.

만약 일본인이 스위스인에게 부채(負債)가 있는데, 상환을 게을리 하고 혹 거짓으로 속여 도망가려고 하면 일본 관리가 재판하여 부채를 갚을 수 있도록 힘쓴다. 스위스인이 일본인에게 부채가 있으면, 스위스 영사가 처리하는데, 또한 앞에서 말한 것과 동일하게 해야 한다.

일본 관청[府廳]과 스위스 영사는, 양국 국민이 갚지 않은 부채를 대신 배상하지 않는다.

제6조 일본인 혹은 외국인을 상대로 범죄를 저지른 스위스인은 스위스 영사(領事) 혹은 다른 관리가 조사하여 스위스 법도(法度)를 따라 처벌한다. 스위스인을 상대로 범죄를 저지른 일본인은 일본 관리가 조사하여 일본 법도(法度)를 따라 처벌한다.

제7조 이 조약 및 세칙(稅則)의 각 규정을 위반하여 징수한 벌금 및 몰수한 물건은 조사를 위하여 스위스 영사(領事)에게 보고한다. 스위스 영사가 조사를 마친 뒤에 그 벌금 및 몰수한 물건은 모두 일본 정부에 귀속된다.

제8조 스위스인이 일본이 개항한 각 항구에서 자국의 화물은 물론 비록 다른 나라에서 수입한 화물이라도 일본이 금지하는 것이 아니면, 자유롭게 다른 화물과 교역하거나 매매하거나 수출할 수 있다.

금지하는 것 이외의 물품에 대하여 정해진 세금을 완납하면 다른 세금은 납부하지 않는다.

스위스인이 일본인과 화물을 매매하는 것을 막지 않고, 값을 내는 등의 일에 일본 관리가 입회(立會)하지 않는다. 모든 일본인은 스위스인에게 구입한 화물을 매매하거나 소유하는 것이 모두 무방하다.

제9조 일본에 거류하는 스위스인이, 일본인을 고용하여 법에서 금지하는 것 이외의 여러 가지 일에 종사하게 하는 것이 무방하다.

제10조 이 조약 및 세칙(稅則)은 교역을 위한 규율을 완비한 것이다.

스위스는 해국(海國)이 아니기 때문에 해상(海上)에 관한 규율이 없다. 그러므로 일본 항구에 출입하는 각 선박에 대한 사항은 이 조약에 기재하지 않는다. 비록 그렇지만 법을 위하여 그 규칙을 파기한 스위스인은 다른 나라를 위해 설치한 규칙에 따라 재결(裁決)한다.

일본에 있는 스위스 전권공사는 일본 정부가 위임한 관리와 접촉하여 이 조약에 부속된 교역 규율의 취지를 시행하려는 목적으로, 교역을 위해 개항한 여러 항구에 긴요하고 적절한 규율 등을 상의하여 정한다.

제11조 개항지의 일본 관리는 밀상(密商)의 부정한 행위를 예방하기 위하여, 마땅히 적절한 규율을 확립한다.

제12조 스위스 상인이 개항한 항구로 수입한 화물에 대하여 정해진 세금을 완납한 증서(證書)를 첨부하고 있으면, 비록 그 화물을 다시 다른 항구로 옮겨서 내리더라도 이중으로 세금을 거두지 않는다.

제13조 수입한 화물에 대하여 정해진 세금을 완납한 뒤에, 일본인이 국내로 수송하더라도 이중으로 세금을 징수하지 않는다.

제14조 외국의 여러 화폐는 일본 화폐와 동종(同種)과 동량(同量)으로 통용한다.

양국의 국민들이 서로 물건 값을 지불할 때, 양국 화폐를 함께 사용해도 무방하다.

일본의 여러 화폐는 동전(銅錢)을 제외하고 외국으로 가져갈 수 있다. 또 외국의 금은(金銀)은 화폐로 주조한 것이든 화폐로 주조하지 않은 것이든 모두 외국으로 가져갈 수 있다.

제15조 일본 세관[租所]에서 스위스 화주(貨主)가 보고한 가격에 부정이 있

는 것을 적발하게 되면, 세관에서 적당한 금액을 평가하여 화물을 매수하는 것을 의논한다. 만약 화주가 이를 거부하면 세관에서 매긴 값을 기준으로 하여 화주에게 세금을 거두고, 화주가 이를 받아들이면 세관에서 곧장 매긴 값으로 화물을 매수한다.

第16조　일본 정부가 향후 외국 정부 및 그 국민들에게 특전(特典)을 허가하게 되면, 스위스 정부 및 그 국민들도 동일하게 적용을 받기로 지금 확정한다.

第17조　양국이 조약의 실지(實地)를 시험하고 나서 개혁하고자 하는 것이 있으면, 1년 전에 고지하고 재차 증험하는데 지금부터 9년 뒤에 이렇게 할 수 있다.

第18조　스위스 전권공사 및 영사가 일본 관리에게 공사(公事)로 보내는 문서는 프랑스어로 쓴다. 다만 이 조약을 시행하는 날로부터 5년 동안은 일본어 또는 네덜란드어 번역문을 덧붙인다.

第19조　이 조약은 일본어와 프랑스어로 기록하는데, 각 번역문은 비록 같은 뜻이지만 네덜란드어 번역문을 원서(原書)로 삼는다.

第20조　이 조약은 일본 대군은 주명(主名)을 쓰고 날인하며, 스위스의 모(某)는 이름을 쓰고 날인하여【국인(國印)의 명칭은 생략한다.】확정한다. 본서는 18개월 안에 에도에서 교환하기로 한다.

이 조약을 증빙하기 위하여 분큐 3년 계해 12월 29일에, 에도에서 양국의 위임을 받은 관리가 이름을 쓰고 날인한다.

다케모토 가이수　　　화압(花押)

기쿠치　이요수　　　화압

호시노　금오　　　　화압

모(某)【인명은 생략한다.】　수기(手記)

벨기에[白耳義] 조약

게이오(慶應) 2년 병인(丙寅) 6월 21일 곧 서력 1866년 8월 1일에 날인한
다. 게이오 3년 정묘(丁卯) 8월 13일 곧 서력 1867년 9월 10일에, 에도(江戸)
에서 본서를 교환하기로 한다.

대일본제국(大日本帝國) 대군(大君)과 벨기에[白耳義] 국왕은 친교의 인연
을 맺고, 또 양국 간의 각 국민들에게 긴요한 화친과 교역의 조약을 결정한
다. 일본 대군은 기구치(菊池) 이요수(伊豫守)·호시노(星野) 빗추수(備中守)
·오쿠보(大久保) 지쿠고수(筑後守)에게 위임하고 벨기에 국왕은 모(某)【관명
과 인명은 생략한다.】에게 명령하였다. 양국의 관리는 위임서(委任書)를 조응
(照應)하여 실상이 양호함을 살피고, 적절하게 협의하여 아래의 몇 조항을
결정한다.

제1조 일본 대군과 벨기에 국왕은, 그 친족(親族) 및 후예(後裔)가 양국의
국민들 간에 영구적인 평화와 친교를 보존하게 하도록 한다.

제2조 일본 대군은 모(某)【지명은 생략한다.】 지역에는 전권공사(全權公使)
를 주재시키고, 아울러 호시(互市)[5]에는 상사(商事)를 관리하는 영사
관(領事官)을 주재시키는데, 전권공사와 영사관은 벨기에 국내를
자유롭게 다닐 수 있다. 벨기에 국왕은 에도부(江戸府)에는 모(某)
【관명은 생략한다.】를 주재시키고 아울러 호시에는 영사관을 주재시
키는데, 전권공사와 영사관은 일본 국내를 또한 자유롭게 다닐 수
있다.

제3조 가나가와(神奈川)·나가사키(長崎)·하코다테(箱館)의 항구 및 그 지

---

5 호시(互市) : 외국과의 교역(交易)을 행하는 무역장(貿易場)을 말한다.

역은 이 조약을 시행하는 날로부터 벨기에인의 무역을 위하여 개방한다.

앞의 항구 및 그 지역은 벨기에인의 거주를 허가하는데, 또 이들은 땅을 임차(賃借)하여 거기에 건축된 가옥을 구입할 수 있다. 비록 가옥과 창고의 건축을 허가하지만 건축을 핑계로 몰래 요해지(要害地)를 조성할 수 없다. 이 규정을 준수하게 할 목적으로, 건축물을 보수할 때에 해당 지역의 일본 관리가 검사한다. 벨기에인이 거주할 수 있는 지역과 가옥 및 항구에 관한 규칙은, 해당 지역의 일본 관리가 벨기에 모(某)【관명은 생략한다.】와 협의하여 정한다. 만약 의견이 합치되지 못하면 일본 정부 및 벨기에 모(某)【관명은 생략한다.】에게 보고하여 재결(裁決)을 받는다.

일본에서 벨기에인이 거주하는 지역의 둘레에는 문과 담장을 설치하여 자유로운 출입을 방해할 수 없다.

▶일본 각 개항지에 벨기에인 유보(遊步) 규정은 다음과 같다.

가나가와는 로쿠고가와(六鄕川)로 한정하고 그 나머지는 각 방면 10리를 유보할 수 있다.

하코다테는 사방 10리를 유보할 수 있다.

모든 이수(里數)는 각 항구의 봉행소(奉行所)에서부터 계산한 육로(陸路)이다.

나가사키는 개항지 주위의 관가(官家)가 관할하는 지역을 한계로 유보할 수 있다.

제4조　일본에 거류하는 벨기에인은 자유롭게 자국의 종교를 신봉할 수 있고, 또 거류지에 예배당[拜所]을 지어도 무방하다.

제5조　일본에 있는 벨기에인 사이에 쟁송(爭訟)이 발생하면 벨기에 관리[司吏]의 재결(裁決)을 따른다.

벨기에인이 일본인에게 소송을 제기하게 되면 그 뜻을 벨기에 영사관(領事館)에 가서 알리는데, 영사관(領事官)이 조사하여 사실대로 재결한다. 일본인이 벨기에인에게 소송을 제기하게 되면 벨기에 모(某)【관명은 생략한다.】가 또한 동일하게 재결한다. 만약 벨기에 모(某)【관명은 생략한다.】가 처결(處決)하기 어려우면 일본 관리에게 알려서, 함께 조사한 뒤 알맞게 재결(裁決)한다.[6]

만약 일본인이 벨기에인에게 부채가 있는데, 상환을 게을리 하고 혹 거짓으로 속여 도망가려고 하면 일본 관리가 조사하여 갚게 한다. 벨기에인이 일본인에게 앞에서 말한 것과 같은 행위를 하면 벨기에 모(某)【관명은 생략한다.】가 또한 동일하게 처리한다.

제6조　벨기에인이 일본인에게 범죄를 저지르면 벨기에 관리가 조사하여 벨기에 국법을 조회하여 처벌하고, 일본인 및 외국인이 벨기에인에게 범죄를 저지르면 일본 관리가 다른 관리와 함께 조사하여 일본 국법에 의거하여 처벌하는데, 서로 공평하게 하여 편파적으로 재결(裁決)하지 않도록 한다.

제7조　이 조약 및 세칙(稅則)의 규율을 위반하여 징수한 벌금 및 몰수품[抑收品]은 조사를 위하여, 벨기에 모(某)【관명은 생략한다.】에게 보고하고 관리가 조사한다. 그 뒤에 벌금 및 몰수품은 모두 일본 정부에 귀속된다.

제8조　일본이 금지하는 것 이외의 물품은, 벨기에인이 자국의 물품인지 다른 나라의 물품인지 구분하지 않고 일본 개항지에서 자유롭게 수출입(輸出入)하거나 교역하거나 매매할 수 있다.

6　벨기에인이……재결(裁決)한다 : 원문에 다수 결락이 있어서 문맥이 통하지 않는데, 『日本國外務省事務』 다수의 용례에 근거하여 바로잡아 번역하였다.

금지하는 것 이외의 물품에 대하여 규정된 세금을 완납하면 다른 세금은 납부하지 않는다.

벨기에인과 일본인이 물품을 매매하는 것은 아무 장애가 없고, 값을 낼 때 일본 관리가 입회(立會)하지 않는다. 모든 일본인은 벨기에인에게서 구입한 화물을 비축하거나 매매하는 것이 무방하다.

제9조 일본에 있는 벨기에인은, 일본인을 고용하여 금지하는 것 이외의 여러 용품을 지급할 수 있다.

제10조 이 조약 및 세칙(稅則)은 교역을 위한 규율을 완비한 것이다.

일본에 있는 벨기에 모(某)【관명은 생략한다.】는 일본 정부가 위임한 관리와 접촉하여 이 조약에 부속된 세칙의 규율의 시행하려는 목적으로, 교역을 위해 개항한 여러 항구에 적절한 규율을 의논하여 정한다.

제11조 개항지의 일본 관리는 밀상(密商)의 부정한 행위를 예방하기 위하여, 마땅히 적절한 규율을 마련한다.

제12조 벨기에 선박이 일본의 개항된 항구로 와서 정해진 세금 및 부채를 완납하면, 출항하기 위하여 자유롭게 도선사(導船士)를 고용할 수 있다.

제13조 벨기에 상인이 개항한 항구로 수입한 물품에 대하여 정해진 세금을 완납한 증서[證狀]를 받게 되면, 다시 다른 항구로 옮겨서 내리더라도 이중으로 세금을 거두지 않는다.

제14조 수입한 화물에 대하여 정해진 세금을 완납한 한 뒤에, 일본인이 국내로 수송하더라도 별도로 세금을 징수하지 않는다.

제15조 외국의 여러 화폐는 일본 화폐와 동종(同種)과 동량(同量)으로 통용한다.

양국의 국민들이 서로 물건 값을 지불할 때, 자국 화폐를 사용해도 무방하다.

일본의 여러 화폐는 동전(銅錢)을 제외하고 수출할 수 있다. 외국의 금은(金銀)과 화폐는, 화폐로 주조한 것이든 화폐로 주조하지 않은 것이든 모두 수출할 수 있다.

제16조 일본 세관[司稅所]에서 벨기에 화주(貨主)가 보고한 가격에 부정이 있는 것을 적발하게 되면, 세관에서 적당한 금액으로 화물을 매수하는 것을 의논한다.

화주가 만약 이를 거부하면 세관에서 매긴 값을 기준으로 하여 화주에게 세금을 거두고, 화주가 이를 받아들이면 세관에서 매긴 값으로 화물을 매수한다.

제17조 일본 해안에서 벨기에 선박이 난파되거나 혹은 표류하거나, 혹은 위난(危難)을 피하여 온 경우에, 해당 지역의 일본 관리가 힘써 구호하여 근방의 벨기에 모(某)【관명은 생략한다.】에게 인계한다.

제18조 벨기에 군함이 사용하기 위해 비축하는 물품은, 가나가와·나가사키·하코다테에 내려서 그곳의 창고에 보관하고 벨기에인이 지키는데 여기에는 세금을 거두지 않는다. 만약 그 물품을 일본인 또는 외국인에게 판매하게 되면, 구매한 사람이 정해진 세금을 일본 정부에 납부한다.

제19조 일본 정부가 향후 외국 정부 및 그 국민들에게 특전을 허가하게 되면, 벨기에 정부 및 그 국민들도 동일하게 적용을 받기로 확정한다.

제20조 양국이 조약의 실지(實地)를 시험하고 나서 개혁하고자 하는 것이 있으면, 1년 전에 고지하고 재차 증험하는데 지금부터 6년 뒤에 이렇게 할 수 있다.

제21조 벨기에 모(某)【관명은 생략한다.】 및 모(某)【관명은 생략한다.】 관리가 일본 관리에게 공사(公事)로 보내는 문서는 프랑스어로 쓴다. 이 조

약을 시행하는 날로부터 5년 동안은 일본어 혹은 네덜란드어 번역문을 덧붙인다.

제22조 이 조약은 일본어·프랑스어·네덜란드어로 기록하는데, 각 번역문은 비록 같은 뜻이지만 네덜란드어 번역문을 원서(原書)로 삼는다.

제23조 이 조약은 일본 대군과 벨기에 국왕이 이름을 쓰고 국새(國璽)를 날인하여 확정한다. 본서는 완성되기를 기다려 에도에서 교환하기로 한다. ·

이 조약은 오는 11월 26일 곧 서력 1867년 1월 1일에 시행하는데, 그 전후로 본서를 교환하기로 한다.

이 조약을 결정하기 위하여 게이오 2년 병인 6월 21일에, 에도에서 양국의 위임을 받은 관리가 이름을 쓰고 압인(押印)한다.

기구치 이요수	화압(花押)
호시노 빗추	화압
오쿠보 지쿠고수	화압
모(某)【인명은 생략한다.】	수기(手記)

이탈리아[伊太利] 조약

게이오(慶應) 2년 병인(丙寅) 7월 16일 곧 서력 1866년 8월 25일에 날인한다. 게이오 3년 정묘(丁卯) 9월 6일 곧 서력 1867년 10월 3일에, 에도(江戶)에서 본서를 교환하기로 한다.

일본 제국 대군(大君)과 이탈리아[伊太利] 국왕은 친교의 약속을 맺고 또 양국의 각 국민들에게 긴요한 일[事件] 및 항해와 교역에 관한 조약을 지금

결정한다. 이를 위하여 일본 대군은 시바타(柴田) 휴가수(日向守)·아사히나
(朝比奈) 가이수(甲斐守)·우시고메 주자에몬(牛込忠左衛門)에게 명령하고,
이탈리아 국왕은 모(某)【관명과 인명은 생략한다.】에게 명령하였다. 양국의 관
리는 위임서(委任書)를 조응(照應)하여 핵심을 인지하고, 정확하고 적절하게
협의하여 아래의 각 조항을 결정한다.

제1조 일본 대군과 이탈리아 국왕은, 그 친족(親族) 및 후손[後昆]이 양국
의 국민들을 구분하지 않고 영구적인 평화와 친교를 보존하게 하도
록 한다.

제2조 일본 대군은 이탈리아 수도[王都]에 참정관리[參政吏]를 임명하여
주차(駐箚)시키는 것 및 여러 항구에서 무역하는 상인을 감시하기
위한 것을 목적으로 관리를 임명하는 것을 마음대로 할 수 있는데,
이 관리들은 이탈리아 국내를 또한 자유롭게 다닐 수 있다.
이탈리아 국왕은 에도부(江戸府)에 주재하는 모(某)【관명은 생략한
다.】로 하여금 이 조약에 의거하여 이탈리아인에게 긴요한 무역을
열게 하고, 일본 항구 및 그 지역에 영사관[領事官吏員]을 배치한다.
또한 모(某)【관명은 생략한다.】 및 모(某)【관명은 생략한다.】에게 명령
하여 일본 국내를 또한 자유롭게 다니게 할 수 있다.[7]

제3조 가나가와(神奈川)·나가사키(長崎)·하코다테(箱館)의 항구 및 그 지
역은 이 조약을 시행하는 날로부터 이탈리아인을 위하여 교역(交易)
을 하는 장소로 개방한다.
앞의 항구 및 그 지역은 이탈리아인의 거주를 허가하는데, 아울러

---

7 또한……있다 : 에도부(江戸府)에 주차(駐箚)하는 공사(公使)와 일본의 항구 및 그 지역에
주재하는 영사관(領事官)이 일본 국내를 자유롭게 다닐 수 있다는 말이다.

또 땅을 임차(賃借)하여 거기에 건축된 가옥을 구입할 수 있다. 비록 가옥과 창고의 건축을 허가하지만 건축을 핑계로 요해지(要害地)를 조성할 수 없다. 이 규정을 준수하게 할 목적으로, 건축물을 보수할 때에 마땅히 해당 지역의 일본 관리가 조사한 뒤에 허가를 받는 절차를 거쳐야 한다. 이탈리아인이 거주할 수 있는 지역 및 건물을 지을 수 있는 장소 및 각 항구에 관한 규칙은, 해당 지역의 일본 관리가 이탈리아 모(某)【관명은 생략한다.】와 함께 협의하여 정한다. 만약 의견이 합치되지 못하면 일본 정부 및 이탈리아 모(某)【관명은 생략한다.】에게 보고하여 양측이 상의하여 처리한다.

이탈리아인이 거주하는 지역의 둘레에는, 일본에서 담장과 울타리를 설치하여 자유로운 출입을 방해할 수 없다.

▶일본 각 개항지에 이탈리아인 유보(遊步) 규정은 다음과 같다.

가나가와는 가와사키(川崎)와 시나가와(品川) 사이에서 에도만(江戶灣)으로 흘러가는 로쿠고가와(六鄕川)를 한계로 유보할 수 있다.

그 밖에는 각 방면 10리를 유보할 수 있다.

하코다테는 사방 10리를 유보할 수 있다.

1리는 3910【정도(程度)이다.】이다.[8]

모든 이수(里數)는 각 항구의 봉행소(奉行所) 및 각 관청(官廳)에서부터 계산한 육로(陸路)이다.

나가사키는 개항지 주위의 관부(官府)가 관할하는 지역을 한계로 유보할 수 있다.

제4조 일본에 거류하는 이탈리아인은 자유롭게 자국의 종교를 신봉할 수 있고, 또 거류지에 예배당[拜所]를 지어도 무방하다.

---

8 3910이다 : 3190미터(meter)라는 뜻이다.

제5조 일본에 있는 이탈리아인 사이에 신체 혹은 소지한 물건으로 인하여 쟁송(爭訟)이 발생하면 모두 이탈리아 관리[司吏]의 재결(裁決)을 따른다.

이탈리아인이 일본인에게 소송을 제기하게 되면 그 뜻을 이탈리아 영사관(領事館)에 가서 알리는데,[9] 이탈리아 모(某)【관명은 생략한다.】가 마땅히 공정하게 조사하여 재결한다.

일본인이 혹 이탈리아인에게 소송을 제기하게 되면, 이탈리아 모(某)【관명은 생략한다.】가 또한 마땅히 모든 것을 공정하게 조사하여 재결한다. 만약 이탈리아 모(某)【관명은 생략한다.】가 처결(處決)하기 어려우면 일본 관리[司吏]에게 알려서, 함께 상의한 뒤 알맞게 재결한다.

만약 일본인이 이탈리아인에게 부채가 있는데, 배상(賠償)을 게을리 하고 혹 거짓으로 속여 도망가려고 하면 일본 관리가 조사하여 갚게 한다. 이탈리아인이 일본인에게 앞에서 말한 것과 같은 행위를 하면 이탈리아 모(某)【관명은 생략한다.】가 또한 동일하게 처리한다.

일본 봉행소(奉行所)와 이탈리아 모(某)【관명은 생략한다.】는 양국 국민이 갚지 않은 부채를 대신 배상하지 않는다.

제6조 이탈리아인을 상대로 범죄를 저지른 일본인은, 일본 관리가 조사하여 일본 국법을 조회하여 처벌한다.

일본인 및 외국인을 상대로 범죄를 저지른 이탈리아인은, 이탈리아 모(某)【관명은 생략한다.】가 다른 관리와 함께 조사하여 이탈리아 법

---

9 그 뜻을……알리는데 : 원문은 '須詣告其志於【官名未繙】館'인데 그중 '【官名未繙】'은 영사관(領事官)을 가리키는 것인 듯하나, 문맥이 통하지 않아 생략하고 번역하였다.

도(法度)를 따라 처벌한다. 재결(裁決)은 정직하게 하여 서로 편파적이지 않도록 한다.

제7조 이 조약에 덧붙인 세칙(稅則)의 규정을 위반하여 징수한 벌금 및 몰수한 물건은 모두 일본 정부에 귀속된다.

제8조 일본이 금지하는 것 이외의 화물은, 이탈리아인이 자국의 물품인지 다른 나라의 물품인지 구분하지 않고 일본 개항지에 수입하여, 자유롭게 매매하거나 혹 자국 및 다른 나라의 여러 항구에 수출할 수 있다.

　　　금지하는 것 이외의 물품에 대하여, 규정된 세금을 완납하면 다른 세금은 납부하지 않는다.

　　　이탈리아인이 일본인과 물품을 매매하여 값을 내는 것에 아무 장애가 없으니, 일본 관리가 입회(立會)하여 묻지 않는다. 모든 일본인은 이탈리아인에게서 구매한 화물을 사용하기 위하여 저축하거나 혹 다시 판매하는 것이 모두 무방하다.

제9조 일본에 있는 이탈리아인이, 일본인을 고용하여 금지하는 것 이외의 여러 가지 일에 종사하게 하는 것을 일본 정부는 방해하지 않는다.

제10조 이 조약에 덧붙인 세칙 약서(稅則約書)는 이 조약의 일부로 간주하여 서로가 확실하게 지켜야 한다.

　　　일본에 있는 이탈리아 모(某)【관명은 생략한다.】는 일본 정부가 위임한 관리와 접촉하여 이 조약에 부속된 세칙의 규율의 시행하려는 목적으로, 교역을 위해 개항한 여러 항구에 긴요하고 공평(公平)한 장정(章程)을 의논하여 확립한다.

제11조 각 개항지의 일본 관리는 밀상(密商)의 부정한 행위를 예방하기 위하여, 적절한 규율을 마련한다.

제12조 이탈리아 선박은 일본의 개항된 항구로 와서 편의에 따라 도선사

(導船士)를 고용할 수 있다. 이탈리아 선박이 정해진 세금 및 부채를 완납하면 마찬가지로 출항하기 위하여 자유롭게 도선사를 고용할 수 있다.

제13조 이탈리아 상인이 개항한 항구로 수입한 물품에 대하여 정해진 세금을 완납하면 마음대로 세관[租所]에서 발급하는 증서를 받을 수 있다. 이 화물은 다른 항구로 옮겨서 내려도 이중으로 세금을 거두지 않는다.

제14조 이탈리아인이 항구로 수입한 화물에 대하여 정해진 세금을 완납하면, 일본인이 국내로 수송하더라도 별도로 세금을 징수하지 않는다.

제15조 외국의 여러 화폐는 일본 화폐와 동종(同種)과 동량(同量)으로 통용한다.

양국의 국민들이 서로 물건 값을 지불할 때, 자국 화폐를 사용해도 무방하다.

여러 화폐는 일본 동전(銅錢)을 제외하고 수출할 수 있다. 외국의 금은(金銀)은 화폐로 주조한 것이든 화폐로 주조하지 않은 것이든 모두 수출할 수 있다.

제16조 일본 세관[司稅所]의 관리가 이탈리아 화주(貨主)가 보고한 가격에 부정이 있는 것을 적발하게 되면, 관리가 적당한 금액으로 화물을 매수하는 것을 의논한다.

화주가 만약 이를 거부하면 세관에서 매긴 값을 기준으로 하여 화주에게 세금을 거두고, 화주가 이를 받아들이면 세관에서 매긴 값으로 화물을 매수한다.

제17조 일본 해안에서 이탈리아 선박이 만약 난파되거나 혹은 표류하거나, 혹은 위난(危難)을 피하여 온 경우에, 해당 지역의 일본 관리가 이를 알게 되면 힘써 구호하여 선원들을 근방의 이탈리아 모(某)【관명

은 생략한다.】에게 인계한다.

第18조 이탈리아 군함이 사용하기 위해 비축하는 물품은, 가나가와·나가사키·하코다테에 내려서 그곳의 창고에 보관하고 이탈리아 감인(監人)이 지키는데 여기에는 세금을 거두지 않는다. 만약 그 물품을 일본인 및 외국인에게 판매하게 되면, 구매한 사람이 정해진 세금을 일본 정부에 납부한다.

第19조 일본 정부가 이미 외국 정부와 그 국민들에게 허가했거나 향후 다른 나라 및 그 국민들에게 허가하는 특전은, 이 조약을 시행하는 날로부터 이탈리아 정부 및 그 국민들도 동일하게 적용을 받기로 지금 확정한다.

第20조 양국이 조약의 실지(實地)를 시험하고 나서 완비하기 위하여 개혁하고자 하는 것이 있으면 1년 전에 고지하고 재차 증험하는데, 그 시기는 임신(壬申)년 곧 서력 1872년 7월 1일이다.

第21조 이탈리아 모(某)【관명은 생략한다.】 및 모(某)【관명은 생략한다.】 관리가 일본 관리에게 공사(公事)로 보내는 문서는 프랑스어와 이탈리아어로 쓴다. 이 조약을 시행하는 날로부터 5년 동안은 일본어 혹은 네덜란드어 번역문을 첨부한다.

第22조 이 조약은 모두 7통을 기록하는데, 일본어와 이탈리아어로 된 것이 각각 2통이고 프랑스어로 된 것이 3통이다. 각 번역문은 비록 같은 뜻이지만 프랑스어 번역문을 원문으로 삼는다.

第23조 이 조약은 일본 대군과 이탈리아 국왕이 이름을 쓰고 국새(國璽)를 날인하여 확정한다. 본서는 완성되기를 기다려 에도에서 교환하기로 한다.

이 조약은 오는 11월 26일 곧 서력 1867년 1월 1일에 시행하는데, 그 전후로 본서를 교환하기로 한다.

이 조약을 결정하기 위하여 게이오 2년 병인 7월 16일에, 에도에서 양국이 위임한 전권 관리가 이름을 쓰고 압인(押印)한다.

시바타 휴가수	화압(花押)
아사히나 가이수	화압
우시고메 주자에몬	화압
모(某)【인명은 생략한다.】	수기(手記)

일본이 개항한 각 항구의 이탈리아 상인의 무역 정칙(定則)

이탈리아 무역 부약(副約)

제1조　양국의 전권(全權) 관리는 양국의 정부를 대신하여 아래의 약서(約書)를 의논하여 정하였다. 그리하여 이 약서에 덧붙인 관세 목록(關稅目錄)을 채택하였으니 양국 정부와 국민들은 모두 확실하게 준수해야 한다.

제2조　이 약서에 덧붙인 관세 목록은 임신(壬申)년 곧 서력 1872년 7월 1일이 되면 변경한다. 차와 생사(生絲)에 부과(賦課)하는 세금은 이 약서를 압인(押印)하고 2년이 지난 뒤에, 피차(彼此)의 구분 없이 그보다 6개월 전에 미리 고지하여 이전 3년 동안의 평균가의 5%로 변경한다. 또 목재(木材)에 부과하는 세금은 응당 이 약서를 압인하고 5개월 뒤에 개정하는 것을 고지하여 시가(時價)에 따라 납세(納稅)하는데, 목재의 종류에 따라 세액(稅額)을 정한다.

제3조　화물을 싣고 내리는 데 대한 허가서는 비록 예전처럼 하되, 향후에는 사은(謝銀)을 낼 필요가 없다.

제4조 일본 정부는 응당 가나가와(神奈川)·나가사키(長崎)·하코다테(箱館)에서 수입자(輸入者)의 요청으로 수입한 물품에는 세금을 거두지 않는다. 그리고 외국에서 수입해 온 화물을 보관[寄頓]할 수 있도록 창고[棧房]를 미리 준비한다. 일본 정부는 대신 보관하는 기간 동안에 도난(盜難)과 풍우(風雨)로 인하여 손해를 입지 않도록 화물을 보호한다. 화재(火災)의 경우에는 정부에서 안전을 보장하지 못하기 때문에, 응당 해당 외국 상인이 화재에 안전하도록 견고한 창고를 건축해야 한다. 모든 화물 수입자(輸入者) 혹은 화주(貨主)는 창고에 맡겨둔 화물의 수령을 요청할 때 반드시 관세 목록을 조회하여 정해진 세금을 완납해야 한다. 그 화물을 다시 수출하고자 하면 수입세(輸入稅)를 납부할 필요가 없다. 화물을 수령할 때에 창고 임대료를 완납해야 한다. 창고 임대료 및 창고 임대에 관한 여러 규칙은 양국이 협의하여 정한다.

제5조 일본 산물(産物)을 운송할 때, 수로와 육로의 보수(補修)를 위하여 여러 상인에게 규례대로 거두는 세금 이외에, 별도로 운송세를 거두지 않는다. 일본인은 일본의 각 지역에서 편의에 따라 외국과의 교역을 위하여 개항한 각 항구로 물품을 운송할 수 있다.

제6조 일본이 외국과 맺은 조약에서 기재한, 곧 외국 화폐와 일본 화폐를 동종(同種)과 동량(同量)의 비율로 통용하기로 약정한 조항을 조회(照會)하여, 지금까지 일본 세관[租所]에 멕시코[墨是哥] 은화【재화의 명칭은 생략한다.】로 납세(納稅)하게 되면 일분은(一分銀)과 중량[量目]【재화의 명칭은 생략한다.】을 비교하여, 멕시코 은화 100매(枚)를 일분은 311개의 비율로 계산하여 규례에 따라 세금을 거두었다. 그러나 일본 정부는 지난 관례를 개혁하여 앞으로 외국의 화폐를 일본 화폐로 교환하는 데 불편함이 없도록 하고, 또 일본 화폐가 부족

해지는 일이 생기지 않게 하여 교역을 편리하게 하고자 한다. 이
때문에 일본은 이미 금은(金銀) 용주소(鎔鑄所)를 활성화하기로 결
정하였다. 이렇게 하면 일본인과 이탈리아인은 외국의 금화와 은화
및 광금(鑛金)을 내고 일본 화폐로 개주(改鑄)하여, 여러 비용을 제
외하고 동질(同質) 품위(品位)로 용주소가 설치된 지역에서 환전할
수 있다. 이 일에 힘쓰기 위하여 조약에 기재한 화폐의 통용과 관련
된 조항을 변경하는 것이 중요해지면, 곧 일본 정부에서 조항의 개
정을 요청할 수 있다. 그 개정된 조항은 상대국의 동의를 기다려,
정묘(丁卯)년 11월 중인 곧 서력 1868년 1월 1일에 시행한다.

개주(改鑄)로 인하여 발생하는 잡비(雜費)로 거두는 액수는, 사후에
양국의 전권 관리가 협의하여 정한다.

第7조 세관(稅關)에서 힘쓰는 각각의 일 및 화물을 싣고 내리는 것 및 선원
[船丁]과 잡부[差夫]를 고용하는 것 등을 원인으로, 이제까지 개항지
에서 쟁송(爭訟)을 발생시킨 불편한 각 사항을, 이번에 없애고자 각
항구의 봉행(奉行)은 속히 외국 모(某)【관명은 생략한다.】와 상의해야
한다. 그리하여 양국의 관리가 협의한 뒤에 불편한 각 사항이 없게
끔 하는 규율을 확립하여, 교역의 방법 및 사람들의 일이 용이하고
또 안전할 수 있도록 양국은 이번에 협의하여 정한다.

앞의 규칙 안에, 개항지에서 외국인이 화물을 싣고 내리는 데 사용
되는 부두(埠頭) 안에 작은 창고를 건설하여 화물들이 비와 이슬에
손상을 입지 않게 하는 등의 내용인 담긴 문장을 추가로 기입한다.

第8조 일본인이 지위의 높고 낮음에 상관없이 일본 개항지 혹은 외국에
서, 마음대로 여객 및 화물을 수송하는 각 종류의 범선(帆船)과 화
륜선(火輪船)을 구입하는 것을 허가한다. 군함의 경우에는 일본 정
부의 허가장(許可狀)이 없으면 구입할 수 없다.

일본인이 구입한 여러 외국의 선박에 대하여, 화륜선은 1톤마다 일분은(一分銀) 3개를 범선은 1톤마다 일분은 1개를 내는 규례를 따라 세금을 납부하면, 일본 국적의 선박이 되어 선박 목록[船隻目錄]에 기재된다. 다만 구입한 선박의 톤수(噸數)를 확정하기 위하여, 일본 장관(長官)의 요구에 응하여 해당 지역의 이탈리아 모(某)【관명은 생략한다.】는 본국 선박 목록의 등사본(謄寫本)을 제시하여 그 진위를 증명한다.

제9조 일본의 여러 상인은 정부 관리의 입회(立會) 없이, 곧장 일본 개항지에서 이 약서(約書) 중 제10조에 기재된 방법으로 해외로 나가는 것을 허가받으면, 각 외국에서 외국 상인과 마음대로 교역할 수 있다. 다만 일본 상인은 통상적으로 내는 상세(商稅) 외에 별도로 세금을 일본 정부에 납부할 필요가 없다. 또 일본의 여러 후백(侯伯) 및 그 사인(使人)이 현재 체결된 규칙을 준수하여 정해진 조세를 납부하면, 일본 관리의 입회를 거치지 않고 여러 외국 혹은 일본 개항지로 가서, 그곳에서 앞의 내용에 의거하여 자유롭게 교역을 할 수 있다.

제10조 일본인은 지위의 높고 낮음에 상관없이, 일본 개항지 혹은 각 외국의 여러 항구에서 화물을 싣고 일본 개항지 혹은 각 외국의 여러 항구로 가는 일에 대해서, 일본인 소유의 선박 혹은 일본과 조약을 맺은 외국의 선박을 구별하지 않고 편의에 따라 이용할 수 있다. 또 이미 일본 게이오(慶應) 2년 병인(丙寅) 4월 9일 곧 서력 1866년 5월 23일에 일본 정부가 유문(諭文)으로 포고 했듯이, 일본인이 관할 관청에 신청하여 정부의 인장을 수령(受領)하게 되면 수업(修業) 혹은 상업을 목적으로 각 외국으로 가는 것 및 일본과 화친의 조약을 맺은 각 외국 선박에 고용되는 것을 허가한다.

외국인이 고용한 일본인은, 편의에 따라 개항지의 봉행(奉行)에게 신청하여 해외로 나가기 위하여 정부의 인장을 수령할 수 있다.

제11조 일본 정부는 각 선박의 출입의 안전을 위하여, 등명대(燈明臺)·부목(浮木)·초표(礁標) 등을 외국과의 교역을 위하여 개항한 각 항구의 근방에 설치한다.

이 조약을 결정하기 위하여 게이오 2년 병인 7월 16일에, 에도에서 양국이 위임한 전권 관리가 이름을 쓰고 압인(押印)한다.

시바타 휴가수	화압(花押)
아사히나 가이수	화압
우시고메 주자에몬	화압
모(某)【인명은 생략한다.】	수기(手記)

수출입 세목(輸出入稅目)은 생략한다.

일본국외무성사무(日本國外務省事務) 권지육

덴마크[丁抹] 조약

게이오(慶應) 2년 병인(丙寅) 12월 7일 곧 서력 1867년 1월 12일에, 에도(江戶)에서 날인한다. 게이오 3년 정묘(丁卯) 9월 4일 곧 서력 1867년 10월 1일에, 에도에서 본서를 교환하기로 한다.

일본 제국 대군(大君)과 덴마크[丁抹] 국왕은 화친의 조약을 맺는다. 양국 간 국민들의 화친과 항해와 교역의 조약을 맺는 일을 처리하기 위하여, 일본 대군은 시바타(柴田) 휴가수(日向守)·구리모토(栗本) 아키수(安藝守)·오쿠보(大久保) 대도(帶刀)에게 명령하고 덴마크 국왕은 일본에 주재하는 네덜란드[和蘭] 국왕의 사신에게 명령하였다. 양국의 관리는 위임서(委任書)를 조응(照應)하여 실상이 양호함을 살피고, 적절하게 협의하여 아래의 각 조항을 결정한다.

제1조　일본 대군과 덴마크 국왕은, 그 친족(親族) 및 후손[後嗣]이 양국의 국민들을 구분하지 않고 영구적인 평화와 친교를 보존하게 하도록 약속한다.

제2조　대일본 대군은 덴마크의 수도[都府]인 코펜하겐[哥邊哈成]에 전권공사(全權公使)를 주재시키고, 덴마크의 항구와 도시에 영사관(領事官)을 주재시킨다. 일본 대군이 이를 급선무로 여기면 앞에서 말한 대로 덴마크에 주재시킬 수 있는데, 전권공사와 영사관은 덴마크 국내를 자유롭게 다닐 수 있다. 덴마크 국왕은 에도부(江戶府)에 공사를 주재시키고, 일본의 호시(互市)에 영사관을 주재시키는데, 공

사와 영사관 또한 일본 국내를 자유롭게 다닐 수 있다.

제3조 가나가와(神奈川)·나가사키(長崎)·하코다테(箱館)의 항구 및 그 지역은 이 조약을 시행하는 날을 기다려 덴마크인의 무역을 위하여 개방한다. 앞의 항구 및 그 지역은 덴마크인의 거주를 허가하는데, 또 이들은 땅을 임차(賃借)하여 거기에 건축된 가옥을 구입할 수 있다. 비록 가옥과 창고의 건축을 허가하지만 건축을 핑계로 요해지(要害地)를 조성하는 것은 금지한다. 이 규정을 준수하게 할 목적으로, 건축물을 보수할 때에 해당 지역의 일본 관리가 검사하는 것도 무방하다.

덴마크인이 거주할 수 있는 지역 및 건축할 수 있는 땅에 관한 규칙은, 각 해당 지역의 일본 관리가 덴마크 영사관(領事官)과 정한다. 각 항구의 규칙을 정하는 것도 또한 동일하다. 만약 의견이 합치되지 못하면 일본 정부 및 덴마크 전권공사에게 보고하여 재결(裁決)을 받는다. 덴마크인이 거주하는 지역의 둘레에는, 일본에서 담장과 울타리를 설치하여 자유로운 출입을 방해할 수 없다.

▶일본 각 개항지에 덴마크인 유보(遊步) 규정은 다음과 같다.

가나가와는 가와사키(川崎)와 시나가와(品川) 사이에서 에도만(江戶灣)으로 흘러가는 로쿠고가와(六鄕川)를 한계로 유보할 수 있고, 그 밖에는 각 방면 10리를 유보할 수 있다.

하코다테는 사방 10리를 유보할 수 있다.

모든 이수(里數)는 각 항구의 봉행소(奉行所)에서부터 계산한 육로(陸路)이다.

1리는 프랑스[佛蘭西] 척(尺)으로 3910미터(meter 米的兒)【척의 이름이다.】와 동일하다.

나가사키는 개항지 주위의 관부(官府)가 관할하는 지역을 한계로 유보할 수 있다.

제4조 일본에 거류하는 덴마크인은 자유롭게 자국의 종교를 신봉할 수 있고, 또 거류지에 예배당[拜所]을 짓는 것도 무방하다.

제5조 일본에 있는 덴마크인 사이에 일신(一身) 혹은 소지품(所持品)에 관하여 쟁송(爭訟)이 발생하면 모두 덴마크 관리[有司]의 재결(裁決)을 따른다.

덴마크인이 일본인에게 소송을 제기하게 되면 덴마크 영사관(領事官)에게 알리는데, 영사관이 조사하여 사실대로 재결한다.

일본인이 덴마크인에게 혹 소송을 제기하게 되면 덴마크 영사관이 조사하여 또한 동일하게 재결한다. 만약 덴마크 영사관이 처결(處決)하기 어려우면 일본 관리에게 알려서, 공동으로 재판한다.

만약 일본인이 덴마크인에게 부채가 있는데, 상환을 게을리 하고 혹 거짓으로 속여 도망가려고 하면 일본 관리가 조사하여 갚게 한다. 덴마크인이 일본인에게 앞에서 말한 것과 같은 행위를 하면 덴마크 영사관이 또한 동일하게 처리한다.

일본 봉행소(奉行所)와 덴마크 영사관은, 양국 국민이 갚지 않은 부채를 대신 배상하지 않는다.

제6조 일본인이 덴마크인에게 범죄를 저지르면 일본 관리가 조사하여 국법을 조회하여 처벌한다. 외국인 혹은 덴마크인이 일본인에게 범죄를 저지르면 덴마크 영사관(領事官)이 다른 관리와 함께 조사하여 덴마크 법도(法度)를 따라 처벌하는데, 재결(裁決)은 정직하게 하여 서로 편파적이지 않도록 한다.

제7조 이 조약 가운데 세칙(稅則)의 규율을 위반하여 징수한 벌금[罰錢] 및 몰수품[拘收品]은 조사를 목적으로, 덴마크 영사관(領事官)이 관리에게 명령하여 검안(檢按)하게 한다. 벌금과 몰수품은 모두 일본 정

부에 귀속된다.

제8조 일본이 금지하는 것 이외의 물품은, 덴마크인이 자국의 물품인지 다른 나라의 물품인지 구분하지 않고, 일본의 개항지에서 자유롭게 수입(輸入)하거나 매매할 수 있고 또 자국이나 다른 나라의 여러 항구에 수출할 수 있다.

금지하는 것 이외의 물품에 대하여, 규정된 세금을 완납하면 다른 세금은 납부하지 않는다.

덴마크인이 일본인과 물품을 매매하여 물품 값을 주고받는 것에 아무 장애가 없으니, 일본 관리가 입회(立會)하지 않는다. 모든 일본인은 덴마크인에게서 구매한 화물을 비축하거나 혹 다시 판매하는 것이 모두 무방하다.

제9조 일본에 있는 덴마크인이, 일본인을 고용하여 금지하는 것 이외의 여러 물품을 지급하는 것을 일본 정부에서 방해하지 않는다.

제10조 이 조약 중의 세칙 약서(稅則約書)는 이 조약의 일부이니 서로가 확실하게 지켜야 한다.

일본에 있는 덴마크 전권공사는 일본 정부가 위임한 관리와 접촉하여 이 조약에 부속된 세칙의 규율의 시행하려는 목적으로, 개항한 여러 항구에 편리한 법칙을 마련한다.

제11조 각 개항지의 일본 관리[司吏]는 밀상(密商)의 부정한 행위를 예방하기 위하여, 적절한 규율을 마련한다.

제12조 덴마크 선박은 일본의 개항된 항구로 와서 자유롭게 도선사(導船士)를 고용할 수 있다. 덴마크 선박이 정해진 세금 및 부채를 완납하면 마찬가지로 출항하기 위하여 자유롭게 도선사를 고용할 수 있다.

제13조 덴마크 상인이 개항한 항구로 수입한 물품에 대하여 정해진 세금을 완납하면 마음대로 세관[租所]에서 발급하는 증서를 받을 수 있다.

이 화물은 다른 항구로 옮겨서 내려도 이중으로 세금을 거두지 않는다.

제14조 덴마크인이 항구로 수입한 화물에 대하여 정해진 세금을 완납하면, 일본인이 국내로 수송하더라도 별도로 세금을 징수하지 않는다.

제15조 외국의 여러 화폐는 일본 화폐와 동종(同種)과 동량(同量)으로 통용한다.

양국의 국민들이 서로 물건 값을 지불할 때, 자국 화폐를 사용해도 무방하다.

여러 화폐는 일본 동전(銅錢)을 제외하고 수출할 수 있다. 외국의 금은(金銀)은 화폐로 주조한 것이든 화폐로 주조하지 않은 것이든, 그 화폐를 모두 수출할 수 있다.

제16조 일본 세관[稅所]의 관리[吏員]가 덴마크 화주(貨主)가 보고한 가격에 부정이 있는 것을 적발하게 되면, 관리가 적당한 금액으로 화물을 매수하는 것을 의논한다.

화주가 만약 이를 거부하면 세관에서 매긴 값을 기준으로 하여 화주에게 세금을 거두고, 화주가 이를 받아들이면 세관에서 매긴 값으로 화물을 매수한다.

제17조 일본 해안에서 덴마크 선박이 만약 난파되거나 혹은 표류하거나, 혹은 위난(危難)을 피하여 온 경우에, 해당 지역의 일본 관리가 힘써 구호하여 선원들을 근방의 덴마크 영사관(領事官)에게 인계한다.

제18조 덴마크 군함이 사용하기 위한 여러 물품은, 가나가와·나가사키·하코다테에 내려서 그곳의 창고에 보관하고 덴마크인 감인(監人)이 지키는데 여기에는 세금을 거두지 않는다. 만약 그 물품을 일본인 혹은 외국인에게 판매하게 되면, 구매한 사람이 정해진 세금을 일본 정부에 납부한다.

제19조 일본 정부가 이미 외국 정부와 그 국민들에게 허가했거나 향후 다른
　　　　　나라 및 그 국민들에게 허가하는 특전은, 이 조약을 시행하는 날로
　　　　　부터 덴마크 정부 및 그 국민들도 동일하게 적용받기로 확정한다.

제20조 양국이 조약의 실지(實地) 시험하고 나서 완비하기 위하여 개혁하
　　　　　고자 하는 것이 있으면 1년 전에 고지하고 재차 증험하는데, 그 시
　　　　　기(時期)는 임신(壬申)년 곧 서력 1872년 7월 1일이다.

제21조 덴마크 전권공사 및 영사관(領事官)이 일본 관리에게 공사(公事)로
　　　　　보내는 문서는 프랑스어로 쓴다. 이 조약을 시행하는 날로부터 5년
　　　　　동안은 네덜란드어 혹은 일본어 번역문을 덧붙인다.

제22조 이 조약은 모두 4통을 기록하는데, 일본어로 된 것이 2통이고 네덜
　　　　　란드어로 된 것이 2통이다. 각 번역문은 비록 같은 뜻이지만 네덜
　　　　　란드어 번역문을 표준으로 삼는다.

제23조 이 조약은 일본 대군과 덴마크 국왕이 이름을 쓰고 국새(國璽)를 날
　　　　　인하여 확정한다. 본서는 완성되기를 기다려 에도에서 교환하기로
　　　　　한다.
　　　　　이 조약은 오는 정묘년 5월 29일 곧 서력 1867년 7월 1일에 시행하
　　　　　는데, 그 전후로 본서를 교환하기로 한다.

　　　　　이 조약을 결정하기 위하여 일본 게이오 2년 병인 12월 7일 곧 서력
　　　　　1867년 1월 12일에, 에도에서 양국이 위임한 전권 관리가 이름을
　　　　　쓰고 압인(押印)한다.
　　　　　시바타　휴가수　　　　　　　화압(花押)
　　　　　구리모토 아키수　　　　　　화압
　　　　　오쿠보　대도　　　　　　　　화압
　　　　　모(某)【관명과 인명은 생략한다.】 수기(手記)

부조약(副條約)

제1조 양국의 전권(全權) 관리는 양국의 정부를 대신하여 아래의 약서(約
書)를 의논하여 정하였다. 이 약서 중 조세 목록(租稅目錄)은 양국
정부와 국민들이 모두 확실하게 준수해야 한다.

제2조 이 조세 목록은 임신(壬申)년 곧 서력 1872년 7월 1일이 되면 다시
개정할 수 있는데, 차와 생사(生絲)에 부과하는 세금은 이 약서를
압인(押印)하고 2년이 지난 뒤에, 피차(彼此)의 구분 없이 6개월 전
에 동서(東西)의 모든 나라에 고지하여 이전 3년 동안의 평균가의
5%로 다시 개정하는 것을 요구한다. 또 목재(木材)에 부과하는 세
금은 응당 이 약서를 압인하고 5개월 뒤에 고지하여 시가(時價)에
따라 납세(納稅)하는 것으로 개정하는데, 목재의 종류에 따라 세액
(稅額)을 정한다.

제3조 화물을 싣고 내리는 데 대한 허가서는 비록 예전처럼 하되, 향후에
는 사은(謝銀)을 내지 않는다.

제4조 일본 정부는 가나가와(神奈川)·나가사키(長崎)·하코다테(箱館)에서
수입자(輸入者)의 요청으로 수입한 물품에는 세금을 거두지 않고,
외국에서 수입해 온 화물을 적재할 수 있도록 창고를 미리 준비한
다.[10] 일본 정부가 보관하는 동안에 도난(盜難)과 풍우(風雨)로 인하
여 손해를 입지 않도록 화물을 보호한다. 화재(火災)의 경우에는 정
부에서 안전을 보장하지 못하지만, 견고한 토고(土庫)를 건축하여
외국 상인들로 하여금 화재의 염려가 없게끔 한다. 수입자 혹은 화

---

10 가나가와(神奈川)……준비한다 : 원문의 내용으로는 문맥이 통하지 않는데, 『日本國外務省
事務』 다수의 용례에 근거하여 바로잡아 번역하였다.

주[資主]는 창고에 맡겨둔 화물을 반출할 때에 조세 목록을 조회하여 정해진 세금을 완납한다. 그 물품을 다시 수출하고자 하면 수입세(輸入稅)를 납부할 필요가 없다. 화물을 수령할 때에 반드시 창고 임대료를 내야 한다. 앞에서 말한 창고 임대료 및 창고 임대에 관한 헌장(憲章)은 양국이 협의하여 정한다.

제5조 일본 산물(産物)을 운송할 때, 수로와 육로의 보수(補修)를 위하여 여러 상인에게 규례대로 거두는 세금 이외에 별도로 운송세를 거두지 않는다. 일본인은 일본의 각 지역에서 마음대로, 외국과의 교역을 위하여 개항한 각 항구로 물품을 운송할 수 있다.

제6조 일본이 외국과 맺은 조약에서 외국 화폐와 일본 화폐를 동종(同種)과 동량(同量)의 비율로 통용하기로 약정한 조항을 따라, 지금까지 일본 세관[租所]에 멕시코[墨是哥] 은화로 납세(納稅)하게 되면 일분은(一分銀)과 중량[量目]을 비교하여, 멕시코 은화 100매(枚)를 일분은 311개의 비율로 계산하여 규례에 따라 세금을 거두었다. 그러나 일본 정부는 관례를 개혁하여 외국의 화폐를 일본 화폐로 교환하는 데 불편함이 없도록 하고, 또 일본 화폐가 부족해지는 일이 생기지 않게 하여 교역을 편리하게 하고자 한다. 이 때문에 일본은 이미 금은(金銀) 용주소(鎔鑄所)를 활성화하기로 결정하였다. 이렇게 하면 일본인과 덴마크인은 외국의 금화와 은화 및 지금(地金)을 내고 일본 화폐로 개주(改鑄)하여, 여러 비용을 제외하고 동질(同質)의 품위(品位)로 용주소가 설치된 지역에서 환전할 수 있다. 이 조치를 힘쓰기 위하여 조약에 기재한 화폐의 통용과 관련된 조항을 개정하는 것이 중요해지면, 곧 일본 정부에서 앞의 조항의 개정을 고지하는데, 개정된 조항은 상대국의 동의를 기다려 정묘(丁卯)년 11월 중인 곧 서력 1868년 1월 1일에 시행한다.

개주로 인하여 발생하는 잡비(雜費)로 거두는 액수는, 향후에 양국 전권 관리의 협의를 거쳐 정한다.

第7조   세관[租所]이 여러 가지로 관리하는 수출입 물품을 싣고 내리는 것 및 선원[水夫]을 고용하는 것 등을 원인으로, 지금까지 개항지에서 쟁송(爭訟)을 발생시킨 불합리한 일을 없애고자, 각 항구의 봉행(奉行)은 속히 외국 영사관(領事官)과 상의해야 한다. 그리하여 양국의 관리가 협의하여 불편한 각 사항이 없게끔 하는 규율을 확립하여, 교역의 방법 및 사람들의 일이 용이하고 또 안전할 수 있도록 양국은 협의하여 정한다.

각 항구에 있는, 외국인이 화물을 싣고 내리는 데 사용되는 부두(埠頭) 안에 작은 창고를 건설하여 화물들이 비와 이슬에 손상을 입지 않게 하는 일을 이 규칙에 기재하여 엄격하게 시행한다.

第8조   일본인이 지위의 높고 낮음에 상관없이 일본 개항지 혹은 해외에서, 마음대로 여객 및 화물을 수송하는 각 종류의 범선(帆船)과 기선(汽船)을 구입하는 것을 허가한다. 군함의 경우에는 일본 정부의 허가장(許可狀)이 없으면 구입하는 것을 허가하지 않는다.

일본인이 구입한 여러 외국의 선박에 대하여, 기선은 1톤마다 일분은(一分銀) 3개를 범선은 1톤마다 일분은 1개를 내는 법(法)을 따라 세금을 납부하면, 일본 국적의 선박이 되어 선박 목록(船舶目錄)에 기재된다. 구입한 선박의 톤수(噸數)를 확정하기 위하여, 일본 장관(長官)의 요구에 응하여 덴마크 영사관(領事官)은 본국 선박 목록의 등사본(謄寫本)을 제시하여 그 진위를 증명한다.

第9조   일본의 여러 상인은 정부 관리의 입회(立會) 없이, 곧장 일본 개항지에서 이 약서(約書) 중 제10조에 기재된 방법으로 해외로 나가는 것을 허가받으면, 각 외국에서 외국 상인과 마음대로 교역할 수 있다. 다만 일본 상인은 통상적으로 내는 상세(商稅) 외에 별도로 세금을 일본 정부에 납부할 필요가 없다. 또 일본의 여러 후백(侯伯) 및 그 사인(使人)이 현재 체결된 규칙을 준수하여 정해진 조세를 납부하면, 일본 관리의 입회를 거치지 않고 여러 외국 혹은 일본 여러 개항지로 가서, 그곳에서 앞에서 말한 데 의거하여 자유롭게 교역을 할 수 있다.

제10조 일본인은 지위의 높고 낮음에 상관없이, 일본 개항지 혹은 각 외국의 여러 항구에서 화물을 싣고 일본 개항지 혹은 각 외국의 여러 항구로 가는 일에 대해서, 일본인 소유의 선박 혹은 일본과 조약을 맺은 외국의 선박을 구별하지 않고 자유롭게 이용할 수 있다. 또 이미 게이오(慶應) 2년 병인(丙寅) 4월 9일 곧 서력 1866년 5월 23일에 일본 정부가 회서(回書)로 포고 했듯이, 일본인은 절차를 거쳐 정부의 인장을 수령(受領)하게 되면 수업(修業) 혹은 상업을 목적으로 각 외국으로 갈 수 있고, 일본과 화친의 조약을 맺은 각 외국 선박에 고용되는 것도 무방하다.

외국인이 고용한 일본인은, 개항지의 봉행(奉行)에게 신청한 뒤 정부의 인장을 수령하여 해외로 나갈 수 있다.

제11조 일본 정부는 각 선박의 출입의 안전을 위하여, 등대(燈臺)·부목(浮木)·뢰표(瀨標) 등을 외국과의 교역을 위하여 개항한 각 항구의 근방에 설치한다.

이 조약을 결정하기 위하여 게이오 2년 병인 12월 7일에, 에도에서 양국이 위임한 전권 관리가 이름을 쓰고 압인(押印)한다.

시바타　휴가수　　　　　　　　화압(花押)

구리모토 아키수　　　　　　　화압

오쿠보   대도   화압

모(某)【관명과 인명은 생략한다.】   수기(手記)

수출입 세목(輸出入稅目)은 생략한다.

스웨덴[瑞典]-노르웨이[那耳回] 조약

메이지(明治) 원년 무진(戊辰) 9월 27일 곧 서력 1868년 11월 11일에, 가나가와(神奈川)에서 압인(押印)한다. 메이지 3년 경오(庚午) 11월 7일 곧 서력 1870년 12월 28일에, 본서를 교환하기로 한다.

일본 천황(天皇)과 스웨덴[瑞典]-노르웨이[那耳回] 국왕[11]은 친교의 인연을 맺고, 양국 국민들 간에 긴요한 화친과 교역의 조약을 결정한다. 일본 천황은 이등관(二等官) 외국관(外國官) 부지사(副知事) 하가시쿠제(東久世) 중장(中將)·삼등관(三等官) 외국관 판사(判事) 데라시마 도조(寺島陶藏)·이세키 사이에몬(井關齋右衛門)을 전권(全權) 관리로 위임하고, 스웨덴-노르웨이 국왕은 일본에 주재하는 네덜란드 국왕 전하(殿下)의 사신(使臣)에게 위임하였다.[12] 양국의 관리는 위임장을 조응(照應)하여 정실(正實)함을 살피고,

---

11 스웨덴[瑞典]-노르웨이[那耳回] 국왕 : 원문은 '瑞典那耳回【帝名未繙】及【帝名未繙】國王【帝名未繙】'인데, 그중 '【帝名未繙】'은 스웨덴-노르웨이 국왕의 황제 명칭들을 나열한 것으로 보인다. 하지만 정확한 사실을 알 수 없고 문맥이 통하지 않으므로 『日本國外務省事務』 다수의 용례에 근거하여 '【帝名未繙】'을 생략하고 번역하였다.

12 스웨덴-노르웨이……위임하였다 : 원문은 '命【官名人名未繙】留在日本和蘭國王殿下【官名人名未繙】'인데 그중 '【官名人名未繙】'은 일본에 주재하는 네덜란드 국왕 전하(殿下)의 사신(使臣)의 관직과 이름을 반복하여 기록한 것으로 보인다. 하지만 정확한 사실을 알 수 없고 같은 내용이 반복되어 문맥이 통하지 않으므로 『日本國外務省事務』 다수의 용례에 근거하여 앞의 '【官名人名未繙】'을 생략하고 번역하였다.

적절하게 합의하여 아래의 각 조항을 결정한다.

제1조　일본 천황과 스웨덴-노르웨이 국왕은 대대로 양국의 국민들 간에
　　　영원한 평화와 무궁한 친교를 보존하게 하도록 약속한다.

제2조　일본 천황은 긴요한 일을 맡아보게 하려는 목적으로 스웨덴-노르
　　　웨이의 수도【지명은 생략한다.】에 공사(公使)【관명과 인명은 생략한다.】
　　　를 주재시키고, 또 스웨덴-노르웨이의 여러 항구에 영사관(領事官)
　　　을 주재시킨다. 앞의 일본 공사 및 총괄영사관(總括領事官)【관명과
　　　인명은 생략한다.】은 스웨덴-노르웨이 국내를 자유롭게 다닐 수 있
　　　다. 스웨덴-노르웨이 국왕은 긴요한 일을 맡아보게 하려는 목적으
　　　로 일본 수도에 모(某)【관명은 생략한다.】 공사를 주재시키고, 아울러
　　　이 조약에서 스웨덴-노르웨이인의 무역을 위하여 개항한 일본의
　　　각 항구에 영사관을 주재시킨다. 앞의 스웨덴-노르웨이 공사 및 총
　　　괄영사는 일본 국내를 자유롭게 다닐 수 있다.

제3조　가나가와·나가사키(長崎)·하코다테(箱館)·효고(兵庫)·오사카(大坂)
　　　의 항구 및 그 지역은 이 조약을 시행하는 날로부터 스웨덴-노르웨
　　　이인의 무역을 위하여 개방한다. 앞의 항구 및 그 지역은 스웨덴-
　　　노르웨이인의 거주를 허가한다. 비록 이들이 땅을 임차(賃借)하여
　　　거기에 건축된 가옥을 구입하는 것과 가택(家宅)과 창고를 건축하
　　　는 것을 허가하지만, 건축을 핑계로 요해지(要害地)로 삼을 만한 보
　　　루(堡壘)를 짓는 것은 금지한다. 이 규정을 준수하게 할 목적으로,
　　　건축물을 보수하거나 개조(改造)할 때에 해당 지역의 일본 관리가
　　　때때로 가서 검사한다.
　　　스웨덴-노르웨이인이 거주할 수 있는 지역 및 건축할 수 있는 장소
　　　에 관한 규칙은, 각 해당 지역의 일본 관리가 스웨덴-노르웨이 영

사관(領事官)과 정한다. 각 항구의 규칙을 정하는 것도 또한 동일하다. 만약 일본 관리와 스웨덴-노르웨이 영사관이 결정하기 어려우면, 일본 정부에 보고하는데 일본 정부가 스웨덴-노르웨이 공사(公使)와 함께 처리한다. 스웨덴-노르웨이인이 거주하는 지역의 둘레에는, 일본인이 담장과 울타리를 설치하여 자유로운 출입을 방해할 수 없다.

▶스웨덴-노르웨이인은 자유롭게 유보(遊步)할 수 있는데, 규정된 경계는 다음과 같다.

가나가와는 가와사키(川崎)와 시나가와(品川) 사이에서 에도만(江戶灣)으로 흘러가는 로쿠고가와(六鄕川)를 한계로 유보할 수 있고, 그 밖에는 각 방면 10리를 유보할 수 있다.

하코다테는 사방 10리를 유보할 수 있다.

효고는 교토[京都] 방향을 제외하고, 각 방면 10리를 유보할 수 있다. 오사카는 첫 번째로 남쪽으로는 야마토가와(大和川)에서부터 후나하시무라(舟橋村)까지는 교코지무라(敎興寺村)와 사다(佐太)를 횡단하여 유보할 수 있고, 두 번째로 사카이(堺) 시장(市場)은 경계를 벗어나서도 유보할 수 있고, 세 번째로 오사카와 효고를 왕래하는 도로는 교토에서 10리 밖이라도 유보할 수 있다.

이수(里數)는 각 항구의 재판소에서부터 계산한 육로(陸路)이다. 1리는 프랑스[佛蘭西] 척(尺)으로 3910미터(meter 米爾)【척의 이름이다.】와 동일하다.

나가사키는 개항지 주위의 관부(官府)가 관할하는 지역을 한계로 유보할 수 있다.

스웨덴-노르웨이인 중에 앞에서 정해놓은 경계 밖으로 나간 사람이 있으면 일본 정부에서 체포하여 영사관에게 인계하는데, 영사관은 그 범죄자에게 응분의 처벌을 한다.

제4조 일본에 거류하는 스웨덴-노르웨이인이 자유롭게 자국의 종교를 신
봉하는 것을 막지 않고, 또 거류지 안에 편의에 따라 궁사(宮社)를
짓는 것을 허가한다.

제5조 일본에 있는 스웨덴-노르웨이인 사이에 가산(家産) 및 소유물에 관
하여 쟁론이 발생하면 모두 일본에 주재하는 스웨덴-노르웨이 관
리에게 재결(裁決)을 받는다.

스웨덴-노르웨이인이 일본인에게 소송할 일이 생기면, 스웨덴-노
르웨이 영사관(領事官)에게 가서 소송을 제기하는데, 그러면 영사
관이 이 소송을 회부(回付)한 뒤에 재판소 관리가 조사하여 사실대
로 재결한다. 일본인이 스웨덴-노르웨이인에게 소송할 일이 생기
면 재판소에 가서 소송을 제기하는데, 그러면 재판소 관리가 이 소
송을 회부한 뒤에 영사관이 조사하여 사실대로 재결한다. 만약 재
판소 관리 또는 영사관이 노력하여도 처리하기 어려운 쟁론은, 재
판소 관리와 영사관이 함께 조사하여 정당하게 재결한다.

만약 일본인이 스웨덴-노르웨이인에게 부채가 있는데, 상환을 게
을리 하고 또 거짓으로 속여 도망가려고 하면, 일본 관리가 힘써
정당하게 재판하여 갚게 한다. 스웨덴-노르웨이인이 일본인에게
부채가 있는데, 상환을 게을리 하고 거짓으로 속여 도망가려고 하
면, 스웨덴-노르웨이 영사관이 힘써 정당하게 처리한다. 일본 관
리와 스웨덴-노르웨이 영사관은, 양국 국민이 갚지 않은 부채를 대
신 배상하지 않는다.

제6조 스웨덴-노르웨이인을 상대로 범죄를 저지른 일본인은 일본 관리가
조사하여 일본 법도(法度)를 따라 처벌한다.

일본인 혹은 외국인을 상대로 범죄를 저지른 스웨덴-노르웨이인은

스웨덴-노르웨이 영사관(領事官) 혹은 권위 있는 스웨덴-노르웨이 관리가 조사하여 스웨덴-노르웨이 법도를 따라 처벌한다. 재결(裁決)은 정당하게 하여 서로 편파적이지 않도록 한다.

第7조 이 조약 및 여기에 덧붙인 교역의 규율을 위반하여 징수한 벌금[罰銀] 및 몰수한 물건은 스웨덴-노르웨이 영사관(領事官)에 보고한다. 영사관이 명령한 벌금 및 몰수품[官收品]은 모두 일본 정부에 귀속된다. 세관[租所]의 관리는 영사관이 재결을 마칠 때까지 수입품을 억류하는데, 영사관과 세관의 관리가 서로 간에 임시로 보호한다.

第8조 스웨덴-노르웨이인은 일본 개항지에서 자국의 화물은 물론 비록 다른 나라의 화물이더라도 일본이 금지하는 물품이 아니면, 수입하여 자유롭게 다른 화물과 교역하거나 매매하거나 자국 또는 다른 나라에 수출할 수 있다. 이 조약에 덧붙인 세칙(稅則)에 의거하여 조세를 납부한 뒤에 다른 세금은 납부하지 않는다. 스웨덴-노르웨이인이 일본인에게서 구매한 여러 물품은 마음대로 다시 일본인에게 판매할 수 있다. 또 매매할 때에 일본 관리가 입회하지 않는다. 모든 일본인은 스웨덴-노르웨이인에게 물품을 구매하여 비축하거나 다시 판매하는 것이 모두 무방하다. 군에서 쓰는 여러 물품은, 일본 정부 혹은 외국인을 대상으로 판매하는 것이 아니면 판매할 수 없다.

第9조 일본에 거류하는 스웨덴-노르웨이인이 일본인을 고용하여 사령(使令)에 종사하게 하는 데 대해서, 그것이 금지하는 일들이 아니면 일본 정부에서 방해하지 않는다. 비록 그렇지만 고용된 일본인이 일본의 금법(禁法)을 어기면 일본 정부에서 처벌한다.

第10조 이 조약에 덧붙인 교역의 규율은 이 조약과 일체(一體)이니 서로가 확실하게 지켜야 한다. 일본에 있는 스웨덴-노르웨이 공사(公使)는 일본 정부가 위임한 관리와 상의하여, 여러 개항지에서 시행하고 있는 이 조약에 부속된 세칙의 규칙 외에, 긴요한 규율을 마련할 권리가 있다.

제11조 각 개항지에서 밀상(密商)의 부정한 행위를 예방하기 위하여, 일본 관리는 적절한 규칙(規則)을 마련한다.

제12조 스웨덴-노르웨이 선박은 일본의 개항된 항구로 와서, 입항할 때 자유롭게 도선사(導船士)를 고용할 수 있다. 스웨덴-노르웨이 선박이 정해진 세금 및 부채를 완납하면 마찬가지로 출항하기 위하여 자유롭게 도선사를 고용할 수 있다.

제13조 스웨덴-노르웨이 상인이 각 항구로 수입한 물품에 대하여 정해진 세금을 완납한 뒤에 마음대로 세관[租所]에서 발급하는 증서를 받을 수 있다. 앞의 증서를 첨부하고 있으면 화물을 다시 옮겨 다른 개항지에 출입하더라도 이중으로 세금을 거두지 않는다.

제14조 스웨덴-노르웨이인이 항구로 수입한 화물에 대하여 이 조약에서 정한 세금을 완납한 뒤에, 일본인이 국내의 어느 곳으로 수송하더라도 다른 세금 및 운송세를 거두지 않는다.

제15조 양국의 국민들이 서로 물건 값을 지불할 때, 일본 및 외국의 화폐를 사용해도 무방하다.

여러 화폐는 일본 동전(銅錢)을 제외하고 수출할 수 있다. 또 외국의 금은(金銀)은 화폐로 주조한 것이든 화폐로 주조하지 않은 것이든 모두 수출할 수 있다.

제16조 일본 세관[租所]의 관리가 스웨덴-노르웨이 화주(貨主)가 보고한 가격이 부당한 것을 적발하게 되면, 관리가 명하여 상당(相當)하는 금액으로 값을 매기고, 매긴 값으로 화물을 매수하는 것을 의논한다. 화주가 만약 이를 거부하면 세관에서 매긴 값을 기준으로 하여 화

주에게 세금을 거두고, 화주가 이를 받아들이면 세관의 관리가 값을 감(減)하지 않고 화물을 매수한다.

제17조 일본 해안에서 스웨덴-노르웨이 선박이 난파되거나 혹은 폭풍을 만나 표류하거나, 또는 부득이하게 위난(危難)을 피하여 일본 항구로 온 경우에, 해당 지역의 일본 관리가 속히 구조하고 도우며, 선원들이 근방의 스웨덴-노르웨이 영사관(領事館)으로 갈 수 있도록 한다.

제18조 스웨덴-노르웨이 군함이 사용하기 위해 비축하는 물품은, 가나가와·나가사키·하코다테·효고 및 오사카에 내려서 그곳의 창고에 보관하고 스웨덴-노르웨이 감인(監人)이 지키는데 여기에는 세금을 거두지 않는다. 만약 그 물품을 일본인 또는 외국인에게 판매하게 되면, 구매한 사람이 정해진 세금을 일본 정부에 완납한다.

제19조 수출입(輸出入)에 대한 세금은 덧붙인 세칙(稅則)에 의거하여 일본 정부에 납부하는데, 앞의 세칙은 1871년 7월 1일이 되면 다시 개정한다.

차와 생사(生絲)에 부과(賦課)하는 세액(稅額)에 대한 절목(節目)을 개정하는 것은 아직 각국과 상의(商議) 중에 있다. 그러므로 각국과 차와 생사에 부과하는 세액에 대한 개정이 끝난 뒤에, 일본 정부와 스웨덴-노르웨이 공사(公使)는, 이 조약을 시행하는 때가 오기를 기다려 덧붙인 세칙에 게재하는 세액을 다시 확정한다.

제20조 가나가와·나가사키·하코다테·효고 및 오사카에 수입자의 요청으로 수입하는 화물에 대해서는[13], 일본 정부가 세금을 거두지 않고 다만 외국에서 수입하는 화물을 보관[寄頓]할 창고[棧房]를 준비해

---

13 수입자(輸入者)······대해서는 : 원문의 내용으로는 문맥이 통하지 않는데, 『日本國外務省事務』 다수의 용례에 근거하여 바로잡아 번역하였다.

야 한다.

일본 정부가 그 물품을 수탁(受托)하는 동안에, 잘 관리하여 도난(盜難) 및 풍우(風雨)로 인한 손해를 입지 않게 한다. 일본 정부는 외국 상인들의 물품을 화재(火災)에서 충분히 보호할 수 있는 견고한 토장(土藏)을 건축한다. 물품 수입자 혹은 화주(貨主)는 창고에 맡겨둔 화물을 반출할 때에 세관[租所]에서 규례로 정한 세금을 내야 한다. 그 화물을 다시 수출하고자 하면 수입세를 납부하지 않는다. 화물을 반출할 때에 누구든지 창고 임대에 관한 규칙을 따라 창고 임대료를 내야 한다.

제21조　일본 산물(産物)을 수로와 육로로 운송할 때, 그 보수(補修)를 위하여 여러 상인에게 규례대로 거두는 세금 이외에 별도로 운송세를 거두지 않는다. 일본인은 일본의 모든 지역에서 마음대로, 외국과의 교역을 위하여 개항한 각 항구로 물품을 운송할 수 있다.[14]

제22조　일본인은 일본 개항지 혹은 해외에서, 편의에 따라 여객이 탑승하거나 화물을 수송하는 각 종류의 범선(帆船)과 화륜선(火輪船) 등을 구입할 수 있다. 다만 군함의 경우에는 일본 정부의 허가가 없으면 구입할 수 없다.

일본인이 구입한 여러 외국의 선박에 대하여, 화륜선은 1톤마다 일분은(一分銀) 3개를 범선은 1톤마다 일분은 1개를 내는 규례를 따라 세금을 납부하면, 선박 목록[船隻目錄]에 기재되어 일본 국적의 선박이 된다. 다만 구입한 선박의 톤수(噸數)를 확정하기 위하여, 일본 장관(長官)의 요구에 응하여 해당 지역의 스웨덴-노르웨이 영사

14　일본……있다 : 원문의 내용으로는 문맥이 통하지 않는데, 『日本國外務省事務』 다수의 용례에 근거하여 바로잡아 번역하였다.

관(領事官)은 본국 선박 목록의 등본(寫本)을 제시하여 그 진위를 증명한다.

제23조 일본의 여러 상인은 정부 관리의 입회(立會) 없이, 일본 개항지에서 이 조약(條約) 중 제24조에 기재된 방법으로 해외로 나가는 것을 허가받으면, 각 외국에서 외국 상인과 마음대로 교역할 수 있다. 다만 일본 상인이 통상적으로 내는 상세(商稅) 외에 일본 정부는 다른 세금을 거두지 않는다. 또 일본의 여러 후백(侯伯) 및 그 사인(使人)이 이 규칙을 준수하여 정해진 조세를 완납하면, 일본 관리의 입회를 거치지 않더라도 여러 외국에서 또는 일본의 여러 개항지에서, 자유롭게 교역하는 것을 허가한다.

제24조 일본인이 일본 개항지 및 각 외국의 각 항구에서 자유롭게 화물을 싣고서, 일본 개항지 및 각 외국의 각 항구로 운송하는 것을 허가한다. 또 게이오(慶應) 2년 병인(丙寅) 4월 9일 곧 서력 1866년 5월 23일에 일본 정부가 유문(諭文)으로 반포했듯이, 일본인은 절차를 거쳐 정부의 인장을 수령(受領)하게 되면 수학(修學) 및 상업을 목적으로 각 외국으로 갈 수 있으며, 또 일본과 조약을 맺은 각 외국 선박에서 사무(事務)에 종사하는 것도 무방하다. 외국인이 고용한 일본인이, 해외로 가기 위하여 개항지의 장관(長官)에게 신청하여 일본 정부의 인장을 수령하는 것 또한 무방하다.

제25조 일본 정부는 선박의 출입의 안전을 위하여, 외국과의 교역을 위하여 개항한 각 항구의 근방에 조항등(照港燈)·부목(浮木)·초표(礁標) 등을 설치한다.

제26조 일본 정부가 이미 외국 정부 및 그 국민들에게 허가했거나 향후 허가하는 특전은, 이 조약을 시행하는 날로부터 스웨덴-노르웨이 정부 및 그 국민들도 동일하게 적용을 받기로 확정한다.

제27조 양국이 조약의 실지(實地)를 시험하고 나서 개혁하고자 하는 것이
        있으면, 임신(壬申)년 곧 1872년 7월 1일 이후에 이 조약을 다시 개
        정하는 것을 상고(上告)할 수 있는데, 다만 1년 전에 그 뜻을 통보해
        야 한다.

제28조 스웨덴-노르웨이 공사(公使) 및 영사관(領事官)이 일본 관리에게 공
        사(公事)로 보내는 문서는 프랑스어로 쓴다. 이 조약을 시행하는 날
        로부터 3년 동안은 네덜란드어 혹은 일본어 번역문을 덧붙인다.

제29조 이 조약은 일본어로 된 것이 2통이고 네덜란드어로 된 것이 2통이
        니 모두 4통이다. 각 번역문은 비록 같은 뜻이지만 네덜란드어 번
        역문을 원문으로 삼는다. 만약 일본어 번역문과 네덜란드어 번역문
        간에 의미가 상충(相衝)하는 부분이 있으면 네덜란드어 번역문에
        의거하여 결정한다.

제30조 이 조약은 본서에 일본 천황과 스웨덴-노르웨이 국왕의 이름을 쓰
        고 국새(國璽)를 날인하여 확정한다. 본서는 속히 교환하기로 하는
        데, 다만 이 조약은 1869년이 되기를 기다려 시행한다.

        앞의 조약을 증빙하기 위하여 일본 메이지 원년 무진 9월 27일 곧
        서력 1868년 11월 11일에, 가나가와부(神奈川府)에서 양국이 위임한
        전권(全權) 관리 등이 이름을 쓰고 압인(押印)한다.
        하가시쿠제 중장   화압(花押)
        데라지마 도조   화압
        이세키 사이에몬   화압
        모(某)   인(印)[15]

---

15 모(某) 인(印) : 원문에는 없는데, 『日本國外務省事務』 다수 용례에 근거하여 보충하여 번역
    하였다.

스페인[西班牙] 조약

메이지(明治) 원년 무진(戊辰) 9월 28일 곧 서력 1868년 11월 12일에, 가나 가와(神奈川)에서 압인한다. 메이지 경오(庚午)년 2월 23일에 본서를 비준(批準)하기로 한다.

대일본(大日本) 천황(天皇) 폐하와 스페인[西班牙] 여왕(女王)【인명은 생략한다.】은 영구한 신의를 맺고, 양국 국민들의 교역의 개시(開始)를 위하여 화친과 무역 및 항해의 조약을 결정한다. 이 일을 위한 전권(全權)의 직임에, 대일본 천황 폐하는 이등관(二等官) 외국관(外國官) 부지사(副知事) 하가시쿠제(東久世) 중장(中將)·삼등관(三等官) 외국관 판사(判事) 데라시마 도조(寺島陶藏)·이세키 사이에몬(井關齋右衛門)을 임명하고 스페인 여왕【인명은 생략한다.】은 중국[支那]·베트남[安南國] 특파전권공사(特派全權公使) 모(某)【인명과 관명은 생략한다.】를 임명하였다.[16] 양국의 관리는 위임장을 조응(照應)하여 정실(正實)함을 살피고, 적절하게 합의하여 아래의 조항을 결정한다.

제1조 대일본 천황 폐하와 스페인 여왕【인명은 생략한다.】은 양국의 국민들 간에 대대로 영구한 평화와 친교를 보존하게 하도록 약속한다.

제2조 대일본 천황은 모(某)【지명은 생략한다.】 지역에는 전권공사를 주재 시키고, 아울러 상사(商事)를 관리기 위하여 영사관(領事官)을 호시(互市)에 주재시킨다. 전권공사와 영사관은 모두 스페인 국내를 자

---

16 중국[支那]······임명하였다 : 원문은 '命【官名人名未繙】在支那、安南國特派全權公使【人名未繙】'인데 그중 뒤의 '【人名未繙】'은 중국[支那]·베트남 특파전권공사(特派全權公使)의 이름을 반복하여 기록한 것으로 보인다. 하지만 정확한 사실을 알 수 없고 같은 내용이 반복되어 문맥이 통하지 않으므로 『日本國外務省事務』 다수의 용례에 근거하여 뒤의 '【人名未繙】'을 생략하고 번역하였다.

유롭게 다닐 수 있다. 스페인 여왕은 에도부(江戶府)에 공사(公使)를 주재시키고, 아울러 상사를 관리하기 위하여 영사관을 호시에 주재시킨다. 공사와 영사관은 모두 일본 국내를 자유롭게 다닐 수 있다.

제3조 이 조약을 시행하는 날로부터 각국 사람들의 교역을 위하여 개방한 항구 및 시장은, 또한 스페인인을 위하여 교역하는 장소로 개방한다. 스페인인은 앞의 항구 및 시장에서 거류할 수 있다. 해당하는 각 지역에서 땅을 임차(賃借)하여 거기에 건축된 가택(家宅)을 구입하거나 혹 가택과 창고를 건축하는 것은 스페인인이 마음대로 할 수 있지만, 건축을 핑계로 요해지(要害地)로 삼을 만한 보루(堡壘)를 짓는 것은 금지한다. 이 규칙을 준수하게 할 목적으로, 가옥을 건축하거나 개조(改造)하거나 보수(補修)할 때에 일본 관리가 수시로 가서 검사한다. 스페인인이 거주할 수 있는 지역은 때가 되면 일본 관리와 협의하여 정한다. 각 항구의 규칙을 정하는 것도 또한 동일하다. 만약 이 일을 각 항구의 일본 관리와 스페인 모(某)【관명은 생략한다.】가 협의하여 정하기 어려우면, 정사(政事)에 관여하는 스페인 관리와 일본 정부에 상고(上告)하여 처리한다.

스페인인 거류지(居留地)의 둘레에는 일본에서 담장과 가리개 등을 설치하여 둘러싸지 않고, 스페인인이 자유롭게 출입할 수 있게 한다. 스페인인의 유보(遊步) 규정(規程)은, 각국과 체결한 규정과 동일하다. 만약 스페인인이 특별한 허가 없이 규정된 범위 밖으로 나가면, 일본 관리가 규정된 범위 안으로 돌아갈 것을 권유해야 한다. 만약 이를 듣지 않으면, 일본 관리가 그 스페인인을 잡아서 근방의 스페인 영사관(領事館)에 인계하는데 영사관은 당시에 정해놓은 규칙을 살펴 처벌한다.[17]

제4조 일본에 거류하는 스페인인은 마음대로 자국의 종교를 믿을 수 있

고, 아울러 거류지(居留地)에 종교에 필요한 궁사(宮社)를 건축할 수
있다.

제5조 일본에 있는 스페인인 사이에 신체 혹은 소유물에 관하여 쟁송(爭
訟)이 발생하면, 일본에 있는 스페인 관리에게 재결(裁決)을 받는다.

제6조 스페인인과 일본인 사이에 쟁론(爭論)이 발생하면, 소송을 제기한
사람이 자국의 관리에게 상고(上告)하는데, 소송인(訴訟人) 국가의
관리와 피고인(被告人) 국가의 관리는 응당 서로 협의한 뒤에 공평
하게 재결해야 한다.

제7조 일본인이 스페인인에게 범죄를 저지르면 일본 관리가 조사하여 일
본 규율을 조회하여 처벌한다.

스페인인이 일본인 혹은 외국인에게 범죄를 저지르면, 스페인 모
(某)【관명은 생략한다.】 혹은 그와 동일한 권위가 있는 관리가 조사하
여 스페인 규율을 조회하여 처벌한다. 다만 서로 편파적이지 않게
처리해야 한다.

제8조 일본인이 스페인인에게 부채가 있는데, 상환을 게을리 하고 혹 거
짓으로 속여 도망가려고 하면, 일본 관리가 힘써 정당하게 재판하
여 갚게 한다.

스페인인이 일본인에게 부채가 있는데, 앞에서 말한 것과 같은 행
위를 하면 스페인 모(某)【관명은 생략한다.】가 또한 동일하게 처리한
다. 다만 양국의 관리는, 양국 국민이 갚지 않은 부채에 일체 관여
하지 않는다.

제9조 일본에 있는 스페인인이, 일본인을 고용하여 법률을 위반하지 않는

---

17 근방의……처벌한다 : 원문은 '携往旁近西班牙【官名未繙】館'인데 그중 '【官名未繙】'은 영사
관(領事官)을 가리키는 것인 듯하나, 문맥이 통하지 않아 생략하고 번역하였다.

여러 일에 종사하게 하는 것을 일본 정부는 방해하지 않는다.

제10조 여러 외국 화폐를 동질(同質)의 일본 화폐와 동량(同量)으로 통용하는 것을 허가한다.

스페인인 및 일본인이 서로 값을 주고받을 때 일본 화폐 혹은 외국화폐를 사용해도 무방하다.

일본 동전(銅錢) 외에 각 화폐 및 화폐로 주조하지 않은 외국의 금은(金銀)은, 일본에서 외국으로 수출해도 무방하다.

일본 정부는 금은 용주소(鎔鑄所)에서 일본인 혹은 외국인이 각 외국의 화폐 및 금은을 가지고 환전을 요청하면, 개주(改鑄)하는 데 따른 손실(損失) 비용을 납부하고 일본 정가(定價) 화폐로 교환해주는 것을 허가한다.[18] 다만 개주하는 데 따른 손실 비용으로 납부하는 금액은 나중에 양국의 협의하여 정한다.

제11조 스페인 군함이 사용하는 여러 물품에 대해서는 세금을 거두지 않고, 앞에서 말한 일본 여러 개항지에 화물을 보관[寄頓]할 수 있는 창고를 건설하여 스페인인이 지키게 한다.

만약 그 물품들을 판매하게 되면, 그 물품을 구매한 사람이 상당(相當)하는 세금을 일본 정부에 완납한다.

제12조 일본 해안에서 스페인 선박이 난파되거나 혹 폭풍을 만나거나 기술(技術)이 궁(窮)하여 위난(危難)을 피해 항구로 온 경우에, 일본 관리가 인지하게 되면 힘써 구호하여 동승자(同乘者) 및 여객(旅客)을 친절하게 대우해야 한다. 필요하면 편의에 따라 스페인 영사관(領事館)에[19] 인계한다.

---

18 일본……허가한다 : 원문의 내용으로는 문맥이 통하지 않는데, 『日本國外務省事務』 다수의 용례에 근거하여 바로잡아 번역하였다.

제13조 스페인이 선박이 일본의 개항된 항구에 입항할 때 자유롭게 도선
사(導船士)를 고용할 수 있다. 스페인이 선박이 부채 및 세금을 완
납한 뒤에 마찬가지로 출항하기 위하여 자유롭게 도선사를 고용할
수 있다.

제14조 스페인인은 일본 개항지에서 자국의 화물은 물론 비록 다른 나라의
화물이더라도 일본이 금지하는 물품이 아니면, 각종 화물을 수입하
거나 매매할 수 있고 또 자국 혹은 다른 나라에 수출하는 것도 무방
하다. 그렇게 할 때에, 이 조약에 덧붙인 세칙(稅則)을 따라 조세를
완납해야 한다. 무기(武器)의 경우에는 일본 정부 및 외국인을 대상
으로 판매하는 것을 제외하고 판매할 수 없다. 그러나 다른 각종
화물은 일본 관리의 입회(立會) 없이 일본인과 매매하는 것이 무방
하다. 물건 값을 주고받는 경우에도 또한 동일하다.

제15조 일본 세관[稅所]의 장관[長官吏]이 스페인 화주(貨主)가 보고한 가격
이 부당한 것을 적발하게 되면, 응당 세관에서 값을 정하여 정한
값으로 화물을 매수하는 것을 의논한다. 만약 화주가 이를 거부하
면 세관에서 매긴 값을 조회하여 화주에게 세금을 완납하게 하고,
화주가 이를 받아들이면 값을 감(減)하지 않고 속히 화주에게 지불
하고 매수한다.

제16조 스페인인이 일본 개항지에 수입해 온 화물에 대하여, 이 조약을 조
회하여 정해진 세금을 완납한 뒤에 일본인이 국내로 수송하더라도
다른 세금을 거두지 않는다.

제17조 스페인인이 일본 개항지에 수입해온 화물에 대하여, 규례대로 세금

---

19 영사관(領事館)에 : 원문은 '【官名未繙】館'인데 그중 '【官名未繙】'은 영사관(領事官)을 가리
키는 것인 듯하나, 문맥이 통하지 않아 생략하고 번역하였다.

을 완납한 뒤에 다시 그 화물을 수출해도 다른 세금을 거두지 않고 다른 개항지에 내리는 것도 또한 무방하다. 그러나 반드시 세관[租所]의 장관[長官吏]에게 요청하여 규례대로 세금을 완납한 사실을 증명하는 영수증[憑單]을 수령해야 한다.

제18조 밀상(密商)의 부정한 행위를 예방하기 위하여, 개항지의 일본 관리는 편의에 따라 적절한 규율을 마련한다.

제19조 스페인인이 이 조약 및 교역의 규칙을 위반하여 징수한 벌금[罰銀] 및 몰수한 물건은 스페인 모(某)【관명은 생략한다.】가 재결(裁決)한다. 모(某)【관명은 생략한다.】가 명령한 벌금 및 몰수한 물건은 모두 일본 정부에 납부한다. 억류하고 있는 물건은 일본 관리가 스페인 모(某)【관명은 생략한다.】와 조사하고 봉인하여, 스페인 모(某)【관명은 생략한다.】가 재결을 마칠 때까지 세관[租所]의 창고에 억류한다.

제20조 이 조약에 덧붙인 교역의 규칙 및 세칙(稅則)은 이 조약과 일체(一體)이니 서로가 확실하게 지켜야 한다.

일본에 주재하면서 정사(政事)에 관여하는 스페인 관리는 일본 정부가 위임한 고관(高官)과 협의한 뒤에, 이 조약의 각 조항 및 세칙을 시행하기 위하여, 긴요한 규칙을 의논하여 정할 권리가 있다. 이전까지 개항지에서 세관[租所]의 공무(公務) 또는 화물을 싣고 내리는 것으로 인하여 종종 장애가 발생되었다. 그 장애를 제거하기 위하여, 개항지의 장관[長官吏]은 스페인 모(某)【관명은 생략한다.】와 충분히 의논하여 긴요한 규칙을 마련한다.

제21조 이 조약은 스페인어로 된 것이 2통이고 일본어로 된 것이 2통이고 프랑스어로 된 것이 2통이니, 모두 6통이다. 세 언어로 기록한 번역문은 모두 같은 뜻이지만 난해한 부분이 있으면 프랑스어 번역문을 따른다. 스페인 모(某)【관명은 생략한다.】 및 모(某)【관명은 생략한

다.]가 일본 고관에게 보내는 서간(書簡)은 스페인어로 쓴다. 그러
나 일본 관리가 이해하기 편하도록 이 조약을 시행한 날로부터 3년
동안은 영어나 프랑스어 혹은 네덜란드어 번역문을 덧붙인다.

第22조 양국이 조약의 실지를 시험한 이후인 임신(壬申)년 곧 1872년 7월
1일이 되면, 긴요하게 변혁하고 또 완비하기 위하여 이 조약 및 세
목(稅目)을 다시 의논하기로 결정한다. 다만 다시 의논하는 것에 대
하여, 1년 전에 그 뜻을 통보해야 한다.

第23조 일본 정부가 이미 외국 정부 및 그 국민들에게 허가했거나 향후 다
른 나라 및 그 국민들에게 허가하는 특전(特典) 및 편의(便宜)는, 이
조약을 시행하는 날로부터 스페인 정부 및 그 국민들도 또한 동일
하게 적용을 받기로 확정한다.

第24조 이 조약은 본서에 대일본 천황 폐하와 스페인 여왕【인명은 생략한
다.】의 이름을 쓰고 날인하여 확정한다. 날인한 뒤 18개월 안에, 가
나가와에서 본서를 교환하기로 한다. 앞의 본서를 교환하지 못하였
더라도, 이 조약의 취지는 서력 1869년 5월 1일부터 시행한다.
앞의 조약을 증빙하기 위하여 양국의 전권(全權) 관리가 이름을 쓰
고 날인한다.

메이지 원년 무진 9월 28일 곧 서력 1868년 11월 12일에 가나가와
에서.

하가시쿠제 중장	화압(花押)
데라지마 도조	화압
이세키 사이에몬	화압
모(某)【인명은 생략한다.】	인(印)

부규칙(副規則)

양국의 전권 관리는 1866년 6월 25일에 일본 정부가 프랑스·영국·미국·네덜란드와 맺은 신정약서(新定約書)에 게재된 여러 조항들을, 이 조약서에 게재되었는지의 여부를 따지지 않고 정부 및 국민들을 위하여 확고하게 준수하기로 포고(布告)하니, 이는 정부를 대신하여 뜻을 받든 것이다.

이 조약서에 게재된 시나가와(神奈川)·나가사키(長崎)·하코다테(箱館)에 관하여 결정한 규칙은, 근래 개항한 오사카(大坂)과 효고(兵庫)에도 동일하게 적용한다.

차와 생사(生絲)에 부과하는 세금에 관한 것은, 외국의 여러 공사(公使)가 결의(決議)한 뒤에 스페인도 앞의 각국이 결정한 규칙을 따른다.

앞의 조약을 증빙하기 위하여 양국의 전권(全權) 관리가 이름을 쓰고 날인한다.

메이지 원년 무진 9월 28일 곧 서력 1868년 11월 12일에, 가나가와에서.

하가시쿠제 중장	화압(花押)
데라지마 도조	화압
이세키 사이에몬	화압
모(某)【인명은 생략한다.】	인(印)

오스트리아[澳地利] 조약

메이지(明治) 2년 기사(己巳) 9월 14일 곧 서력 1869년 10월 18일에, 도쿄(東京)에서 날인한다. 메이지 4년 신미(辛未) 12월 3일 곧 서력 1872년 1월

12일에, 본서를 교환하기로 한다.

일본 천황(天皇) 폐하와 보헤미아[婆希密] 등의 왕과 헝가리[洪喝利]의 법왕(法王)을 겸하고 있는 오스트리아[澳地利] 황제 폐하는, 양국의 교제를 영원히 두텁게 하고 양국 국민들의 호시(互市)에서의 무역이 편리하도록 화친과 무역 및 항해의 조약을 맺는다. 일본 천황 폐하는 사와(澤) 외무경(外務卿) 종삼위(從三位) 기요하라 노부요시(淸原宣嘉)·데라시마(寺島) 외무 대보(外務大輔) 종사위(從四位) 후지와라 무네노리(藤原宗則)에게 명령하고, 오스트리아-헝가리 황제 폐하는 삼등(三等) 수사제독(水師提督)으로서 특파전권공사(特派全權公使)로 있는 귀족인 모(某)【인명은 생략한다.】에게 명령하여[20] 각각 전권(全權) 관리에 임명하였다. 양국의 관리는 위임장을 확인하여 실상이 양호함을 살피고, 적절하게 합의하여 아래의 조항을 결정한다.

제1조 조약을 체결한 양국 및 그 국민들 간에, 영원한 평화와 무궁한 화친을 맺는다.

제2조 일본 천황 폐하는 전권공사(全權公使)를 비엔나[維那]에 주재시키고, 다른 나라의 사신(使臣)의 주재가 허가된 오스트리아-헝가리의 항구 및 시장에 영사관(領事官)을 주재시킨다. 오스트리아-헝가리의 항구 및 시장에 주재하고 있는 일본 영사관[領事官吏] 및 전권공사는, 오스트리아-헝가리가 다른 나라의 전권공사 및 영사관에게 이미 허가했거나 이후에 허가하는 특허 및 권리를 동일하게 적용받기로 약속한다.

---

20 삼등(三等)……명령하여 : 원문은 命第三等水師提督特派全權公使【人名未繙】貴族【人名未繙】인데 그중 뒤의 '【人名未繙】'은 특파전권공사(特派全權公使)의 이름을 반복하여 기록한 것으로 보인다. 하지만 정확한 사실을 알 수 없고 같은 내용이 반복되어 문맥이 통하지 않으므로 『日本國外務省事務』 다수의 용례에 근거하여 뒤의 '【人名未繙】'을 생략하고 번역하였다.

오스트리아-헝가리 황제 폐하는 일본에 전권공사와 영사관을 주재시키고, 일본의 모든 개항지와 시장에 영사관·부영사관(副領事官)·전권공사를 주재시킨다. 앞에서 말한 전권공사 및 영사관은 일본 정부와 가장 친밀한 국가의 영사관과 동일하게 특허 및 권리를 적용받는다.

오스트리아-헝가리 황제가 명령한 전권공사 및 영사관은 일본 국내를 자유롭게 다닐 수 있다. 또 재판의 권한이 있으니, 오스트리아-헝가리 영사관이 재판을 관할하는 경계 안에서 오스트리아-헝가리 선박이 파손되거나 혹 인명 및 화물이 위해를 받는 등의 일이 생기면 그 사실을 감찰하기 위하여 그 일이 발생한 곳으로 갈 수 있다. 비록 그렇지만 오스트리아-헝가리 영사관은 이렇게 할 때에, 먼저 그 의사(意思)와 가고자 하는 지역을 서한(書翰)을 통해 그 지역의 일본 관부(官府)에 통보해야 한다. 그리고 이때는 일본 관부에서 고위[首重] 관리로 하여금 동행하게 한다.

제3조 이 조약을 시행하는 날로부터 오스트리아-헝가리인의 무역을 위하여, 요코하마(橫濱, 가나가와현(神奈川縣) 안)·효고(兵庫)·오사카(大坂)·나가사키(長岐)·니가타(新潟) 및 사슈(佐州) 이항(夷港)·하코다테(箱館) 시가(市街)와 항구·도쿄 시가를 개방한다.

앞에서 말한 시가와 항구는 오스트리아-헝가리인이 영구히 거주할 수 있다. 그러므로 땅을 임차(賃借)하여 건축된 가옥을 구입하는 것과 가택과 창고를 짓는 것을 자유롭게 할 수 있다. 오스트리아-헝가리이 거주할 수 있는 지역 및 가옥을 건축할 수 있는 장소에 관한 규칙은 오스트리아-헝가리 영사관(領事官)이 해당 지역의 일본 관리와 협의하여 정한다. 항법(港法)도 또한 동일하다. 만약 오스트리아-헝가리 영사관 및 일본 관리가 이 일을 결정하지 못하면, 오스

트리아-헝가리 전권공사 및 일본 정부에 보고하여 재결(裁決)을 받
는다.

오스트리아-헝가리인이 거주하는 지역의 둘레에 일본인은 장벽(牆
壁)과 책문(柵門)을 설치할 수 없고, 기타 출입의 자유를 방해할 수
있는 건축물도 일체 지을 수 없다.

▶오스트리아-헝가리인이 유보할 수 있는 경계는 다음과 같다.

요코하마(가나가와현 안)는 로쿠고가와(六鄕川)를 한계로 유보할 수
있고, 그 밖에는 각 방면 10리를 유보할 수 있다.

효고는 교토[京師] 방향으로는 교토에서 10리 밖 지역을 한계로 유
보할 수 있고, 그 나머지는 각 방면 10리를 유보할 수 있다.

오사카는 남쪽으로는 야마토가와(大和川) 어귀부터 후나하시무라
(舟橋村)까지는 교코지무라(敎興寺村)에서 사다무라(佐太村)까지를
한계로 유보할 수 있다. 사카이(堺) 시장(市場)은 오스트리아-헝가
리인이 경계를 벗어나 유보하는 것을 허가한다.

나가사키는 개항지 주위의 나가사키현(長崎縣)이 관할하는 지역을
한계로 유보할 수 있다.

하코다테와 니가타는 사방 10리를 유보할 수 있다. 이항(夷港)에서
는 사슈 전도(佐州全島)를 유보할 수 있다.

도쿄(東京)는 신토네가와(新利根川) 어귀부터 가나마치(金町)까지는,
그곳부터 미토카이도(水戶街道)를 따라 센주역(千住驛)을 한계로 유
보할 수 있고, 그곳부터 스미다가와(隅田川) 상류로 거슬러 올라가
후루야카미고(古谷上鄕)를 한계로 유보할 수 있고, 또 그곳부터 고
무로무라(小室村)·다카쿠라무라(高倉村)·고야타무라(小矢田村)·오
기와라무라(荻原村)·미야데라무라(宮寺村)·미키무라(三木村)·다나
카무라(田中村)에서 로쿠고가와의 히노(日野) 나루[渡津]를 한계로

유보할 수 있다.

앞의 10리 거리는, 앞에서 말한 각 지역의 재판소에서부터 계산한 것이다.

1리는 오스트리아의 1만 2367척(feet)과 영국의 4275척(yard)과 프랑스의 3910척(meter)에 해당한다.

만약 오스트리아-헝가리인이 앞에서 규정한 유보 범위 밖으로 나가면, 멕시코[墨斯哥] 은화 100매(枚)를 벌금으로 부과한다. 재범(再犯)인 경우에는 멕시코 은화 250매를 부과한다.

제4조 일본에 거류하는 오스트리아-헝가리인은, 자유롭게 자국의 종교를 신봉할 수 있고 아울러 거류지(居留地)에 사당(祠堂)을 지을 수 있다.

제5조 일본에 거류하는 오스트리아-헝가리인 사이에 신체 혹은 자산(資産)과 관련하여 논쟁이 발생하면 오스트리아-헝가리 관리가 재결(裁決)한다.

오스트리아-헝가리인이 일본과 조약을 맺은 여러 나라의 국민들과 일으킨 논쟁에, 일본 장관은 관여하지 않는다.

만약 오스트리아-헝가리인이 일본인을 상대로 소송을 제기하게 되면 일본 장관이 재결한다.

만약 일본인이 오스트리아-헝가리인을 상대로 소송을 제기하게 되면 오스트리아-헝가리 장관이 재결한다.

만약 일본인이 오스트리아-헝가리인에게 부채(負債)가 있는데, 상환을 게을리 하고 거짓으로 속여 도망가려고 하면 일본 장관이 재결하여 부채를 갚을 것을 명령한다.

또 오스트리아-헝가리인이 일본인에게 부채가 있는데, 상환을 게을리 하고 거짓으로 속여 도망가려고 하면 오스트리아-헝가리 장관이 재결하여 부채를 갚을 것을 명령한다.

제6조 오스트리아-헝가리인이 일본인 및 외국인을 상대로 범죄를 저지르면 오스트리아-헝가리 영사관(領事官)에게 소송을 제기하는데, 영사관은 오스트리아-헝가리 법률로 처벌한다.

일본인이 오스트리아-헝가리인을 상대로 범죄를 저지르면 일본 장관에게 소송을 제기하는데, 일본 장관은 일본 법률로 처벌한다.

제7조 이 조약 및 이 조약에 덧붙인 무역의 규칙(規則) 혹은 세칙(稅則)을 위반한 사람은 오스트리아-헝가리 영사관(領事官)이 재결(裁決)하여 그 화물을 몰수하거나 혹 벌금을 부과하는데, 벌금과 몰수품[沒入物]은 모두 일본 정부에 귀속된다.

구류(拘留)하는 화물은 일본 장관이 오스트리아-헝가리 장관과 함께 봉인하여, 오스트리아-헝가리 영사관의 재결을 기다린다.

오스트리아-헝가리 영사관이 화주(貨主) 혹은 대리인이 정당하다고 재결하면, 일본 정부는 속히 그 화물을 영사관에게 돌려주어야 한다. 비록 그렇지만 일본 장관이 영사관의 재결에 동의하지 않아, 고관에게 재판을 받고자 하면 화주 혹은 대리인이 그 화물에 해당하는 값을 오스트리아-헝가리 영사관에게 기탁하여 재판이 끝나기를 기다려야 한다.

구류하는 화물의 재질이 쉽게 부패하거나 쉽게 손상되는 것이라면, 비록 재판이 끝나지 않았더라도 오스트리아-헝가리 영사관이 그 물품에 해당하는 값을 받아놓고, 화물은 화주 혹은 대리인에게 돌려준다.

제8조 무역을 위하여 이미 개방했거나 개방하게 될 일본의 여러 항구에 있는 오스트리아-헝가리인이, 오스트리아-헝가리의 영유지(領有地) 및 다른 나라의 항구에서 수입한 일본에서 금지하지 않는 여러

물품은, 자유롭게 매매(賣買)하거나 오스트리아-헝가리 또는 다른 나라의 항구에 수출할 수 있다. 이 일을 하는 사람은, 이 조약의 부록(附錄)인 세목(稅目)에 게시한 세금만을 납부하고 그 밖의 여러 가지 세금은 낼 필요가 없다.

만약 일본 세관의 관리가 오스트리아-헝가리 상인이 보고한 상품 가격을 불신하면, 관리가 상품의 가격을 평가하여, 평가한 값으로 매수하는 것을 상인과 의논할 수 있다.

만약 상인이 평가한 값으로 매수하는 것을 승낙하지 않으면 세관의 관리가 평가한 값에 따라 세은(稅銀)을 납부하고, 상인이 세관에서 평가한 값을 받아들이면 세관의 관리가 평가한 값을 감(減)하지 않고 상인에게 지불하고 매수한다.

제9조 오스트리아-헝가리 상인이 일본 개항지에 화물을 수입하여 조세를 납부하면 일본 세관[收租]의 장관에게 세금을 납부한 데 대한 증서를 받는다. 이 증서를 소유하고 있으면 그 상품을 가지고 다시 일본 개항지에 출입하더라도 상세(商稅)를 이중으로 내지 않는다.

제10조 일본 정부는 여러 개항지에 힘써 창고를 건설하는데, 화물 수입자(輸入者) 혹은 화주(貨主)가 만약 우선 화물에 대한 세금을 납부하지 않고 그 창고에 보관해 줄 것을 요청하면 일본 정부는 이를 허가하여 그 화물을 저장한다. 일본 정부는 기탁(寄託) 받은 화물을 힘써 안전하게 저장하는데, 저장하고 있는 외국 상인의 화물을 위하여 화재보험법(火災保險法)을 설치하는 등 긴요한 준비를 마련해야 한다. 또 화물을 수입하는 사람 및 화주가 창고에서 화물을 반출하고자 하면 조세 목록(租稅目錄)을 따라 조세를 내야 한다. 만약 화물을 다시 수출하려고 하면 수입세(輸入稅)를 낼 필요가 없다.

화물을 반출하는 사람은 모두 창고 임대료를 내야 하는데, 창고 임대료 및 창고 임대에 관한 규칙은 양국이 협의하여 정한다.

제11조　오스트리아–헝가리인이 일본 개항지에서 구매한 일본 산물(産物)은 여러 세금을 내지 않고 일본의 다른 개항지로 수송할 수 있다. 만약 오스트리아–헝가리 상인이 일본 산물을 가지고, 일본 개항지에서 다른 개항지로 수송하여 그 화물을 수출하고자 하면, 해당하는 금액의 세금을 내어 세관[收稅廳]에 기탁한다. 그런데 그 화물을 수출하지 않고, 6개월 안에 다른 개항지에 화물을 내린 것에 대한 증서를 받아 세관에 제출하면 전에 낸 세금을 속히 상인에게 돌려줘야 한다.

일본의 법에서 다른 나라에 수출을 금지하는 물품을, 앞에서 말한 기한 안에 앞에서 말한 증서를 제출하지 않은 채 배에 적재하고 있는 상인은, 그 물품의 해당하는 값을 일본 관리에게 지불한다는 내용의 증서를 제출해야 한다.

비록 그렇지만 그 배가 만약 개항지에서 다른 개항지로 수송하다가 항해(航海) 중에 난파(難破)되는 재난을 만나게 된 경우라면, 별도로 파선된 사실을 증명하는 증빙 문서를 가지고 원지(原地)로 돌아가 제출한다. 다만 상인은 1년 안에 이 증빙 문서를 내야 한다.

제12조　오스트리아–헝가리인이 일본 개항지에 수입하여 이 조약에서 정한 상세(商稅)를 이미 완납한 화물은, 일본인과 독일인의 구분 없이 일본 국내로 수송할 수 있는데 기타 여러 세금 및 도로세(道路稅) 등은 모두 내지 않는다.

일본 산물에 대해서는 수로와 육로를 보수(補修)할 목적으로 상인에게 규례대로 거두는 세금 외에, 별도로 운송세를 거두지 않는다. 일본인은 일본 산물을 국내 어느 곳에서든 자유롭게 여러 개항지로 운송할 수 있다.

제13조 오스트리아-헝가리인은 여러 종류의 상품을 일본인에게서 구매할
수 있고 또 일본인에게 판매할 수 있는데, 매매하거나 값을 낼 때에
일본 관리가 간섭하지 않는다.

일본인은 오스트리아-헝가리 혹은 일본 개항지에서 일본 관리의
입회(立會) 없이 여러 종류의 상품을 오스트리아-헝가리인에게서
구매하여, 이를 저장하거나 사용하거나 다시 판매하는 것을 자유롭
게 할 수 있다. 다만 일본인이 오스트리아-헝가리인과 무역을 할
때, 일본인 상인이 자국에 규례대로 내는 세금 외에, 일본 정부는
다른 세금을 거두지 않는다.

일본인이 현재의 과세 규칙을 준수하여 규례대로 조세를 납부하면,
통상적인 규칙을 따라서 오스트라-헝가리 혹은 일본의 여러 개항
지로 가서 일본 관리의 입회 없이 오스트리아-헝가리인과 자유롭
게 교역할 수 있다.

일본인이 자국의 산물 또는 다른 나라의 산물을 일본의 개항지로
운송하거나, 혹은 일본의 개항지에서 다른 일본의 개항지로 운송하
거나, 혹은 다른 나라의 항구에서 또 다른 나라의 항구로 운송하는
등의 일에 대해서 일본인 혹은 오스트리아-헝가리인이 자기 소유
의 선박을 자유롭게 이용할 할 수 있다.

제14조 이 조약에 덧붙인 무역 규율(貿易規律) 및 조세 목록(租稅目錄)은 이
조약과 일체(一體)이니 양국 국민들이 굳게 지켜야 한다.

일본에 주찰(駐紮)하는 오스트리아-헝가리 전권공사는, 일본 정부
가 위임한 관리와 함께 협의하여 별책(別冊)의 무역 규칙을 시행할
목적으로, 무역을 위해 개항한 여러 항구에 긴요하고 적절한 규칙
을 확립할 권리가 있다.

일본 관리는 밀상(密商)의 부정한 행위를 예방하기 위하여, 각 항구

에 적절한 규칙을 마련한다.

제15조 일본에 거류하는 오스트리아-헝가리인이 일본인을 직원[衆胥] 혹
은 교사[師]와 잡부[給事] 등 금법(禁法)에 위배되지 않는 여러 가지
직업으로 고용하는 것을 일본 정부가 제지(制止)하지 않는다. 그러
나 고용된 일본인이 범죄를 저지르면 일본 법률로 처벌한다.

일본인은 자유롭게 오스트리아-헝가리 선박에서 필요로 하는 여러
가지 직업에 고용될 수 있다.

오스트리아-헝가리인이 고용한 일본인이 고용주를 따라 해외로 나
가고자 하면 그 지역의 관부(官府)에 요청하여 정부의 인장(印章)을
받을 수 있다.

일본 게이오(慶應) 2년 병인(丙寅) 4월 9일 곧 서력 1866년 5월 23일
에 일본 정부가 반포한 명령에 의거하여, 일본인은 정부의 인장을
소지하고서 자유롭게 학예(學藝)와 강수(講修) 및 상업을 목적으로
오스트리아-헝가리로 갈 수 있다.

제16조 일본 정부는 속히 일본의 긴요한 화폐 제조법을 개정한다. 또 일본
의 중요[首重]한 화폐제조국(貨幣製造局)[21] 및 여러 개항지에 건설하
게 될 화폐국(貨幣局)에서, 일본인 및 외국인은 귀천(貴賤)의 구분
없이 여러 종류의 외국 화폐 및 주조되지 않은 금은(金銀)을 가져와
서 개주비(改鑄費)를 제외하고 동일한 가치의 일본 화폐로 환전할
수 있다. 이 개주비는 양국이 협의한 뒤에 정한다.

일본 동전(銅錢) 외에 여러 종류의 화폐 및 화폐로 주조하지 않은
외국의 금은은, 일본에서 외국으로 수출할 수 있다.

---

21 화폐제조국(貨幣製造局) : 원문은 '貨幣大製造局'인데 일본어 조약에 근거하여 '幣' 뒤의 '大'
1자를 빼고 번역하였다.

제17조 일본 정부는 오스트리아-헝가리인의 무역을 위하여 개방한 각 항
구의 근방에, 등대(燈臺)·등선(燈船)·부표(浮標) 및 뢰표(瀨標)를 설
치하여 여러 선박이 안전하게 출입할 수 있게 한다.

제18조 오스트리아-헝가리 선박이 일본 해안에서 난파되거나 혹은 표류하
거나, 혹은 일시적으로 위난(危難)을 피하여 일본 항구로 들어온 경
우에, 해당 지역의 일본 장관은 힘써 구조해야 한다. 선원들이 요구
하면, 근방의 오스트리아-헝가리 영사관(領事館)으로 가는 방편을
알려준다.

제19조 오스트리아-헝가리 해군이 준비하는 여러 물품은, 일본 개항지에
내려 오스트리아-헝가리 관리가 보호하는 창고에 보관하는데 여기
에는 세금을 거두지 않는다. 그러나 일본인 혹은 외국인에게 판매
하게 되면, 구매한 사람이 정해진 세금을 일본 장관에게 납부한다.

제20조 일본 천황 폐하가 다른 나라 정부 및 그 국민들에게 이미 허가했거
나 이후에 허가하는 특허(特許) 및 편익(便益)은, 이 조약이 시행되
는 날을 기다려 오스트리아-헝가리 정부 및 그 국민들이 동일한 적
용을 받기로 확정한다.

제21조 임신(壬申)년 곧 서력 1872년 7월 1일이나 혹은 그 이후에, 그동안
실제로 시험한 무역의 정칙(定則) 및 수출입(輸出入) 상세(商稅)를 긴
요하게 변혁하거나 개정하는 것을 다시 의논할 수 있다. 비록 그렇
지만 다시 의논하는 일은 마땅히 1년 전에 고지해야 한다. 만약 일
본 천황 폐하가 앞에서 정한 시기에 앞서 각국과 맺은 조약의 개정
을 의논하고자 하는 경우에, 조약을 맺은 각국이 동의하면, 오스트
리아-헝가리 정부도 또한 일본 정부의 희망에 따라 이 회의에 참여
한다.

제22조 오스트리아-헝가리 전권공사 및 영사관이 일본 장관에게 공사(公

事)로 보내는 서한(書翰)은 독일어로 쓴다. 비록 그렇지만 이 조약을
시행하는 날로부터 3년 동안은 영어 혹은 일본어 번역문을 덧붙여
일본 관리가 이해하기 편하도록 한다.

제23조 이 조약은 독일어로 된 것이 2통이고 영어로 된 것이 3통이고 일본
어로 된 것이 2통이니, 모두 7통이다. 그 번역문의 뜻은 비록 서로
동일하지만, 만약 의미가 상충하는 부분이 있으면 영어 번역문을
표준으로 삼는다.

제24조 이 조약은 일본 천황 폐하와 오스트리아-헝가리 황제가 서로 이름
을 쓰고 압인(押印)하여 확정한다. 본서는 12개월 안에 교환하기로
한다. 이 조약은 오늘부터 시행한다.

앞의 조약을 증빙하기 위하여, 양국의 전권(全權) 관리가 이름을 쓰
고 날인한다.

일본 메이지 2년 기사 9월 14일 곧 서력 1869년 10월 18일에, 도쿄
에서.

사와　　외무경　　종삼위 기요하라 노부요시　　인(印)

데라시마 외무 대보 종사위 후지와라 무네노리　　인

모(某)【관명과 인명은 생략한다.】　　　　　　　　인

하와이[布哇] 조약

메이지(明治) 4년 신미(辛未) 7월 4일 곧 서력 1871년 8월 18일에, 도쿄(東
京)에서 날인한다. 같은 날에 본서를 교환한다.

대일본국(大日本國) 천황(天皇) 폐하는 하와이 제도[布哇諸島] 황제 폐하와

친목과 교제를 진흥하고, 양국 간의 이익을 위하여 조약을 맺기로 결정한다. 그리하여 대일본국 천황 폐하는 대신(大臣)인 종삼위(從三位) 수외무경(守外務卿) 기요하라 노부요시(淸原宣嘉)·대신인 종사위(從四位) 수외무 대보(守外務大輔) 후지와라 무네노리(藤原宗則)를 전권(全權) 관리에 위임하고, 하와이 제도 황제 폐하는, 대일본국 천황 폐하의 정부에 특파전권공사(特派全權公使)로서 주재하고 있는 대신인 모(某)【인명은 생략한다.】에게 위임하였다. 양국의 관리는 위임장을 확인하여 정실(情實)이 순정(順正)함을 살피고, 적절하게 동의하여 아래의 각 조항을 결정한다.

제1조   대일본국 천황 폐하와 하와이 제도 황제 폐하는 양국의 후손[後嗣] 및 국민들 간에 영원한 평화와 무궁한 친목을 보존하게 하도록 한다.

제2조   조약을 체결한 양국의 국민들은 자유롭고 안전하게, 선박과 화물을 가지고 다른 나라 국민들에게 교역을 허가한 여러 항구 및 각 하천으로 갈 수 있다. 그러므로 양국의 국민들은 여러 항구 및 여러 지역에 머물면서, 주거를 위하여 가옥과 창고를 빌리거나 소유하는 것도 무방하다. 무역을 하는 여러 종류의 산물(産物)과 제조물(製造物)에 대하여, 상업에서 금지하는 물품을 취급해서는 안 된다. 이미 다른 나라 국민들에게 허가했거나 혹은 이후에 허가하는 별격(別格)의 특허로서, 어떤 건(件)이든 구분하지 않고 일반적으로 다른 나라에 허가한 것은 양국의 국민들도 동일하게 적용을 받는다. 조약을 체결한 양국의 국내에서 사업을 하거나 혹 거류하는 사람은, 다른 나라 국민들이 납부하는 세항(稅項)을 조회하여 납부해야 할 금액을 일률적으로 완납한다.

제3조   조약을 체결한 양국이 전권공사와 영사관을 파견하는 것을 급선무로 여기면 전권공사에게 명령하여 양국 정부의 수도에 주재시키고,

또 영사관(領事官) 혹은 영사관공사(領事官公使)에게 명령하여, 해
당 국가 안의 다른 나라 국민들이 무역을 할 수 있도록 허가된 여러
항구 및 각 지역에 주재시킨다. 양국의 영사관 혹은 영사관공사는,
양국과 가장 친밀한 국가의 동등한 위계(位階)의 공사(公使)가 현재
적용받는 모든 허가 및 특전을 동일하게 적용받는다. 또 이후에 적
용받는 허가와 특전도 동일하게 적용받는다.[22]

제4조　대일본국 천황 폐하가 이미 다른 나라 및 그 국민들에게 허가했거
나 향후에 허가하는 여러 가지 일은, 하와이 정부 및 그 국민들도
동일하게 적용을 받기로 약속한다.

제5조　하와이인이 일본인을 고용하여, 금지하는 것 이외의 여러 가지 일
에 종사하게 것을 일본 정부는 방해하지 않는다.

제6조　외국인이 고용한 일본인은 개항지(開港地)의 지사(知事)에게 요청하
여 해외로 나가는 것을 허가하는 인장(印章)을 얻을 수 있다.

제7조　조약을 체결한 양국이 이 조약을 시행하다가, 상호 간에 불편한 점
이 있으면 6개월 전에 미리 통지한 뒤에 양국이 협의하여 개정한다.

제8조　이 조약은 대일본국 천황 폐하와 하와이 제도 황제 폐하가 서로 확
증한 것이다. 본서는 이 조약과 함께 도쿄에서 같은 날에 교환한다.
이 조약은 본서를 교환하는 날을 기다려 즉시 시행한다.

앞의 조약을 증빙하기 위하여, 대일본 메이지 4년 신미 7월 4일 곧
서력 1871년 8월 18일에, 양국의 전권(全權) 관리가 도쿄에서 이름
을 쓰고 날인한다.

22　조약을……적용받는다 : 원문의 내용으로는 문맥이 통하지 않는데, 『日本國外務省事務』 다
수의 용례에 근거하여 바로잡아 번역하였다.

종삼위 수외무경　　기요하라 노부요시　인(印)

종사위 수외무 대보 후지와라 무네노리　인

모(某)【관명과 인명은 생략한다.】　　　　인

외무성(外務省) 사

청국수호조규(淸國修好條規)

대일본국(大日本國)과 대청국(大淸國)은 평소 교의(交誼)를 돈독히 하여 그 역사가 깊은데, 이번에 옛 우호를 증진시켜 국가 간의 교분을 더욱 공고히 하고자 한다. 때문에 대일본국 흠차전권대신(欽差全權大臣) 종2위(從二位) 대장경(大藏卿) 다테(伊達)와 대청국 흠차전권대신 변리통상사무(辨理通商事務) 태자태보(太子太保) 협판대학사(協辦大學士) 병부상서(兵部尙書) 직례총독부(直隷總督部) 당일등(堂一等) 숙의백(肅毅伯) 이홍장(李鴻章)은 각자 받든 유지(諭旨)를 따라 공동으로 회의하여 수호조규(修好條規)를 정립한다. 그리하여 양국이 이를 준수하여 영구히 불변하기를 기약한다. 의논하여 정한 각 조항은 다음과 같다.

제1조 앞으로 대청국과 대일본국은, 화의(和誼)를 더욱 돈독히 하여, 천지와 더불어 영원히 지켜간다. 그리고 양국에 소속된 방토(邦土) 또한 서로 예(禮)로써 대우하여 침략해서는 안 되니, 그렇게 함으로써 영구한 안전을 얻도록 한다.

제2조 양국은 이미 우호를 맺었기 때문에 서로 긴밀한 관계에 있다. 그러
므로 만약 양국 중 어느 한 쪽이 다른 나라로부터 불공정하게, 또는
업신여겨 취급받는 일이 발생할 경우에는 반드시 이를 알려서 서로
돕거나 혹은 중립적인 자세로 잘 주선함으로써 우의를 돈독히 해야
한다.

제3조 양국은 정사(政事)와 금령(禁令)에 차이점이 있다. 그러므로 그 정사
는 응당 자국의 자주권(自主權)을 따르니, 양국은 서로 간에 대모(代
謀)하거나 간섭하여 일이 시행되기를 강요할 수 없다. 그 금령은 또
한 서로 돕고 각각의 상민(商民)을 신칙(申飭)하는 것이며, 토인(土
人)을 유인하거나 조금이라도 위법(違法)의 행위를 하는 것을 허락
하지 않는다.

제4조 양국은 병권 대신(秉權大臣)을 파견하는데, 병권 대신은 가족 및 수
행원을 데리고 양국의 수도에 주찰(駐紮)한다. 장기(長期)로 거주하
거나 수시로 왕래하면서 국내의 각처를 다니는 데 들어가는 비용은
양국이 각자 마련한다. 가택을 조차(租借)하여 대신 등의 공관(公館)
으로 사용하는 것과 행장(行裝)을 운반하는[1] 것, 문서를 전달하는
것 등의 일은 양국이 적절하게 지원해야 한다.

제5조 양국의 관위(官位)는 비록 정해진 품계(品階)가 있지만, 직임을 제수
(除授)하는 데 있어서는 차이가 있다. 만약 서로의 직장(職掌)이 대
등하면, 회견하거나 공문을 전달할 때에 평등의 예(禮)를 행한다.
직장이 낮은 관원이 직장이 높은 관원을 만나게 되면 객례(客禮)를
행한다. 공무가 있으면 직장이 대등한 관원에게 조회(照會)하여 전
달하고, 실무자가 직접 전달하지 않는다.[2] 서로 방문[拜會]하게 되

---

1 운반하는 : 원문은 '專次'인데, 일반적인 용례에 근거하여 '專差'로 바로잡아 번역하였다.

면 각자 관위(官位)를 기록한 첩(帖)을 사용한다. 양국이 파견한 관원이 임소(任所)에 처음 도착하면 인장(印章)을 찍은 문서를 보내 신원을 증험하여, 다른 사람이 관원을 사칭하는 일이 발생하는 것을 막는다.

제6조 앞으로 양국이 주고받는 공문은 청국(淸國)은 한문(漢文)으로 기록하고 일본은 일본문(日本文)으로 기록하는데, 편의에 따라 한문 번역문을 덧붙이거나 혹은 한문으로만 쓴다.

제7조 양국은 이미 우호를 맺었으므로, 양국은 자국 연해(沿海)의 각 항구에 장소를 지정하여 상민(商民)의 왕래와 무역을 허가한다. 아울러 별도로 양국 상민의 활동을 편리하게 할 목적으로 통상장정(通商章程)을 마련하여 영원히 준수한다.

제8조 양국이 지정한 각 항구에 서로 이사관(理事官)을 배치하여 자국의 상민을 단속한다. 교섭(交涉)·재산(財産)·사송(詞訟)에 대한 안건은 모두 이사관이 심리(審理)하는데, 각 안건은 자국의 법률과 규례를 따라 처리한다.[3] 양국의 상민이 서로 공소(控訴)를 제기할 때 모두 품정(稟呈)[4]을 사용하는데, 이사관은 응당 우선 권유하고 진정시켜 소송이 이루어지지 않게 한다. 만약 그렇게 되지 않으면 지방관에게 조회(照會)하여 함께 공평하게 조사하여 처리한다. 절도(竊盜)나 포흠(逋欠, 부채(負債)) 등에 관한 안건은 양국의 지방관이 조사하여

---

2 직접……않는다 : 원문은 '無須經達'인데, 문맥에 따라 '經'을 '徑'으로 바로잡아 번역하였다.
3 자국의……처리한다 : 원문은 '己國律例覆辦'인데, 문맥에 따라 '覆'을 '覈'으로 바로잡아 번역하였다.
4 품정(稟呈) : 일반적으로 하급 관원 또는 하급 관청에서, 상급 관원 또는 상급 관청에 의견을 묻거나 결정을 받기 위해 올리는 문서나 그 행위를 뜻한다. 여기에서는 평민(平民)이 관청에 제출하는 신청서로서의 문서 형식을 가리킨다.

갚게 하고, 대신 배상하지는 않는다.

제9조 양국이 지정한 각 항구에 아직 이사관(理事官)이 배치되지 않았으면, 무역과 국민들에 관한 것은 모두 지방관이 단속하고 지원한다. 범죄가 발생하면 지방관이 한편으로는[5] 범죄자를 체포하고 한편으로는 그 사건의 경위를 부근(附近) 각 항구의 이사관에게 통보하는데, 이사관이 법률을 살펴 처벌한다.

제10조 양국의 관상(官商, 관에 소속되어 있는 상인)은 지정된 각 항구에서 그곳의 사람을 고용하여 일을 시키거나 무역을 관리하게 할 수 있다. 고용주는 수시로 고용인을 단속하여 고용인이 마음대로 빙자하여 남을 속이지 못하게 해야 하고, 또 고용인이 자신에게 유리하게 하는 말만을 듣고 사건을 일으켜서는 안 된다. 고용인이 범죄를 저지르면 해당 지역의 지방관이 체포하고 처벌하는데, 고용주는 고용인을 비호(庇護)할 수 없다.

제11조 양국의 상민(商民)은 지정된 각 항구에서 서로 왕래할 때 마땅히 우애(友愛)를 돈독히 해야 하니, 도검(刀劍)을 소지할 수 없다. 이를 위반하는 사람은 처벌하고 도검은 관(官)에서 몰수한다. 아울러 양국의 상민은 각자의 본분을 지켜야 하고 거주 기간에 관계없이 모두 자국 이사관의 관할에 속한다. 양국의 상민은 의관(衣冠)을 바꾸어 입고서 그곳의 호적(戶籍)에 편입되거나 관리가 되어 혼란을 일으켜서는 안 된다.

제12조 자국 국민이 자국의 법금(法禁)을 위반하여 상대국의 공서(公署, 관공서)·상선(商船)·행잔(行棧, 상점)에 숨어 있거나 상대국의 각처로 도망간 경우에, 자국 관리의 조사를 거친 뒤에 상대국 관리에게 조회

---

5 한편으로는 : 원문은 '一名'인데, 문맥에 따라 '名'을 '面'으로 바로잡아 번역하였다.

(照會)하면, 상대국 관리가 법을 마련하여 즉시 체포하고 도망가게 해서는 안 된다. 체포하여 인계할 때 가는 길을 따라 의식(衣食)을 지급해야 하고, 학대(虐待)해서는 안 된다.

제13조 양국의 국민이 상대국의 지정된 항구에서 강도(强徒)와 결탁하여 도적(盜賊) 혹은 비적(匪賊)이 되어, 국내로 잠입하여 방화(防火)·살인(殺人)·창겁(搶劫)을 저지른 경우에, 각 항구의 지방관이 한편으로는 엄하게 체포하고 한편으로는 그 사건의 경위를 이사관(理事官)에게 급히 통보한다. 혹시 감히 흉기를 사용하여 체포를 거부하면 범인이 사망에 이르게 되더라도 책임을 따지지 않는다. 다만 사망에 이르게 된 사정은 이사관과 함께 조사하여 징험(徵驗)한다. 만약 사건이 항구가 아닌 국내에서 발생하여 이사관이 징험할 수 없는 경우에는, 그곳의 지방관이 실제의 사정을 이사관에게 조회(照會)하는데, 이사관은 이를 조사하여 검토한다. 체포되어 법정에 출두한 범인은 각 항구의 지방관이 이사관과 함께 심리하여 처벌한다. 그러나 항구가 아닌 국내에서는 지방관이 심리하여 처벌한 뒤에 그 사건의 경위를 이사관에게 조회하는데, 이사관은 이를 조사하여 검토한다. 자국 국민이 상대국에 있으면서 10명 이상의 무리를 모아 소요(騷擾)를 일으키거나 상대국 국민과 통모(通謀)하여 지방의 일에 해(害)를 입히면, 상대국의 관리가 즉시 조사하여 체포할 수 있다.[6] 각 항구에서 발생하는 사건은 이사관에게 통보하여 함께 심리하고, 항구가 아닌 국내에서 발생한 사건은 지방관이 사실을 조사한다.【지방의 정법(正法)에 대하여 범죄를 저지른 것은 모두 이사관에게 조회하는데, 이사관은 이를 조사하여 검토한다.】

---

6 즉시……있다 : 원문은 '經行査擊'인데, 문맥에 따라 '經'을 '徑'으로 바로잡아 번역하였다.

제14조 양국의 병선(兵船)이 지정된 항구를 왕래하는 것은 자국의 상민(商民)을 보호하기 위한 목적으로만 가능하다. 아직 지정을 거치지 않은 항구 및 국내의 하천·호수·지항(支港)은 병선이 들어갈 수 없는데, 이를 위반하면 억류하고 처벌한다. 하지만 폭풍에 조난을 당하거나 위험을 피하여 항구로 온 경우는 여기에 해당하지 않는다.

제15조 앞으로 양국이 혹시 다른 나라와 전쟁하게 되면 마땅히 각 항구를 폐쇄하는데, 한 번 통지한 뒤에 곧바로 무역 및 선박의 출입을 중지하여 오인(誤認)으로 인해 손해를 입지 않도록 한다. 평상시에 일본인은 청국(淸國)이 지정한 항구 및 그 부근의 바다에서 자국과 불화(不和)하는 나라와 전투를 할 수 없고, 청국인(淸國人)은 일본이 지정한 항구 및 그 부근의 바다에서 자국과 불화하는 나라와 전투를 할 수 없다.

제16조 양국의 이사관(理事官)은 무역을 할 수 없고, 또한 조약을 맺지 않은 각국의 일을 겸섭(兼攝)할 수 없다. 만약 이사관이 처리한 일이 뭇사람들의 뜻과 맞지 않으면, 확실한 사실에 근거하여 서로가 공문을 통해 의견을 전달하는데, 병권 대신(秉權大臣)이 조사한 뒤에 이를 철회하여, 한 사람의 잘못으로 양국의 우의(友誼)가 손상되지 않도록 한다.

제17조 양국의 선박의 기호(旗號)는 각각 정식(定式)이 있는데, 혹시 상대국의 선박이 자국의 기호를 도용하여 사적으로 불법적인 일을 저지르면 화물과 선박을 모두 관(官)에서 몰수한다. 도용된 선박의 기호가 관에서 발급한 것으로 밝혀지면, 즉시 그 관원을 파직한다. 양국서적의 경우, 서로가 학습하고자 하는 것이 있으면 응당 구입할 수 있다.

제18조 양국이 의논하여 정한 조규(條規)는, 먼저 방비하는 법도를 시행하

여 우연히 발생할 수 있는 혐극(嫌隙)을 예방함으로써 우호와 신의
를 다지려는 목적으로 제정한 것이다. 이를 위하여 양국의 흠차전
권대신은 우선 화압(畵押)하고 압인(押印)하여 증거로 삼고, 양국이
어필(御筆)로 비준(批準)하여 교환한 뒤에 즉시 각처에서 간행한다.
그리하여 양국의 관리와 국민들로 하여금 모두 인식하고 준수하게
하여, 영원한 우호를 이어가게 한다.

메이지(明治) 4년(1871) 신미(辛未) 7월 29일   화압(花押)

동치(同治) 10년(1871) 신미 7월 29일   화압

대만(臺灣) 번지(蕃地)를 조치(措置)하는 데 관한 건(件)을 청국(淸國) 정부와 다음과 같이 정약(訂約)함

호환조약(互換條約)

조항[條款]에 대해 회의하여 서로 간에 변법(辨法)의 문장으로 사실을 대
조한다. 각국의 국민들이 보호받지 못하는 일이 발생하면 각국은 마땅히
법을 마련하여 보호해야 하는데, 만약 다른 나라에서 이런 사건이 발생하면
마땅히 사건이 발생한 그 나라 스스로 처리해야 한다. 이번에 대만(臺灣)의
생번(生蕃)[7]이 일본국에 소속된 지역의 국민들에게 함부로 피해를 입혔다.
그러므로 일본의 본의(本意)는 피해를 입힌 데 대한 죄를 묻기 위한 군대를
파견하여 생번 등을 힐책(詰責)하려는 것이었다. 그리고 이제 일본은 청국

---

7 생번(生蕃) : 대만(臺灣)의 고산족(高山族) 가운데서, 남부(南部)의 숲 속에 살며 원시적인
생활을 하고 있는 원주민을 가리킨다.

(清國)과 더불어 군대를 철수하고 아울러 양국은 뒷마무리를 잘하기 위한 변법을 의논하여 명확히 한다. 그리하여 다음의 3조(條)를 개진(開陳)한다.

제1조[8] 일본의 이번 거사(擧事)는 원래 목적이 자국 국민을 보호하기 위한 것이었으므로, 청국(淸國)은 이를 지적하여 '옳지 않다'고 해서는 안 된다.

제2조 이전에 피해를 입은 국민의 유족에게 청국은 보상금으로 은(銀)을 지급한다. 일본이 해당 지역에 만든 도로와 건축물을 청국이 그대로 사용하기를 원하므로 이를 우선 의논하여 정했으니, 일본에 지급하는 보상금은 별도로 계산한다.

제3조 이 사건과 관련하여 양국이 왕래한 모든 공문(公文)은 양국이 거두어서 파기하고, 영원히 재론하지 않는다. 해당 지역의 생번(生蕃)에 대하여, 청국은 마땅히 법을 마련하여 단속함으로써 항해객(航海客)의 안전을 보장하여 다시 흉해(凶害)를 입지 않도록 기약한다.

호환빙단(互換憑單)

빙단(憑單)에 대해 회의하기 위하여, 영국(英國)의 권위 있는 현임 대신(大臣)이 양국과 함께 대만[9] 생번에 관한 일을 의논하여 명확히 하고 아울러 이날 서로 변법(辨法)의 문거(文據)를 확립한다.

종전에 피해를 입은 일본 국민의 유족에게, 청국은 먼저 보상금으로 은

---

8 제1조 : 원문은 '一'인데, 모든 조항이 동일하게 되어 있어 조항의 차례와 그 사이의 관계를 파악하기 어렵다. 때문에 「日淸兩國間互換條款及互換憑單」에 근거하여 각 조항을 모두 바로잡아 번역하고 교감기를 달지 않는다.

9 대만 : 원문은 '笞'인데, 문맥에 따라 '笞'을 '台'로 바로잡아 번역하였다.

(銀) 10만 냥을 지급한다. 그리고 일본 군대가 철수하는 데 따라 대만에 남게 되는 일본국 소유의 도로와 건축물 등을 청국이 그대로 사용하고자 하므로, 그에 대한 보상금으로 은 40만 냥을 지급한다.

또한 의논을 거쳐 일본국은 메이지(明治) 7년(1874) 12월 20일까지 군대의 철수를 완료하고, 청국은 동치(同治) 13년(1874) 11월 12일까지 보상금을 모두 지급하기로 하였으니, 양국은 기한을 어겨서는 안 된다. 일본국 군대가 전부 철수하지 않으면, 청국이 약속한 은(銀) 또한 전부 지급하지 않는다. 이에 의거하여 양국은 각각 조약문(條約文) 한 부를, 대조를 위하여 보존한다.

청국재류일본인규칙(淸國在留日本人規則)

이번에 청국에 거류하는 일본인을 위하여 규칙을 마련하였으니 이는 엄히 준수해야 하는 것으로 위배(違背)를 용납하지 않는다. 만약 이를 위반하는 사람이 있으면 위식주위조례(違式註違條例)[10]에 조율(照律)하여 벌금에 처한다.

第1조 해군의 사관(士官) 및 관원(官員)을 제외하고 총검(銃劍) 및 무기류를 휴대해서는 안 된다.

第2조 도로에서 거마(車馬)를 거칠게 몰아 행인을 방해해서는 안 된다.

第3조 술주정을 부리거나 방가(放歌)하여 거마의 운행을 방해해서는 안 된다.

---

10 위식주위조례(違式註違條例) : 메이지(明治) 초기에 도쿄(東京)에서 시행한 경범죄(輕犯罪)에 대한 형벌법(刑罰法)으로, 풍기문란(風紀紊亂)을 단속하기 위한 목적으로 제정된 것이다.

제4조 화원(花園) 혹은 시가의 초목을 꺾어서는 안 된다.

제5조 도랑이나 노상에 토개(土芥)와 와력(瓦礫) 등 쓰레기를 버려서는 안 된다.

제6조 시가와 도로에서 함부로 분뇨(糞尿)를 배설해서는 안 된다.

제7조 나체(裸體)로 있거나, 어깨 또는 다리를 드러내어 추태(醜態)를 보여 서는 안 된다.

제8조 신체에 문신을 해서는 안 된다.

제9조 남녀는 씨름이나 농사(弄蛇 뱀을 길들여 재주를 부리는 것) 및 기타 추태를 보일만한 행동으로 시장에서 장사해서는 안 된다.

제10조 부인(婦人)은 이유 없이 단발(斷髮)을 해서는 안 된다.

제11조 집에서 나갈 때 단발을 한 사람은 반드시 관(冠)을 착용해야 하고, 결발(結髮)한 사람이 관을 쓰지 않고 머리카락을 쥐고서 밖을 돌아 다녀서는 안 된다.

제12조 남녀는 모두 집에서 나갈 때 반드시 적절한 복장을 착용해야 하고, 또 수건(手巾)으로 머리나 얼굴을 가려서는 안 된다.

제13조 부녀(婦女)는 창기(娼妓)처럼 음란한 풍조(風潮)로 단장해서는 안 된다.

페루[秘魯]와 맺은 화친과 무역과 항해의 조약

메이지(明治) 6년, 서력 1873년 8월 21일에, 도쿄(東京)에서 날인한다.

일본국 대황제(大皇帝)와 페루 대통령(大統領)은 양국 간에 평화와 화친의 교의(交誼)를 영구적이고 견고하게 하며 또 양국 국민들의 무역을 용이하게 하고자 한다. 그리하여 요구되는 목적을 달성하기 위한 조약을 맺기로 결정한다. 일본국 대황제는 외무경(外務卿) 소에지마 다네오미(副島種臣)를 전권 관리로 명령하고, 페루 대통령은 일본·중국 특파전권공사(特派全權公使) 캡 틴[captain 甲比丹] 모(某)【관명과 인명은 생략한다.】를 전권 관리로 명령하였 다.[11] 양국 관리는 위임장을 제시하여 서로 간에 내용이 적절함을 살핀다. 또 일본 정부는 조약을 체결한 해부터 개정(改正)을 시작하여 개정을 마무리 하면, 일본 정부와 페루 정부는 다른 각국과 동반으로 교의를 맺어 양국의 이익을 보전하기로 한다. 이를 위하여 화친과 무역과 항해의 조약을 맺는 것을 약속하니, 전권 관리가 이름을 쓰고 날인하여 다음의 각 조항을 결정 한다.

제1조 일본국 대황제는, 그 후예와 공화정(共和政) 페루 및 양국의 국민들 간에 영구적인 평화와 친교의 교의를 보존하기로 한다. 이 조약을 체결한 양국은 영내(領內)에서 양국 국민들의 신체 및 소유물을 십 분(十分) 보호한다.

제2조 일본국 대황제는 페루의 수도 리마부[利馬府]에 전권공사(全權公使) 를 주재시킨다. 그리고 다른 나라의 영사관 관리의 주재가 허가된 페루의 여러 항구 및 시장에, 영사관(領事官)과 대리영사관(代理領 事官), 혹은 영사관과 대리공사(代理公使)를 주재시킨다.

앞의 관리는 누구든지 최우대국(最優待國)의 관리와 동등한 권리 및 특전을 적용받고, 마음대로 페루 국내를 자유롭게 다닐 권리가

---

11 페루……명령하였다 : 원문은 '秘魯國大統領 命日本及支那 秘魯國特派全權公使【人名未繙】 甲比丹【官名人名未繙】于全權'인데, 그중 '【人名未繙】'은 일본·중국[支那] 특파전권공사(特派 全權公使)의 이름을 반복하여 기록한 것으로 보인다. 하지만 정확한 사실을 알 수 없고 같은 내용이 반복되어 문맥이 통하지 않으므로 『日本國外務省事務』 다수의 용례에 근거하여 '【人名 未繙】'을 생략하고 번역하였다.

있다.

페루 대통령은 일본 제국의 수도에 전권공사를 주재시킨다. 또 외
국과의 교역을 위하여 이미 개방했거나 이후에 개방하는 여러 항구
및 시장에 영사관과 대리영사관 혹은 영사관과 대리공사를 주재시
킨다.

앞의 관리는 누구든지 각 최우대국의 관리와 동등한 권리 및 특전
을 적용받고, 또 페루 전권공사 및 영사관은 일본 제국 국내를 자유
롭게 다닐 권리가 있다.

제3조   일본이 외국인 및 그들의 교역을 위하여 개방했거나 이후에 개방하
는 여러 항구 및 시장은, 이 조약을 시행하는 날에 페루 국민 및
그들의 교역을 위하여 개방한다.

페루 국민은 앞의 지역에 거주하면서 본인 소유의 선박으로 무역하
는 곳으로 갈 수 있고, 또 최우대국의 국민들과 동등한 권리 및 특
전을 적용받는다.

일본인은 페루의 어느 곳에서든 거주할 수 있고, 본인 소유의 선박
으로 외국인이 교역하는 여러 항구로 갈 수 있으며, 페루가 허가한
최우대국의 국민들과 동등한 권리 및 특전을 적용받는다.

제4조   페루 선박이 일본해(日本海)에서 난파(難破)되거나 혹 표류(漂流)하
거나 혹 위난을 피하여 부득이하게 일본 항구로 온 경우에, 해당
일본 관리가 이를 인지하게 되면 바로 힘이 닿는 데까지 구호하여
선원들을 친절하게 대우해야 한다. 필요하면 근방의 페루 영사관으
로 갈 수 있는 방편을 알려준다.

페루 해안에서 난파되거나 표류하는 일본 선박에 대하여, 페루 해
안을 관할하는 관리는 앞의 선박과 동일하게 구호한다.

제5조   일본의 각 개항지에서 외국과의 교역에 대한 규칙을 마련하였으니,

이번에 시행하는 수출입(輸出入) 세액(稅額)을 페루와의 교역에 적용한다.

페루의 여러 항구에서 수출입 무역을 하는 일본인은, 다른 최우대국 상인이 무역할 때 납부하는 세액 외에 다른 세금을 내지 않는다.

제6조 일본국 대황제가 이미 다른 나라의 관리 및 국민들에게 허가했거나 혹은 이후에 허가하는 모든 권리·특전·특례·재판권 및 기타 여러 이익 등은, 이 조약을 시행하는 날로부터 페루 정부의 관리 및 국민들이 적용받기로 여기에 특별히 명확하게 기술한다.

앞의 내용과 마찬가지로 페루가 최우대국 정부의 관리 및 그 국민들에게 허가한 모든 권리·특전·특례는 일본 정부의 관리 및 국민들 또한 적용받는다.

제7조 양국 정부는 일본인 및 페루 국민을 적법한 여러 가지 일에 상호(相互) 고용하는 것을 방해하지 않는다. 또 일본인 및 페루 국민은 각각 자국에서 적법한 절차를 거쳐 마음대로 양국을 왕래할 수 있다.

제8조 일본 정부는 조약을 개정하는 시기가 되면, 공화정 페루와 화친과 무역과 항해의 조약을 체결하고 이 가조약(假條約)은 폐지한다.

제9조 이 조약은 일본어로 된 것이 3통, 스페인어로 된 것 3통, 영어로 된 것이 3통이니 모두 9통인데, 모두 전권 관리의 이름을 쓴다. 그 문의(文意)[12]는 비록 모두 동일하지만 의론(議論)이 발생하면 영어 번역문을 원문으로 삼는다.

제10조 이 조약은 일본국 대황제가 비준(批準)하고, 또 공화정 페루 대통령이 페루 국회(國會)의 허가를 얻은 뒤에 비준한다. 본서는 신속하게 도쿄에서 교환한다.

---

12 문의(文意) : 원문은 '文義'인데, 문맥에 따라 '義'를 '意'로 바로잡아 번역하였다.

이 조약은 약정(約定)한 당일부터 시행한다.

앞의 조약을 증빙하기 위하여 양국의 전권(全權) 관리가 도쿄에서
이름을 쓰고 검인(鈐印)한다.

메이지 6년 8월 21일 곧 서력 1873년 8월 21일

소에지마 다네오미(副島種臣)   인(印)

모(某)【관명과 인명은 생략한다.】[13]   인

만국우편연합(萬國郵便聯合)【규칙과 세목(細目)의 사무는 농상성(農商省) 역체국(驛遞局)에서 관장한다.】

독일[日耳曼]·아르헨티나[亞然的晉共和國][14]·오스트리아[澳地利]·헝가리
[洪葛利]·벨기에[白耳義]·브라질[白西兒]·덴마크[丁抹] 및 여러 식민지·이
집트[埃及]·스페인[西班牙] 및 여러 식민지·미합중국[北亞米利加合衆國]·프
랑스[佛朗西] 및 여러 식민지·영국[大不列顚] 및 여러 식민지·영국령 인도
[英領印度]·캐나다[加那太]·그리스[希臘]·이탈리아[伊太利]·일본(日本)·룩
셈부르크[歷山堡]·멕시코[墨西哥]·몬테네그로[滿得涅各羅]·노르웨이[那威]·
네덜란드[和蘭] 및 여러 식민지·벨로루시[白露]·이란[波斯]·포르투갈[葡萄
牙][15] 및 여러 식민지·루마니아[羅馬尼亞]·러시아[魯西亞]·세르비아[塞爾維]

---

13 관명과 인명은 생략한다 : 원문은 '官名人名未繙'인데, 원문처럼 기록되어 있으나 『日本國外
務省事務』 다수 용례에 근거하여 원주(原註)로 수정함. 『日本國外務省事務』의 모든 '官名人名
未繙' 또는 '官名人名'은 원주로 고치며 교감기를 달지 않음.
14 아르헨티나[亞然的晉共和國] : 원문은 '兒然弱晉共和國'인데, 「萬國郵便條約」에 근거하여
'兒'를 '亞'로 '弱'을 '的'으로 바로잡아 번역하였다.

·엘살바도르[薩瓦多]·스웨덴[西典]·스위스[瑞西]·터키[土耳其] 간에 체결한 만국우편연합조약(萬國郵便聯合條約)이다.

책의 뒤편에 성씨와 이름을 연서(連書)하고, 앞에는 각국 정부의 전권위원(全權委員)을 게시한다. 1874년 10월 9일에 베네치아[白爾尼]에서 체결한 만국우편연합조약 제18조에 의거하여, 이번에 파리[巴里]에서 대회를 열어 협의하고, 각국 군왕의 비준을 받아 다음과 같이 조약을 개정한다.

제1조 이 조약을 맺은 여러 국가 및 앞으로 이 조약에 가맹(加盟)하는 여러 국가는 각 우편국(郵便局) 간에 서로 우편물을 교환하는데, '만국우편연합'의 명칭은 단일의 방강(邦彊 국경)을 이루었음을 뜻한다.

제2조 이 조약의 조항에서 다루는 내용은 연합에 소속된 갑국(甲國)에서 연합에 소속된 을국(乙國)으로 보내는 편지와 엽서[端書] 및 각종 인쇄물과 상무(商務)에 관한 서류와 상품(商品)의 견본이다. 또 연합한 여러 국가와 연합에 소속되지 않은 여러 국가가 앞에서 말한 종류의 우편물을 교환할 때, 2개 이상의 연합한 국가를 경유하여 체송(遞送)하게 되면 연합한 국가 간의 체송은 이 조약을 따른다.

제3조 경계가 인접하여 매개(媒介)가 필요 없이 직접 우편물을 교환할 수 있는 여러 국가는, 그 국가의 역체국(驛遞局)이 협의한 뒤에 경계를 통과할 수 있다. 혹은 갑국(甲國)의 경계에서 을국(乙國)의 경계에 이르기까지, 서로 관련이 있는 국가 간에 조약을 정한다.

양국 중 한 국가에 소속되어 있는 우편선(郵便船)이 직접 해운(海運)으로 체송(遞送)하면, 달리 약정한 경우 외에는 매개(媒介)하여 운반

15 포르투갈[葡萄牙] : 원문은 '葡萄呀'인데, 「萬國郵便條約」에 근거하여 '呀'를 '牙'로 바로잡아 번역하였다.

하는 것으로 간주한다. 아울러 양국 우편국 간에 갑국이 을국에게 해로(海路) 또는 육로(陸路) 운송의 매개가 되어 줄 것을 요청하면, 모두 다음의 조항을 조회하여 처리한다.

제4조 연합한 국가 안에서는 서로 자유로운 체송(遞送)을 방해받지 않는다. 그러므로 연합한 여러 역체국(驛遞局)은 무역의 상황과 우편 사무의 절차를 따라 폐낭(閉囊) 혹은 개낭(開囊)으로 우편물을 교환하는데, 통과하는 여러 국가에 경비를 지불한다.[16]

▶육로로 운송하는 경우에, 편지 혹은 엽서는 1킬로그램(kg)마다 2【프랑(franc)[17]】기타 물품은 1킬로그램마다 25【상팀(centime)[18]】를 거둔다.

해로로 운송하는 경우에, 편지 혹은 엽서는 1킬로그램마다 15【프랑】기타 물품은 1킬로그램마다 1【프랑】을 거둔다.

▶다만 다음에 게시한 것은 여기에 해당하지 않는다.

현재 이미 경비를 거두지 않거나 다시 그 금액을 낮춰주기로 약속한 경우에는, 다음의 3항목을 제외하고 옛 규례를 따른다.

첫 번째, 옛 규례에는 편지 혹은 엽서는 1킬로그램마다 6【프랑】15【상팀】를 거두었는데, 앞으로는 감(減)하여 5【프랑】를 거둔다.

두 번째, 300해리(海里) 이하를 운송하는 우편물에 대하여 관리하는 역체국이 이미 육지에서 경비를 거두었다면 다시 경비를 거두지 않

---

16 폐낭(閉囊) ……지불한다. : 원문은 '以開曲囊或開囊所交換之郵便物 可收經費于所通過之諸國'인데, 문맥이 통하지 않아 「萬國郵便條約」의 원문 '開囊若クハ閉囊ニテ交換スル郵便物ハ其郵便物ノ通過スル諸國或ハ其運搬ヲ爲ス諸國ヘ各々左ノ継越運送賃ヲ拂フヘシ'에 근거하여 바로잡아 번역하였다.

17 프랑(franc) : 프랑스와 스위스 및 벨기에의 화폐 단위이다.

18 상팀(centime) : 프랑스와 스위스 및 벨기에의 화폐 단위로, 1상팀은 1프랑의 100분의 1이다.

는다. 만약 그렇지 않으면 해로로 운송하는 편지 및 엽서는 1킬로그
램마다 2【프랑】를, 기타 물품은 1킬로그램마다 25【상팀】를 거둔다.
세 번째, 두 국가 이상이 해로로 운송하는 경우에 그 전체의 경로에
들어가는 경비로 편지 및 엽서는 1킬로그램마다 15【프랑】를, 기타
물품은 1킬로그램마다 1【프랑】을 거둔다. 이렇게 할 때에, 양국은
운송한 거리의 원근(遠近)을 계산하여 거둔 비용을 나누어 가진다.
본 조항에 기록한 경비는 연합에 소속되었는지의 여부와 상관없이
적용하는 것인데, 한 역체국 또는 여러 역체국의 편의(便宜)를 위하
여 별도로 조약을 시행해도 무방하다.

우편 경비는 우편물을 발송하는 역체국에서 지불한다.

이 경비의 총회계(總會計)는 2년마다 제14조에서 약속한 세목 규칙
(細目規則)을 따라 정한다.

각 역체국 간에 서로 왕복하는 우편물 및 다시 배달하거나 잘못 배
달한 우편물들, 기타 우편 사무와 관계되는 서류는 육로와 해로로
운송할 때에 경비를 거두지 않는다.

第5조   연합 안에서 우편물을 체송하는 데 대한 우세(郵稅)는, 옛날부터 연
합한 국가 및 앞으로 가맹하는 국가 모두 다음과 같이 정한다.

첫 번째, 편지[19]는 1통 15그램(g)마다 25【상팀】를 거두는데 미리 내
지 않은 경우에는 두 배를 거둔다.

두 번째, 엽서는 1통마다 10【상팀】을 거둔다.

세 번째, 각종 인쇄물과 상무(商務)에 관한 서류와 상품(商品)의 견
본은 1포대(包袋) 50그램마다 5【상팀】를 거둔다. 다만 이 물품 안에
편지가 포함되어 있어서는 안 된다. 또 검사하기 편하게 물품을 배

---

19 편지 : 원문은 '信'인데, 일반적인 용례에 근거하여 '信' 뒤에 '書'를 보충하여 번역하였다.

치해야 한다.

상무에 관한 서류는 1개마다 25【상팀】를, 또 견본은 1개마다 10【상팀】을 균등하게 거둔다.

▶앞의 항목 이외에 우세(郵稅) 및 최소 세액(稅額)을 다음과 같이[20] 더 거둔다.

편지 및 엽서는 1킬로그램마다 15【프랑】를, 기타 물품은 1킬로그램마다 1【프랑】을 해운비(海運費)로 거두는데, 여기에다 편지는 1통마다 25【상팀】를, 엽서는 1통마다 5【상팀】를, 기타 물품은 50그램마다 5【상팀】를 넘지 않게 더 거둔다.[21]

연합에 소속되지 않은 국가의 물품을 운반하거나 또는 비록 연합한 국가 내에서도 특별하게 운반하는 물품은 모두 여기에 준(準)하여 더 거둔다.

▶미리 우세(郵稅)를 냈으나 부족분(不足分)이 발생하는 경우에는, 어떤 우편물이든지 수령인(受領人)에게 그 금액의 두 배를 거둔다.

첫 번째, 다른 물품을 오염시키거나 손상시키는 우편물.

두 번째, 편지를 제외하고 세액 규칙(稅額規則)에 미달하는 우편물.

세 번째, 시가(市價)의 상품과 견본 및 중량 250그램, 길이 20【센티미터(cm)】, 두께 5【센티미터】를 넘어가는 우편물.[22]

네 번째, 중량이 2【킬로그램】를 넘어가는 상무(商務)에 관한 서류 및

---

20 다음과 같이 : 원문은 '如此'인데 『日本國外務省事務』 다수 용례에 근거하여 '此'를 '左'로 바로잡아 번역하였다.

21 여기에다……거둔다 : 원문은 '信書 每一通二十五【財名】 端書五【財名】 其他之物品 五十【財名】 得收之'인데, 문맥이 통하지 않아 「萬國郵便條約」을 참조하여 번역하였다.

22 중량……우편물 : 원문은 '重量二百五十量目長二十【尺名】幅十【尺名】五厚【尺名】者'인데, 「萬國郵便條約」에 근거하여 '幅十【尺名】'는 연문(衍文)으로 보고 번역하지 않았다.

각종 인쇄물.

제6조 제5조에 기재된 우편물은 등기[加書]로 보낼 수 있는데, 등기우편 [加書郵便]은 발신인이 다음과 같이 우세(郵稅)를 내야 한다.

첫 번째, 우편물의 성질에 따라 통상적인 세액(稅額)을 미리 낸다. 두 번째, 등기 비용은 유럽 각국은 25【상팀】이고, 기타 각국은 15【상 팀】이다.

등기우편물의 발신인은 그 우편물의 수령증을 요구할 수 있는데, 그 비용으로 25【상팀】를 거둔다.

▶등기우편물을 분실하게 되면, 천재지변(天災地變)을 제외하고 역 체국(驛遞局)에서 해로와 육로를 탐문하는데 그래도 찾지 못하면 변 상한다.

유럽의 각국 및 기타 각국은 현재 변상의 책임이 없으니, 그 법제(法 制)가 개정될 때까지 일시적인 편의를 위하여 앞의 내용에 따라 시 행한다. 그간에 연합한 각국 또한 변상을 요구하지 않는다.

도중에 분실하여 실제의 자취를 알 수 없는 등기우편물에 대하여, 양국의 역체국이 절반씩 변상금을 부담한다. 이 변상금은 지급을 지연해서는 안 되니, 절대로 1년을 경과할 수 없다. 변상금은 우편 물을 발송한 날로부터 1년 이내가 아니면 청구할 수 없다.

제7조 이것【프랑】으로 화폐의 기준을 삼지 않는 각국(各國)은, 자국의 화 폐로 제5조와 제6조에서 정한 것을 따라 세액(稅額)을 정한다. 다만 그 우수리[端數]는 제14조에서 정한 세목 규칙(稅目規則)을 따라 계 산한다.

제8조 우편물의 종류에 관계없이, 발송하는 국가의 우표를 붙여 미리 우 세(郵稅)를 낸다.

우편 사무에 관련하여 우편국 간에 서로 교환하는 편지는 우세 없이 체송한다.

제9조 제5조·제6조·제7조·제8조를 따라 수령한 금액은 각 우편국이 전
적으로 소유한다. 때문에 연합한 각국은 어떤 건(件)이든 서로 간에
금액을 계산하지 않는다.

편지 및 다른 우편물에 대하여, 발신지(發信地)의 발신인 혹은 수신
지(受信地)의 수신인에게 여러 조항에 기재된 것 이외에 다른 우세
(郵稅)나 수수료를 거두지 않는다.[23]

제10조 연합한 국가 안에서는 다시 배달하게 되는 우편물에 대하여 별도로
우세(郵稅)를 거두지 않는다.[24]

제11조 다음의 우편물은 체송을 허가하지 않는다.

첫 번째, 금은(金銀)·지금(地金)·화폐(貨幣)·보옥(寶玉) 및 기타 고가
물품이 봉입(封入)되어 있는 서신 또는 그것을 포함하고 있는 물건.
두 번째, 해관세(海關稅)가 부과되는 물품을 봉입하고 있는 각종 우
편물.

▶이 금법을 위반한 우편물을 연합 중의 갑국(甲局)에서 을국(乙局)
으로 배달할 때, 을국은 그 규칙을 조회하여 처리한다. 연합한 각국
은 체송(遞送)하는 데 들어가는 우세(郵稅)에 미달하는 물품 혹은 자
국 법률에 저촉되는 우편물을 배달하지 않을 권리가 있다.

제12조 연합에 소속되지 않은 여러 국가와 연관이 있는 연합한 국가의 우

---

23 편지……않는다 : 원문은 '信書及他郵便物 皆所發地若所受地或人 除所揭于諸條 再雖配郵
便物 不要增稅'인데, 「萬國郵便條約」과 내용이 달라 「萬國郵便條約」의 원문 '信書及其他ノ郵
便物トモ差出地若クハ名宛地ニ於テ差出人或ハ名宛人ヨリ右諸條ニ記載スルモノヲ除クノ外他
ノ郵稅若クハ手數料ヲ取リ立ツベカラス'에 근거하여 바로잡아 번역하였다.
24 연합한……않는다 : 원문은 '聯合內 有時配達郵便物 別不要增稅'인데, 「萬國郵便條約」과 내
용이 달라 「萬國郵便條約」의 원문 '聯合內ニ於テ郵便物ヲ再達スルコトアルトモ之カ爲メニ別ニ
增稅ヲ取リ立ツベカラズ'에 근거하여 바로잡아 번역하였다.

편국은, 연합에 소속되지 않은 여러 국가와 우편물을 교환하기 위하여 연합한 여러 국가에게서 이익을 받을 수 있다.

연합한 한 국가와 연합에 소속되지 않은 한 국가가, 다른 연합한 국가를 매개(媒介)로 개낭(開囊)으로 우편물을 교환할 때, 연합에 소속되지 않은 여러 국가로 체송하기 위하여 매개 역할을 하는 연합한 국가는 연합에 소속되지 않은 국가와 편의에 따라 우편 사무에 관한 조약을 정리한다.

▶이 종류의 우편물은 다음과 같이 2항목으로 우세(郵稅)를 거둔다.

첫 번째, 제5조와 제6조 및 제7조에서 정한 연합한 국가 내에서 거두는 우세.

두 번째, 연합에 소속되지 않은 국가로 체송하는 우편물을 위해 거두는 우세.

▶두 항목의 우세 중에 첫 번째 항목은 다음과 같이 거둔다.

첫 번째, 연합에 소속되지 않은 국가에서 연합에 소속되지 않은 국가로 발송하는 우편물 중에 미리 우세를 낸 것은 교환국(交換局)에서 우세를 거두지 않는다.

두 번째, 연합에 소속되지 않은 국가에서 연합한 국가로 발송하는 우편물 중에 미리 우세를 낸 것은 도착한 우편국에서 우세를 거둔다. 두 번째 항목은 우편물이 출입할 때 모두 교환국에서 우세를 거둔다.

▶연합에 소속되지 않은 국가에서 연합에 소속되지 않은 국가로 보내는 우편물이 연합한 국가를 통과하게 되면, 연합한 국가와 연합국에 소속되지 않은 국가가 맺은 규례를 따라 일을 처리한다.

다만 우세(郵稅)를 전혀 내지 않은 우편물에 대해서는, 제4조에서 정한 것을 따라 우세를 걷을 권리가 있다.

연합에 소속되지 않은 국가로 체송하기 위하여 거두는 우세는 제4

조를 따라 계산한다.

▶연합한 국가 중의 한 국가와 연합에 소속되지 않은 한 국가가, 다른 연합한 국가를 매개로 개낭(開囊)으로 교환하는 데 대한 우세(郵稅)는 다음과 같다.

연합한 국가 안에서는 제4조를 조회하여 금액을 거둔다.

연합에 소속되지 않은 국가로서 관계있는 역체국 간에는, 여기에 대하여 맺은 약속이 있으면 그것을 따른다.

제13조 가액공기서장(價額公記書狀)[25] 및 우편을 통해 환전하는 금액은, 연합한 여러 국가 간에 특별한 약정을 맺어 정한다.

제14조 이 연합한 여러 국가의 역체국은, 협의 후에 필요한 절차와 세목(細目)을 살펴 시행해야 할 규칙을 정한다.

또 앞의 여러 국가의 역체국은, 연합과 일반적으로 관련이 없는 사항에 대하여 서로 필요한 약정을 맺을 수 있다.

다만 그 약정은 이 조약에 저촉되지 않아야 한다. 비록 그렇지만 상호 협의에 따라 30【킬로미터】이내의 지역에는 다시 우편요금을 감(減)하거나 혹은 편지를 배달하기 위한 별도의 약속을 하거나 혹은 반답세(返答稅)를 거둔 뒤에 엽서를 교환하기로 약속할 수 있다.

반답세를 거둔 엽서를 발송한 곳으로 반송할 때에는 제4조의 말단(末端)과 같이 운송비를 추가로 거두지 않는다.

제15조 이 조약의 여러 조항에 명확히 기록한 것 이외에, 이 조약은 각국 국내의 우편에 관한 성규(成規)와 관계가 없다.

또한 이 조약은 우편 사무를 더욱 개량시킬 목적을 가지고 있는 것

---

25 가액공기서장(價額公記書狀): 원문은 '公記書價額'인데, 문맥이 통하지 않아 「萬國郵便條約」을 참조하여 번역하였다.

으로서, 연맹 각국 간에 다른 조약을 체결 또는 지속하거나 혹은 더욱 친밀한 연합을 개설 또는 지속할 자유를 속박하지 않는다.

제16조 만국우편연합총리국(萬國郵便聯合總理局)의 명의(名義)로 중앙국을 설치하여 스위스[瑞西] 역체국(驛遞局)이 예전처럼 감리(監理)하게 한다. 여기에 들어가는 경비는 각 역체국이 공급한다.

총리국(總理局)의 주무(主務)는 만국우편사무(萬國郵便事務)와 연관된 여러 가지 통보 사항을 모은 뒤에 이를 인쇄 및 배포하는 것이다. 만약 양국 간에 이의가 발생하면, 서로가 청구하는 데 응하여 의견을 제시한다. 또 대회의(大會議)에서 결정한 조목을 변경하고자 하는 건의가 들어오면, 이를 각국에 통보하고 또 그 변경된 결과를 공고한다. 또 연합의 이해(利害)와 관련된 여러 가지 문제들을 살펴 적절하게 처리한다.

제17조 이 조약의 의미를 해설하는 데 있어서, 연합의 두 국가 이상의 사이에 이견(異見)이 발생하면 중재자(中裁者)가 재결(裁決)한다. 그러므로 이견이 발생한 각국은 이 사건에 직접적으로 관련이 없는 다른 연합한 국가의 역체국을 추선(推選)하여 중재하게 한다.

이 재판의 결정은 중재하는 재판원(裁判員) 과반수의 의견을 따른다. 만약 과반수를 달성하지 못하면, 재판에 참여하는 전체 인원이 이 사건과 관련이 없는 다른 역체국을 추선하여 다시 재결하게 한다.

제18조 이 조약에 가맹하지 않은 여러 국가는 청원하는 데 따라 가맹을 허가한다.

이 조약에 가맹하고자 하면 재류(在留)하는 공사(公使)가 스위스 연방정부에 통보하는데, 스위스 연방정부는 이를 연합한 각국에 통보한다.

이 연합에 가맹한 뒤에, 가맹국은 이 조약에서 정한 여러 절목(節目)

을 준수해야 하고 또 조약에서 정한 이익을 향유한다.

스위스 연방정부와 가맹국의 정부와 협의한 뒤에, 가맹국의 역체국은 금액을 지출하여 연합총리국(聯合總理局)의 경비(經費)로 공급한다. 또 그렇게 할 때에 제7조를 따라 가맹국의 역체국으로부터 거두게 될 우세(郵稅)를 정한다.

제19조 연합한 여러 국가의 정부 또는 역체국 전체의 3분의 2 이상이 회의의 개최를 촉구하거나 그 개최를 찬성하면, 사항의 경중을 따라 각국의 전권위원(全權委員)이 참여하는 대회의(大會議) 또는 역체국원(驛遞局員)이 참여하는 소회의(小會議)²⁶를 개최한다. 비록 그렇지만 통상적인 대회의는 적어도 5년²⁷에 한 번씩 개최한다. 이때 각국은 1명 또는 여러 명의 위원을 파견하거나 혹은 다른 국가의 위원으로 하여금 대리하게 하여도 무방하다. 비록 그렇지만 한 국가의 위원은 다른 국가의 위원을 겸할 수 없다.

회의의 의결권은 한 국가마다 하나씩 주어진다.

각 대회의에서 다음 회의를 개최할 지역을 미리 정한다.

소회의를 개최할 때는 연합총리국의 발언에 의거하여 회합할 지역을 정한다.

제20조 연합한 각국의 역체국은 대회의가 열리기 전에, 또한 연합총리국(聯合總理局)을 경유하여 다른 각 체맹국(締盟國)이 관련된 연합의 성규(成規)에 대하여 발의(發議)할 권리가 있다. 비록 그렇지만 이를 실제로 행하기 위하여, 다음과 같이 동의를 얻어야 한다.

---

26 소회의(小會議) : 원문은 '小開會'인데, 「萬國郵便條約」에 근거하여 '開'를 '會'로 바로잡아 번역하였다.

27 5년 : 원문은 '一年'인데, 「萬國郵便條約」에 근거하여 '一'을 '五'로 바로잡아 번역하였다.

첫 번째, 앞에서 기재한 제2조·제3조·제4조·제5조·제6조 및 제9 조의 약속을 변경하고자 하면 연합한 국가 전체의 동의가 필요하다.

두 번째, 이 조약 중 제2조·제3조·제4조·제5조·제6조 및 제9조 이외의 약속을 변경하고자 하면 연합한 국가 3분의 2이상의 동의가 필요하다.

세 번째, 이 조약의 제17조에 기재된 것을 제외하고 이 조약의 해설 을 개정하고자 하면 연합한 국가 과반수의 동의가 필요하다.

이렇게 결의할 때, 첫 번째와 두 번째의 경우에는 신고장(申告狀)을 접수하여 이를 스위스 연방정부에서 조정하고 완성하여 여러 체맹 국에 교부(交付)한다. 세 번째의 경우에는 단지 연합총리국[28]에서 연합한 여러 역체국에 통지한다.

제21조 제16조와 제19조 및 제20조를 이제 실시하는데, 이와 관련하여 다 음의 여러 국가는 사의(事宜)[29]에 따라 한 국가 혹은 한 역체국으로 간주한다.

첫 번째, 영국령 인도.

두 번째, 캐나다령 지역.

세 번째, 덴마크의 여러 식민지.

네 번째, 스페인의 여러 식민지.

다섯 번째, 프랑스의 여러 식민지.

여섯 번째, 네덜란드의 여러 식민지.

일곱 번째, 포르투갈의 여러 식민지.

---

28 연합총리국(聯合總理局) : 원문은 '聯邦總理局'인데, 「萬國郵便條約」에 근거하여 '邦'을 '合' 으로 바로잡아 번역하였다.

29 사의(事宜) : 원문은 '사직(事直)'인데, 「萬國郵便條約」에 근거하여 '直'을 '宜'로 바로잡아 번역하였다.

제22조 이 조약은 1879년 4월 1일부터 실시하여 영구적인 효력을 가진다.
비록 그렇지만 조약에 가맹한 각국은, 그 정부에서 1년 전에 미리
스위스 연방정부에 통보하면 연합을 탈퇴할 권리가 있다.

제23조 종전에 각국 혹은 각 역체국 간에 체결한 조항 중에, 제15조에서
보존하기로 약정한 것 이외에 이 조약의 절목(節目)에 저촉되는 것
은 이 조약을 시행하는 날로부터 폐지한다.

이 조약은 되도록 속히 각국 군주의 비준을 받아야 하는데, 비준서
(批準書)는 파리[巴里斯]에서 교환하기로 한다.

이 조약을 확증하기 위하여, 앞에 게시한 각국 정부의 전권위원은
메이지(明治) 11년 곧 1878년 6월 1일에 파리에서 성씨와 이름을 연
서(連書)한다.

일본 사메지마 나오노부(鮫島尙信)

독일 3명【이름은 생략한다.】

아르헨티나[亞然的晉共和國][30] 1명【이름은 생략한다.】

오스트리아 1명【이름은 생략한다.】

헝가리 1명【이름은 생략한다.】

벨기에 2명【이름은 생략한다.】

브라질 1명【이름은 생략한다.】

덴마크 및 여러 식민지 1명【이름은 생략한다.】

이집트 1명【이름은 생략한다.】

스페인 및 여러 식민지 1명【이름은 생략한다.】

---

30 아르헨티나[亞然的晉共和國] : 원문은 '兒然弱晉共和國'인데, 「萬國郵便條約」에 근거하여
'兒'를 '亞'로 '弱'을 '的'으로 바로잡아 번역하였다.

미합중국[北亞米利加合衆國] 2명【이름은 생략한다.】

프랑스 3명【이름은 생략한다.】

프랑스의 여러 식민지 1명【이름은 생략한다.】

영국 및 여러 식민지 3명【이름은 생략한다.】

영국령 인도[英領印度] 1명【이름은 생략한다.】

캐나다 3명【이름은 생략한다.】

그리스 2명【이름은 생략한다.】

이탈리아 1명【이름은 생략한다.】

룩셈부르크 1명【이름은 생략한다.】

멕시코 1명【이름은 생략한다.】

몬테네그로 1명【이름은 생략한다.】

노르웨이 1명【이름은 생략한다.】

네덜란드 및 여러 식민지 3명【이름은 생략한다.】

벨로루시 1명【이름은 생략한다.】

이란 1명【이름은 생략한다.】

포르투갈 및 여러 식민지 1명【이름은 생략한다.】

루마니아 1명【이름은 생략한다.】

러시아 2명【이름은 생략한다.】

엘살바도르 1명【이름은 생략한다.】

세르비아 1명【이름은 생략한다.】

스웨덴 1명【이름은 생략한다.】

스위스 2명【이름은 생략한다.】

터키 1명【이름은 생략한다.】

전신만국조약서(電信萬國條約書)[31] 【규칙과 사무는 공부성(工部省) 전신국 (電信局)에서 관장한다.】

제1조   동맹한 각국의 모든 사람에게 만국연합전신(萬國聯合電信)의 방법 에 의거하여 통신할 권리를 승인한다.

제2조   동맹한 각국은 통신의 비밀과 신속한 전달을 담보(擔保)하기 위하 여 긴요한 모든 조치를 취한다.

제3조   동맹한 각국은 만국전신(萬國電信)의 사무에 관한 일체의 책임을 진다.

제4조   동맹한 각국의 정부는 통신의 신속한 전달을 위한 특선(特線)을 설 비하여 만국전신(萬國電信)을 이용하는 데 충당한다.
　　　　이 특선은 현재 전기학(電機學)이 발명한 가장 우수한 방법을 사용 하여 건설한다.

제5조   전신(電信)은 세 가지로 분류한다.
　　　　첫 번째, 관보(官報)로서 동맹국의 수장 대신(首長大臣)·육해군(陸海 軍) 장수(將帥)·공사(公使)와 영사(領事)의 통신을 이른다.
　　　　두 번째, 국보(局報)로서 동맹한 각국[32]에서 보낸 전신의 사무에 관 한 전보(電報) 혹은 각국이 협의하여 공익에 관계되는 것을 이른다.
　　　　세 번째, 사보(私報)로서 각 국민들의 통신을 이른다.
　　　　다른 보신(報信)보다 관보를 우선하여 전송한다.

제6조   관보 및 국보는 수시로 암호(暗號)를 사용하여 전송할 수 있다.

---

31 전신만국조약서(電信萬國條約書) : 원문은 '電線萬國條約書'인데, 「萬國條約書」에 근거하 여 '線'을 '信'으로 바로잡아 번역하였다.
32 각국 : 원문은 '各國'인데, 「萬國條約書」에 근거하여 '國'을 '局'으로 바로잡아 번역하였다.

사보(私報)는 양국 정부의 허가를 얻지 못하면 암호를 사용하여 주고받을 수 없다. 그렇지만 암호를 사용하여 주고받을 수 있도록 허가한 국가에서는, 제8조에서 말한 것처럼 정지하는 경우 이외에 암호를 사용하여 사보를 전송할 수 있다.

제7조 동맹한 각국은 치안에 해를 끼치고 법률 또는 풍속에 어긋나는 사보(私報)의 전송을 억류(抑留)할 권리가 있다.

제8조 각국 정부가 시기를 정하지 않고서 일시적으로 전보(電報)를 정지하게 되면, 동맹한 각국의 정부에 보고하여 전선(電線)의 전부 또는 그 일부를 정지하거나 혹은 그 전보의 종류를 제한할 권리가 있다.

제9조 동맹한 각국은 음신(音信)[33]의 안전한 전송 및 배달을 담보하기 위하여, 각 본국(本局)[34]에서 협의하여 결정한 방법을 사용하여 음신을 보낸 사람에게 이익이 되게끔 노력한다.

어느 국가이든 음신(音信)의 전송 및 그 배달에 있어서[35] 특별한 방법을 이용하기로 정하여 이를 통보하면, 그 방법을 사용하여 또한 음신을 보낸 사람에게 이익이 되게끔 노력한다.

제10조 동맹한 각국은 만국 세법(萬國稅法)을 다음의 여러 건(件)으로 정하여 표준으로 삼는다.

동맹한 각국은 양국의 전신국에서 동일한 선로(線路)로 음신(音信)을 주고받는 데 들어간 음신세(音信稅)를 반드시 서로 간에 동일하게 정한다. 이 방법을 시행할 때 유럽은 한 국가를 두 개의 큰 구역

---

33 음신(音信) : 원문은 '信音'인데, 「萬國條約書」에 근거하여 '音信'으로 바로잡아 번역하였다.
34 본국(本局) : 원문은 '本國'인데, 「萬國條約書」에 근거하여 '國'을 '局'으로 바로잡아 번역하였다.
35 음신(音信)……있어서 : 원문은 "儆音信之傳送及其配送"인데, 「萬國條約書」에 근거하여 '儆'를 '就'로 바로잡아 번역하였다.

으로 구분한다.

세액(稅額)은 음신(音信)을 주고받는 처음과 끝의 정부가 중간의 정부와 함께 협의한 뒤에 순차적으로 정한다.

동맹한 각국 간에 서로 주고받는 세액은, 협의한 뒤에 어느 때이든 개혁하거나 증감할 수 있다.

만국 세법을 정할 때, 이것【프랑】을 화폐의 본위로 삼는다.

제11조 동맹한 각국은 만국전신국(萬國電信局)의 사무와 관련한 음신(音信)에 대하여 모두 과세하지 않는다.

제12조 동맹한 각국은 서로 거둔 음신세(音信稅)를 계산한다.

제13조 이 조약서는 세목 규칙(稅目規則)을 모아서 완비한 것인데, 그 규칙의 조항은 동맹한 각국이 협의한 뒤에 언제든지 개정할 수 있다.

제14조 세목 규칙(稅目規則)에서 게시한 동맹국의 각 정부가 설치한 만국전신사무국(萬國電信事務局)은 제반(諸般)의 보고를 모아 간행한다. 그리고 세목 규칙을 개정하고자 하는 요청이 있으면 동맹국의 각 본국(本局)에 회송하여 중의(衆議)로 결정한 건(件)을 널리 알린다. 또 만국전신에 도움이 될 여러 사항들에 힘쓰고, 그에 대한 모든 책임을 진다.

또 만국전신사무국이 서무(庶務)를 처리하는 데 들어가는 비용은 동맹국의 각 본국(本局)이 지급한다.

제15조 제10조에 게시한 세법 및 제13조에 게시한 세목 규칙(稅目規則)은 이 조약서에 속하는 것이다. 그러므로 이 조약서와 동일한 효력을 가지고 또 그 시행도 같은 날에 한다.

세법 및 세목 규칙은 회의를 거친 뒤에 다시 개정할 수 있다. 그렇게 할 때에 종래에 참여했던 각국이 모두 회동한다.

이 회의는 정기적으로 개최하는데, 매회에 다음 회의를 개최할 시기와 그 지역을 정한다.

제16조 이 회의는 동맹국의 각국(各局)에서 파견한 이사관(理事官)이 참여하여 권리를 행사한다. 이사관은 비록 한 국(局)에서 여러 명을 보낼 수 있지만, 결의할 때 한 국은 1명으로 계산한다.

한 정부 산하(傘下)의 여러 국(局)이 각각 이 회의에 참여하려고 하면, 외교상의 절차를 거쳐서 개회(開會)하는 국가의 정부에 미리 조회(照會)해야 한다. 특별하게 이사관을 파견한 경우는 여기에 해당하지 않는다.

회의에서 개정한 건이라도, 동맹국 각 정부의 비준을 거치지 않으면 시행할 수 없다.

제17조 동맹한 각국은 만국에 관계가 없는 일반 사무에 대하여,[36] 각자 여러 가지 약정을 맺을 권리가 있다.

제18조 지금 비록 이 조약에 가맹하지 않은 국가라도, 요청에 의하여 가맹하는 것을 허가한다.

가맹하는 국가는 외국과 외교상의 절차를 거쳐 개회하는 정부에 조회(照會)하는데, 그렇게 할 때에 해당하는 국가의 정부가 직접 각국에 통보한다.

가맹하게 되면 마땅히 이 조약을 적용받고 또 여러 가지 이익을 공유하게 된다.

제19조 이 조약에 가맹하지 않은 국가 및 사립(私立) 회사(會社)의 음신(音信)은, 제13조에 게시한 규칙을 바탕으로 더욱 진보된 통신법을 사용하여 많은 이익을 도모할 수 있다.

---

36 만국(萬國)에……대하여 : 원문은 "儌不關于萬國一般事務"인데, 「萬國條約書」에 근거하여 '儌'를 '就'로 바로잡아 번역하였다.

제20조 이 조약은 서력 1876년 1월 1일부터 시행하여 영원히 준수해야 한다. 비록 이를 폐지하고자 하더라도, 조약을 시행한 날로부터 1년이 지나지 않으면 그렇게 할 수 없다.

어느 국가가 이 조약을 폐지하더라도, 그 국가를 제외한 다른 동맹국은 계속 이 조약을 준수해야 한다.

제21조 이번 조약은 각국 정부의 비준을 얻어 확정한 것이다. 증빙을 완료하여 속히 상트페테르부르크부[比特堡府]에서 비준서를 교환하기로 한다.

조항을 신증(信證)하기 위하여, 각국의 전권공사(全權公使)가 서명하고 검인(鈐印)한다.

일본·독일·오스트리아

헝가리·벨기에·덴마크

이집트·스페인·프랑스

영국·영국령 인도【인도와 유럽 사이를 관할한다.】·그리스

이탈리아·노르웨이·네덜란드

이란·포루투갈·러시아

스웨덴·스위스·터키

시모노세키취극약서(下關取極約書)

겐지(元治) 원년(元年) 갑자(甲子) 9월 22일 곧 서력 1864년 10월 22일에, 요코하마(橫濱)에서 압인(押印)한다.

나가토(長文)와 스오(周防)의 제후인 모리(毛利) 대선(大膳)이 적대적 행위

를 하여, 대군(大君)은 조약의 각 조항을 성실하게 시행하기 어렵게 될 것을
우려하였다. 이 때문에 영국·프랑스·미합중국·네덜란드의 부알사(副斡
事)[37]는 외국의 선박을 공격하고 또 무역을 방해하려는 목적으로 그 제후가
건설한 포대(砲臺)를 파괴하기 위하여 부득이하게 동맹국의 선대(船隊)를 시
모노세키의 해로(海路)로 보냈다.

반역하는 제후를 처벌하는 것은 대군 정부의 직무이기 때문에, 대군 정부
는 조약을 맺은 각국의 무역에 끼친 손해와 군대의 제반 경비를 책임져야
한다. 조약을 맺은 각국의 부알사와 대군 정부의 전권(全權) 참정(參政)인
사카이(酒井) 히다수(飛彈守)는, 1863년 6월 이후로 모리 대선이 조약을 맺
은 각국의 기장을 게양한 선박에 저지른 적대행위 및 폭거(暴擧)로 인한 불
만을 해결하고, 동시에 전쟁의 배상금 및 시모노세키에 동맹국의 선대를
보내는 데 들어간 제반 비용 등을 확정하기 위하여 다음에 기재한 4조항을
결정한다.

제1조 각국에 배상해야 할 금액은 300만 불(弗)로 약정한다. 그 액수는 지
난번 나가토 제후의 폭거로 인한 배상금도 포함된 것이다. 이는 배
상금 및 시모노세키를 불 지른 데 따른 배상금[38] 및 각 동맹국의 선
대(船隊)에 들어간 제반 잡비를 말한다.

제2조 앞의 배상법(賠償法)은 각국의 부알사(副斡事)가 준수해야 할 약정
이다. 이 원서(原書) 및 각국 정부의 명령을 대군 정부에 보고하는
날로부터, 앞에 기재한 총액수를 여섯으로 분할하여 50만 불을 3달

---

37 부알사(副斡事) : 일본에 주재하는 외국의 공사(公使)를 가리킨다.
38 시모노세키를……배상금 : 원문은 '不燒下關之償金'인데, 오자가 있는 듯하여 「下の關事件取
極書」의 원문 '下の關を燒さる償金'에 근거하여 '不'을 번역하지 않았다. 「下關取極約書」에서
문맥이 통하지 않는 부분은 모두 「下の關事件取極書」을 참조하여 번역하였다.

에 한 번씩 상환한다.

제3조 그렇지만 앞의 각국은 감히 돈을 요구하려는 것이 아니고, 일본과 더불어 교제를 두텁게 하여 서로의 이익을 완전히 할 수 있기를 희망한다. 그러므로 대군 전하(殿下)는 앞의 보상금을 대신하여 각국의 손실 및 손해를 배상하기 위하여, 시모노세키항(下關港) 또는 무역에 적당한 해내(海內)의 항구를 개항하려는 뜻을 제시하면 각국 정부는 이를 승낙할 수 있다. 혹 그렇게 하지 않는다면 앞의 약속대로 정금(正金)으로 받을 의향이 있다.

제4조 이 약서(約書)를 완성하는 날로부터 15일 이내에 대군 정부에서 본서를 교환하기로 한다. 이 약서를 증빙하기 위하여, 각국과 일본의 전권(全權) 관리는 약서를 작성하여 영어와 프랑스어 및 네덜란드어로 각각 5통을 기록하고 압인(押印)한다. 이들 중 영어 번역문을 원문으로 삼는다.

겐지 원년 갑자 9월 22일

사카이(酒井) 히다수(飛彈守)	화압(花押)
영국 특파전권공사(特派全權公使)【인명은 생략한다.】	수기(手記)
프랑스 전권공사(全權公使)【인명은 생략한다.】	수기
미국 변리공사(辨理公使)【인명은 생략한다.】	수기
네덜란드 총영사(總領事) 겸 공사(公使)【인명은 생략한다.】 수기	

서한(書翰)으로 아룁니다. 우리는 지난달 22일에 참정(參政)인 사카이(酒井) 히다수(飛彈守)를 그 지역에 파견했었습니다. 그가 경(卿)들과 접견한 뒤에 조약서를 교환하고자 하였으므로 우리 정부는 이를 승낙합니다. 때문에 이 편지를 증거로 삼아 이 조약을 아룁니다. 삼가 아룁니다.

겐지(元治) 원년(元年) 갑자(甲子) 10월 3일

미즈노(水野) 이즈미수(和泉守)

아베(阿陪) 분고수(豊後守)

영국·프랑스·미국·네덜란드 공사(公使)의 성명(姓名)

계개(計開)[39]

요코하마(橫濱) 외국인 거류지(居留地)의 확장 및 기타 공적인 일을 처리하기 위하여, 각국 공사(公使) 등은 시바타(柴田) 휴가수(日向守)와 시라이시(白石) 시모우사수(下總守)를 접견하기로 하였다. 그리하여 8월 8일 곧 서력 9월 8일과, 9월 24일 곧 서력 10월 24일 및 10월 9일 곧 서력 11월 8일에 열린 회견에서 서로가 동의한 것을 승낙하기로 결정하고, 앞에서 말한 개혁과 확장 및 그 공업(工業) 기반에 대하여 명확하게 기록한다. 약정함에 있어서 각국 공사와 일본 전권(全權) 관리는 이 조약서를 수기(手記)로 작성하는데, 약정한 날로부터 5일 이내에 에도(江戶)의 대군(大君) 전하(殿下)의 정부는 이를 승낙하기로 한다. 그러므로 서로 간에 다음의 조항을 약정한다.

제1조   앞에서 이미 제시한 것과 같이, 개착(開鑿)한 곳 앞에 위치한 일본 이정(里程)으로 18정(町), 영국(英國) 이정으로 1리(里) 둘레의 공간은 각국인의 연병장(練兵場) 및 본 지역에 거류하는 외국인의 경마

---

39 계개(計開) : 조선시대에 공문서(公文書) 등을 작성할 때 쓰는 관용어이다. '헤아려 기록한다'는 뜻으로, 문서를 작성하면서 어떤 사항이나 물건, 금전 등을 열거하게 될 때 그 첫머리에 표시하는 말로 쓰였다.

장(競馬場)으로 활용하기로 하는데, 영원히 지조(地租)를 면제한다. 앞의 지역은 현재 소지(沼池)이므로 일본 정부가 비용을 지출하여 매립한다. 또 이곳은 서로가 연병장으로 활용하게 될 것이므로 비록 지세(地稅)를 납부하지 않지만, 경마장을 둘러싼 지역에 대한 지조(地租)는 추후에 결정하여 납부한다.

제2조   조약을 맺은 각국 육해군(陸海軍) 소속의 환자 및 기타 천연두[疱瘡] 환자를 위한 임시 사옥(舍屋) 및 그 장지(場地)에 대한 것을 이미 지시하였다. 그러므로 모(某)【인명은 생략한다.】 등이 가옥의 건축비를 지불할 것을 보장하면, 일본 정부는 모(某)【인명은 생략한다.】 등의 희망에 따라 가옥을 더 증축해야 한다.

제3조   기타 외국인 묘지(墓地)는 주거지와 인접한 경계까지 관리(官吏)의 요청을 통해 확장할 수 있다.

제4조   외국인 및 일본인은 모두 건강을 보호받아야 한다. 그러므로 도우사(屠牛舍 소를 잡는 곳)같은 시설은, 바다에서 멀리 떨어진 곳에 짓는다. 일본 정부는 이런 시설이 들어서기로 예정된 곳의 도면(圖面)을 미리 살펴 설치를 허가하는데, 이런 곳에는 모(某)【관명(官名)은 생략한다.】의 허가를 얻지 못한 사람이 들어갈 수 없다.
준공한 뒤에는 경비의 1/10으로 세액(稅額)을 정하여 매년 납부해야 한다. 대개 그 전체의 경비는 1만 원(元)을 기준으로 삼는데, 이러한 사항은 모두 관리가 정하는 것을 따른다.

제5조   일본 정부의 경비로 현재 남아 있는 지소(池沼)를 매립하는데, 준공되면 중앙의 시가(市街)를 다른 곳으로 옮긴다. 그렇기 때문에 토목공사가 준공되기 전에 실화(失火)로 집이 불타더라도 앞의 시가에는 다시 집을 지을 수 없다.
준공되면 도면에 적선(赤線)으로 표시한 것과 같이, 세관(稅關)과 공사관(公使館) 사이를 통과하는 일직선 상에 있는 오타마치(大田町)와 오오카가와(大岡川) 중간의 넓은 지역은 일본 정부가 그대로 보존한다. 이는 각국 공사(公使) 등이 전부터 의논하였던 사안으로, 나중에 임대(賃貸)하는 데 활용하기 위한 것이다. 임대하게 되면 여기에서 나오는 임대료를 도로와 도랑의 보수에 충당한다. 이곳에 부과하는 지세(地稅)는 다른 거주지와 차이가 없다.

제6조 도면(圖面) 제2호(號)에서, 각국의 공사관을 건설하기 위한 곳은 보존하고 기타 시가(市街) 등은 모두 철거하는데, 이 지역을 나누는 것은 각국 공사가 의논하여 정하고 일본 관리는 의논에 참여할 수 없다. 모든 지조(地租)는 임차한 각국이 납부한다.

제7조 세관(稅關)의 지피장(止陂場)의 연해안(沿海岸)[40]에서 프랑스가 임대한 지역까지 및 해안에서 대로까지는, 모두 도면 제3호와 같이 외국인을 위하여 준비한 것이다. 그러므로 점차 경매[投票]의 방법으로 외국인 및 일본인에게 판매한다.

이 조약을 시행하게 되면 일본 정부는 외국인 거류지를 넓힐 수밖에 없다. 그러므로 8월 8일 곧 서력 9월 8일과, 9월 24일 곧 서력 10월 24일에 의논하여 정한 바를 따라 일본 정부는 거류지를 넓히는 데 들어가는 잡비를 마련한다. 이곳에 부과하는 지조(地租)는 다른 거주지와 차이가 없다.

제8조 조약을 맺은 각국의 공사(公使) 등은 다시 에도에 주재하는 것을 의논할 수 없기 때문에 요코하마에 적당한 관사(官舍)를 지어야 한다. 프랑스·네덜란드·프로이센의 공사는 모두 적절한 장소를 선택할 수 있다. 그러므로 도면 제4호와 같이, 프로이센 관사가 들어서게

---

40 연해안(沿海岸) : 원문은 '沼海岸'인데, 문맥에 따라 '沼'를 '沿'으로 바로잡아 번역하였다.

될 곳의 서쪽에 미합중국과 영국을 위하여 적절한 장소를 준비한다. 그 장소의 면적은 지금부터 일본 관리가 양국의 공사와 의논한다.

제9조 각국 사관(士官) 등의 모임을 위하여, 도면 제5호와 같이, 영국 모(某)【관명은 생략한다.】가 거주하는 곳 혹은 그 근처에 속히 옥사(屋舍)의 위치를 정한다. 그러나 현재의 옥사를 그대로 이전하거나 혹 새로 구입하는 등에 들어가는 비용은 모두 사관 등이 낸다. 또 이곳에 부과하는 지조(地租)는 다른 지역과 차이가 없다.

제10조 일본인이 음식품을 판매하기 위하여 적절한 시장 등을 설치하는데, 도면 제6호와 같이 넓은 공지(空地)에 소옥(小屋)을 건설하는 등의 사항을 모두 결정한다.

제11조 현재 외국인들이 경계심을 가지고 있으므로, 일본 정부는 속히 외국인으로 하여금 도카이도(東海道)를 지나갈 수 있도록 해야 한다. 때문에 일본 정부는 네기시무라(根岸村)를 자유롭게 경유하는 길이 4, 5【척(尺)의 이름이다.】 폭(幅) 20【척의 이름이다.】 이상의 도로를[41] 선택하여 외국인이 운용하는 공인(工人) 모(某)【인명은 생략한다.】의 계획을 따라 건설한다. 그 경비는 일본 정부가 마련한다.

제12조 지금까지 외국인은 많은 지조(地租)를 납부해왔는데, 일본 관리가 관할하는 도로와 도랑 등은 협의할 때마다 축소되었다. 지금부터 땅을 임차한 외국인이 도로와 도랑의 관리를 스스로 책임지기로 하였으니, 여기에 들어가는 비용을 보상하기 위하여 세액(稅額)의 2/12를 감(減)한다.

이 조약을 증빙하기 위하여 일본 전권 관리 및 외국 공사는, 겐지(元

---

41 길이……도로를 : 원주(原註)에서 표기한 척(尺)의 단위는 미상(未詳)이다. 『日本國外務省事務』의 단위를 알 수 없는 척(尺)은, '척의 이름이다.'로 번역하고 교감기를 달지 않는다.

治) 원년 갑자(甲子) 11월 21일 곧 서력 1864년 12월 19일에 각각 5통
을 수기(手記)로 작성하고 또 날인한다.

시바타 휴가수	화압(花押)
시라이시 시모우사수	화압
프랑스 전권공사(全權公使)【인명은 생략한다.】	수기(手記)
영국 특파전권공사(特派全權公使)【인명은 생략한다.】	수기
미국 변리공사(辨理公使)【인명은 생략한다.】	수기
네덜란드 총영사(總領事) 겸 공사(公使)【인명은 생략한다.】 수기	

약서(約書)

화재를 예방하기 위하여 여러 번 조약을 개정하였는데, 지금 요코하마(横
濱) 거주지의 중심을 개조(改造)하는 것이 가장 긴요하고 또 1864년 12월 19
일에 맺은 조약[42] 가운데 모조(某條)가 거주지를 보존하고자 하는 내용을 담
고 있다. 그러므로 또 다른 약속을 의논하기 위하여 일본 정부는 회계관(會
計官) 오구리 고즈케노스케(小栗上野介)·외교관 시바타(柴田) 휴가수(日向守)
·가나가와 읍재(神奈川邑宰) 미즈노(水野) 와카사수(若狹守)를 전권(全權) 관
리로 임명하였다. 이들은 협의를 거친 뒤에, 외국의 대리자(代理者)에게 서
명을 받아 다음 조약의 12조를 정한다.

제1조 경마장(競馬場)·연병장(練兵場) 및 유보장(遊步場)을 건설하기 위하

---

42 1864년……조약 : 「계개(計開)」를 가리킨다.

여 소지(沼池)를 매립하는 내용을 담고 있는 조약의 제1조⁴³는 지금
완전히 폐지한다. 또 앞의 시설들을 건설하기 위한 장소를 네기시
만(根岸灣) 부근의 원야(原野)로 대신하였으니, 지금 이미 경마장으
로 사용하고 있다. 또 종래에 미요자키초(港崎町)의 땅을 외국인과
일본인을 위한 공원으로 이용하였는데, 넓히고 평탄하게 하며 초목
을 심는 등의 일에 대하여 일본 정부는 이미 허가하였다. 미요자키
초를 오오카가와(大岡川)의 남쪽 지역으로 이전하고, 일본 정부는
이 원지(園地)에 들어가는 여러 비용에 대하여 가나가와 읍재(神奈
川邑宰) 및 외국 공사(公使) 등이 협의하게 한다.

제2조 세관(稅關)의 지피장(止陂場)과 벤텐(弁天) 사이의 일본인 거주지를
경매[耀賣]에 붙이는 내용인, 앞의 약서(約書)의 제7조⁴⁴는 외국의
대리자(代理者)가 지금 폐지한다. 또 이를 대신하여 다음에 기록한
도로를 건설하는 것 등에 대하여 일본 정부는 모두 허가한다.

첫 번째, 폭(幅) 60【척의 이름이다】의 도로를 해안에서 프랑스 공사
관 앞까지 연결한다.

두 번째, 앞의 도로를 이어서 폭 60의 평탄한 도로를 요시다하시(吉
田橋)까지 직선으로 연결한다.

세 번째, 폭 60의 도로를 오오카카와 북쪽과 이어진 앞의 교량(橋
梁)에서⁴⁵ 서쪽의 교량까지 연결한다.

일본 정부는 도로의 건설을 결정한 날로부터 14개월 이내에 준공하
며 또 상시(常時)로 수리하는 등의 일에 대하여 모두 허가한다.

---

43 조약의 제1조 : 「計開」의 제1조를 가리킨다.
44 앞의……제7조 : 「計開」의 제7조를 가리킨다.
45 오오카가와……교량에서 : 원문은 '從右橋沼大岡川北'인데, 문맥에 따라 '沼'를 '沿'으로 바로
잡아 번역하였다.

제3조   외국인 및 일본인의 거주지를 개조하고 또 화재를 예방하기 위하
여, 폭(幅) 120【척의 이름이다.】인 도로를 해안에서 공원까지 거주지
의 중앙을 통과하여 건설한다. 또 이 지역은 모두 전후를 살펴 평탄
하게 한다.
별지의 지도 모호(某號)[46]【생략한다.】와 같이, 8구역으로 분할하는
것으로 계약한다.
중앙의 도로 및 새로 조성한 세 구역은, 다음 조항에서 약속한 데
따라 그 소유권을 외국인에게 귀속시킨다. 또 이 조약 가운데 지
(池)를 매립하거나 혹 도로를 평탄하게 하는데 대한 건(件)은 약정
한 날로부터 7개월 이내에 준공한다.

제4조   중앙 도로를 건설하는 곳 동쪽의 새로 조성한 세 구역은, 그중의
한 구역을 외국인이 공관(公館)을 지을 수 있도록 존치한다.
공관은 정회소(町會所) · 공회소(公會所) · 각부소(脚夫所) · 관시장(官市
場) · 소화기장(消火器場) 등을 일컫는다.
100보(步)마다 27【재화 단위의 명칭이다.】 97【재화 단위의 명칭이다.】의
지조(地租)를 일본 정부에 납부한다.[47]
별지의 지도 모호(某號)【생략한다.】와 같이, 시가(市街) 중앙의 높고
메마른 곳에 있는 도로를 개조하여 평탄하게 하고 또 도랑을 준설
(浚渫)하는 것 등의 일에 대하여, 일본 정부가 그 경비를 지급한다.
그리고 나머지 두 구역을 경매로 외국인에게 판매하는 것 등을 모
두 결정한다. 그러므로 이를 외국인에게 고지하기 위하여 일본 정

---

46 모호(某號) : 각 지도마다 매겨진 기호(記號)를 가리키는 듯하다.
47 100보(步)마다……납부한다 : 원주(原註)에서 표기한 재화의 단위는 미상(未詳)이다. 『日本
國外務省事務』의 단위를 알 수 없는 재화는, '재화 단위의 명칭이다.'로 번역하고 교감기를 달
지 않는다.

부는 각국의 공사관(公使館)에 통보한다.

제5조 별지의 지도 모호(某號)【생략한다.】와 같이, 중앙 도로 및 그 양측 도
로의 기타 갈림길[岐路]을 개조하는 것과 도랑을 준설하는 것 등은
일본 정부가 모두 책임진다. 그 폭과 방위(方位) 등에 대해서는 각
국 공사와 가나가와 읍재(神奈川邑宰)가 상의하여 정한다.

중앙 도로의 양측에 몇 폭【척의 명칭이다.】의 갈림을 만드는데, 그
갈림길의 양측에는 모두 푸른 나무를 줄지어 심는다.

제6조 별지의 지도 모호(某號)【생략한다.】와 같이, 그 범위 안에 건설하는
가옥은 외국인과 일본인의 구분 없이 반드시 견고하게 해야 하는데
지붕은 흙과 기와로 지어야 하고 벽은 벽돌로 지어야 한다. 외국인
과 일본인이 만약 이를 위반하면, 그 지권(地券)을 몰수하고 그 지
구(地區)는 일본 정부에서 회수한다.

제7조 오오카가와 북쪽의 소지(沼池)를 매립하는 건에 대하여, 지금 실행
하는 것은 제5조[48]의 내용대로 한다. 그러므로 일본 정부는 지금 계
약을 정한 날로부터 7개월 이내에 준공해야 하며, 일본인 거주지의
뒤편에 도랑을 준설하는 등 반드시 그에 대한 준비를 해야 한다.

제8조 별지의 지도 모호(某號)【생략한다.】와 같이, 앞의 지역 안 1구(區)는
약서(約書)의 제10조[49]를 따라 시장(市場)을 설치한다.

또 약속한 소사(小舍)는, 일본 정부가 건설하여 가세(家稅)를 거두고
임대한다. 약서에 기재한 제3조[50]의 외국인의 분묘지(墳墓地)는, 별
지의 지도 모호(某號)【생략한다.】와 같이 그 경계를 넓히기로 지금

---

48 제5조 : 「計開」의 제5조를 가리킨다.

49 약서(約書)의 제10조 : 「計開」의 제10조를 가리킨다.

50 약서에……제3조 : 「計開」의 제3조를 가리킨다.

결정한다.

제9조 오오카가와 동쪽의 강은 깊이가 매우 얕으므로 일본 정부가 준설한
　　　다. 거주지 주위의 모든 하천은, 간조(干潮) 때에 그 깊이가 4【척의
　　　이름이다.】보다 낮아지지 않게 해야 한다.

제10조 거주지 동쪽 산의 가장자리 지역은, 1년에 100보(步)마다 12【재화 단
　　　위의 명칭이다.】를 지조(地租)로 납부한다. 그러므로 일본 정부는 약
　　　정한 날로부터 3개월 뒤에 그 지역을 외국인에게 임대한다. 일본
　　　정부는 경매의 방식으로 임대하는데, 여기에서 거둔 금액을 이 지
　　　역을 보수하는 데 들어가는 비용에 충당한다.

　　　별지의 지도 모호(某號)【생략한다.】와 같이, 산의 가장자리 지역은
　　　100보마다 6【재화 단위의 명칭이다.】의 지조를 거두고 공원을 만들어
　　　외국인을 위해 보존하는데, 약정한 날로부터 3개월 이내에 외국의
　　　모(某)【관명은 생략한다.】를 거쳐 신청한다. 현재 보존되어 있는 초목
　　　을 모두 그대로 보존하는 것과 다른 금액을 요구하지 않는 것 등을
　　　일본 정부는 허가한다.

　　　제1조에 게재된 경마장(競馬場)은 별지의 지도 모호【생략한다.】와 같
　　　이 확실하게 기재되어 있다. 또 경마장의 지조는 1년에 100보마다
　　　10【재화 단위의 명칭이다.】인데 매년 납부해야 하고, 보수에 들어가는
　　　경비는 외국인이 부담한다.

제11조 이 약서(約書)에 기재한 제4조와 제8조 및 제10조의 가옥·묘지·공
　　　원·경마장은 외국의 대리자가 적절한 증서를 만들어 각국의 모(某)
　　　【관명은 생략한다.】 등에게 위임한다.

　　　외국의 모(某)【관명은 생략한다.】 등은, 이 지역을 관리하는 데 있어
　　　서 약정한 것 이외의 용도로 사용할 수 없다. 또 모(某)【관명은 생략
　　　한다.】 등은 정해진 지조(地租)를 일본 정부에 납부하는 등의 일을

또한 처리한다.

가나가와 읍재(神奈川邑宰)가 이 약정의 어떤 건을 위반한 외국의 모(某)【관명은 생략한다.】에게 이의(異議)를 제기하였는데도 그가 위반한 것을 고치지 않으면, 일본 정부는 외국의 대리자와 상의한 뒤에 그 지구(地區)를 거두어들인다. 모(某)【관명은 생략한다.】가 이 지역을 만약 사택(私宅) 혹은 다른 일에 사용하면, 종래의 지권(地券)은 일본 정부가 폐지한다. 이 지역은 제6조에서 제시한 대로 사용해야 하니, 결코 다른 일에 대용할 수 없다.

제12조 외국인 거주지가 모두 이미 가득 찼기 때문에 외국의 대리자가 다른 지역을 요구하니, 일본 정부는 별지의 지도 모호(某號)【생략한다.】와 같이, 신도(新道)의 입구까지 외국인에게 임대한다. 때문에 지금 이후로, 일본 정부는 약정한 지역에 즉시 도랑을 넓히기 위한 준비를 해야 한다. 이 지역은 약정한 날로부터 4년 이내에는 확장을 요청할 수 없다. 정한 시기가 되면 그 지역을 넓히기 위하여 일본인 가옥을 다른 곳으로 이주시켜야 하는데, 외국인이 그에 대한 비용을 지급한다. 그 지역에 현존하는 신사(神社)와 불사(佛寺)는 그대로 두고 옮기지 않는다.

외국의 대리자와 일본 전권 관리 등은 1866년 12월 29일에 에도(江戶)에서 각자 서명하고 날인한다. 또 별지의 지도 4엽(葉)은 모두 모호(某號)【생략한다.】 및 모호(某號)【생략한다.】로 기호(記號)한 것이니, 전권 관리가 각자 이름을 기록한다.

오구리 고즈케노스케(小栗上野介)

시바타(柴田) 휴가수(日向守)

미즈노(水野) 와카사수(若狹守)

일본국외무성사무(日本國外務省事務) 권지팔

효고항(兵庫港)과 오사카(大阪)의
외국인 거류지(居留地)를 정하는 데 대한 결약(結約)

게이오(慶應) 3년 정묘(丁卯) 4월 13일 곧 서력 1867년 5월 16일.

제1조 조약을 맺은 각국의 국민들이 효고에 거류(居留)하는 데 대하여, 일
본 정부는 고베(神戶) 시가와 이쿠타가와(生田川) 사이의 지역으로
정한다. 별지(別紙)의 지도(地圖)상에 홍색(紅色)으로 칠한 곳을 해
안에서부터 지대를 점점 높게 축조하여 물이 아래로 잘 빠지게 하
고, 길이 400간(間) 정도의 돌담을 설치하는데 개착(開鑿)한 뒤에
도로와 도랑의 용도로 사용할 부분을 결정한다.

제2조 앞의 조항에서 외국인을 위하여 준비하기로 정한 지역은 점차 가득
차게 될 것이므로, 외국인이 다른 지역을 요구하면 뒷산을 활용하
여 확장한다. 고베 시가 근처의 땅과 가옥을 소유한 일본인은 마음
대로 외국인에게 땅과 가옥을 대부(貸付)할 수 있다.

제3조 조약에 의거하여 오사카에서 외국인이 임차(賃借)할 수 있는 지역,
곧 지도상에 홍색으로 칠한 곳은 일본 정부가 존치한다. 그러나 지
역 내에 가옥을 소유한 일본인이 외국인에게 가옥을 대부(貸付)하
는 것을 꺼리면 이를 강요할 수 없다. 또 일본 정부는 조약을 맺은
각국의 국민들이 오사카항(大阪港)에서 편리하게 땅을 임차하여 가
옥을 건축할 수 있도록, 앞의 지도상에 남색(藍色)으로 칠한 지역을
외국인에게 대여한다. 일본 정부는 앞의 지역의 서쪽에 있는 농경

지에 흙을 쌓아올려 주변의 땅과 평탄하도록 높이를 맞추고 나서, 돌담을 쌓고 필요한 도로를 개통하고 도랑을 준설하니 원래부터 있던 수목(樹木) 등에 대해 주의하여 옛 경관을 보존한다.

제4조 앞에서 가옥을 건축할 수 있는 지역은 외국인이 차용(借用)하는데, 외국인이 다른 지역을 요구하면 남쪽 방향으로 확장한다.

제5조 앞의 효고와 오사카 두 곳은, 정묘 12월 7일 곧 서력 1868년 1월 1일까지 상문(上文)과 같이 외국인이 사용할 수 있도록 준비한다.

제6조 일본 정부는 외국인이 사용할 수 있도록 준비하는 앞의 지역에 지출하는 비용을, 지권매각료(地券賣却料)로 충당한다. 지역을 구획하면 땅의 위치가 좋고 나쁨에 따라 지권(地券)의 가격이 다소 차이가 나지만, 그 금액은 일본 정부가 지출하는 비용에 충당할 목적으로 계산하는데 이 지출 비용을 계산하여 외국인에게 경매할 때의 원가(原價)를 정한다. 조약을 맺은 각국의 국민들은 경매를 통하여 필요한 땅을 임차(賃借)할 수 있으니, 경매가(競賣價)가 원가를 넘어서면 그 차액을 일본 정부가 거두어 일상적인 지출에 충당한다. 하지만 일상적인 지출 비용을 모두 보충하는 것을 담보하지는 않는다.

제7조 오사카와 효고에서 외국인에게 대여한 지역은 외국인이 지세(地稅)를 납부해야 한다. 이 지세는 도로와 도랑을 보수하고 거류지를 청소하는 것과 야등(夜燈) 및 경찰(警察) 등에 들어가는 여러 비용을 산정한 것이니, 충분한 금액을 책정하여 일본 정부에 납부한다.

제8조 효고와 오사카에서 외국인 거류지를 설치하기 위하여 앞의 조항에서 준비하기로 한 지역은 앞의 조항에서 게시한 경매의 방법이 아니면, 비록 외국 정부 또는 회사 및 다른 누구라도 가옥의 건축은 물론 다른 목적으로 일본 정부로부터 대여받을 수 없다. 또 일본 정부는 거류지 내외에 상관없이 영사관(領事官)을 위하여 별도로 땅

을 대여하지 않는다.

제9조　효고와 오사카에서 외국인에게 대여하는 땅의 원가(原價)와 대여한 땅에 대해 외국인이 매년 납부하는 지세(地稅), 도로 구역과 도랑의 개수 및 넓이, 한 번에 경매하는 땅의 크기와 경매 방법 및 기한, 기타 하문(下文)에 기재된 묘지축조법(墓地築造法)은 일본 정부가 앞으로 외국 공사와 상의하여 정한다.

제10조　1866년 6월 25일에 에도(江戶)에서 맺은 약정서를 따라 오사카와 효고 두 지역에 일본 정부는 외국인의 화물을 저장하기 위하여 안전한 대여 창고[貸庫]를 건설하는데, 효고에는 도면(圖面)상 남색으로 칠한 곳에 건설한다. 기타 일본 정부가 사용하는 땅은 보존해야 하니, 곧 지금 기공(起工)한 수선소(修船所)는 철거한다.

제11조　각국 국민들의 묘지는, 효고의 경우에는 외국인 거류지 뒤편의 산 가장자리에 조성하며 오사카의 경우에는 일본 정부가 즈이켄야마(瑞軒山)에 조성한다. 묘지의 담만 일본 정부가 설치하고, 청소와 보수로 인하여 지출하는 비용은 거류하는 외국인이 1기(基)마다 낸다.

제12조　서해안에 외국인이 거류할 수 있는 한 항구를 선정하는 것과 에도에 외국인이 임대하여 거주할 수 있는 지역을 정하는 것에 대한 건(件)을 각국 공사가 에도에서 협의하여 결정한다. 일본 정부는 이 조약 및 앞에 게시한 약서(約書)의 뜻을 따르며 또 이 결정에 근거하여 시행한다.

하코다테항(箱館港) 규서(規書)

게이오(慶應) 3년 정묘(丁卯) 9월 18일 곧 서력 1867년 10월 15일.

제1조 지금까지 시행하던 하코다테항(箱館港)의 여러 규칙은 이 규칙서(規則書)를 공행(公行)하는 날에 폐지한다.

제2조 하코다테항에 정박할 수 있는 경계는, 포대(砲臺)에서부터 직선으로 나나에하마(七重濱)까지이다.

제3조 항구로 들어오는 각 상선은 기장(旗章)을 게양해야 한다. 선주가 배를 정박한 뒤에, 일요일을 제외하고 48시간 이내에 선박에 있는 서책과 화물 목록(貨物目錄) 및 동승인명부(同乘人名簿)를 영사관(領事官)에게 맡긴다. 그리고 영사관에게서 받은 확인증을 세관[租所]에 낸 뒤에 앞의 기장을 내린다.[51]

제4조 항구로 들어온 선박은 돌을 버릴 수 없고 또 바닥짐[脚物]을 실을 수 없다. 또 정박하는 경계 안에서는 일출(日出)에서 일몰(日沒) 사이의 시간이 아니면 물품을 내리거나 바닥짐을 실을 수 없다.

제5조 세관[租所]의 허가를 얻지 않은 채 화물을 내리거나 또 다른 선박에 옮겨 실으면, 조약의 규율에 의거하여 그 화물을 몰수하고 또 그 선주는 벌금을 내야 한다.

제6조 화약이나 기타 발화물(發火物)을 많이 싣고 있는 상선(商船)은, 앞의 물종(物種)을 내릴 때 세관[租所] 관리의 지시를 따라 정박한다.

제7조 배에 동승한 사람이 뭍에 올라와 저지른 행위에 대하여 영사관(領事

---

51 항구로……내린다 : 문맥이 통하지 않아 동일한 내용인 『日本各國條約』권2 「各國居留條例」 「箱館港規則」 제1조에 근거하여 바로잡아 번역하였다.

官)이 판결하는데, 선주는 그 판결을 준수해야 한다. 또 일출에서 일몰 사이의 시간 외에는 수부(水夫) 한 명도 뭍에 올라와 있는 것을 허가하지 않는다.

제8조 수부(水夫) 중에 일몰 뒤에 아직도 뭍에 있다가 혹 술주정을 부리거나 혹 범죄를 저지른 사람이 있으면, 체포하여 적절한 벌금을 부과한다. 만약 본인이 벌금을 낼 수 없으면, 영사관이 선주에게 벌금을 내게 한다. 그밖에 선주 등이 수부를 검속하지 못한 점이 있으면 선주에게도 벌금을 부과한다.

제9조 상선의 수부(水夫)가 허가 없이 그 선박을 탈출하면 선주는 서둘러 영사관[領事官廳]에 보고해야 한다.

제10조 상선의 수부(水夫) 혹은 기타 인원 중에 영사관(領事官)의 허가를 얻지 못하거나 영사관의 명령을 준수하지 않는 사람이 한 명이라도 있으면 그가 타고 온 상선이 머무르는 것을 허가하지 않는다.

제11조 상선의 선주는 특별한 허가를 얻지 않은 이상 조약을 맺지 않은 나라의 외국인을 뭍에 올라오게 할 수 없다. 만약 조약을 맺지 않은 나라의 사람을 싣고 항구로 들어오면, 선주는 벌금을 내야하고, 또 그 사람을 귀국시킬 계획을 협의해야 한다.

제12조 항구를 나가려고 준비하는 상선은, 선주가 24시간 전에 암호(暗號)가 적힌 기장(旗章)을 게양하고 미리 서책 및 출범(出帆)에 대한 허가장과 수품 목록(輸品目錄)을 돌려받는다. 원래 동승한 인원이 아닌 사람이 이 배를 타고 본항(本港)을 떠나려고 하면 기명서(記名書)를 영사관[領事官廳]에 제출해야 한다.

제13조 항구 안 및 하코다테 시가(市街)에서는 소총(小銃)의 발사를 금지한다.

제14조 하코다테 시가에서 말을 타고 거칠게 달리는 것을 금지하고, 또 수

부(水夫)가 말을 타고 시가 안을 다니는 것을 일체 금지한다.

제15조 앞의 규칙의 조항을 위반한 사람에 대하여, 각국 영사관(領事官)의 권한으로 양은(洋銀) 500매(枚) 이하의 벌금을 부과하거나[52] 혹 3개월 이하의 금고(禁錮)에 처한다.[53]

제16조 선주는 특별히 주의하여, 본항(本港)의 규칙 이외에 일본이 외국과 맺은 조약서에 부기(附記)된 무역 규칙(貿易規則)을 엄하게 준수해야 한다. 여러 벌금은 조약에 기재된 대로 일본 정부에 납부해야 한다.

앞의 각 조항은 본항(本港)에 주재하는 각국 영사(領事)와 의논하여 정한 것이다.

스기우라(杉浦) 효고두(兵庫頭)　　수기(手記)

각국 영사　　　　　　　　　　　수기

회의서(會議書)

게이오(慶應) 3년 정묘 10월 9일 곧 서력 1867년 11월 4일에, 오가사와라(小笠原) 이키수(壹岐守)가 결정한다.

1867년 7월 15일에 요코하마(橫濱) 외국인 거류지 내의 차지인(借地人) 등이 거류지의 관리를 일본 정부에 맡기는 것에 대하여 회의하였다. 인하여 각국 공사(公使)에게 편지를 보내자, 공사들이 모두 모여 편지의 내용에 대

---

52 양은(洋銀)……부과하거나 : 원문은 '稞洋銀五百枚以下罰銀'인데, 문맥에 따라 '稞'를 '課'로 바로잡아 번역하였다.

53 3개월……처한다 : 원문은 '處三月以下之禁銅'인데, 문맥에 따라 '銅'을 '錮'로 바로잡아 번역하였다.

해 회의하고 또 거류지의 관리 및 거류인(居留人)의 생활에 긴요한 조항을
의논하여 정하였으니 그 내용은 다음과 같다.

제1조 일본 정부는 요코하마에 별도로 거류지관리청(居留地管理廳)을 창
       건하는데, 가나가와 봉행(神奈川奉行)이 이곳을 지휘하고[54] 외국인
       1명을 관리리(管理吏)로 정한다.

제2조 가나가와 봉행이 관할하는 관리리(管理吏)는 요코하마 외국인 거류
       지 내의 도로와 도랑의 보수 및 청소 등의 일에 주의를 기울여 그
       청결을 검시(檢視)하고, 또 관리(管理) 및 도로와 도랑에 관한 건으
       로 외국인이 관리청에 올리는 소송을 심리하며,[55] 외국인 범죄자가
       있으면 가나가와 봉행의 지휘를 받아 그 국가의 영사관이 입회한
       자리에서 죄를 조사한다.

제3조 가나가와 봉행이 관할하는 관리리(管理吏)는 요코하마 거류지 내의
       외국인을 보호하며, 또 가나가와항(神奈川港) 안의 외국인 범죄자를
       체포하는 외국 순시관(巡視官)을 대동하여 관리하고 지휘한다. 앞
       의 관리리 또는 가나가와 봉행이 관할하는 일본인 또는 외국인 순
       시관이 조약을 맺은 여러 국가의 범죄자를 체포하게 되면 그 국가
       의 영사관(領事官)에게 인계한다. 인계받은 영사관은 그 범죄자를
       조사한 뒤에 자기의 관사(館舍)에 머물게 한다.

제4조 요코하마 거류지 및 가나가와항 안의 중국인 혹은 조약을 맺지 않
       은 외국인에 대한 관리 및 형법은 가나가와 봉행이 관리리(管理吏)

---

54 가나가와(神奈川)……지휘하고 : 원문은 '傲奉神奈川奉行指揮之'인데, 문맥에 따라 '傲'를
    '就'로 바로잡아 번역하였다.
55 외국인이……심리하며 : 원문은 '廳外國人所稟右廳之訟'인데, 문맥에 따라 '廳'을 '聽'으로
    바로잡아 번역하였다.

의 의견을 묻고 또 외국 영사관(領事官)과 상의하여 처리한다.

제5조   외국인은 지조(地租)를 납부하니, 납기가 되면 관리리(管理吏)가 속히 거둔다. 만약 체납하게 되면 관리리가 그 국가의 영사관에 보고한다.

제6조   각국의 공사(公使)는 영사관(領事官)에게 명하여 많은 사람들의 생업에 해가 되지 않게, 거류지 안과 가나가와항 안에서 음식과 유희(遊戲)를 파는 상가(商家) 및 주류(酒類)를 판매하는 곳의 수를 줄이게 한다. 또 앞으로 이런 상업을 허가할 때에 영사관이 속히 가나가와 봉행에게 등서(謄書)를 제출하는데, 만약 사적으로 그 상업 행위를 하는 사람이 있으면 관리리(管理吏)가 그 국가의 영사관에 보고한다.

제7조   일본 정부는 외국인의 안전을 위하여, 가나가와항에 수입하는 물종(物種)에 포함된 화약(火藥) 및 스스로 발화할 수 있는 물건에 대해, 적절한 적재(積載) 대금(貸金)을 내고 저장할 수 있도록 알맞은 장소를 마련한다. 또 각국의 공사(公使)는 자국민으로 하여금 이와 같은 여러 종류의 물건을 다른 장소에 쌓아두지 못하게 해야 한다.

1867년 10월 28일 곧 게이오 3년 정묘 10월 2일
모(某)【4인의 이름은 생략한다.】

외국인이 에도(江戶)에 거류하는 데 대한 결약(結約)

게이오(慶應) 3년 정묘(丁卯) 11월 삭일(朔日) 곧 서력 1867년 11월 26일.

제1조   별지(別紙)의 도면의 적색(赤色)으로 칠한 지역 내에, 조약을 맺은

각국의 국민들은 상업을 할 수 있고 가옥을 임차할 수 있으며 또 거주할 수 있다. 그러나 그 지역 내에 가옥을 소유한 일본인이 외국인에게 대부(貸付)하는 것을 꺼리면, 그 의사에 반하여 강제로 임차할 수 없다. 또 일본 정부는 에도(江戶)에서 각국과 조약을 맺었으므로, 조약을 맺은 각국의 국민들이 개항지(開港地)에서 땅을 임차하여 가옥을 건축할 수 있게 한 취지에 맞는 편의를 제공하기 위하여, 앞의 도면상 남색(藍色)으로 칠한 곳에 가옥을 건축하거나 대여할 수 있도록 준비한다.

제2조 앞에서 가옥을 건축하기 위하여 보존하는 지역은 점차 가득 차게 될 것이므로, 외국인이 다른 지역을 요구하게 되면 일본 정부는 별지(別紙)의 도면에 모호(某號)로 표시한 지역을 준비하고 그 주위에 폭(幅) 6간(間) 4척(尺) 40【척의 이름은 생략한다.】이상의 도로를 건설한다. 그러나 그 뒤에도 다른 지역을 요구하게 되면 적색으로 칠한 구역 안에서 점차 확장한다.

제3조 별지의 도면에 남색(藍色)으로 칠한 지역은, 일본 정부가 12월 7일까지 재래식 가옥을 철거하고 그 주위에 폭 6간(間) 4척(尺) 40【척의 이름은 생략한다.】이상의 도로를 건설하며 적절하게 도랑을 건설한다. 도로를 제외하고 그 지역 안의 땅은 「오사카·효고 외국인 거류 결정(大阪·兵庫外國人居留地結定)」[56] 제6조·제7조·제8조·제9조의 취지에 의거하여 외국인에게 대여한다.

제4조 별지의 도면에 적색으로 칠한 지역을 통과하여 착개(鑿開)하였으니, 일본 정부는 12월 7일까지 청소하고 이후에도 청소를 태만하게

---

56 「오사카·효고 외국인 거류 결정(大阪·兵庫外國人居留地結定)」:「兵庫港大阪定外國人居留地結約」을 가리킨다.

해서는 안 된다. 앞의 지역을 착개하는 것과 그 청소에 들어가는 여러 비용은 일본 정부가 지급한다.

제5조　별지의 도면에 표시한 모(某) 지역 안에 외국인 여점(旅店)을 기공 (起工)하는데, 일본 정부는 2월 7일까지 완공해야 한다. 이 여점은 일본 정부가 관리한다.

제6조　일본 정부는 별지의 도면에 모호(某號)로 표시한 곳에 편리한 반안 장(搬岸場, 하역장)을 건설한다. 여기에 각국의 국민들이 소유한 화 물을 내리거나 선박에 싣기 위하여 편의에 따라 소사(素舍)를 설치 하는데, 비와 이슬에 손상을 입지 않게 잠시 물품을 보관하는 역할 을 한다. 에도는 개항지가 아니기 때문에 외국의 상선이 정박할 수 없다. 외국인이 소유한 화물은, 조약의 부록인 교역 규칙(交易規則) 에 의거하여 요코하마(橫濱)에서 검사를 받는다. 요코하마 또는 다 른 개항지에서 수입세(輸入稅)를 납부한 뒤에 에도에 물품을 내릴 수 있다. 또 에도에 수입세를 내고서 얼마 되지 않아 외국인이 다시 에도로부터 물품을 수출하려는 경우에 요코하마 세관에 검사를 요 청해야 하는데, 수출세(輸出稅)를 내지 않으면 어느 국가든지 같은 항구에서 다른 국가의 선박에 물품을 실을 수 없다.

제7조　본서(本書)의 부록인 규칙 및 조약(條約)의 부록인 교역칙(交易則)을 따라, 외국인 소유의 수품운송선(輸品運送船)과 인선(引船) 및 동승 선(同乘船)은 범선(帆船)과 기선(汽船)의 구분 없이 에도와 요코하마 사이를 왕복할 수 있다.

제8조　에도로 들어오는 외국인 중에 관원(官員)은 관복을 착용해야 하고, 사관(士官) 이외의 사람은 가나가와 봉행(神奈川奉行)이 발급한 감 찰(鑑札, 허가증)을 요코하마에 주재하는 본국 영사관(領事官)에게서 수령하여 가지고 있어야 한다. 그리하여 육로(陸路)로 가는 사람은

로쿠고(六鄉) 나루[渡津]에서 일본 관리에게 제시해야 하고, 수로(水
路)로 가는 사람은 에도 포대(砲臺)에 이르러 일본 관리에게 제시해
야 한다. 관원 이외에 감찰(鑑札)없이 에도로 들어오는 사람은 체포
하여 그 국가의 영사관에게 인계하는데, 이는 외국인으로 하여금
에도 개시(開市)의 취지 및 조약을 준수하게 하려는 것이다.

제9조 수품운송선(輸品運送船)·인선(引船)·동승선(同乘船) 등은 대개 외국
의 선박인데, 에도로 들어올 때 군함에 부속된 선박이 아니면 흰색
표목(標木)을 세우고 양쪽 포대(砲臺) 사이를 지나가야 한다. 다만
각 선박이 앞의 포대에 도착하게 되면 잠시 운행을 정지해야 하니,
이는 일본 관리가 그 선박에 승선하기 위해서이다. 이때에 일본 관
리는 각 선박을 조사하는데, 선주는 동승인목록(同乘人目錄)을 제출
하고 외국인은 각자 자신의 감찰(鑑札)을 제시해야 한다.

제10조 일본 정부는 앞의 포대의 입구에서 외국인 거류지까지의 선로(線路)
에 말뚝[標杙] 혹은 부표(浮標)를 설치한다.

제11조 에도에 있는 외국인은, 다음에 기재한 경계 안에서 자유롭게 유보
(遊步)할 수 있다. 에도가와(江戶川)라고도 부르는 신토네가와(新利
根川) 어귀부터 가나마치(金町)의 관문(關門)까지는, 그곳부터 서쪽
으로 미토카이도(水戶街道)를 따라 센주역(千住驛) 대교를 한계로
유보할 수 있고, 또 그곳부터 스미다가와(隅田川) 남쪽에서 상류로
거슬러 올라가 후루야카미고(古谷上鄉)를 한계로 유보할 수 있고,
또 그곳부터 고무로무라(小室村)·다카쿠라무라(高倉村)·고야타무
라(小矢田村)[57]·오기와라무라(荻原村)·미야데라무라(宮寺村)·이시

---

57 고야타무라(小矢田村) : 원문은 '小谷田村'인데, 『日本國外務省事務』 다수의 용례에 근거하
여 '谷'을 '矢'로 바로잡아 번역하였다.

하타무라(石畠村)·미키무라(三木村)·다나카무라(田中村) 등 여러 촌
락에서 히노무라(日野村)까지를 한계로 유보할 수 있고, 히노(日野)
나루[渡津]에서 다마가와(玉川) 어귀까지를 한계로 유보할 수 있다.
외국인이 에도 시가(市街)의 각 장소를 수륙(水陸)으로 왕래하는 것
은 일본인과 동일하니, 그 왕래에 장애(障碍)가 없다.

에도(江戸)와 요코하마(橫濱) 사이를 왕복하는 인선(引船)과 수물운송선(輸物運送船) 및 외국인혼승선(外國人混乘船)을 배치하는 데 대한 규칙

게이오(慶應) 3년 정묘(丁卯) 11월 삭일(朔日) 곧 서력 1867년 11월 26일.

제1조 모든 외국의 인선(引船)과 운송선(運送船) 혹은 혼승선(混乘船) 등은,
일본 장관의 허가장(許可狀)을 가지고 있지 않으면 에도(江戸)와 요
코하마(橫濱) 사이를 왕래할 수 없다.

제2조 허가장을 요청하는 사람이 있으면, 가나가와 봉행(神奈川奉行)이 선
박이 소속된 국가의 영사관(領事官)과 함께 검사하여 허가장 발급
여부를 결정한다. 앞의 허가장에는 양국의 언어로 선박의 형태 등
을 세밀히 기록하며, 가나가와 봉행이 이름을 적고 또 그 옆에 영사
관이 이름을 적는다.

제3조 허가장을 발급하고 1년이 지나면, 봉행 및 영사관이 검사하여 허가
장의 효력을 중지시킬지의 여부를 결정하고, 또 재발급 여부를 결
정한다. 처음은 물론 그 후에도 허가장을 발급할 때 수수료로 일본
정부에서 1톤마다 금(金) 1푼(分)을 거둔다.

제4조 화물을 싣고 있는 선박의 흘수(吃水)의 깊이가 6척 이상이면 허가장을 발급하지 않는데, 일본 장관의 특별한 허가증을 발급받지 못하면 포대(砲臺) 밖에서 사람 및 화물을 싣고 내릴 수 없다.

제5조 세관 관리가 허가장을 발급받은 선박에 승선하니, 에도와 요코하마 사이를 왕복하는 것에 대하여 모두 일본 정부가 임의대로 할 수 있다.

제6조 요코하마에서 허가장을 발급받아 화물을 싣고 있는 선박의 화주[貨主]는 이 일과 관련하여 납세증서를 가지고 있어야 한다. 만약 납세증서가 없거나 또는 납세증서를 가지고 있지 않은 채 에도에 화물을 내리면, 일본 정부에서 그 화물을 억류하거나 혹은 몰수한다.

제7조 허가장을 발급받은 선박은 에도 또는 요코하마에서 일본 정부가 명령한 부두에서만 화물을 싣고 내릴 수 있는데, 이렇게 할 때에는 일본 정부가 허가한 부선(艀船)을 사용한다.

제8조 허가장을 발급받은 선박은 에도와 요코하마 사이에서 화물 또는 사람을 운반하거나 혹은 다른 선박을 예인(曳引)하는 것 이외에 다른 어떤 용도로도 사용할 수 없다. 또 앞의 두 곳 이외에는 정박할 수 없으며, 운행하는 도중에 다른 외국 선박 또는 일본 선박과 접촉할 수 없다.

제9조 허가장을 발급받은 선박의 선장을 제외하고 선원 등은 일체 에도에 내릴 수 없다.

제10조 이 규칙 및 앞으로 마련될 규칙을 위반한 사람[58]은 발급한 허가장을 몰수한다. 또 선박을 관할하는 영사관(領事官)은 본국 정부를 대리

---

58 이 규칙……사람 : 원문은 '有輩此規則及將來當設之規則者'인데, 문맥에 따라 '輩'를 '背'로 바로잡아 번역하였다.

하여, 자국민이 조약 및 약정을 준수할 수 있도록 부여받은 권한으로 규칙을 위반한 사람들을 처벌한다.

에치고(越後)·니가타(新潟)·사슈(佐州)의 이항(夷港)에 외국인이 거류하는 데 대한 결정

게이오(慶應) 3년 정묘(丁卯) 11월 삭일(朔日) 곧 서력 1867년 11월 26일.

제1조 일본 정부는 무역용으로 제공하기 위해 사슈 이방(夷坊) 안에 대납사(貨納舍)를 지어 선박에 실려 온 화물을 쌓아 놓을 수 있도록 한다. 다만 30일 동안은 쌓아놓은 데 대한 비용을 거두지 않는다.

제2조 니가타 이항(夷港)의 해상에 닻을 내린 상선을 위해 적당한 화물운반선을 배치하여 물품을 내리고 싣게 한다. 또 니가타 이항을 왕래하는 운송선을 두어 수출입 물품의 운송이 막히지 않도록 한다. 앞에서 말한 물품은 개수마다 적절한 비용을 거둔다.

제3조 니가타 이항 사이의 도선(渡船)의 편의를 위해 일본 정부에서 기선(汽船)을 마련하여 사람의 왕래 및 물품의 운송에 제공하고, 또 화물운반선을 견인한다. 비록 적절하게 비용을 거두지만 외국인이 소유한 기선 혹은 운송선을 사용해도 또한 무방하다.

제4조 만약 이항의 해안이 수출입 물품을 실고 내리는 데 불편하면, 일본 정부는 해변을 개방하고 이방(夷坊)의 뒤편 호수로 왕래하는 통로는 막는다.

제5조 일본 정부는 니가타의 하천 어귀 주변에 적절한 등대를 건설하여 일등 등화(一等燈火)를 점화한다. 또 강 어귀에 표목(標木) 혹은 부

표(浮漂)를 설치하여 하천 어귀의 출입을 편리하게 한다.

제6조 니가타에 다른 개항지와 대납사(貸納舍)를 건설하고, 또 물품을 싣고 내리는 데 편리하도록 적절한 하역장(荷役場)을 짓는다.

제7조 외국인은 자유롭게 니가타 및 이항의 시장에서 곧장 일본인에게 가서 머물 수 있으며, 혹 창고를 빌리거나 매수할 수 있다. 또 양쪽에 공명소(公明所)를 만들어 차수지구(借受地區, 외국이 일본에게 빌린 땅)로 사용하니 전과 동일하다. 다만 별도로 거류지(居留地)를 정하지 않는데, 니가타 외국인 차수지구의 경역(經域)에서 동북으로는 해안과 천맥(泉脈)으로 한정하고, 서남으로는 지금 봉행(奉行)이 제시하여 푯말을 세운 곳으로 한정한다. 전묘(田畝)나 기타 정부에 공납(貢納)하는 땅은 바로 허가하지 않는데, 앞의 봉행소(奉行所)에 상품(上稟)하면 허가를 얻을 수 있다.

제8조 조약을 맺은 각국 국민들이 니가타에서 유보(遊步)하는 데 대한 규정은 비록 봉행소 사방 10리(里)를 한계로 정했으나, 그 산천에서 바라보면 경치를 모두 볼 수 있기 때문에 사슈 전도(全島)에는 한계를 정하지 않는다.

오사카(大阪)에 거류하는 외국인에 대한 무역 및 거류 규칙

게이오(慶應) 3년 정묘(丁卯) 12월 7일 곧 서력 1868년 1월 1일.

제1조 오사카(大阪)는 개항지가 아니기 때문에 외국 선박 등이 정박할 수 없다. 그러므로 오사카에 세관을 건축하여 준비를 완료하는 잠시 동안에 외국인이 소유한 화물을 본부(本府)로 수입하고자 하면, 조

약의 부록인 교역 규칙(交易規則)을 따라 효고(兵庫) 세관에 요청하여 세금을 납부한다. 다만 다른 개항지에서 수입세를 납부한 화물에 대하여 본소(本所)에 세금을 납부하지 않아도 된다. 오사카에서 선박이 화물을 싣고 있는 상태로 있는 잠시 동안에 외국인이 앞의 선박으로 오사카의 화물을 수출하려고 하면, 효고 세관에 요청하여 세은(稅銀)을 납부해야 한다.

제2조 본서(本書)의 부록인 규칙 및 조약(條約)의 부록인 무역 규칙(貿易規則)을 따라, 외국인 소유의 수품운송선(輸品運送船)과 인선(引船) 및 혼승선(混乘船)은 범선(帆船)과 기선(汽船)의 구분 없이 오사카와 효고 사이를 왕복할 수 있다.

제3조 오사카에 거류하는 외국인은 다음에 기재한 경계 안에서 자유롭게 유보(遊步)할 수 있다. 남쪽으로 야마토가와(大和川)에서부터 후나하시(舟橋)[59]까지는 교코지(敎興寺)를 지나 사다(佐太)[60]를 횡단(橫斷)하여 유보할 수 있다. 시정(市井)은 야마토가와 밖에 있지만 유보할 수 있다.

다만 오사카와 효고를 왕래하는 도로는 교토[京師]에서 10리 떨어진 지역을 한계로 유보할 수 있다. 외국인이 오사카부(大阪府)를 수륙(水陸)으로 왕래하는 것은 일본인과 동일하니, 왕래하는 데에 장애가 없다.

---

59 후나하시(舟橋) : 원문은 '船橋'인데, 『日本國外務省事務』 다수의 용례에 근거하여 '船'을 '舟'로 바로잡아 번역하였다.

60 사다(佐太) : 원문은 '佐田'인데, 『日本國外務省事務』 다수의 용례에 근거하여 '田'을 '太'로 바로잡아 번역하였다.

오사카(大阪)와 효고(兵庫) 사이에 배치한 만선(挽船) 및 화물운송선(貨物運送船)에 대한 규칙

第1조 모든 만선(挽船)과 화물운송선(貨物運送船) 혹 혼승선(混乘船) 등을 운전하는 외국인은, 일본 장관의 허가장을 가지고 있지 않으면 오사카(大阪)와 효고(兵庫) 사이를 왕래할 수 없다.

第2조 허가장을 요청하는 사람이 있으면, 효고 봉행(兵庫奉行)이 선박이 소속된 국가의 영사관(領事官)과 함께 검사하여 허가장 발급 여부를 결정한다. 앞의 허가장에는 양국의 언어로 선박의 형태 등을 세밀히 기록하며, 효고 봉행이 압인(押印)하고 또 그 옆에 영사관이 날인한다.

第3조 허가장을 발급하고 1년이 지나면, 봉행 및 영사관이 검사하여 허가장의 효력을 중지시킬지의 여부를 결정하고 또 재발급 여부를 결정한다. 처음은 물론 그 후에도 허가장을 발급할 때 수수료로 일본 정부에서 1톤마다 금(金) 1푼(分)을 거둔다.

第4조 화물을 싣고 있는 외국 선박의 흘수(吃水)의 깊이가 6척 이상이면 허가장을 발급하지 않는다.

第5조 관리 혹은 부관리(副官吏)가 허가장을 발급받은 선박에 승선하니, 오사카와 효고 사이를 왕복하는 것에 대하여 일본 정부가 임의대로 할 수 있다.

第6조 효고에서 허가장을 발급받아 화물을 싣고 있는 선박의 화주[貨主]는 납세증서를 가지고 있어야 한다. 만약 납세증서가 없거나 또는 납세증서를 가지고 있지 않은 채 오사카에 화물을 내리면, 일본 정부에서 그 화물을 억류하거나 혹은 몰수한다.

第7조 오사카 및 효고에서 허가증을 발급받은 외국 선박은, 일본 정부가 명령한 부두에 한해서 화물을 내리는데, 혹 그렇게 할 때에 일본 정부가 허가한 부선(艀船)을 사용한다.

제8조 허가장을 발급받은 선박은, 오사카와 효고 사이에서 화물 또는 사람을 운반하거나 혹은 다른 선박을 예인(曳引)하는 것 이외에 다른 어떤 용도로도 사용할 수 없다. 또 항해 도중에 다른 외국 선박 또는 일본 선박과 접촉하거나 다른 지역에 정박하는 것을 금지한다.

제9조 허가장을 발급받은 선박의 선장을 제외하고, 선원 등은 일체 오사카에 내릴 수 없다.

제10조 이 규칙 및 앞으로 마련될 규칙을 위반한 사람은 발급한 허가장을 몰수한다. 또 본국 정부를 대리하여, 자국민이 조약 및 약정을 준수할 수 있도록 영사관(領事官)은 부여받은 권한으로 규칙을 위반한 사람들을 처벌한다.

오사카(大阪)·효고(兵庫) 외국인 거류지 약정

게이오(慶應) 4년 무진(戊辰) 7월 8일 곧 서력 1868년 8월 7일.

제1조 작년에 맺은 조약에 근거하여 오사카(大阪)에서 각국 거류인(居留人)을 위하여 준비한 지역을 경매하는 시기는, 그곳의 일본 관리가 각국 영사관(領事官)과 협의하여 서력 9월 1일로 약정하거나 또는 그와 가까운 날로 정한다. 전에 포고(布告)한 앞 지역의 도면을 되도록 사용하되, 그곳의 일본 관리 및 각국 영사관이 동의하면 수정하는 것도 가능하다. 만약 도면을 수정하게 되면 수정하는 건마다 경매를 시작하기 5일 전에 오사카에서 포고한다.

제2조 효고(兵庫)에서 처음에 일본 관리는 각국 영사관(領事官)과 협의하여 경매하게 될 외국인 거류지의 크기와 방향을 정한다. 그러므로 경매를 시작하기 5일 전에, 일본 정부는 경매할 지역의 도면을 효고에 포고하여, 경매할 지역의 면적 및 그 방향과 추후에 도로와 도랑으로 사용할 곳의 위치를 알린다. 경매하는 면적은 200보(步)에서 600보 정도이고, 도로의 폭은 40척(尺)보다 좁으면 안 된다.

제3조 앞의 건과 같이 오사카와 효고에서 대부(貸付)하는 지역은, 경매 원가가 1보에 금(金) 2냥(兩)이다. 그중 1냥 2푼(分)은 외국인 가옥의 건축비와 그 지역에 들어가는 여러 비용에 충당하고, 나머지 2푼은 일본 정부가 거두어 적금수보소(積金受保所)에 맡긴다. 이것으로 거류지를 위하여 적립하였다가, 도로를 건설하고 도랑을 보수하며 야등(夜燈) 및 거류지에 들어가는 비용에 충당한다. 또 오사카와 효고에서 거류지의 경매가가 원가보다 높으면, 그 대가(代價)의 절반을 일본 정부가 앞의 적금(積金)에 양여(讓與)하기로 약속한다.

제4조 오사카와 효고의 거류지 지역을 경매하는 건은, 이 결정서에 포함된 법칙을 따른다. 경매하고 남은 지역은 나중에 다시 경매에 붙이는데, 그 시기는 본소(本所)의 일본 관리가 각국 영사관(領事官)과 정하여 뜻대로 하되 어느 때이든 1달 전에 포고해야 한다.

제5조 오사카와 효고의 지세(地稅)는 1보마다 1년에 금 1푼으로 정한다. 오사카에 배정된 금 381냥과 효고에 배정된 금 410냥 1푼이 지세의 원수(元數)이니 매년 일본 정부에 납부한다. 남는 금액은 거류지를 위한 적금으로 활용하여 도로와 도랑의 건설과 야등(夜燈) 및 기타 거류지에 들어가는 비용에 충당한다. 앞의 세금은 미리 납부한다.

제6조 앞의 적금을 설립한 데 의거하여, 예기치 못한 천재지변으로 인한 파손이 아닌 도로와 도랑의 건설과 야등(夜燈) 및 기타 거류지의 지

출 비용에 대하여 일본 정부는 아무 관계가 없다. 예기치 못한 천재지변으로 시설물이 파손되는 경우가 있으면, 양국 관리가 일본 정부가 지출할 금액을 협의하여 정한다.

제7조 이 결정서에 의거하여, 거류인 적금을 조성하기 위하여 이 지역을 임차한 외국인에게서 거둔 금액은 먼저 영사관(領事官)에게 납부하며, 영사관은 다시 적금수보소(積金受保所)에 맡긴다. 거류지 적금은, 본소(本所)의 일본 관리와 각국 영사관 및 거류인 가운데서 선출한 행사가 함께 협의하여 관리한다. 행사는 3인을 넘을 수 없다. 각국 영사관의 명부 안에 성명이 기록된 사람을 대상으로 선거를 통해 뽑는데, 선거의 방법과 임기는 각국 영사관이 정한다.

제8조 오사카와 효고의 거류지를 관할하기 위하여 외국인을 관할하는 관리를 고용해야 한다. 그러므로 이 지출 비용을 감당하기 위하여 차지인(借地人)은 1보마다 금 1푼의 1/3을 넘지 않는 액수를 매년 적금에 납부한다. 앞에서 매년 내는 금액 및 납부 기일은 본소(本所)의 관리와 각국 영사관(領事官) 및 거류인 가운데서 선출한 행사가 함께 협의하여 결정한다.

제9조 일본 정부는 이 지출 비용으로 오사카와 효고의 거류지의 돌담 및 상륙소(上陸所)를 보수한다. 또 상륙하는 곳 근처의 바다와 강을 준설하여, 비록 간조(干潮) 때이더라도 상륙하는 데 아무 장애가 없게끔 한다.

효고(兵庫)·오사카(大阪) 외국인 거류지의 땅을
경매[糶賣]하는 데 대한 조항

제1조 다음의 지도를 각각 몇 매(枚)를 만들어 뒷날의 증거로 삼는데, 효
고(兵庫)와 오사카(大阪) 두 지역의 관부(官府) 및 각국 영사관 분견
소(領事官分遣所)는 봉행(奉行)이 인장(印章)으로 날인한 사본 1매를
만들어 모두 보존한다. 경매 건은 1번지부터 시작하여 번호의 순서
에 따라 모두 경매에 붙인다.

제2조 경매를 거쳐 반드시 고가(高價)를 제시한 사람에게 판매해야 하니,
만약 경매에서 같은 가격이 나온 곳이 있으면 다시 경매에 붙인다.

제3조 매주(買主)는 고성(高聲)으로 가격을 부르는데, 그 금액은 1보(步)마
다 금(金) 1푼(分)의 1/5보다 적어서는 안 된다.[61] 경매인은 자신 또
는 타인을 위해 입찰할 수 없다. 낙찰되었을 때 경매인이 고성으로
매주의 성명을 불러 속히 장부에 이름을 기록해 놓고, 그 뒤에 매주
의 성명과 일치하는 사람에게만 지권(地券)을 써준다.

제4조 낙찰을 받고 다음 곳이 경매에 나오기 전에, 매주(買主)는 금(金)
100냥(兩)을 내금(內金)[62]의 명목으로 그 자리에서 납부해야 한다.
그 뒤에 지권(地券)을 발급해 줄 때 내금을 제외한 금액을 완납한다.
만약 내금을 속히 납부하지 않아 파약(破約)이 되면, 다음 곳이 경
매에 나오기 전에 다시 다른 사람으로 하여금 입찰하게 한다.

제5조 지권은 별지(別紙)의 문서에서 기록한 날짜인 1868년 3월 1일에 발

---

61 1보(步)마다……안 된다 : 원문은 '一步可不少於金一步之五分'인데, 『日本國外務省事務』 다
수의 용례에 근거하여 '步'를 '分'으로 바로잡아 번역하였다.

62 내금(內金) : 지급해야 할 총금액 가운데 미리 지급하는 일부의 금액을 가리킨다. 계약금
성격의 돈이다.

급하니 이를 위한 준비를 해야 한다. 지권은 성명이 기록된 본주에게 발급해야 하는데, 수령자(收領者)에게 매수한 경우는 물론 다른 사람이 수령(收領)의 권한 또는 대리(代理)의 증표를 가지고 있거나 혹 다른 증빙을 게시하면 발급해 준다. 다만 이 사람은 일본 정부에 증서, 혹은 해당 영사관이 검인(檢印)을 완료한 사본을 제출해야 한다. 만약 3월 15일까지 매수 절차를 완료하지 못하면 파약(破約)이 되는 것으로 정한다. 그리고 파약된 곳은 다음번 경매 때 다른 사람으로 하여금 입찰하게 하고, 이미 낸 내금은 일본 정부에 귀속된다.

제6조 지권을 발급할 때 수수료로 금 5냥을 납부한다.

제7조 지권을 구입하는 금액 이외에, 별지의 「결정서(結定書)」[63] 제5조에서 정한 것과 같이 1보마다 금(金) 1푼(分)의 지조(地租)를 매년 거주지의 본주(本主) 혹은 그 후손이나 대리인이 납부한다.

제8조 앞의 지조 이외에, 거류지 관리비 등으로 적절한 금액을 매년 납부한다.
다만 이 금액은 1보마다 금 1푼의 1/3을 넘지 않는다.[64]

제9조 일본과 조약을 맺은 국가의 국민임을 증빙할 수 없는 사람에게는 일체 지권을 발급하지 않는다.

---

63 「결정서(結定書)」:「大阪兵庫外國人居留地約定」을 가리킨다.
64 다만……않는다 : 원문의 내용으로는 문맥이 통하지 않는데, 『日本國外務省事務』 다수의 용례에 근거하여 바로잡아 번역하였다.

지권모형(地券模形)

금(金) 몇 냥(兩)을 받았으므로, 나는 일본 정부를 대신하여 모(某) 국가의
모(某)에게, 공적인 지도상에 몇 보(步) 크기의 모(某) 번지로 표시된 곳을
영구적으로 대부(貸付)하는 것이 바람직하다. 앞의 대부와 관련된 조항은
다음과 같다.

1868년 8월 7일에 일본 정부가 외국 공사(公使)와 교환한 「조관서(條款
書)」[65] 제5조를 따라, 1보(步)마다 금(金) 1푼(分)[66]인 지가(地價)의 총액은 몇
냥(兩)인데, 매년 서력 몇 월 며칠로 정한 기한에 맞춰 앞에서 말한 금액을
영사관(領事官)에게 납부한다. 또 앞의 조관서 제8조를 따라, 거류지 관리비
로 정한 금액을 매년 기한에 맞춰 영사관에게 납부한다. 다만 관리비는 1보
마다 금(金) 1푼의 1/3을 넘지 않는다. 또 앞에서 몇 번지로 표시된 곳 또는
그 일부는, 일본과 조약을 맺은 외국 국민들을 제외한 다른 사람에게 양여
(讓與)할 수 없고, 또 양여할 때 반드시 양국의 영사관에게 신고해야 한다.
앞의 내용을 위반하는 사람이 있으면 일본 정부에서 그 국가의 영사관에
게 고지한다. 인하여 지권(地券) 2통을 작성하니, 1통은 차주(借主)에게 발급
하고 1통은 일본 장관이 부본(副本)으로 보존한다.

연월일(年月日) 지방장관 성명 인(印)

---

65 「조관서(條款書)」：「大阪兵庫外國人居留地約定」을 가리킨다.
66 1푼(分)：원문은 '一步'인데, 『日本國外務省事務』 다수의 용례에 근거하여 '步'를 '分'으로
바로잡아 번역하였다.

기억서(記臆書)

일본 정부를 대리하는 갑부(甲部)인 효고 지현사(兵庫知縣事) 이토 슌스케 (伊藤俊介)와 외국인들을 대리하는 을부(乙部)인 조약을 맺은 국가의 영사(領事) 등은 서로 간에 이 약정서를 합의하여 작성한다.

고베(神戶)의 지구(地區)를 매각하기로 한 결약서(結約書)[67] 제9조에 게시한 바다와 강의 돌담은 이미 관도(官圖)에 확실히 기록되어 있고, 또 거류지 주변 도로상에 현재 기공하는 도랑과 돌담도 포함되어 있으며, 복개(覆蓋)하려는 뜻도 분명하게 표시되어 있다. 앞의 도랑은 거류지 뒤편에 있기 때문에 그 흐름이 거류인의 생활과 밀접한 관계가 있다. 그러므로 갑부(甲部)는, 그 관부(官府)와 거류인의 후손들을 대신하여 일본 정부가 도랑을 보호하고 청결을 유지하여 손해가 발생되지 않게 할 수 있도록 약정한다.

앞의 을부(乙部)는 속히 앞의 지구를 관할하고 또 다른 사람에 매각하고자 한다. 그러므로 거류지 안의 도랑에 적절한 폭의 교량을 가설하여 속히 완성하기로 약정한다.

갑부(甲部)는 돌담과 이쿠타가와(生田川) 제방(堤防)을 보호하기로 약정하는데, 이는 거류지 안에 물이 넘치는 것을 예방하고 또 돌담과 제방 자체를 견고하게 유지하는 것이 목적이다.

이 내용을 증빙하기 위하여 1868년 10월 8일에, 참석한 인원은 날인한다.

효고 지현사(兵庫知縣事) 이토 슌스케(伊藤俊介)

미국 영사 모(某)【인명은 생략한다.】

---

67 고베(神戶)의……결약서(結約書) : 「大阪兵庫外國人居留地約定」을 가리킨다.

네덜란드 영사 모(某)【인명은 생략한다.】

증명을 위하여, 이토 슌스케 귀하 및 모(某)【인명은 생략한다.】 귀하의 인장을 모(某)【인명은 생략한다.】의 눈앞에서 날인하고 교환한다.

효고(兵庫)의 고베(神戸) 외국인 거류지에 포함된 묘지(墓地) 구역의 지권(地券)에 대한 약정서

다음에 기재된 효고 현령(兵庫縣令) 간다 다카하라(神田孝平)와 본항(本港)에 있는 조약을 맺은 국가의 영사(領事) 등은, 각각 자국 정부를 대리하여 수천 보(步) 정도 면적의 묘지(墓地) 지구, 즉 북쪽으로 32번지·33번지·34번지를 경계로 하고 동서남쪽으로 서방(西坊)과 명석방(明石坊)까지를 경계로 하는 지역에 공원을 조성하거나 또는 거류지에 필요한 건축물을 건설하는 임무를 담당한다. 1년 지조(地租)는 일분은(一分銀) 500개(箇)이니, 각국의 국민들을 위하여 앞으로 계속 이 지역을 대부한다. 조약을 맺은 국가의 영사 등은, 이 지역을 위하여 앞으로 거류지의 사무를 담당하는 각 인원이 관리하여 지조를 납부하게 한다. 이 약정서를 날인한 날로부터 지역에서 적립한 적금(積金) 안에서 매년 약속한 대로 지조를 지출한다. 앞의 내용을 증빙하기 위하여 1872년 4월 12일에, 각 관리는 서명하고 날인한다.

효고 현령 간다 다카히라(神田孝平)
덴마크 영사【인명은 생략한다.】
벨기에 대변영사(代辨領事)【인명은 생략한다.】
미국 영사【인명은 생략한다.】
스위스 영사 겸 네덜란드 대변영사【인명은 생략한다.】

영국-오스트레일리아 영사 겸 프랑스·이탈리아·스페인 사무대리(事務代理)【인명은 생략한다.】

포고(布告)

세관 앞 부두에 이어져 있어 정박이 가능한 하천에서, 화선(火船)은 정박한 지 24시간이 지나면 하류로 옮겨 정박하는 것으로 이번에 각국 영사(領事)와 숙의(熟議)하여 규칙을 결정하였으니, 일본인과 외국인의 구분 없이 이 포고를 준수해야 한다.

메이지(明治) 6년 2월 2일
오사카부 권지사(大坂府權知事) 와타나베 노보루(渡邊昇)

오사카항(大坂港) 경계에 관한 서간(書簡)

오사카항의 경계는 북쪽으로는 사몬가와(左門川)이고 남쪽으로는 야마토가와(大和川)이며 바다에서는 덴포잔(天保山)의 등대(燈臺)에서 밖으로 3리이니, 사몬가와와 야마토가와에 표목(標木)을 세우겠습니다.
항칙(港則) 제4칙에서 아직 정하지 않은 경계는 지금 별지와 같이 확정하여 정부의 허가를 얻었으니 이 내용을 귀국의 국민들에게 널리 알리고자 합니다. 삼가 아룁니다.

메이지(明治) 6년 3월 12일

오사카부 권지사(大坂府權知事) 와타나베 노보루(渡邊昇)

각국 영사(領事) 귀하

포고(布告)

세관 앞 부두의 동쪽으로 12 길이의 하천을 화물을 싣고 내리는 곳으로 정하여 화선(火船)의 진입을 금지한다.

앞의 문장은 각각의 편리를 헤아려 각국 영사(領事)와 숙의하여 결정한 것이므로, 일본인과 외국인의 구분 없이 마땅히 이 포고를 준수해야 한다.

메이지(明治) 6년 4월 4일

오사카부 권지사(大坂府權知事) 와타나베 노보루(渡邊昇)

오사카(大坂) 개항 규칙

메이지(明治) 2년 기사(己巳) 4월 8일 곧 서력 1869년 5월 19일.

제1칙 일을 처리하는 데 편리하도록, 거류지 근방에 있는 세관 이외에 아지가와(安治川)의 나미요케야마(波除山) 근처에 세관 분견소(分遣所)를 건설한다.

제2칙 상선(商船)이 항구를 출입하는 데 관한 일은 본소(本所)에서만 처리한다.

제3칙 예기치 못한 풍파로 인하여 선박이 상륙하거나 정박하는 도중에 세

관을 왕래하는 것이 어려우면, 일요일과 휴업일을 제외하고 입항하
고서 48시간을 초과한 뒤에 세관에 보고하더라도 입항 규례를 위반
한 것으로 간주하지 않는다. 외국 상선이 입항하여 정박하게 되면,
세관은 1척마다 속히 관리를 파견하여 개항 규칙의 초본을 그 선박
의 선장에게 전달해야 한다. 풍파로 인하여 정해진 기한 내에 세관
에 보고하지 못했다면, 속히 선장이 입항한 월일시(月日時) 및 세관
관리가 승선한 시각을 문서에 기입하여 그 서표(書標)를 세관 관리
에게 전달해야 한다.

제4칙 오사카항의 경계는 나중에 정하는데, 그때 일본 관리와 각국 영사
가 함께 사감(査勘)하여 표목(標木)을 설치한다.

다만 표목을 설치하는 것은 일본 정부가 담당한다.

제5칙 본항(本港)의 경계 안에서 선박이 바닥짐을 버리는 행위에 대하여,
규칙을 준수할 수 있도록 해당 국가의 영사(領事)는 엄하게 금지해
야 한다.

제6칙 여러 화물을 싣고 내리는 것은 건설한 두 곳의 세관 분견소에서만
할 수 있는데, 만약 이를 위반하면 조약에 의거하여 그 화물을 몰수
한다.

제7칙 앞의 하역장(荷役場)을 제외하고, 거류지 안에 두 곳의 하역장을 건
설한다.

다만 이 두 곳에서는 상물(商物)을 싣고 내릴 수 없다.

제8칙 모든 화선(火船) 및 범선(帆船)은 기계를 시험 삼아 운전하거나 혹
유람하기 위하여 항구 밖으로 나갈 때, 그 선박의 선장은 반드시
자국의 영사관에 보고해야 하고, 보고를 받은 영사관은 다시 세관
에 통보해야 한다.

다만 그 선박에 승선해 있던 감사(監士)는 내리지 않는다.

제9칙 일본의 축일(祝日)·제례일(祭禮日)·휴업일(休業日)에는 화물을 싣고 내리는 것을 허가하지 않는다.

다만 허가장을 가지고 있거나 또는 검사를 완료한 화물의 경우에는, 세관에 신고한 뒤에 화물을 싣고 내리는 것을 허가한다. 우편선의 경우에는, 축일·제례일·휴업일이더라도 우편물을 싣거나 내리기 위하여 품청서(稟請書)에 영사관(領事館)의 인감(印鑑) 또는 영사(領事)의 이서(裏書)를 받으면 이를 허가한다.

일본의 휴업일은 다음과 같다.

정월(正月) 1·3·7일,[68] 3월 3일, 5월 5일, 6월 25일, 7월 7일, 7월 14~16일, 8월 삭일(朔日), 9월 9일, 9월 22일, 12월 27~회일(晦日).

다만 12월 27일과 28일 이틀은, 오전 9시에서 정오까지 세관이 중요한 일들을 처리하는 것을 허가한다.

제10칙 서력 5월에서 10월까지의 기간에는 오전 9시부터 오후 5시까지, 11월부터 4월까지의 기간에는 오전 10시부터 오후 4시까지,[69] 세관에서 선박이 항구를 출입하는 규례에 대한 여러 가지 사항 및 기타 중요한 사무를 처리한다.

제11칙 상인(商人)이 세금을 내야 할 화물을 일본 개항지에서부터 수송하여, 다음에 게시한 기한 안에 도착한 세관에 화물을 내린 데 대한 서표(書標)를 내지 않으면 조세를 납부겠다는 증서를 제출해야 한다. 또 해외로 수송을 금지한 화물을 일본 개항지로 수송하여, 기한

---

68 정월(正月) 1·3·7일 : 원문은 '正月三箇日 正月七日'인데, 문맥이 통하지 않아 동일한 내용인 『日本各國條約』 권2 「各國居留條例」 「大坂開港規則」 제9칙에 근거하여 바로잡아 번역하였다.

69 10시부터……4시까지 : 원문에는 없는데, 문맥이 통하지 않아 동일한 내용인 『日本各國條約』 권2 「各國居留條例」 「大坂開港規則」 제10칙에 근거하여 보충하여 번역하였다.

안에 화물을 내린 데 대한 서표를 세관에 내지 않으면 그 화물 가액 (價額)을 납부한 증서를 제출해야 한다.

다만 나가사키항(長崎港)과 요코하마항(橫濱港)은 4개월, 하코다테 (箱館)와 니가타(新潟)는 6개월을 기한으로 정한다. 만약 기한 안에 증서를 가져오지 않으면 즉시 그 항구에 조회(照會)하는데, 선박이 입항했을 경우에는 증서상의 금액을 징수하고 선박이 입항하지 않았을 경우에는 6개월을 더 기다리다가 파선(破船)된 것을 확인한 뒤에 그 증서를 폐기한다.

제12칙 화물을 하역장에 적치하고서 48시간이 지나거나 또는 제10칙에서 정한 시간 내에 세관에 청사서(請査書)를 제출하지 않으면 그 화물은 창고에 보관하게 되는데, 창고비는 화주(貨主) 또는 관리인이 완납한다. 다만 세관이 검사 등을 할 때에는 시간을 지연해서는 안 된다.

제13칙 화약[合藥]과 기타 열성폭발물(烈性爆發物)은 마땅히 그 화물을 위하여 건설한 창고 안에 보관해야 하는데, 그 창고비는 나중에 약정한다.

제14칙 화물을 수출입하는 데 대한 허가장은, 반드시 본 세관에서 받아야 한다. 그러나 화물을 수입하는 데 대한 허가장은, 화주(貨主)의 요청에 따라 아지가와(安治川) 세관[租所] 분견소에서도 받을 수 있다.

제15칙 화물을 싣고 있거나 승객이 탑승한 각 선박이 고베(神戶)를 왕복할 때에, 반드시 아지가와(安治川) 세관 분견소에 정박하여 신고해야 한다. 앞의 선박이 입항하면, 세관 분견소에서 15분을 넘지 않게 정지시킨 뒤 사관(士官)을 탑승시켜 함께 하역장으로 가게 한다. 그 선박이 출항하려고 하면, 출발하는 하역장의 사관이 또 선박에 탑승하여 함께 세관 분견소까지 가는데, 거기에서 사관이 선박이 부정한 행위를 한 것이 없음을 보고하고 싣고 있는 화물이 검사를 통과한 뒤에 속히 출항할 수 있다.

화선(火船)이 지나갈 때, 만약 아지가와 세관 분견소에서 선박에 관리를 탑승시킬 준비가 되어 있지 않다면 곧바로 그곳을 통과할 수 있다.

화선[川火船]은 규례에 따라 정해놓은 부두 이외의 다른 여러 곳은 지나갈 때 들리려고 하더라도, 별도 요청이 없으면 정박할 수 없다.

제16칙 아지가와의 물가에서 세관 분견소 앞까지 1장(丈) 4척(尺)에서 1장 정도의 깊이로 준설하는데, 준공되기 전에는 각 선박이 편의에 따라 기즈가와(木津川)와 아지가와를 통과하는 것을 허가한다. 준설이 끝나면 일본 사인(司人)이 각국 영사(領事)에게 보고하여 각국 국민들에게 포고하게 하는데, 그 뒤로는 선박이 아지가와만을 통과할 수 있다.

기즈가와의 1번 감소(監所)에서 본 세관의 앞까지는, 관리로 하여금 선박에 탑승하도록 한다. 다른 각 하천에서부터 화물을 수입하는 선박은, 감소에서 억류하여 아지가와를 경유하여 가도록 명령한다. 바람이 심한 때에는, 화물을 수입하는 선박이 시리나시가와(尻無川)의 1번 감소의 근방까지 바람과 파도를 피하기 위해 들어가 있는 것을 허가한다. 다만 바람과 파도가 잠잠해지면 아지가와 또는 기즈가와를 경유해서 가야 한다.

제17칙 앞의 규칙은, 서력 1869년 5월 19일에 다음의 각 인원이 회맹(會盟)하여 맺은 조약이다. 만약 개정해야 할 조항이 있으면, 1870년 1월 1일에 전문 또는 일부 조항의 규칙을 변경하기 위하여 회의하기로 한다.

일본 오사카부 판사(大阪府判事) 겸 외국관 판사(外國官判事) 고다이

사이스케(五代才助)[70] 화압(花押)

영국 모(某)　　　　　수기(手記)

미국(米國)[71] 모(某)　수기

네덜란드 모(某)　　　수기

프로이센 모(某)　　　수기

니가타(新潟) 천도선(天渡船) 약정

메이지(明治) 4년 신미(辛未) 7월 17일 곧 서력 1871년 9월 1일에 날인한다.
「니가타 규칙(新潟規則)」 제2조에 의거하여 외국인이 상물(商物)을 싣고
내리는 데 편리하도록 지난번에 대천도반선(大天渡搬船)을 건조했는데, 전
에 정한 것을 따라 잠시 운행할 때에는 위에 기재된 소천도선(小天渡船) 3척
또한 혼용할 수 있다. 이후에는 편의대로 사용하기 위하여, 협의를 거친 뒤
에 다음의 규칙을 개정한다.

제1조　화물을 내리려고 할 때에 세관 관리와 만나는데, 화주[雇主] 혹은
　　　　대리인은 화물의 많고 적음 등의 건에 대한 증빙을 가지고 와서 장
　　　　부에 상세히 수기(手記)한다.

제2조　천도선(天渡船)이 필요하여 전날에 신청하면 원하는 수의 선박을 준

---

70 고다이 사이스케(五代才助) : 원문은 '五代戈助'인데, 오자가 있는 듯하여, '戈'를 '才'로 바로
잡아 번역하였다.

71 미국(米國) : 원문은 '英國'인데, 동일한 내용인 『日本各國條約』 권2 「各國居留條例」 「大坂
開港規則」에 근거하여 '英'을 '米'로 바로잡아 번역하였다.

비하고, 갑자기 요청하는 경우에도 또한 되도록 빨리 준비하되 시
간은 약간 지체될 수 있다.

제3조 대천도선(大天渡船)과 소천도선(小天渡船)이 세관의 부두에서 외국
선박의 정박장(碇泊場)까지 한 번 왕복하는 데 대한 운송비는 다음
과 같이 정한다.

대천도선의 운송비는 3냥(兩) 2푼(分)이다.

소천도선의 운송비는 1냥 2푼이다.

다만 휴대한 물건 이외의 화물을 싣게 되면 2배의 운송비를 지불해
야 한다.

앞의 운송비에 대하여, 이후에 영사(領事) 중에 이견(異見)이 있는
사람이 절반을 넘으면 다시 의논할 수 있다.

제4조 준비된 천도선(天渡船)을 사용하지 않게 되었을 때, 요청을 철회하
는 것이 예정된 시간보다 1시간 전이면 운송비를 내지 않아도 되고,
요청을 철회하는 것이 예정된 시간보다 늦으면 선박에 화물을 싣지
않았더라도 또한 정해놓은 운송비의 1/3을 지불해야 한다.

천도선이 본선(本船)에 갔다가 화물을 싣지 않은 채 돌아온 경우에
는, 정해놓은 운송비의 절반을 지불해야 한다.

천도선이 1일을 정박장[下錨所]에 머물게 되면 본선 혹은 화주[雇主]
가 그 사실에 대한 증서를 발급해야 하니, 비록 화물을 싣지 않고
돌아오더라도 또한 정해놓은 운송비를 지불해야 한다.

세관에서 천도선의 운송비 청구서를 화주(貨主)에게 교부하면, 화
주는 24시간 이내에 그 금액을 지불해야 한다.

제5조 요청한 시간에 맞춰 천도선(天渡船)을 준비해야 하는데, 우천(雨天)
혹은 파도로 항구가 불안정하여 운송하는 것이 위험하면 서로 간에
파약(破約)할 수 있다.

다만 요청한 시간에 천도선을 준비하지 못하면, 천도선의 선주가
정해놓은 운송비의 1/3을 배상해야 한다.

제6조 천도선이 출발하는 시간은, 서력 3월 15일에서 10월 15일의 기간에
는 오후 4까지로 제한하고, 서력 10월 16일에서 3월 14일의 기간에
는 오후 3시까지로 제한한다.

제7조 화물 또는 사람을 운송하다가 갑자기 폭풍이나 다른 예기치 못한
재난을 만나 천도선(天渡 船) 및 화물 등이 손상을 입게 되면, 서로
간에 재해로 인한 손실로 처리한다.

선원이 태만하거나 혹은 적절하지 않은 선박을 사용한 것이 명백하
면, 천도선에서 운송비를 배상해야 한다.

본선(本船) 및 화주(貨主)가 8근량(斤量)을 넘는 화물을 싣고 있다
가, 운송 과정에서 천도선을 손상시키면 선주 혹은 화주가 배상해
야 한다.

비록 앞의 내용과 같이 약정했지만, 실지(實地)를 시험하고 나서 불
편한 점이 있으면 1년 뒤에 개정해야 한다.

일본 메이지 4년 신미 7월 17일

서력 1871년 9월 1일

니가타 지현사(新潟知縣事) 종사위(從四位) 히라마쓰 도키아쓰(平松
時厚) 화압(花押)

영국 영사(領事) 모(某)【인명은 생략한다.】 수기(手記)

독일북부연방(獨逸北部聯邦) 영사 모(某)【인명은 생략한다.】 수기

주반(襦袢 일본식 속옷)과 모모히키(股引 통이 좁은 바지 모양의 남자용 의복)의 감세 건(件)으로 영국·프랑스·미국 공사(公使)에게 보내는 서한

서한을 올립니다. 약조(約條)한 조세 목록 안의 모목면 교직물(毛木綿交織物) 부(部) 가운데 다음의 물품이 있습니다. 이 물품의 수입세를 감세하는 건에 대하여 독일북부연방과 조약을 체결할 때 협의하여 정한 것이 있으니, 다음의 항목과 같이 감세합니다.

목면 주반·모모히키 (木綿襦袢股引)	12(개)	원세(元稅)	일분은 (壹分銀)	0.3
	동	감세(減稅)	동	0.25
모직 주반·모모히키 (毛織襦袢股引)	동	원세	동	1
	동	감세	동	0.8
면모 교직 주반·모모히키 (綿毛交織襦袢股引)	동	원세	동	0.6
	동	감세	동	0.5

위의 수입 감세는 우리 본년(本年) 11월 30일 곧 서력 1870년 1월 1일부터 시행하니, 마땅히 귀국의 국민들에게 포고해야 합니다.

기사(己巳) 9월 20일
외무 대보(外務大輔) 데라시마(寺島) 종사위(從四位) 후지와라 무네노리(藤原宗則)
외무경(外務卿) 사와(澤) 종삼위(從三位) 기요하라 노부요시(淸原宣嘉)
프랑스·영국·미국 공사 합하께

요코하마(橫濱)의 야마테(山手)를
공원 용지로 사용하는 것을 요청하는 서한

1866년 10월 29일에 결정한 조약서 제10조에 의거하여, 야마테(山手)의 6000보(步) 정도의 면적을 공원으로 조성하기 위하여 대부(貸付)해 줄 것을 요청합니다.

일본 요코하마에서 1870년 1월 11일
모(某)【인명은 생략한다.】   수기(手記)
모(某)【인명은 생략한다.】   수기
모(某)【인명은 생략한다.】   수기
가나가와 지현사(神奈川知縣事) 집사께

앞 편지의 뜻을 승낙한다.
영국·미국·프랑스·이탈리아·벨기에·스위스·네덜란드·덴마크·독일·포르투갈의 각 영사(領事)는 성명을 쓰고 날인한다.

1866년 12월 29일에 맺은 「억기서(臆記書)」[72]의 제10조

이 약서(約書)에 덧붙인 도면 중 파호(波號)에 게재된 야마테(山手) 지구(地區)는, 100보마다 6불(弗)의 저렴한 지조(地租)를 내고 공원 용지로 사용할 수 있도록 외국인을 위하여 보존한다. 약정한 날로부터 3개월 이내에, 외국

---

72 「억기서(臆記書)」 : 「약서(約書)」를 가리킨다.

영사관(領事官)은 이 비율에 따라 이 지구를 요청하는데, 그간에 원래 있던
초목(草木)은 그대로 보존한다. 또 앞의 지구를 공원으로 조성할 때에, 땅과
함께 다른 비용 없이 그곳의 초목도 제공하기로 일본 정부는 계약한다.

가나가와현 권지사(神奈川縣權知事)가 발급한
야마테 공원(山手公園)의 지권(地券)

1866년 12월 29일에 에도(江戶)에서 결의한 약서(約書)에 의거하여 가나가
와현 권지사(神奈川縣權知事)는, 일본 정부를 대신하여 별지의 도면 가운데
야마테(山手)의 묘코지(妙香寺) 부근 6718보 면적의 한 지구(地區) 및 그곳에
심겨 있는 수목을, 일본이 조약을 맺은 각국의 영사관(領事官) 및 그 후임에
게 대부(貸付)하여 거류하는 외국인들이 사용할 수 있도록 제공한다. 다만
앞의 지구는 전문(前文)의 약서에 부속된 도면 파호(波號)에 게재되어 공원을
조성하려고 보존했던 야마테 지구와 교체한 것이니, 전문에 거론된 각국
영사관은 다음 조항의 규칙을 따라 거류인을 위하여 공원으로 조성한다.

제1조 전문(前文)의 약서(約書)에서 정한 것과 같이 매년 납부하는 지조(地
租)는 100보마다 6불(弗)이고, 총계(總計)는 멕시코[墨斯哥] 은화로
3불 8전(錢)이니, 거류인들은 매년 미리 납부해야 한다.
다만 수리(修理)나 다른 이유로 앞에서 납부하기로 한 금액을 감(減)
할 수 없다.

제2조 앞의 위탁받은 영사관(領事官)은 거류인들에게 명령하여 공원을 감
독하고 또 관리하거나, 그렇지 않으면 이를 위하여 거류인을 대리
하여 관하부(管下部)를 지정한다. 앞의 관하부는 공원을 관리하는

규율을 마련한다. 지조(地租)는 매년 4월 1일에 거류지과(居留地課)
에 납부한다. 다만 앞에서 말한 규율은 일본 장관 및 각국 영사관의
승낙을 받아야 한다.

제3조 위탁한 영사관(領事官)에게 대부(貸付)하는 지구는 거류하는 외국인
들을 위한 공원을 조성하는 데 사용해야 하고, 다른 용도로는 절대
사용할 수 없으며, 또 그곳에 건축물을 지을 수 없다. 다만 공원에
부속된 건축물은 여기에 해당하지 않는다.

제4조 앞의 규칙을 위반하면 이 지권은 무효가 되므로, 본지(本地)에 소속
된 물건은 모두 일본 정부의 소유가 된다. 다만 그 이후로 일본 장
관이 각국의 영사관(領事官)과 결의하여 규칙을 마련하게 되면 그것
을 따른다.

가나가와현 권지사(神奈川縣權知事)

도쿄(東京) 외국인 거류 규칙의 부록

메이지(明治) 3년 경오(庚午) 4월 4일 곧 서력 1870년 5월 4일.

제1조 별지의 도면(圖面)상에 붉은색 선으로 표시한 구역 안에서, 조약을
맺은 국가의 외국인이 일본인 소유의 가옥을 임차하여 상업을 영위
하기 위하여 거주하는 것을 허가한다. 또 일본인이 앞의 지구 안에
서 외국인에게 가옥을 대부하는 기간은 5년을 넘어서는 안 된다.
그러나 다만 서로 간에 협의하여 기간을 연장할 수 있다. 앞의 구역
안에서 일본인 소유의 가옥을 임차한 외국인과 일본인은, 도로와

　　　　도랑을 관리하고 혹은 개착(開鑿)하는 등 거리를 보수하는 데 드는
　　　　비용을 동일하게 납부해야 한다.

제2조　1867년 11월 26일에 정한 「도쿄 외국인 거류지 규칙(東京外國人居留
　　　　地規則)」[73] 제1조 및 제2조의 별지 도면상에 청색 선으로 표시한 곳
　　　　안의 지구는, 일본 정부가 외국인에게 대부하는 것을 허가한다. 앞
　　　　의 지구는, 근접한 일본인 지구 사이에 있는 폭 100척의 도로를 북
　　　　쪽의 경계로 삼는다. 또 려(呂)로 표시한 두 지구 및 파(波)로 표시한
　　　　세 지구를 외국인에게 대부한 이후로, 이호(伊號) 정면에 있는 지구
　　　　의 일본인 가옥은 속히 철거한다.

제3조　별책의 도면상에 려(呂)로 표시한 정면의 두 지구 및 파(波)로 표시
　　　　한 후면(後面)의 세 지구는, 모두 6월 2일에 경매에 붙인다. 앞의
　　　　다섯 지구의 경매 원가(原價)는 1보(步)마다 금(金) 1냥(兩) 2푼(分)이
　　　　고, 1년 지조(地租)는 1보마다 금 1푼 2주(朱)[74]이다.
　　　　이(伊)로 표시한 한 지구의 안 및 인(仁)으로 표시하고 개착하여 경
　　　　계로 삼은 세 지구 안의 경매 원가는 1보마다 금 2냥이고 1년 지조
　　　　는 1보마다 1푼 2주이다.

제4조　경매는 이 규칙에 기록된 경매에 대한 조항들을 따르는데, 거류지
　　　　의 외국인이 다른 지구의 경매에 관한 일을 요청하면 각국의 영사
　　　　관(領事官)이 일본 정부에 상고(上告)하거나 또는 일본 정부에서 경
　　　　매를 실시하기 1달 전에 알린다. 앞으로 경매에 관한 일은 일본 정
　　　　부가 포고한다.

제5조　외국인은 전문(前文)에 기재된 지조(地租)를 납부한다. 그러므로 일

---

73 「도쿄 외국인 거류지 규칙(東京外國人居留地規則)」 : 「外國人江戶居留結約」을 가리킨다.
74 주(朱) : 일본 에도(江戶) 시대의 화폐 단위로 4주가 1푼(分)이 된다.

본 정부는 바다와 갑하(閘河)의 석벽 및 거류지의 도로 등을 견고하게 건축하고 보수하며, 또 거류지에 작은 도랑과 도로를 건설하고 야등(夜燈)을 켜야 한다.

제6조　거류지를 관리하기 위해 외국인을 고용해야 하는데, 향후에 일본 정부가 외국 공사(公使)와 외국인의 고용에 대해 약정하면 이 지출 비용을 보충할 목적으로 외국 차지인(借地人)은 임차한 땅 1보마다 매년 2주를 넘지 않는 세금을 납부해야 한다. 다만 매년 내야 할 금액 및 기한은, 그 지역의 일본 장관 및 영사관(領事官)이 결정한다.

제7조　효고(兵庫)와 오사카(大坂)의 외국인을 통할(統轄)하기 위해 지금 시행하고 있거나 앞으로 마련하게 될 규칙 및 법칙에, 일본 정부는 외국 공사 등의 의견을 반영해야 한다.

도쿄(東京) 외국인 거류지를 경매하는 데 대한 조항

제1조　경매에 붙이기로 한 지역은 모두 경매를 마치되, 일본 정부의 희망을 따라 그 지역을 구분한다. 그리고 그 지역의 일본 장관이 압인(押印)한 도면을 본지(本地)의 일본 관부 및 도쿄(東京)와 요코하마(橫濱)의 각국 영사관청(領事官廳)이 각각 1매를 소장하여 뒷날의 증거로 삼는다.

제2조　경매를 거쳐 반드시 고가(高價)를 제시한 사람에게 판매해야 하니, 만약 경매에 참여한 2인 또는 그 이상의 사람들 간에 이론이 발생하면 다시 경매에 붙인다.

제3조　구매자는 고성(高聲)으로 가격을 부르는데, 호가(呼價)를 올리는 금액은 1보(步)마다 금(金) 1푼(分)의 1/5보다 적어서는 안 된다. 경매

인은 자신 또는 타인을 위해 입찰할 수 없다. 낙찰되었을 때 경매인이 고성으로 구매자의 성명을 불러 속히 장부에 이름을 기록한다. 그 뒤 지권(地券)을 발급할 때, 앞의 구매자 외에는 다른 사람의 성명을 적어주지 않는다.

제4조 최고가를 제시하여 낙찰을 받고 다음 곳이 경매에 나오기 전에, 구매자는 경매로 낙찰을 받은 데 대한 대금을 납부하겠다는 증거로 내금(內金) 100냥(兩)을 그 자리에서 납부해야 한다. 그 뒤에 지권(地券)을 발급해 줄 때 내금을 제외한 금액을 완납한다. 만약 앞의 내금을 속히 납부하지 않아 파담(破談)이 되면, 다음 곳이 경매에 나오기 전에 다시 경매에 붙인다.

제5조 지권은 별지의 문서에서 기록한 날짜인 1870년 7월 1일에 발급하니, 당일 교부할 수 있도록 준비한다. 지권은 성명이 기록된 본주(本主)에게 발급해야 하는데, 다른 사람이 대리의 위임장을 소지한 경우 및 본주에게서 그 지구를 매수한 데 대한 확실한 증서가 있거나 지권을 수령할 권한에 대한 확실한 증서가 있는 경우에는, 그 사람에게 지권을 발급해도 무방하다. 다만 앞의 증서는 일본 정부에서 기록한 사본이어야 하고, 또한 일본에 있는 해당 영사관(領事官)이 검인한 것이어야 한다.[75] 만약 7월 1일까지 매수 절차를 완료하지 못하면 파담(破談)이 되는 것으로 정한다. 그리고 파약된 곳은 다음번 경매 때 다른 사람으로 하여금 입찰하게 하고, 이미 낸 내금은 일본 정부에 귀속된다.

제6조 지권을 발급할 때 일본 지방관에게 금 5냥을 납부하여 수수료에 충

---

75 일본……한다 : 원문은 '於當路所記之寫本 亦日本留在長官'인데, 문맥이 통하지 않아 거류지를 경매하는 데 대한 조약인 「兵庫大阪外國人居留地地糶賣條款」을 참조하여 번역하였다.

당한다.

제7조 일본 정부가 외국 공사(公事)와 1870년 5월 4일에 체결한 별지의
「약서(約書)」[76] 제3조를 따라, 지권을 구입하는 금액 이외에 차지인
(借地人) 등 및 관리인[收管人]과 차지인의 후손은 영구히 지대(地代)
의 명목으로 1평(坪)마다 금 1푼(分) 2주(朱)를 납부해야 한다. 또 앞
의 약서 제6조를 따라 거류지 관리를 위해 지출하는 비용을 충당할
목적으로 차주(借主)는 매년 1평마다 금 2주를 넘지 않는 금액을 내
야 한다.

제8조 일본과 조약을 맺은 국가의 국민임을 증빙할 수 없는 사람에게는
지권을 발급하지 않는다.

도쿄(東京) 외국인 거류지 지권안(地券案)

모(某) 번지

금(金) 몇 원(圓)을 정당하게 받았으므로, 나는 일본 정부를 대신하여 모
(某) 혹은 관리인 혹은 모(某)의 후손에게, 공적인 지도상에 몇 보(步) 크기의
모(某) 번지로 표시된 곳을 다음의 방법으로 영구적으로 대부(貸付)한다.

제1조 1870년 5월 4일에 일본 정부가 외국 공사(公使)와 체결한 「약조서
(約條書)」[77] 제3조를 따라, 모(某) 혹은 관리인 혹은 모(某)의 후손은,
1보마다 금(金) 37전(錢) 5리(厘)의 비율로 계산한 지대(地代)의 총액

---

76 「약서(約書)」:「外國人東京居留規則附錄」을 가리킨다.
77 「약조서(約條書)」:「外國人東京居留規則附錄」을 가리킨다.

몇 원(圓)을 매년 12월 15일에 기한을 맞춰 납부한다.

제2조   모(某) 혹은 관리인 혹은 모(某)의 후손은, 앞의 약서(約書) 제6조에서 정한 것을 따라 거류지 관리비를 기한에 맞춰 매년 영사관(領事官)에게 납부한다. 다만 관리비는 1평마다 금 2전 5리를 넘지 않는다.

제3조   또 앞에서 몇 번지로 표시된 곳 또는 그 일부는, 일본과 조약을 맺은 외국 국민들을 제외한 다른 사람에게 양여(讓與)할 수 없다. 만약 다른 사람에게 양여하려면 반드시 양국 영사(領事)의 앞에서 해야 하고, 또 본지(本地)의 일본 지방 장관(長官)은 그 사실을 장부에 기록한다.

앞에 게재한 조항을 위반하는 사람이 있으면 영사가 조사한다. 만약 지조(地租)를 납부하지 않는 사람이 있으면, 매년 1월에 지조의 2%에 해당하는 벌금과 소송 및 재단(裁斷)으로 인하여 지출된 비용을 납부하도록 일본 장관이 재단한다. 앞의 미납부 기간에는 재단한 날로부터 납부해야 하는 지조에 2%의 이자를 벌금 명목으로 가산하여 징수한다. 인하여 이 지권(地券) 2매(枚)를 작성하니, 1매는 차주(借主)에게 발급하고 1매는 일본 장관이 보관한다.

연월일(年月日) 일본 지방관 성명 날인(捺印)

니가타(新潟) 외국인 묘지 약정서

메이지(明治) 3년 경오(庚午) 7월 회일(晦日) 곧 서력 1870년 8월 26일에 날인한다.

제1조 니가타 재판소는 외국인이 기거(寄居)하는 도로 근방 1번 산에 외국
인 묘지를 설치하기로 결정한다. 이를 위하여 동남에서 서북으로
길이가 90【척의 이름은 생략한다.】 곧 일본의 곡척(曲尺)으로 90자이
고, 동북에서 서남으로 폭이 30【척의 이름은 생략한다.】 곧 일본의 곡
척으로 30자인 한 구역과 현재 심겨 있는 수목을 조약이 완료된 각
국의 영사관(領事官)에게 교부한다.

제2조 이렇게 교부받은 지역은, 조약을 맺은 외국인 묘지의 용도 외에 다
른 일에 사용해서는 안 된다.

제3조 외국 영사관(領事官)은 묘지의 문책(門柵) 및 기타 잡비를 책임지고
마련해야 한다. 그러므로 한 분묘로 제공하는 땅마다 상당하는 비
용을 납부하도록 명령하여 묘지에 들어가는 비용을 충당한다.

제4조 지금 묘지로 통하는 길을 열어야 하는데, 이 묘지의 좌우 15간(間)
의 수림(樹林)이 비록 예전처럼 보존해야 하는 것이나 만약 베어내
지 않을 수 없으면 각국의 영사관(領事官)과 협의하여 처리한다.

제5조 앞으로 묘(墓)가 점차 증가하게 될 것이므로, 묘지 부근의 지구는
니가타 재판소가 외국 영사관(領事官)에게 미리 알리지 않으면 다른
용도로 쓸 수 없다. 이 지구를 묘지로 쓰려고 요청하면, 다른 일은
제쳐 두고 그 요청을 허가한다.

제6조 묘지를 보유하는데 드는 잡비를 거두는 것은 비록 외국 영사관(領事
官)이 관리하지만, 흉도(兇徒)가 묘지를 침범하는 일을 예방하는 것
은 해당 재판소 경찰리(警察吏)가 주의를 기울인다.

메이지 3년 경오 7월 30일
니가타 지현사(新潟知縣事) 산조니시 긴아에(三條西公允) 화압(花押)

니가타 대참현사(新潟大參縣事) 나와 도이치(名和道一)　화압

　　　　　　　　　모토노 모리미치(本野盛亨)　화압

영국 겸 오스트레일리아 영사관 모(某)【인명은 생략한다.】 수기(手記)

독일북부연방(獨逸北部聯邦) 영사관 모(某)【인명은 생략한다.】 수기

네덜란드 부영사관(副領事官) 겸 이탈리아 대리영사관(代理領事館)

모(某)【인명은 생략한다.】 수기

하코다테(箱館) 외국인 분묘지(墳墓地) 증서

메이지(明治) 3년 경오(庚午) 윤(閏) 10월 13일 곧 서력 1870년 12월 5일.

하코다테항에 외국인 분묘지를 만드는데, 야마세토마리(山脊泊)에서 서북으로 지장당(地藏堂) 앞뒤에 이르기까지 가로로 78자 세로로 108자의 땅을 개신교[耶蘇新敎]의 묘지로 삼고, 가로로 120자 세로로 130자의 땅을 그리스 정교의 묘지로 삼고, 그 남쪽에 가로로 108자 세로로 84자의 땅을 로마 천주교의 묘지로 삼는다. 이 세 곳 모두, 외국인 묘지 전체에 새로 푯말을 세우니 함부로 옮길 수 없다. 앞의 지역은 일본 정부에서 보수하지 않는다.

앞의 장소를 왕래하는 도로는 야마세토마리(山脊泊)의 이나리 신사(稻荷神社) 측면에서 해안까지 건설하니 폭은 18자로 정한다.

위의 증서는 메이지 3년 경오 윤 10월 13일 재판소 회의에서 결정한 것이다.

이와무라(巖村) 판관(判官)　　　인(印)

스기우라(杉浦) 권판관(權判官)　　인

영국 영사관(領事官) 겸 오스트레일리아 대리영사관(代理領事官) 모(某)【인

명은 생략한다.】 수기(手記)
　미국　　　　영사관 모(某)【인명은 생략한다.】　수기
　러시아　　　영사관 모(某)【인명은 생략한다.】　수기
　독일북부연방 영사관 모(某)【인명은 생략한다.】　수기

나가사키(長崎) 지소(地所) 규칙[78]

　만엔(萬延) 원년 경신(庚申) 8월 15일 곧 서력 1860년 9월 29일에 압인(押印)한다.

제1조. 땅을 획득하는 데 대한 일

　외국인에게 임차하기로 지정한 지역을 외국인이 임차하고자 하면, 자국 모(某)【관명은 생략한다.】 또는 모(某)【관명은 생략한다.】 부관(副官)에게 요청해야 한다. 다만 자국 모(某)【관명은 생략한다.】가 없으면 자국과 화친한 국가에 요청하는데, 이때 되도록 지구의 위치 및 경계를 상세하게 기재해서 요청해야 한다. 그러면 모(某)【관명은 생략한다.】 부관(副官)이 그 지구의 관리 및 다른 사람에게 이 지역에 먼저 임차를 요청한 사람이 있는지 또는 기타 장애가 될 만한 일이 있는지 문의한다. 만약 앞에서 말한 장애가 될 만한 일이 발생하여 양측의 차지인(借地人)이 혼동되어 있으면, 처음 신청한 사람에게 적당한 시일 안에 임차에 관한 절차를 진행하게 한다. 만약 처음 신청한 사람이 그 시일 안에 절차를 진행하지 않으면 다음 신청자에게 양보해야 한

---

[78] 나가사키(長崎) 지소(地所) 규칙 : 원문에는 없는데, 「長崎地所規則」에 근거하여 보충하여 번역하였다.

다. 다만 지연하게 된 사유가 부득이한 경우면 먼저 신청한 사람에게 임차하고, 이유 없이 지연한 경우에는 다음 신청자에게 양보해야 한다.

제2조, 땅을 배분하는 데 대한 일

땅은 실제 거주하는 사람에게 대부(貸付)하니, 거주한다는 명목만 있고 실제로 거주하지 않는 사람에게는 대부하지 않는다. 그러므로 땅의 차주(借主)는 지권을 수령하고 6개월 이내에 가옥을 건축해야 하는데, 만약 시한을 넘기면 앞의 지권은 회수한다. 또 해안 지역에 건축할 때에는 건축비가 100보마다 150【재화 단위의 명칭이다.】보다 낮아서는 안 되고, 후면(後面) 지역에 건축할 때에는 건축비가 100보마다 50【재화 단위의 명칭이다.】보다 낮아서는 안 된다.

제3조, 땅의 획득을 결정하는 것과 그 지권(地券)에 대한 일

제1조에서 언급한 땅은 신청자가 결정된 뒤에 신청자가 모(某)【관명과 인명은 생략한다.】가 수기(手記)하고 압인(押印)한 문서를 가지고 가서 그 지구의 관리에게 준다. 그러면 그 지역의 관리가 신청자를 불러 함께 그 땅으로 가서 땅의 면적을 측량한다.

면적을 측정한 뒤에 차주(借主)는 1년 지료(地料)를 지소과(地所課) 장관에게 속히 납부해야 한다. 그러면 장관은 수령서(收領書) 3매(枚)에 면적과 경계를 기재하고 역문(譯文)을 첨부하여 차주에게 준다. 차주는 앞의 수령서 중 2매를 모(某)【관명과 생략한다.】에게 내는데, 모(某)【관명과 인명은 생략한다.】는 다시 그중 1매를 부청(府廳)에 낸다. 그러면 부청에서 지권(地券) 3통을 발급하니, 1통은 부청에 보관하고 1통은 모(某)【관명과 인명은 생략한다.】에게 주고 1통은 차주에게 준다. 단 부청은 땅의 면적 및 경계를 기재하여 앞의 지권을 발급했음을 다른 국가의 모(某)【관명과 인명은 생략한다.】에게 통보해야 한다.

제4조. 경계에 석표(石標)를 설치하는 데 대한 일

땅을 임차할 때, 모(某)【관명과 인명은 생략한다.】가 보낸 관리가 지소과(地所課) 관리 또는 지소과 관리의 대원(代員)과 함께 차주(借主)의 면전에서 땅의 번수(番數)를 새긴 경계석(境界石)을 세운다. 다만 이 석표준(石標準)은 도로 및 다른 경계에 장애를 끼쳐서는 안 되고, 또 후일에 논쟁이 일어나지 않도록 하는 것을 목적으로 한다.

제5조. 시가·도로·암거(暗渠)·부두(埠頭)에 대한 일

시가와 도로 등은 보통 공용(公用)에 관계되어 있는 것이므로 임차한 땅의 경계 안에 편입되어서는 안 되니, 차지인(借地人)은 여러 가지로 장애를 끼치지 않아야 한다.

새 땅을 임차하는 사람은 그곳의 근방에 시가와 도로 및 부두를 마련하기 위한 준비를 해야 한다.

토지는 일본 정부의 소유이므로 모든 시가와 도로 및 부두는 일본 정부가 항상 관리하고 도랑은 필요하면 만드는데, 이렇게 할 때에 차주(借主)에게 조세(租稅)를 걷지 않는다.

제6조. 지가(地價)를 납부하는 기한에 대한 일

외국인 거류지 안에서 땅을 대부(貸付)한 외국인은 매년 12월 10일에, 내년의 임료(賃料)를 미리 완납해야 한다.

봉행(奉行)은 앞의 기일의 10일 전인 몇 월 며칠에, 어느 땅의 차주(借主)인 모(某)에게 내년 지대(地代)를 납부해야 된다는 뜻을 모(某)【관명과 인명은 생략한다.】를 통해 차주들에게 통보한다. 차주가 지대를 납부하면 지대를 수

수(收受)하는 임무를 부여받은 관리가 수령서 3장을 만들고 역문(譯文)을 첨부하는데, 1장은 봉행소(奉行所)에 보관하고 1장은 모(某)【관명과 인명은 생략한다.】가 보관하고, 1장은 차주에게 준다. 만약 차주가 지가(地價)를 정한 날짜에 납부하지 않으면, 봉행이 차주를 관할하는 모(某)【관명과 인명은 생략한다.】에게 통보하는데, 모(某)【관명과 인명은 생략한다.】는 차주들이 속히 은(銀)을 납부할 수 있도록 조치한다.

제7조, 땅을 양여(讓與)하는 데 대한 일

차지인(借地人)은 자기 성명을 지권(地券)에 기재하니, 거주함에 항상 규정을 지키면서 소유해야 한다. 가령 땅을 양수(讓受)받게 되면 양수 받은 날로부터 3일 이내에 지권에 성명을 고쳐 기재해야 하는데, 이 절차를 마치지 않으면 성명을 바꿔주지 않는다. 다만 어느 땅이든 지권을 교부받은 날로부터 1년 안에는 다른 사람에게 판매할 수 없다.

앞의 외국인 거류지 안에 외국인의 가옥 또는 상장(商場)과 가까워 불이 옮겨 붙을 수 있는 위치에는, 일본인이 가옥 및 창고를 새로 지을 수 없다. 만약 이런 곳에 일본인이 가옥 및 창고를 지으면 봉행(奉行)은 이 행위를 억제할 수 있다. 이러한 행위를 예방하기 위하여 모(某)【관명은 생략한다.】 등은 다음 조항의 벌금법[罰銀法]을 정한다. 모(某)【관명은 생략한다.】가 불허하면 일본인은 거류지 안에 유흥장(遊興場)을 열 수 없다.

제8조, 땅에 적용되는 제한 사항 및 지켜야 할 법칙에 대한 일

초가집이나 대나무 혹은 판자로 지은 가옥처럼 불에 타기 쉬운 가옥은 거류지 안에 새로 지을 수 없다. 또 그 경계 안에서 인명 또는 건강에 해가 되는 직업 등은 영위할 수 없다. 만약 인명 또는 건강에 해가 되는 직업을 하는 사람이 있으면, 그 사람에게 24시간마다 25【재화 단위의 명칭이다.】를 벌금으로 내게 한다. 화약(火藥)·초석(硝石)·유황(硫黃) 혹은 다량의 휘발성 (揮發性) 주정(酒精) 등은 모두 인명 및 소유물에 해가 되는 물품이니 가옥 및 거류지 안에 보관해서는 안 된다. 이를 위반한 사람에게는 25【재화 단위 의 명칭이다.】를 벌금으로 내게 하는데, 앞에서 말한 방해가 되는 물건을 치 우지 않는 동안에 24시간마다 25【재화 단위의 명칭이다.】를 벌금으로 내게 한 다. 이런 물품을 다루는 직업을 영위하는 곳과 이런 물품을 보관하는 곳은, 여러 가지 위험을 예방할 수 있도록 주거지에서 멀리 떨어진 장소에 마련하 는데, 앞의 지구의 관리가 의논한 뒤에 정한다.

공공 도로가 건설된 뒤에, 목각(木閣)을 만들거나 목재(木材)를 방치하거 나 혹은 비책(庇柵)·문입구(門入口)·등계(登階)를 문 밖으로 돌출시키거나 혹은 화물을 쌓아 두어 통행을 방해는 사람이 있으면 일본 관리 또는 모(某) 【관명은 생략한다.】가 철거를 명령한다.[79] 그런 뒤에도 명령을 제때 이행하지 않으면 24시간마다 10【재화 단위의 명칭이다.】을 벌금으로 내게 한다. 도랑과 도로에 쓰레기를 버리거나 혹은 화기(火器)를 발사하거나 혹은 불법적으로 소란을 일으키거나 혹은 도로에서 말을 길들이거나 혹은 괴롭히는 짓으로 타인을 방해하는 등의 일은 모두 금지한다. 이를 위반한 사람에게는 모두 10【재화 단위의 명칭이다.】을 벌금으로 징수한다. 만약 본항(本港)에 모(某)【관 명은 생략한다.】가 부재하면 일본의 고관에게 벌금을 납부하는데, 고관은 외 국 제관리(提管吏)에게 이를 교부한다. 단 제관리는 이 규칙 중 제9조에 의 거하여 선임된 사람이다.

---

79 또는……명령한다. : 원문은 '又【財名】可命除去'인데, 문맥에 따라 '【財名】'을 '【官名未繙】'으 로 바로잡아 번역하였다.

제9조, 등화(燈火) 및 감인(監人)에 대한 일

방(坊)마다 등화와 소제(掃除)와 감인의 건(件)에 대하여 규율을 정하는 것은 중요하다. 그러므로 모(某)【관명은 생략한다.】 등은 매년 초에 차지인(借地人)과 집회를 열어 앞의 잡비를 부과하는 데 대한 법을 의논한다. 집회 때마다 소유지의 건축물에 따라 여러 잡비를 분담하게 하고, 또 이때 앞의 거류지에 화물을 운반하는 수량에 따라 분담해야 할 부두세(埠頭稅)를 결정한다. 또 앞의 분담금을 징수하고 납부하는 방법에 대하여, 외국인 3명 또는 그 이상의 제관리(提管吏)를 두어 집회에서 결정한 방법을 따라 주관하게 한다. 그러므로 만약 미납자가 있으면 모(某)【관명은 생략한다.】의 재판에 근거하여 제관리가 단속하는데, 만약 관할하는 자국의 모(某)【관명은 생략한다.】가 항구에 없으면 타국의 모(某)【관명은 생략한다.】를 통해 나가사키 봉행(長崎奉行)의 부청(府廳)에 요청하고 봉행은 앞의 부담금을 징수하여 제관리에게 준다. 전년도 분에 대한 계산은 제관리가 매년 집회하는 시기에 맞춰 차지인의 면전에서 제시하고 허락을 받는다. 모(某)【관명은 생략한다.】 모두 또는 1명이 집회를 열 사유가 있다고 판단하거나 혹은 차지인이 집회를 열 것을 요청하면 언제든지 집회를 열 수 있다. 집회를 열 때 각 원(員)으로 하여금 그 사안에 대해 숙고(熟考)할 수 있도록, 집회를 열기 10일 전에 집회에 상정할 안건을 통보해야 한다. 앞의 집회를 열기 위한 요청서에는 적어도 5명이상이 도장을 찍어야 하고, 충분히 조리를 갖춰 내용을 기재해야 한다.

집회를 열 때에, 다수의 동의를 따라 사안을 결정하는데, 참석한 차지인 1/3의 동의를 얻으면 다른 사람들도 모두 따라야 한다. 대개 집회에서 장로(長老) 모(某)【관명은 생략한다.】가 회장을 맡는데 장로 모(某)【관명은 생략한다.】가 부재하면, 참석한 차지인 가운데서 투표로 선출한다. 참석한 차지인은 한 사안에 대해 회의한 것으로 집회를 끝내지 않고, 거류지 전체의 이익과 관련되어 의논할 만한 일이 있으면 회의하여 결정한다. 그리하여 이를 회장에게 보고하면 회장은 집회에서 결정한 것을 장로 모(某)【관명은 생략한다.】에게 보고하고 모든 모(某)【관명은 생략한다.】에게 승낙을 요청한다. 승낙을 받아 공식적으로 결정한 것이 아니면 집회의 결정을 거쳤더라도 이를 준수하지 않는다.

제10조. 유흥소(遊興所)를 여는 것과 주류를 판매하는 데 대한 일

거류지 안에서 모(某)【관명은 생략한다.】의 허가가 없으면 외국인들은 주류를 판매하는 것과 유흥소를 여는 것을 할 수 없고, 일본인 또한 동일하여 봉행(奉行)의 허가가 없으면 앞에서 말한 것을 영업할 수 없다. 또 앞에서 말한 것을 영업하는 데 시끄럽고 난잡해지지 않도록 확실한 보증인을 세워야 한다.

제11조. 범죄자에 대한 일

모(某)【관명은 생략한다.】가 불시에 발각하거나 또는 다른 사람이 관리에게 고발하거나 또는 일본 관리가 통보한 외국인 범법자는, 관리가 불러서 조사한 뒤에 곧바로 징계한다. 관리를 두지 않는 국가의 외국인이 법을 위반하면 타국의 관리가 일본 고관에게 고발하는데, 일본 고관이 확실하게 규칙을 지킬 수 있도록 범죄자를 징계한다.

제12조. 예비 조항

이후로 앞의 규칙을 개혁하려고 하거나 또는 다른 규칙을 추가하거나 또는 사리에 근거하여 의문이 생기면, 이전과 동일하게 봉행과 모(某)【관명은 생략한다.】가 공평하게 의논하여 결정하는데, 또 모(某)【관명은 생략한다.】는 결정한 내용을 일본에 주재하는 보간사(輔幹事, 외국에서 일본에 파견한 대리인)에게 보고하여 확정한다.

제13조. 부록(附錄)

앞의 제8조·제9조·제11조 안에 기재된 봉행(奉行)이 외국인을 관할하는 일은, 공법에 관계되기 때문에 봉행소(奉行所)에서 승낙할 수 있는 것이 아니다. 그러므로 봉행은 에도(江戶)의 고관에게 묻고, 모(某)【관명은 생략한다.】는 에도에 주재하는 본국 관리에게 묻기로 한다. 인하여 60일을 기다린 뒤에 에도에서 삭제하라는 보고가 오면, 앞의 제8조·제9조·제11조는 삭제하고 나머지는 그대로 준수하는데, 그 사유는 부록으로 기재한다.

위의 규칙 가운데 모(某)【관명은 생략한다.】로 일컬은 사람은, 일본과 조약을 체결한 국가의 각 등급의 모(某)【관명은 생략한다.】로서 현재 직무를 담당하고 있는 사람을 뜻한다.

만엔(萬延) 원년 경신 8월 15일
오카베(岡部) 스루가수(駿河守) 화압(花押)

지소매도권서(地所賣渡券書)

나가사키 봉행(長崎奉行)에게, 모국(某國)의 모(某)가 나가사키항(長崎港)의 외국인 거류지 안의 땅을 임차하기 위한 요청서를 자국의 모(某)【관명은 생략한다.】를 통해 제출하였다. 이 땅은 나가사키항 외국인 거류지에 소재하여 표경(表徑)은 몇십 몇 간(間)이고 리경(裏徑)은 몇 십 간 몇 척(尺)이며, 면적은 몇백 몇십 보(步) 몇 홉(合)이니 도면(圖面)상에 몇 번지로 표시한 곳이다. 이 땅은 서쪽으로 어느 곳과 경계를 이루고 있으며, 또 동쪽으로 어느 곳과 경계를 이루고 있으며, 또 북쪽으로 어느 곳과 경계를 이루고 있으며,

또 남쪽으로 어느 곳과 경계를 이루고 있다.

앞의 땅의 1년 지가(地價)는 100보마다 멕시코[墨斯哥] 은(銀) 몇십 매(枚)의 비율로 계산하는데, 몇 월부터 몇 월까지에 해당하는 1년 지가 몇십 매를 관리에게 납부한다. 그 이후로 모(某) 혹은 그 후손이나 또는 관리인이 후건(後件)의 규정에 의거하여 매년 임차하는 기간 동안에는, 앞의 땅을 임차하는 데 아무런 방해를 받지 않음을 밝힌다.

조약에 의거하여 외국인이 땅을 차용하는 데 대한 법은 다음과 같다. 땅을 임차하는 본주(本主)는 분수를 넘는 일을 희망해서는 안 되니, 거류하는 일본 제국의 허가를 받아야 한다. 외국인이 또 소유한 땅 혹은 건축물을 양여함에 있어서 일본 고관 혹은 모(某)【관명은 생략한다.】가 이론을 제기하지 않는 경우에는 양여하는 데 아무런 방해를 받지 않는데, 이론을 제기하는 경우에는 양여해서는 안 된다. 일본인은 외국인 거류지 안에서 땅 혹은 건축물을 소유할 이유가 없으므로, 일본 고관 및 모(某)【관명은 생략한다.】가 관인(官印)을 찍어 공식적으로 허가하는 경우가 아니면 감히 타인에게 땅을 양여할 수 없다. 다만 허가의 여부를 결정하는 것은 일본 고관과 모(某)【관명은 생략한다.】가 권한을 가진다. 그러므로 앞의 권서(券書)의 법칙은 다음과 같다.

모(某) 또는 그 후손이나 혹은 관리인이 임차함으로써 발생하는 이익을 타인에게 양여하려고 하면, 본국의 모(某)【관명은 생략한다.】에게 신고하여 봉행소(奉行所)에 요청한다. 그리고 모(某)【관명은 생략한다.】와 봉행(奉行)이 서로 간에 허가하여 그 사유를 장부에 기재한 뒤에 양여할 수 있다. 임차한 땅의 전부 또는 그 일부를 분할해서 타인에게 양여할 때에 전문(前文)에서 말한 허가를 얻지 않거나, 일본인에게 양여하거나, 100보마다 멕시코 은(銀) 몇 매의 비율로 계산한 지가(地價)를 제때 납부하지 않거나, 혹은 봉행 및 모(某)【관명은 생략한다.】가 마련한 규칙 또는 앞으로 마련하게 될 규칙을 따르지 않으면 이 증서는 효력을 상실하고 건축물은 일본 정부에 귀속된다. 위의 땅을 대부(貸付)하는 데 대한 증서는 이와 같다.

연호(年號) 월일(月日)
1860년 월일(月日) 나가사키 봉행 인(印)

지소규칙첨서(地所規則添書)

본문인 「지구 규칙서(地區規則書)」[80]에 추가한 제13조에 의거하여, 제1조의 내용 가운데 땅의 임차를 요청하는 사람이 본국의 모(某)【관명은 생략한다.】가 부재(不在)하면 화친을 맺은 타국의 모(某)【관명은 생략한다.】로 하여금 처리하게 한 것과, 제8조·제9조·제11조의 내용 가운데 조약을 맺은 각국의 모(某)【관명은 생략한다.】가 부재하면 나가사키 봉행(長崎奉行)이 여러 가지 서류를 재단(裁斷)하는 건(件) 및 조약을 맺은 다른 국가의 모(某)【관명은 생략한다.】로 하여금 처리하게 한 건에 대한 것을 에도부(江戶府)에 아뢰었다. 그리하여 모두 정당하지 않기 때문에 전문(前文)의 각 조(條)에서 처리하는 방식은 모두 채택하지 않는 것으로 각국의 관리와 의논하여 정했다는 뜻을 알려왔다. 그러므로 이 문서를 첨부한다.

분큐(文久) 원년(元年) 신유(辛酉) 9월
오카베(岡部) 스루가수(駿河守) 화압(花押)

---

80 「지구 규칙서(地區規則書)」: 「長崎地所規則」을 가리킨다.

1860년에 맺은 지소 규칙(地所規則)[81] 제2조에 대한 부록

　일본과 조약을 맺은 각국의 모(某)【관명은 생략한다.】 및 나가사키 봉행(長崎奉行)은 1월에 승낙을 받은 뒤에, 지소 규칙(地所規則) 제7조의, 다만 어느 땅이든 지권을 교부받은 날로부터 1년 안에는 다른 사람에게 판매할 수 없다는 내용의 장(章)을 폐지한다. 앞의 제7조에서 폐지한 부분을 제외한 나머지는 모두 채택하기로 결정한다.

　1862년 4월 29일 곧 분큐(文久) 2년 임술(壬戌) 4월 삭일(朔日)에, 나가사키에서 각자 자필로 이름을 쓰고 압인(押印)한다.

　오카베(岡部) 스루가수(駿河守) 화압(花押)

81　지소 규칙(地所規則) : 「長崎地所規則」을 가리킨다.

外務省 三

日本國外務省事務 卷之五

葡萄呀條約 ———————————————————

萬延元年庚申六月十七日, 西曆千八百六十年第八月三日, 於江戶捺印。文久二年壬戌三月十日, 西曆千八百六十二年第四月八日, 於江戶, 交換本書。

帝國大日本大君, 葡萄呀國王, 永固親睦, 且欲令其臣民, 容易貿易交通, 訂此平和懇親及貿易條約。日本大君, 任此事溝口 讚歧守、酒井 隱歧守、松平次郎兵衛, 葡萄國王, 命遣日本【官名人名未繙】, 互相較閱各所奉委任書, 合議決定下文各條。

第一條

日本大君, 與葡萄呀國王, 其親族世世, 可保永久之平和懇親于其各所領臣民間。

第二條

大日本大君, 任在留【地名¹未繙】參政官吏, 且可任護在留葡萄呀各港中人民及處置貿易吏人, 其參政吏人及管轄吏人, 可得無阻旅行葡萄呀國內。

葡萄呀國王, 可命在留江戶之全權公使【人名未繙】, 竝依此條約, 爲葡萄
呀貿易所開留在日本各港中領事官, 或無領事官, 則其全權公使, 可得無
阻旅行日本國內。

第三條

神奈川、長崎、箱館, 萬延元年庚申八月十七日, 西洋紀元一千八百六
十年十月一日, 可爲葡萄呀臣民開之。其他所載下文各處, 不違其期限,
可爲葡萄呀臣民開之。

兵庫, 庚申六月凡二十九月後, 千八百六十三年一月一日。

新瀉, 若有不便, 應於日本西海岸, 別開港口。但決定其港之時, 須告知
可開之日期。

前載各港及坊, 應準葡萄呀人民居住, 賃借一所基地, 買其地所有建築,
無妨。惟雖許造建住宅倉庫於其地, 不可托建造, 以營疊柵等類。令奉此
律, 方欲修造其建築, 須由日本吏人檢視。

應準葡萄呀臣民建築等之地及各港規則, 當由其各所日本官吏, 與葡萄
呀領事商定。若難同意, 則示諸日本政府, 與葡萄呀全權公使, 妥辦。其居
留地周圍, 不設門墻, 任其自在出入。

日本開港地, 準葡萄呀國臣民遊步規程, 如左。

神奈川, 限六鄕川, 其他各方十里。

箱館, 各方十里。

兵庫, 去京都十里之地, 葡萄呀人, 不可入。故除其方, 向各方十里。且
來兵庫各船, 同來人, 不可越猪名川, 迄海灣之河脈。

凡里數, 從各港府廳所陸程起算。

長崎, 限到其坊周圍之官家管轄之地。

---

1 地名 : 底本에는 "人名"으로 되어 있음. 문맥을 살펴 수정함.

新潟, 決定后, 可定境界。

江戶, 庚申六月凡十七月後, 千八百六十二年一月一日。

大坂, 亦同凡二十九箇月後, 千八百六十三年一月一日。

右二所, 止許爲貿易逗留。於此二坊, 應許葡萄呀臣民賃借家居相當一區之所及可步行規程, 逐後, 日本官吏, 與葡萄呀全權公使, 商定。

第四條

在日本 葡萄呀民人生爭, 則歸葡萄呀司人, 裁斷。

第五條

對葡萄呀臣民, 爲惡事之日本人, 由日本司人, 糾之, 從日本法度, 罰辨, 對日本人或外國臣民, 爲惡事之葡萄呀臣民, 由領事或其他官人, 糾之, 可從葡萄呀法程, 而罪之, 其裁斷, 可於彼此無偏頗。

第六條

葡萄呀人, 就有控訴日本人之事, 應詣領事館, 稟告其旨, 領事, 檢問後, 可以眞實處置, 日本人, 控訴葡萄人於領事, 須由領事, 實意裁處, 若領事, 難處置, 則告日本司人, 會同檢問, 公平判決。

第七條

葡萄呀人, 負債日本商人, 怠償, 又有奸曲, 領事裁斷之, 嚴令償之, 日本商人, 有負債葡萄人, 日本司人, 處置之亦同。

日本府廳, 葡萄呀領事, 無償彼此國人債。

第八條

在留葡萄呀人, 傭日本之小民而役之, 無妨。

第九條

在留葡萄人, 自崇寄國宗旨, 營拜堂于居留地, 亦無妨。

第十條

外國諸貨幣, 與日本貨幣, 以同種同量, 可通用。

彼此國人, 互償物價, 混日本外國貨幣, 無妨。

日本諸貨幣, 除銅錢, 皆得輸出。外國金銀, 鑄貨幣與否, 竝可輸出。

第十一條

葡萄呀海軍需畜物件, 搬岸神奈川、長崎、箱館之中, 納庫時於其葡萄呀監人守護者, 不須納稅。若賣却其物件, 須由照納定稅於日本府。

第十二條

葡萄呀船有於日本海岸, 碎波又漂着或欲脫危難, 各該處司人查知, 卽行極救安保護, 送交旁近領事。

第十三條

葡萄呀商船, 來日本開港, 淸納定稅及償逋債, 而出港, 傭水路導船者, 任其自由。

第十四條

葡萄呀人, 輸入諸貨物于各開港, 賣却買收輸出, 俱任自由。

禁外貨物, 完納定稅, 不收別納稅項。

軍須諸物, 日本府所購之外, 不可賣諸他人。但外國人互受授, 爲無干涉。

彼此國人賣買貨物, 都無阻, 就其還償等, 日本官吏, 不茌之。諸日本人, 所得葡萄呀人之物, 賣買之, 或持有之, 俱無妨。

第十五條

日本租廳, 察貨主所報。價有奸, 則租廳, 估計平當價置, 可議買其貨物。
貨主若拒, 則從租廳估價, 可納其稅, 若承旨, 則以其價直, 可買收。

第十六條

輸入貨物, 完納了定稅, 則由日本輸送國中, 亦不收稅。

第十七條

葡萄呀商船, 輸入貨物於各港口, 領有完納了定稅證書, 再轉致搬岸其
貨物于他開港, 不收重稅。

第十八條

港口日本司人, 爲防密商奸曲, 應設便宜規律。

第十九條

罰錢公收物類, 總可屬日本府。

第二十條

副此條約之商法別冊, 均應與本書一經, 彼此臣民, 互相遵守。日本貴
官, 又委任官吏, 與來日本之葡萄呀國全權公, 使爲令全備此條約規則竝
別冊條款, 應行相議其規律等。

第二十一條

此條約, 書以日本 葡萄呀及和蘭語, 各飜譯, 同義同意, 而以和蘭飜譯,
爲原文。
凡葡萄呀全權公使及領事, 致于日本司人公事通書, 向後可以英語書。
但此條約從捺印月日起三年間, 須副日本或和蘭譯書。

第二十二條

兩國驗條約實施, 求其改革之, 則可一年前, 先行知照, 亦須自今凡十一年後, 酌改。

第二十三條

<u>日本</u>政府, 日後與外國政府及臣民有殊[2]典允許之時, <u>葡萄呀</u>政府及國民, 同樣允許事。

第二十四條

此本書, <u>日本</u>署大君御名蓋印, <u>葡萄呀</u>國王自記名押印, 十八月內, 須於<u>江戶</u>交換。

爲結定右條, <u>萬延元年庚申六月十七日</u>, 於<u>江戶</u>, 前載兩國官吏等, 記名押印。

<u>溝口</u> <u>讚歧守</u>　　花押
<u>酒井</u> <u>隱歧守</u>　　花押
<u>松平次郎兵衛</u>　　花押
【人名未繙】　　手記

<u>字漏生</u>條約 ────────────────

<u>萬延元年庚申十二月十四日</u>, 西曆千八百六十一年第一月二十四日, 於<u>江戶</u>調印。<u>文久三年癸亥十二月十三日</u>, 西曆千八百六十四年第一月二十一日, 於同所, 交換本書。

2　殊 : 底本에는 "隨"로 되어 있음. 문맥을 살펴 수정함.

大日本帝國大君, 與孛漏生國王, 共欲締平和懇親之約, 竝訂兩國人民和親貿易之條約。日本大君, 命村垣 淡路守、竹本圖書頭、黑川左中, 孛漏生國, 命王族攝政大臣特命遣日本大使不列底力亞爾伯列的喝喇布峒疴連堡克, 各照其委任之書, 而互諒其信然, 協議商量, 以制定下文諸條。

第一條

日本大君, 孛漏生國王, 其宗族及兩國臣民之間, 爰締平和懇親之約, 可世世無渝。

第二條

日本大君, 差遣全權公使, 駐紮于伯林任孛漏生京師及置領事於孛漏生各港, 公使及領事, 均得自由旅行孛漏生國內。

孛漏生國王, 以駐紮全權公使于江戶【今之東京】及置領事于各港, 爲急, 則得皆行之。其公使及領事, 均得自由旅行日本國內。

第三條

神奈川、長崎、箱館三港及其市區, 須期此條約施行之日, 爲孛漏生臣民開之, 以使行貿易。

此三港及其市區, 孛漏生臣民, 得居住之出價借地, 買其地所有之家屋及建營家屋倉庫, 不可托名於建屋, 竊以作要害之處。

因欲使守此定規, 凡孛漏生人, 每有土木之擧, 日本官吏, 必親莅檢視之。

孛漏生國臣民所住之地及家屋各港定規則, 其地之日本官吏與孛漏生領事, 須商議而定之。若議不相諧, 則申告之日本政府, 與孛漏生公使, 以仰其商量處置。

孛漏生國臣民所住之區之四周, 日本政府, 不設墻屏等以圍之, 可任其自由出入。

於日本開港諸地, 孛漏生人得旅行, 各有限界, 其定規, 如左。

神奈川港, 北以六鄕川, 爲限, 其他, 四方十里。

箱館港, 四方十里。

凡里程, 自各港官廳起算, 用陸路里法也。

長崎, 以其市外四圍屬大君地, 爲限。

第四條

日本之居留孛漏生人, 得隨意奉其國之敎法及設禮拜堂於其地居留, 措而不禁。

第五條

孛漏生人在日本者, 互爭論, 則孛漏生有司, 裁判之。

孛漏生人, 與日本人相爭, 或訴日本人, 則日本政府, 裁判之。

日本人, 與孛漏生人相爭, 或訴孛漏生人, 則孛漏生領事, 裁判之。

日本人, 負債於孛漏生人, 怠其償弁, 或欲詐僞而遁, 則日本有司裁判之, 令淸償其逋債, 孛漏生人, 負債於日本人, 則孛漏生領事處置亦同。日本官廳, 孛漏生領事, 竝不爲償其國人之逋債。

第六條

日本人, 對孛漏生人有罪, 則日本司人, 按驗之, 照日本法律, 以罰之。

孛漏生人, 對日本人若外國人有罪, 則孛漏生領事或他有司, 按驗之, 照孛漏生法律, 以罰之。

第七條

孛漏生人犯此條約若納稅定規, 則日本有司, 徵科銀, 或沒入其貨物, 以付之孛漏生領事。領事審按之而後, 其科銀及所收之貨物, 皆歸於日本政府。

第八條

孛漏生人, 於日本所開各港, 勿論自國貨物, 雖他國貨物, 自非日本所禁, 皆隨意輸入, 或與日本物産交易, 或賣之, 或買之, 載以輸出, 皆任其自由。

孛漏生船齎禁外貨物, 其完納其定稅, 則不更納他稅可也。

孛漏生人, 與日本人賣買貨物, 都無阻, 其還償等之時, 日本官吏, 不苴視。諸日本人, 所得於孛漏生人之貨物, 賣買之, 或持有之, 竝屬無妨。

第九條

日本在孛漏生人, 傚日本人, 使用之於法禁外之事, 無阻。

第十條

當視此條約及稅法, 以爲貿易規則之完備者。

在日本 孛漏生國全權公使, 與日本政府所委官吏, 以施行此條約所附稅法之故, 應商議以設爲所開諸港之要緊規則等。

第十一條

諸開港之地日本有司, 須立至當之法, 以防奸商黠儈。

第十二條

孛漏生國船, 齎貨物入日本所開港口, 完納其定稅及淸償逋債, 則雇水路導船, 以出港, 任其自由。

第十三條

孛漏生國商人輸入貨物, 於一港, 帶定稅完納之證狀, 則雖更傳輸其貨物於他港及搬岸之, 不復徵稅。

第十四條

所輸入之貨物, 孛漏生人, 其完納其定稅, 則雖日本人, 輸送之國中, 不復徵其稅。

第十五條

諸外國貨幣, 與日本貨幣, 可同種同量, 相通用。

兩國人互償物價, 用日本若外國貨幣, 竝屬無妨。

日本諸貨, 幣除銅錢, 許其齎去。且外國金銀鑄, 爲貨幣者, 與未鑄爲貨幣者, 得齎去。

第十六條

日本稅關, 疑孛漏生貨主所申告貨物估價有奸, 則加之適當之價。貨主, 甘心聽從, 則稅關, 以其價, 買之, 貨主, 若不肯, 則準其所加之價, 而收其稅。銀貨, 當照估稅。

第十七條

孛漏生國船, 遇難破於日本海上又漂着之, 或來避難於此, 則其地之日本有司, 當務救護其人, 加以憐恤, 而送之於港近孛漏生領事。

第十八條

孛漏生軍艦, 搬岸其須用物于神奈川、長崎若箱館, 以藏於倉庫, 則孛漏生國人, 看守之, 而不收納定稅。但賣之於日本人若外國人, 則買之者, 納定稅於日本政府。

第十九條

日本政府, 向後有殊典以許之於外國政府及其臣民, 則孛漏生政府臣民, 亦當受其允許。

第二十條

兩國施行此條約, 欲改其不便者, 豫於一年前, 互相告知之, 期至, 則相
商議改正。但先行通報, 非自今閱十二箇年之後, 不得施行。

第二十一條

孛漏生國欽差公使及領事所贈于日本有司之一切公文, 須用獨逸國語
書之。但自此條約施行之日五年間, 可副日本若和蘭語之譯文。

第二十二條

此條約, 以日本 獨逸及和蘭語書之, 各文, 固雖同義同意, 然當以蘭[3]文
爲標準。

第二十三條

此條約書,日本大君, 署御名及印, 於卷尾, 孛漏生國王, 亦自記名捺印,
異日須於江戶, 交換之。

此條約, 自庚申十二月, 閱二十四箇月, 卽西洋千八百六十三年一月一
日然後, 當始施行。

萬延元年庚申十二月十四日, 兩國全權官, 於江戶府, 記名捺印, 以確定
此條約。

村垣 淡路守　花押
竹本 圖書頭　花押
黑川 左中　花押
阿連堡克　花押

---

3 蘭 : 底本에는 없음. 『日本國外務省職掌事務』 다수 용례에 근거하여 보충함.

獨逸北部聯邦條約

明治二年己巳正月十日, 西曆千八百六十九年第二月二十日, 於神奈川, 捺印, 同年九月九日批準。

日本天皇陛下, 與孛漏生國皇帝陛下, 獨逸北部聯邦及雖不列于彼, 於其租稅與商賣, 與之爲同盟各國, 卽帝國【官名未繙】、同【官名未繙】、大【官名人名未繙】、河南【官名人名未繙】, 爲與我租稅與貢之法則, 大【官名人名未繙】, 欲盛日本 獨逸兩國間貿易通航之緣, 決定條約。日本國天皇陛下, 命第一等官議定兼外國官準知事東久世中將, 第三等官神奈川縣知事兼外國官判事寺島陶藏, 第三等官外國官判事井關齋右衛門, 爲全權, 孛漏生國皇帝陛下, 命在留獨逸北部聯邦, 爲全權, 彼此互示其委任狀, 察其狀實良好, 而適當協議, 以決定左開各條。

第一條
爰結條約之國竝其人民間, 可有永世平穩, 無窮和親。

第二條
孛漏生國皇帝陛下, 應有命在留日本公使之理, 此公使, 代今玆所結條約之獨逸各國, 有執事之權。該各有約獨逸國, 應有命總領事, 及命在留日本開港地又開市地之領事或副領事竝署領事之理。此吏人等, 可有與日本政府最懇親國之領事官, 同受特許及各等權之理。

孛漏生國皇帝陛下所命之公使竝總領事官, 應得無阻旅行日本諸部之理。有裁判之權, 獨逸國領事吏人, 若於其可裁判境界中, 有獨逸國船, 或破却, 或危害于人命及貨物等事, 則爲監察其事實, 有往其地之理。雖然獨逸國領事吏人, 方其時, 須以書簡, 先行告知之, 其地之日本官府, 於其旨意竝所赴之地。其時, 日本官府, 當令貴重吏人, 必與之同導。

日本天皇陛下, 得置公使於伯爾林王宮內。若於獨逸帝國各口岸及街

坊, 有外國之領事在留, 日本, 亦須派駐領事於各該處。日本公使及領事
吏人, 照互依約, 於有約之獨逸各國公使竝領事吏人一搬今或後所受之特
許竝權, 亦受一律同沾。

第三條

箱館、兵庫、神奈川、長岐、新瀉竝佐州夷港、大坂市街及港竝東京市
街, 自此條約施行日, 爲有約之獨逸各國人民及交易, 可開。

在前條市街及港, 獨逸各國人民, 應得永久居住。故借地區, 買家屋, 建
家宅倉庫, 任其自由。

獨逸人民可住之地竝可建其家屋之地, 須由逸國領事吏人, 與在其地相
當之日本吏人, 協同議定。且港則亦同。若獨逸國吏人及日本吏人, 因此
事有所不得議定, 須上告於獨逸公使及日本政府。

日本人於獨逸國人民可住地區周圍, 不設墻壁或柵門, 其他不可營妨其
自由之出入之圍。

獨逸國臣民, 應得隨意遊步境界, 如左。

箱館、新瀉, 爲各方十里。於夷港, 爲佐州全島。

神奈川, 以在川岐、品川間, 注落江戶灣之六鄉川, 爲限[4], 其他, 各方十
里。

長岐, 以在其周圍本府管地, 爲限。

兵庫, 向京師之處, 限以距京十里之地, 其他, 各方皆爲十里。

大坂, 南大和川口, 迄舟橋村, 從是引洞敎興寺村, 迄佐太之線以爲限。
堺[5]【地名】市中, 雖線外, 可準獨逸人遊步。

東京, 新利根川口, 迄金町, 從是沿水戶街道, 迄千住驛大橋, 又向隅田

---

4 限 : 底本에는 없음. 『日本國外務省職掌事務』 다수 용례에 근거하여 보충함.

5 堺 : 底本에는 "界"으로 되어 있음. 일본어 조약에 근거하여 수정함.

川南, 登川上, 迄古谷上鄕, 又自小室村、高倉村、小矢田村、荻原村、宮寺村、三木村、田中村諸村落引線, 迄六鄕川 日野渡津, 爲限。

右十里距離, 自前條各所裁判所, 起陸上立算。

其一里, 抵孛漏生一萬二千四百五十六富脫, 英吉利四千二百七十五耶爾獨, 不蘭西三千九百十米兒。

若獨逸各國人民有犯前則, 出境外, 須繳墨是哥銀百枚, 若再犯, 亦須繳二百五十枚罰銀。

第四條

留在日本 獨逸國人民, 應有隨意自國宗敎之理。故其居留地, 爲奉其宗敎, 得營宮社。

第五條

留在日本 獨逸國人, 因身上或其所有貨物, 有爭論起, 則可任獨逸吏人, 裁斷。

日本長官, 於起于有約之獨逸各國人民, 與他有約之外國人爭論, 亦可無關係。

若獨逸國人民, 對日本人民, 有愬, 則日本長官, 可裁斷此事件。

若日本人, 對獨逸國人, 有愬, 獨逸長官, 可裁斷之。

若日本人, 負債獨逸人, 怠其償, 將或以欺僞逃之時, 須由日本該管長官, 裁斷之, 爲令債主償其逋債, 可盡力諸事。又獨逸人, 將以欺僞遁, 或怠償逋債于日本人, 須由獨逸長官, 公正裁斷, 爲令償逋債, 可盡力諸事。

獨逸長官, 日本長官, 於兩國人民, 互相關之逋債, 當不用償。

第六條

對日本人民或外國人民, 爲惡事之獨逸人民, 應訴獨逸國領事吏人, 以獨逸國規律, 罰之。

對獨逸國人民, 爲惡事之日本人民, 應訴日本長官, 以日本憲法, 罰之.

第七條

因犯副此條約之貿易規律, 應徵罰金或其物, 須遵獨逸國領事吏人裁斷. 其所徵罰金或貨物, 皆屬日本政府. 查獲之貨物, 日本長官, 與獨逸領事長官, 令同封其貨物, 俟經獨逸領事裁斷之間, 須由于租所倉庫.

若獨逸領事裁斷, 以其貨主或收管人, 爲正理, 須速送交其貨物于領事. 雖然, 日本長官, 若爲不是領事所裁斷, 猶欲依高官裁判, 則其貨主或收管人, 應將其物眞價, 寄於領事館, 以俟裁判之畢. 抑留之貨物, 其質容易腐敗之物, 則獨逸領事館, 收存其代價, 將貨物發交貨主或其收管人.

第八條

在爲貿易所開或可開之日本諸港獨逸國人民, 自獨逸國領或他邦港輸入禁外諸種貿易貨物, 販賣之, 又買收之, 輸出獨逸國又他邦港, 任其自由. 惟須完納附屬此條約稅目所揭稅項, 其他諸稅, 不必完納.

獨逸國人民, 應得將諸種商物, 買收於日本人, 又販賣日本人, 至其賣買及銷價值之時, 日本吏人, 毋庸干涉.

獨逸國人民, 於日本國開港地, 所買收之日本產物, 無納諸稅, 輸送日本國開港地, 無日本官吏臨場. 買收諸類商物於獨逸人民, 而貯藏之, 又供其用, 或再販賣, 任其自由. 但日本人民, 與獨逸各國人民爲貿易, 日本人, 相共商販所收之稅外, 日本政府, 不收加重稅項.

且諸侯伯竝其使用之人, 現守管束規則, 納例租, 則從一般通則, 許其至獨逸各國或日本諸開港地. 於其地, 不用日本官吏臨場, 得與獨逸各國人民, 交易. 凡日本人, 以自國產物, 或他國產物, 載往日本開港地, 或從日本開港地, 載往日本開港地, 或從他國港, 載往他國港等事, 不論日本人民或獨逸人民所有船, 許其自由裝載輸送.

第九條

留在日本 獨逸各國人民, 使用日本人于通譯或師表、小丁等諸役, 又共不違背禁法諸事, 日本政府, 俱不妨。

日本人, 於獨逸國船中, 雇役各等職事, 任其自由。

獨逸國人所雇日本人, 若隨其雇主, 出海外, 赴請其地官府, 則可得政府印章。且旣日本 慶應二年丙寅四月九日, 西洋千八百六十六年第五月二十三日, 日本政府, 如以諭書, 布告之久。日本人, 由其要路, 領有政府印章, 可得爲修業或商賣, 赴獨逸各國。

第十條

副此條約之交易規律, 與此條約爲一體者, 而彼此共可堅守。

於日本 獨逸國公使, 與日本政府所任吏人協議, 爲施行副此條約之交易規律之旨趣, 應有立交易諸港爲所緊要定規之權。

第十一條

日本政府, 於爲獨逸人貿易所開各港旁近, 爲各船出入安全, 可具燈臺、燈船、浮木及礁標。

日本吏人, 在各港口, 須設便宜規則, 以防奸商買賣違禁物件。

第十二條

獨逸國船, 來日本開港地, 爲引到港內, 雇水路導者, 任其自由。又其船, 清納諸連債及商稅, 將發港爲出港外, 雇水路導者, 亦同。

第十三條

獨逸國商人, 輸入商物於日本開港地而納租, 有請日本長官納其商稅等證書之理。但帶此證書, 再出入其商物於日本他開港地, 亦不必納商稅。

日本政府, 務須建造倉庫於諸開港地, 且其倉庫, 因輸者及貨主之願, 不

收貨物之稅, 使其藏置。

日本政府, 代管其物之間, 須保無損害。且爲外國商人輩, 放置貨物, 應於政府, 作緊切之備, 以保其火災。又輸入商物之人或貨主, 意欲自庫退收, 須按納租稅目錄之稅。將其貨物, 再行輸出, 不必納輸入稅。退收貨物之時, 須完庫費, 其庫費之數並借庫管接規則, 彼此商議約定。

第十四條

獨逸國人民輸入日本開港地, 此條約所定商稅, 納了之, 諸貨物, 不問日本人獨逸人, 可得輸送日本國諸部, 但無出租稅或道路租稅等稅。

日本産物爲陸水路繕修, 所收諸商賣恒例稅外, 別無收運送稅。日本人, 日本內何地, 輸送諸開港地, 任其自由。

第十五條

外國貨幣, 於日本國內, 爲欲隨便通用, 日本政府, 應須速爲緊切于日本貨幣製造法之改正, 且於日本, 首重貨幣局, 並諸開港地, 可建創之貨幣局, 日本人及外國人, 不問其尊卑, 應得將諸種外國貨幣及金銀條, 算去其改鑄費, 與日本貨幣, 以同種同量之分數, 兌換。此改鑄費, 彼此協意後, 定之。

獨逸國及日本民人, 互爲償還, 用外國或日本貨幣, 任其自由。

除日本銅錢外, 諸種貨幣並不造貨幣之外國金銀, 得自日本國輸出。

第十六條

若日本租所吏人, 就商人所上告之價, 有異意, 評其商物之價, 以其評價, 議買收, 任其自由。

若貨主, 不以此評價諾, 則須照租所吏人所定價, 納其稅銀。

若承諾其評價, 則應不減其所議之價值, 償貨主。

第十七條

若獨逸國船, 於日本海岸, 破摧或漂着, 又不得止而避來日本港內, 由該管日本長官, 查知此事, 須卽勉加扶助其船, 且懇待一船滿員。要用, 則指授其各員赴旁近獨逸國領事館之方便。

第十八條

獨逸國海軍備用諸物, 搬岸日本國諸開港地, 可藏置獨逸吏人所保護之倉庫, 但不必因此納稅。若將此備用物, 有賣日本人或外國人, 則須由其買主, 將例稅, 完納日本長官。

第十九條

日本天皇陛下, 今玆確定與他國政府及其人民或爾後將與之特準及便宜締約, 獨逸各國政府及其人民, 俟此條約施行日, 可蒙準允。

第二十條

至來壬申年, 卽千八百七十二年第七月第一日, 實驗此條約各事, 欲行緊要變革或改正, 可得再議。惟須將此再議之意, 雖少, 亦於一年告知。若日本天皇陛下, 先此期限, 欲議此條約, 如其他約了各國同意, 則結條約之獨逸各國, 亦從日本政府之望, 入此會議。

第二十一條

獨逸每國公使或領事吏人, 贈日本長官各公事書翰, 可用獨逸語書。然爲便利, 此條約施行日後三年間, 可副和蘭語或日本語譯文。

第二十二條

此條約, 以獨逸語日本語, 其各四通, 其文意, 各同義也。

第二十三條

此條約, 日本天皇陛下及孛漏生皇帝陛下, 互記名捺印, 以確定。本書, 於十八月內, 可交換。此條約, 以記名日, 可施行。

爲右證憑, 彼此全權, 記名捺印于此條約者也。

日本 明治二年己巳正月十日

西洋千八百六十九年二月二十日

於神奈川

東久世 中將　　花押

寺導陶藏　　　花押

井關齋右衛門　花押

　　　　　　　印

瑞西條約 ────────────────

文久三年癸亥十二月二十九日, 西曆千八百六十四年第二月六日, 於江戶, 押印。慶應元年乙丑五月十四日, 西曆千八百六十五年六月七日, 於該地, 交換本書。

日本大君, 與瑞合衆國【官名未繙】, 結懇親之因, 于兩國間, 決定各人民所緊要之和親交易條約。日本大君, 任此事, 以竹本 甲斐守、菊池 伊豫守、星野金吾, 瑞合衆國【官名未繙】, 命以【職名人名未繙】, 此各員, 照應彼此所奉委任書, 見實良好, 爲其至適, 合議決定下文各條。

第一條

日本大君及其世世, 與瑞西合衆國【官名未繙】, 可保永久平穩懇親於各所領人民間。

第二條

瑞西合衆國【官名未繙】, 以在留江戸府全權公使, 爲緊要, 則命之。竝可命依此條約, 爲瑞西交易所開日本各港中, 領事吏人。其全權公使及領事, 可無阻巡行日本國內。

日本大君, 任參政理吏人于瑞西國都府, 竝可任諸收割領事及吏人於市場, 理商事。

其參政理吏人及頭目諸收割吏人, 可無阻旅行瑞西合衆國。

第三條

爲外國交易所開港口及其坊, 應從此條約施行日, 開爲瑞西人民貿易之處。

其港口及坊, 可許瑞西國人民居住, 竝得賃借地區及買在其地之建築。又雖許建住宅倉庫, 不可托建之, 以營要害之物。

爲證守此規, 方繕修其建築, 日本官吏檢視, 可爲當然。

瑞西國人民可得居住之地及建築竝各港規則, 須由其各所, 日本國官吏, 與瑞西領事, 定之。若不同意, 則示之日本政府, 與瑞西全權公使, 以憑處辦。

於日本 瑞西國人民可任地區之周圍, 不設門墻, 任其自由出入。

於爲外國所開日本港, 許瑞西人民行步境界, 都無異于他各國人。

第四條

居留日本 瑞西人, 爲信仰自國敎法, 得營拜所於其居留地內。

第五條

在日本之瑞西人, 若起爭論, 須歸瑞西司人, 裁斷。

若瑞西人, 對日本人生訴訟或異論, 日本官府, 可裁斷之。

如上文日本人對瑞西人生訴訟或異論, 瑞西領事, 可裁斷之。

若日本人負債瑞西人, 怠其償, 或將以僞遁, 則日本吏人, 裁斷之, 務須令償其逋債。瑞西人, 有負債日本人, 瑞西領事, 處置之, 亦須一律。

日本府廳, 瑞西領事, 無償彼此國人逋債。

第六條

對日本人或外國人, 爲兇之瑞西人, 應由領事或其他官人, 按之, 從瑞西法度, 罰辦。對瑞西人, 爲兇之日本人, 應由日本司人, 糾之, 從日本法度, 罰辦。

第七條

因犯此條約竝稅則各規, 所徵罰錢及收沒物件, 爲查覈, 報瑞西領事吏人。其吏人, 查覈後, 罰錢及收沒物件, 均屬日本府。

第八條

瑞西人於日本所開各港, 勿論自國貨物, 雖他國貨物品輸入, 非日本所禁, 交易諸貨物, 賣却買收, 或輸出, 皆可自由。

禁外之物, 完納定稅, 不納其他稅項。

瑞西人, 與日本人, 賣買貨物, 俱可無阻, 就其還償等, 日本官吏, 不苴之。諸日本人, 所得於瑞西人貨物, 賣買或持有, 亦俱無妨。

第九條

在留日本 瑞西人, 雇日本人, 役之法禁外諸事, 無阻。

第十條

此條約及稅則, 當作交易規律之全備者。

瑞西合衆國, 以非海國, 無關海上規律。故出入日本港各船, 則不載此條約中。雖然有犯法, 破其規則之瑞西人, 可從爲他國所設規則, 而裁斷。

在日本 瑞西國全權公使, 與日本政府所委任官吏相接, 爲施行附屬此條約之稅則規律之旨, 應須商定爲交易所開諸港緊用至當之規律等。

第十一條

開港之地, 應由日本司人, 爲防密商奸曲, 擬立便宜規律。

第十二條

瑞西國商民, 輸入貨物于開港, 有完納定稅證書, 以其貨物, 轉致搬岸他處港, 亦不可收重稅。

第十三條

輸入之貨物, 完納定稅後, 由日本人, 輸送國中, 無再徵稅項。

第十四條

外國諸貨幣, 與日本貨幣, 可以同種同量, 通用。

彼此國人, 互償物價, 同用兩國貨幣, 俱無妨。

日本諸貨幣, 除銅錢, 得輸出。又外國金銀, 鑄貨幣與否, 並可得輸出。

第十五條

日本租所察貨主所告之價有奸, 則由租所, 估相當之價, 議買收其貨, 若貨主否之, 須從租所估價完納其稅, 承諾, 則直可以其價, 買收。

第十六條

日本政府, 向後有可許外國政府及人民之殊典, 則方今確定瑞西政府國民, 亦應得一律允許。

第十七條

兩國驗條約實地, 而欲行改革, 須在其一年前報知, 方可再驗, 此事, 可在自今凡九年後。

第十八條

瑞西國全權公使及領事吏人, 致日本官吏公事文書, 須書以佛蘭西語。但自此條約施行五年間, 可副日本語又和蘭語譯文。

第十九條

此條約, 以日本 佛蘭西語書, 雖各飜譯, 同義同意, 須以和蘭譯文, 爲原書。

第二十條

此條約, 日本署大君主名蓋印, 瑞西記捺【國印名未繙】名印, 以爲確定。至於本書, 須十八月內, 於江戶, 交換。

爲右證, 文久三年癸亥十二月二十九日, 於江戶, 彼此委任官吏等, 記捺名印。

竹本 甲斐守　花押

菊池 伊豫守　花押

星野　金吾　花押

【人名未繙】　手記

白耳義條約 —————————————

慶應二年丙寅六月二十一日, 西曆千八百六十六年八月一日, 捺印。同

三年丁卯八月十三日, 西曆千八百六十七年九月十日, 於江戶, 本書交換。

帝國大日本大君, 白耳義國王, 締懇親之因, 於兩國間, 且決及又各臣民緊要和親交易之條約。日本大君, 任菊池 伊豫守、星野 備中守、大久保筑後守, 白耳義國王, 命【官名人名未繙】, 互相照委任書, 見狀實良好, 其至適而協定于下幾條。

第一條

日本大君, 白耳義國王, 其親族及世世, 要彼此所部臣民間, 永久平和懇親。

第二條

日本大君, 任駐【地名未繙】全權公使, 及爲理商事置領事官於互市地, 此二臣, 旅行白耳義國內, 皆隨意。白耳義國王, 任駐江戶府【官名未繙】, 竝置領事官于互市地, 此二臣, 旅行日本國內, 亦任其意。

第三條

神奈川、長崎、箱館港坊, 要待此條約施行之日, 而爲白耳義臣民交易, 開之。

右港坊, 聽白耳義臣民居住。又此輩, 得賃借其地, 沽其居室, 雖準造居室倉庫, 托建之禁營造要害地。爲證守此定律, 方其繕修, 日本當路官吏, 臨查勿論也。白耳意臣民, 爲將居住其所得地區及居室及海港規條, 其地日本官吏, 白耳義【官名未繙】, 協定。若意不諧, 則示之日本政府及白耳義【官名未繙】, 取裁之。

於日本 白耳義國臣民, 可居住地區周圍, 不得設門墻, 妨自由出入。

日本開港各所白耳義人遊步規程, 如左。

神奈川, 限六鄉川脈限, 外各方十里。

箱館, 各方十里

凡里數, 自各港奉行所取, 陸程度。

長崎, 本所周圍以府轄, 爲限。

第四條

留居于日本 白耳義人, 恣信仰自國宗旨, 且營拜所其地, 不妨。

第五條

在日本 白耳義人間爭訟, 從白耳義司吏所裁。

白耳義人將訟日本人, 詣告其志【官名未繙】館, 按驗, 可愨裁。日本人, 突然訟白耳義人, 【官名未繙】, 亦同前。若【官名未繙】難處, 則上稟日本司吏, 爲共查的裁。

若日本人, 得白耳義人逋債, 將怠償, 或詐遁, 日本司吏, 考裁令務償之。白耳義人, 於日本人, 白耳義【官名未繙】, 亦相同。

第六條

白耳義臣民, 構惡于日本人, 白耳司吏, 糾按, 照國法, 罰之, 日本人及外國臣民, 構惡于白耳義人, 日本司吏, 與其他官吏, 糾按, 據日本國法而罰, 要無彼此偏頗裁斷。

第七條

犯此條約及稅則之規律, 罰錢及抑收品, 爲查考, 告白耳義【官名未繙】吏人, 令檢按。兩品, 共屬日本府。

第八條

日本禁外物品, 白耳義人, 不問其國及他品種, 於日本開港地, 恣得輸出入交易賣買。

禁外品種, 規定稅淸納, 別無出額。

白耳義人, 日本人, 賣買品物, 都無障碍, 其還錢, 日本官吏, 無苽之。日本人, 不問何人, 所得於白耳義人物品, 蓄之, 或賣買, 無妨。

第九條

在日本 白耳義人, 得雇使日本人, 給禁外諸用品。

第十條

以此條約及稅則, 爲全備交易規律者。

在日本 白耳義國【官名未繙】, 接日本政府委任吏, 爲施行附此條約稅則規律, 爲交易開諸港, 可議定適當之規律。

第十一條

創開港日本司吏, 要爲防密商奸曲, 建適當之規律。

第十二條

白耳義國船, 來日本開港, 淸了定稅及欠逋, 而出港, 任恣偝水路導船。

第十三條

白耳義國商民輸入于開港品物, 得淸納定租證狀, 再轉致搬岸于他開港, 不重稅。

第十四條

輸入貨物, 定租淸納後, 日本人, 輸送國中, 別不收租額。

第十五條

外國諸貨幣, 與日本貨幣, 以同種同量, 通行。

彼此國人, 互償物價, 無碍用彼此貨幣。

日本諸貨幣, 除銅錢, 輸出。外國金銀貨幣, 勿論鑄與否, 皆得輸出。

第十六條

日本司稅所, 察物主所言價有奸, 則司稅所, 議以適價, 沽其物。

物主若沮之, 以司稅所評價, 收其稅, 從則以評價直, 買收之。

第十七條

白耳義國船, 於日本海岸, 知破摧或漂着, 或免危難來, 本所官吏, 厚救護, 送致旁近【官名未繙】。

第十八條

白耳義軍艦需蓄諸品, 搬岸以納神奈川、長崎、箱館倉庫, 白耳義人, 監護之, 此不收稅, 若賣之日本人外國人, 令買主, 納其定租于日本府。

第十九條

日本政府, 爾後向外國政府臣民, 有可聽殊典, 則就今確定白耳義政府國民, 亦同。

第二十條

兩國求驗條約之實地而改之, 報之一年前, 可以爲再驗, 此期, 要在凡六年後。

第二十一條

白耳義國【官名未繙】及【官名未繙】官吏, 致日本官吏公事之文書, 可用佛蘭西語。此條約施行後五年間, 可添日本語或和蘭語譯文。

第二十二條

此條約, 書以日本、佛蘭西、和蘭語, 各反譯, 雖同義同意, 以和蘭譯文, 原視。

第二十三條

此條約, 以日本大君白耳義國王名璽, 確定。待本書飾成, 於江戶, 交換。

此條約, 以來十一月二十六日, 卽西洋千八百六十七年第一月一日, 施行, 本書交替, 須於其前後。

爲此結定, 慶應二年丙寅六月二十一日, 於江戶, 彼此委任官吏, 記名押印。

菊池　　伊豫守　花押
星野　　備中守　花押
大久保　筑後守　花押
【官名未繙】　　手記

伊太利條約 ─────────────────────

慶應二年丙寅七月十六日, 西曆千八百六十六年第八月二十五日捺印。慶應三年丁卯九月六日, 西曆千八百六十七年第十月三日, 於江戶, 交換本書。

帝國日本大君, 與伊太利國王, 締懇親之約, 且兩國各民人緊要事件竝航海交易之條約, 今將決之故, 日本大君, 以柴田 日向守、朝比奈 甲斐守、牛込忠左衛門, 伊太利國王, 命【官名人名未繙】, 彼此照應委任書, 認其較核, 正確適當, 而協議決定下文各條。

第一條

日本大君, 與伊太利國王, 其親族及後昆, 不問彼此所領臣民之別, 永久平和懇親。

第二條

日本大君, 任駐箚於伊太利王都參政吏, 竝欲監視在諸港貿易商賈, 則任其人, 皆任其意, 而此吏人者, 遊行伊太利國內, 亦隨意。

伊太利國王, 以留在江戶府【官名未繙】, 依此條約, 爲臣民之緊要開貿, 於日本港坊, 置領事官吏員, 亦可命其【官名未繙】及【官名未繙】, 遊行日本國內, 亦無碍。

第三條

神奈川、長崎、箱館等諸港坊, 待此條約施行之日, 爲伊太利臣民, 開作交易之處。

右港坊, 聽伊太利臣民居住, 竝得任借其地, 購其居室。雖準造居室倉庫, 不可托建造, 而營要害之地。爲證守此約, 方其修繕, 當由日本當路官吏臨查允許。伊太利臣民, 得以居住及建造各物處所竝各港規條, 當由其地日本官吏, 與伊太利【官名未繙】, 協定。若意不諧, 則示之日本政府及伊太利【官名未繙】, 以憑商辦。

伊太利國臣民, 可居住地區周圍, 日本不得設牆柵, 妨自由出入。

日本開港各所, 伊太利人, 遊步規程如左。
神奈川, 以在川崎、品川間, 於江戶海灣之六鄕川, 爲限。
其他, 各邦十里。
箱館, 各方十里。
凡其里數, 自各港奉行所及各官廳所算路程度。
一里, 同于三千九百十【程度】。

長崎, 以本所周圍府割, 爲限。

第四條

留居于日本 伊太利人, 信仰自國敎法, 且營拜所其地, 亦俱不妨。

第五條

在日本 伊太利人, 關于一身或因所持物件, 有爭訟, 都從伊太利司吏所裁。

伊太利人, 將訟日本人, 須詣告其志於【官名未繡】館,【官名未繡】, 應須從公查辦。

日本人, 或訟伊太利人,【官名未繡】, 亦須一切從公查辦。若【官名未繡】難處, 則上稟日本司吏, 會商平允訊斷。

若日本人, 負債於伊太利人, 怠不賠償, 或詐遁, 則日本司吏考裁, 令務償之。伊太利人, 於日本人, 伊太利【官名未繡】, 亦相同。

日本奉行所, 伊太利【官名未繡】, 彼此無償國人逋債。

第六條

對伊太利人, 構惡之日本人, 由日本司吏, 糾按, 照國法罰之。

對日本人及外國人, 構惡之伊太利人, 由伊太利【官名未繡】, 與其他官吏, 糾按, 從其法度而罰, 所裁, 要正直, 無偏頗於彼此。

第七條

因犯副此條約稅則之規律所有罰錢及抑收物件, 共屬日本政府。

第八條

日本禁外貨物, 準伊太利人, 不問其國及他國貨物, 俱可隨意輸入日本諸港, 賣買或輸出其國及他國諸港。

禁外貨物, 經完定稅, 不收再納稅項。

伊太利人, 與日本人, 賣買貨物, 收受其償價, 都無障碍, 日本官吏, 不用苟問之。諸日本人, 不問何人, 所購於伊太利人物件, 蓄用, 或再賣, 俱無妨。

第九條

在日本 伊太利人, 雇使日本人, 供禁外諸事, 日本政府, 不妨之。

第十條

副此條約之稅則約書, 須視爲條約一部, 要彼此確守。

在日本 伊太利國【官名未繙】, 接日本政府委任吏, 爲施行附此條約之稅則規律, 議立貿易諸港之緊要公平章程。

第十一條

各開港日本司吏, 爲妨密商奸曲, 擬設適當規律。

第十二條

伊太利國船, 來日本開港, 儆水路導船, 得隨其便。同國船, 淸還定稅及償錢而出港, 亦同。

第十三條

伊太利國商人輸入貨物于開港, 淸納定稅, 得證書于租所, 任其自由。再轉致搬岸于他處開港, 不收重稅。

第十四條

伊太利人輸入港口貨物, 淸納定稅, 由日本人, 輸送國中, 別不收稅項。

第十五條

外國諸貨幣, 與日本貨幣, 以同種同量, 通行。

彼此國人, 互償物價, 無碍用彼此貨幣。

諸貨幣, 除日本銅錢, 得輸出。外國金銀, 勿論鑄貨幣與否, 得輸出。

第十六條

日本司稅所吏員, 察物主所言價, 有私, 則吏員, 議以適價, 沽其物。

物主, 若沮之, 以司稅所評價, 收其稅, 諾, 則不縮其價直, 買收。

第十七條

伊太利國船, 於日本海岸, 如破摧或漂着或脫危難來, 本所官吏, 查知, 應卽厚加救護, 送致旁近【官名未繙】。

第十八條

伊太利軍艦需蓄諸物, 搬岸以納神奈川、長崎、箱館倉庫, 伊太利監人護之, 此不收稅。若賣之日本人及外國人, 令買主, 納其定稅於日本府。

第十九條

日本政府, 旣準外國政府臣民, 又爾後不擇何國, 將準殊典, 伊太利政府及臣民, 就今確定此條約施行日後, 亦同準。

第二十條

兩國驗條約之實地, 爲全備要改革, 報之一年前, 可以再驗, 期在壬申年千八百七十二年第七月一日。

第二十一條

伊太利國【官名未繙】及【官名未繙】官吏, 致日本官吏公事之文書, 可用佛

蘭西語、伊太利語, 此條約施行後五年間, 可添日本語或和蘭語譯文。

第二十二條

此條約, 都七通, 副日本語伊太利語各二通及佛蘭書語三通, 其文, 雖固同義同意, 須視佛蘭西語, 爲原文。

第二十三條

此條約, 以日本大君伊太利國王名璽, 確定。待繕就本書, 於江戶, 交換本書。

此條約, 以來十一月二十六日, 卽西洋千八百六十七年第一月一日施行, 本書交換, 須於其前後。

爲此決定, 慶應二年丙寅七月十六日, 於江戶, 彼此委任全權, 記名押印。

柴田	日向守	花押
朝比奈	甲斐守	花押
牛込忠左衛門		花押
【官名未繙】		手記

日本所開各港伊太利商民貿易定則
伊太利貿易副約 ────────────

第一條

彼此全權, 代兩政府, 議定左開約書, 採用副此約書之關稅目錄, 兩政府臣民, 咸須堅奉遵照。

第二條

副此約書之關稅目錄, 侯至來壬申年西洋千八百七十二年第七月一日, 更改。其於茶、生絲之稅, 經此約書押印二年後, 不問彼此, 須在六月前, 預爲告知, 照據前三年均價之五分, 再行更改。又於木材之稅, 應於此約書押印五月後, 告知其改, 依時價納稅, 得從貨物, 而定稅額。

第三條

貨物搬岸搬載之準書, 雖依舊, 嗣後, 不必納其謝銀。

第四條

日本政府, 應於神奈川、長崎、箱館應輸入者請, 不收稅項。預爲將外國輸入之物寄頓棧房之準備, 由日本政府, 代爲寄頓之間, 可保無盜難風雨損害。至於火難, 政府不能保之, 應該外國商人, 築造不懼火災之堅牢棧房。凡輸入貨物者或貨主, 請領寄棧之物, 須照關稅目錄, 完納其稅。欲再輸出其貨物, 不必納輸入稅。領貨之時, 收領均須償完棧費。其棧費並係借棧各等規則, 須俟彼此協議而定。

第五條

因搬送日本産物, 由諸商所收水陸兩路修繕例稅外, 不必別納搬送稅項。自日本內各地, 可得隨便轉送爲外國交易所開之各港。

第六條

向照日本, 與外國條約中所載外國貨幣與日本貨幣, 約定以同種同量之數量通用之條款, 於日本租所, 有以墨是哥【財名未繙】納稅, 則比較于一分銀量目【財名未繙】, 百枚, 以當一分銀三百十一箇之數量, 沿例收稅。然而日本政府, 因欲革其向例, 將外國貨幣換日本貨幣, 令無不便, 又令日本貨幣無不足, 以便利交易。故日本已決盛大其金銀鎔鑄所, 如此則日本人伊

太利人, 可呈出外國金銀貨幣與鑛金, 改鑄于日本貨幣, 算除其諸費, 以其質之品位, 應於其所設之地, 變換。爲辦此事, 以改條約所載關貨幣通用條款, 爲緊切, 卽由日本政府告條款更改, 其條款, 俟有肯諾, 自來丁卯年十一月中, 西洋千八百六十八年第一月一日, 施行其事。

因改鑄雜費, 應收多寡之數, 嗣後, 彼此全權, 協同議定。

第七條

因稅關所辦各事, 竝將貨物搬岸搬載, 及雇用船丁、差夫等, 向來於開港, 所訟不便各事, 玆欲除去, 由各港奉行, 速與外國【官名未繙】, 商議。彼此協議後, 擬立決無不便各事之規律, 務欲令交易之道及各人所務, 得以容易且安全, 彼此議定于玆。

右規則中, 須加書, 在各港, 爲外國人將貨物搬岸搬載所用埠頭內, 建造小廠, 使各貨物, 不爲雨露所損傷等文。

第八條

日本人, 不問尊卑, 在日本開港地或海外, 許其隨意購輸送旅客若貨物之各種帆船、火輪船, 若軍艦, 不得日本政府準狀, 不得買收。

日本人所買收諸外國船, 遵照火輪船每一噸一分銀三箇, 帆船每一噸一分銀一箇之例納稅, 則須作日本船隻, 記載於船隻目錄。但爲定其船隻噸數, 應日本長官需, 由當路【官名未繙】, 示本國船隻目錄之謄寫, 以證其眞。

第九條

日本諸商人, 無政府官吏臨場, 直因日本開港地, 及此約書中第十條之方法, 得至海外之準, 於各外國, 得與外國商人, 隨便交易。特日本商人通例商稅外, 別外不必無納稅於日本政府。且諸侯伯及其使用之現守締括規律, 納定稅, 則不經日本官吏臨場, 詣諸外國或日本諸開港地, 在其地交易, 依照上文, 任其自由。

第十條

日本人, 不問尊卑, 應得隨便載貨物於前往日本開港地, 或自各外國諸口, 至日本開港地或赴各外國諸口, 日本人所有船隻並有約之外國船。且旣如慶應二年丙寅四月九日, 西洋千八百六十六年第五月二十三日, 日本政府, 以諭文布告。禀請該管, 領有政府印章, 許其爲修學或商販, 遊各外國, 或做各等職業於與日本親睦之各外國船中。

外國人所雇日本人, 隨便申請開港地奉行, 爲到海外, 領政府印章。

第十一條

日本政府, 爲各船出入安全, 可具燈明臺、浮木、礁標等, 於爲外國交易所開各港旁近。

爲此結定, 慶應二年丙寅七月十六日, 於江戶, 彼此委任全權, 記名押印。

柴田　　日向守　　花押

朝比奈　甲斐守　　花押

牛込忠左衛門　　花押

【人名未繙】　　　手記

輸出入稅目略之

日本國外務省事務卷之五終

日本國外務省事務 卷之六

丁抹條約

慶應二年丙寅十二月七日, 西曆千八百六十七年第一月十二日, 於江
戶, 捺印。慶應三年丁卯九月四日, 西曆千八百六十七年第十月一日, 於
江戶, 本書交換。

帝國日本大君, 與丁抹國王, 訂親和之約。於兩國間, 各爲其臣民和親
航海交易條約之事, 日本大君, 命其臣柴田 日向守、栗本 安藝守、大久
保帶刀, 丁抹國王, 命日本留在和蘭國王之使臣, 彼此照應委任書, 示狀實
良好, 其至適, 協議決定下文各條。

第一條

日本大君, 與丁抹國王, 其親族及後嗣, 約無彼此臣民之別, 永久平和懇
親。

第二條

大日本大君, 以於哥邊哈成 丁抹都府, 置全權公使, 於丁抹港津都邑,
置領事官。爲急務, 則得置之於丁抹, 此二臣, 旅行丁抹國內, 皆隨意。丁
抹國王, 駐於江戶府公使, 置領事官於日本互市之地, 此二臣, 旅行日本國
內, 亦任其意。

第三條

神奈川、長崎、箱館港坊, 要待此條約施行之日, 而爲丁抹臣民交易開。
前條港坊, 聽丁抹臣民居住, 又此輩, 得賃借其地, 沽其居室。雖準造居室
倉庫, 托建之, 禁營造要害地。爲證守此定律, 方其修繕, 日本當路官吏臨
查, 亦無妨。

丁抹國臣民, 爲居住所得地區及可營建之地, 其每地日本官吏, 與丁抹
領事官定之。每港規條, 亦同之。若不同諧, 則示之日本政府及丁抹全權公
使, 取裁決。丁抹國臣民可居住地區周圍, 日本不得設牆柵, 妨⁶自由出入。

日本開港各所, 丁抹人遊步規程, 如左。
神奈川, 在川崎、品川之間, 以所注江戶海灣之六鄕川, 爲限, 其他, 四
方各十里。
箱館, 四方各十里。
都里數, 自各港奉行所取陸程度。
一里, 同于佛蘭西尺三千九百十米的兒【尺名】。
長崎, 以本所周圍府轄, 爲限。

第四條
居留于日本 丁抹人, 恣信仰自國宗旨, 且營拜所其地, 不妨。

第五條
在日本 丁抹人間, 管一身或所持品爭訟, 都從丁抹有司所裁。
丁抹人, 將訟日本人, 告之於領事官, 領事官, 按驗, 可懇裁。
日本人, 或訟丁抹人, 其領事官, 悃按, 亦同前。若領事官, 難處分, 上品
日本有司, 共同裁判。
若日本人, 得丁抹人逋債, 將怠償, 或遁詐, 日本司吏考裁, 令勉償之。
丁抹人, 於日本人, 丁抹領事官, 處置之, 亦相同。
日本奉行所, 丁抹領事官, 彼此無償國人之逋債。

---

6 妨 : 底本에는 "坊"로 되어 있음. 문맥을 살펴 수정함.

第六條

日本人, 構惡丁抹人, 日本有司, 糾按, 照國法, 罰之.

或外國人, 丁抹人, 構惡日本人, 丁抹領事官, 與外官吏, 糾按, 從其法度而罰, 所裁, 要正直, 無偏頗於彼此.

第七條

犯此條約中稅則之規律, 罰錢及拘收品, 爲查考, 丁抹領事官, 命其吏人, 令檢按. 兩品, 共屬日本政府.

第八條

日本禁外物品, 丁抹人, 不問其國及他品種, 於日本每開港, 恣輸入賣買, 得輸之自他諸港.

禁外品種, 規定稅淸納, 別無出額.

丁抹人日本人賣買品物, 其償受, 都無障害, 日本官吏, 無莅之. 日本人, 不問何人, 所購於丁抹人物品, 畜之, 又再賣, 俱無妨.

第九條

在日本 丁抹人, 雇使日本人, 給禁外諸用, 日本政府, 不妨之.

第十條

此條約中稅則約書, 爲條約一部, 彼此確守之.

在日本 丁抹國全權公使, 接日本政府委任吏, 可有建爲施行附此條約稅則規律, 別有便法則, 諸港皆可設之.

第十一條

各開港日本司吏, 要爲防密商奸曲, 建適當規律.

第十二條

丁抹國船, 來日本開港, 恣得傚水路導船。同國船, 淸了定租及欠逋而出港, 亦同。

第十三條

丁抹國商民, 輸入物品于開港, 淸納定租, 得證書于租所, 任其自由, 再轉搬岸于他開港, 不復收其稅。

第十四條

丁抹人輸入港口貨物, 定租淸納後, 日本人, 輸送國中, 不別收其租。

第十五條

外國諸貨幣, 與日本貨幣, 以同種同量, 通行。

兩國人互償物價, 無碍用彼此貨幣。

諸貨幣, 除日本銅錢, 得輸出。外國金銀, 勿論鑄與否, 其貨幣, 得輸出。

第十六條

日本稅所吏員, 察貨主所言之估價有詐, 則吏員, 議以適價, 沽其物。貨主, 若沮之, 以稅所評價, 收其稅, 諾則不縮其價直, 而買收。

第十七條

丁抹國船, 於日本海岸, 如破摧或漂着或脫危難來, 本所官吏, 厚加救護, 送致旁近領事官。

第十八條

丁抹軍艦需用諸品, 搬岸以納神奈川、長崎、箱館倉庫, 丁抹監人護之, 此不收稅。若賣之日本人若外國人, 令買主, 納其定租於日本府。

第十九條

日本政府, 旣所準外國政府臣民, 爾後, 不論何國當準殊典, 丁抹政府及臣民, 就今確定此條約施行日後, 亦同準。

第二十條

兩國驗條約之實地, 爲全備要改革, 報之一年前, 可以爲再驗, 期壬申年千八百七十二年第七月一日。

第二十一條

丁抹全權公使及領事官, 贈日本官吏公事文書, 用佛蘭西語。此條約施行後不過五年間, 當以和蘭語或日本語譯文, 爲副。

第二十二條

此條約, 計四通, 日本語二通, 和蘭語二通。其文, 雖固同義同意, 以和蘭語, 爲標準。

第二十三條

此條約, 以日本大君丁抹國王名璽, 確定。待本書飾成, 於江戶, 本書交換。

此條約, 以來丁卯年五月廿九日, 卽西洋千八百六十七年第七月一日, 施行, 本書交替, 須於其前後。

爲此決定, 日本 慶應二年丙寅十二月七日, 卽西洋千八百六十七年第一月十二日, 於江戶, 彼此委任全權, 記名押印。

柴田 日向守　　花押

栗本 安藝守　　花押

大久保 帶刀　　花押

【官名人名[7]未繙】　手記

副條約 ────────────────────────

第一條
彼此全權, 代兩國政府, 議定左約書, 踐此條約書中租稅目錄, 咸當堅奉之。

第二條
此條約目錄, 迄壬申年西洋千八百七十二年第七月一日, 雖可改之, 於茶、生絲之租, 此約書押印二年後, 彼此不問, 東西告知六月前, 可要求據前三年均價之五分而改之。又於木材之租, 告知此約書押印五月後, 改依時價而納稅, 得從品物而定租數。

第三條
輸物搬岸搬載之準書, 雖依舊, 嗣後, 無出其謝銀。

第四條
日本政府, 於神奈川、長崎、箱館, 應輸入者之請, 不收其租, 而豫[8]藏外國輸物于倉庫之準節。日本政府, 受藏內, 可保無盜難風雨損害。火難, 雖政府不保之, 築堅牢土庫, 可令外國商人, 絶罷火念。輸入者若資主, 將出自庫, 可照稅目, 納其額。欲再輸出其品物, 不及納輸入稅。品物收領,

---

要必償借庫銀。右庫銀並貸庫憲章, 俟彼此協議, 而定之。

第五條

就日本産物搬送, 爲水陸兩路修繕, 所收于諸商例條之外, 別無納送租。日本內各地, 得恣送達于外國交易所開之各港。

第六條

從日本外國條約中外國貨幣, 與日本貨幣, 約定以同種同量之數量可通用之條款, 向來日本租所, 以墨是哥納租, 比較于一分銀量目, 百枚, 以一分銀三百十一箇之數, 沿收。然而自日本政府, 革其沿習, 都外國貨幣, 換日本貨幣, 令無害, 又令日本貨幣, 無不足, 欲以便利交易。故日本已決于盛大金銀鎔鑄所, 如是則日本人丁抹人, 可呈出總外國金銀貨幣與地金, 改鑄于日本貨幣, 算除其諸費, 以其質之眞位, 其於所設之地, 將交兌。爲行此處置, 以改條約所載關貨幣通用之條款, 爲緊切, 則日本政府, 告右條款, 可改, 俟彼諾, 自丁卯年十一月中, 西洋千八百六十八年第一月一日, 可施行其處置。

就改鑄雜費可收之多寡分計, 嗣後, 經兩國全權之協議, 以定之。

第七條

租所諸管接輸品之搬岸搬載及備水夫等, 向來於開港地, 所訟出之不理, 爲除去之, 各港奉行, 速與外國領事官, 交談。彼此協議, 以建決使無不理之規律, 令交易之道及各人所務, 要務必容易且安全, 彼此議定之。

各港, 爲外國人輸品搬岸搬載等所用之埠頭內, 設小廠, 使輸品, 不爲雨露所損傷, 當嚴此事於規則中。

第八條

日本人, 不問尊卑, 於日本開港地若海外, 得擅買輸送旅客若貨物各種

帆船、汽船。若軍艦, 然不得日本政府之準狀, 不許買之。

日本人買諸外國之船, 汽船每一噸一分銀三箇, 帆船每一噸一分銀一箇之租金, 依法納之, 則爲日本船隻, 可記載之於船舶目錄。爲定其船噸數, 應日本長官需, 當路領事官, 示本國船舶目錄之謄寫, 以證其眞。

第九條

日本諸商人, 無政府官吏臨場, 直因日本開港地, 及此條約中所揭第十條之方法, 得出海外之允準, 於各外國, 得擅與外國商人, 交易。特日本商人, 尋通商稅外, 無別納日本政府。且諸侯伯及其使用之人, 現守締括規律, 納定租, 則不經日本官吏之臨場, 赴諸外國若日本諸開港地, 每地交易, 依前樣, 任其自由。

第十條

日本人, 不問尊卑, 擅運貨物於日本開港地若各外國諸口, 達日本開港地若各外國, 日本人所指持之船若訂約外國船。且旣如慶應二年丙寅四月九日, 西洋千八百六十六年第五月廿三日, 日本政府, 以回書布告, 因其手路, 得政府印章, 爲修學若商販, 遊各外國, 或做諸船職業於日本親睦各外國船中, 無妨。

外國人所雇之日本人, 請開港地奉行, 得政府印章, 以赴海外。

第十一條

日本政府, 圖各船之安全, 設燈臺、浮木、瀨標等, 於爲外國交易所開之各港旁近。

爲此結定, 日本 慶應二年丙寅十二月七日, 於江戶, 兩國全權委任, 記名押印。

柴田 日向守   花押

大久保 帶刀　　花押
栗本 安藝守　　花押
【官名人名[9]未繙】　手記

輸出入稅目略之

瑞典那耳回條約 ————————————

明治元年戊辰九月二十七日, 西曆千八百六十八年第十一月十一日, 於
神奈川, 押印。明治三年庚午十一月七日, 西曆千八百七十年第十二月二
十八日, 交換本書。

日本天皇, 與瑞典那耳回【帝名未繙】及【帝名未繙】國王【帝名未繙】, 結懇親
之因, 於兩國間, 決締緊要于兩國臣民和親交易之條約。日本天皇, 以其
全權, 任第二等官外國官副知事東久世中將、第三等官外國官判事寺島
陶藏、井關齋右衛門, 瑞典那耳回國王, 命【官名人名未繙】留在日本 和蘭國
王殿下【官名人名未繙】, 彼此照應其委任狀, 檢查爲正實, 至適以合議決定
左各條。

第一條

日本代代天皇, 瑞典那耳回代代國王, 竝兩國臣民間, 可有永久平和無
窮懇親之約。

9　官名人名 : 底本에는 "官名人名"이 원문처럼 기록되어 있으나 『日本國外務省事務』 다수 용
례에 근거하여 원주(原註)로 수정함.

第二條

日本天皇, 有鑑緊要之件, 任其在留瑞典那耳回都府【地名未繙】公使【官名人名未繙】, 又任在留瑞典那耳回國諸港領事官【官名人名未繙】, 右日本公使及總括領事官【官名人名未繙】, 無阻於旅行瑞典那耳回國內。瑞典那耳回國王, 鑑緊要, 命其在留【官名未繙】日本首都公使, 及在留因此條約爲瑞典國人貿易所開日本各港領事官, 右公使及總括領事, 無阻於旅行日本國內。

第三條

神奈川、長崎、箱館、兵庫、大坂各港及市中, 自此條約施行日, 爲瑞典那耳回臣民交易, 可開。可準居住前條港及市中。雖準其輩, 賃借地區, 買在其地建築, 且構居宅倉庫, 禁托之以營要害堡砦。爲證守此規定, 方修補改樣其建築, 日本當課官吏, 時時臨查, 爲當然。

瑞典那耳回國臣民可居住地區及可營建築場所, 日本官吏, 與瑞典那耳回領事官, 可定之, 各港規則, 亦同。若日本官吏瑞典那耳回領事官難決, 可托其事件于日本政府, 與瑞典那耳回公使, 處置。瑞典那耳回國臣民可居住地基周圍, 日本人, 無設門柵, 不可妨自由出入。

瑞典那耳回人無阻於遊步, 規程之境界, 如左。

神奈川, 以在川崎、品川間, 注入江戶海灣六鄉川脈, 爲限, 其他, 各方十里。

箱館, 各方十里。

兵庫, 除京都, 各面各方十里。

大坂

一, 南界大和川, 登迄舟橋村, 就迄敎興寺村 佐太橫斷。

二, 堺[10]市中, 雖境外, 可準遊步。

---

10 堺: 底本에는 "界"으로 되어 있음. 일본어 조약에 근거하여 수정함.

三, 大坂, 至兵庫往來道線, 距京師, 雖十里外, 可準。

所有里數, 係由各港裁判所打算之陸路程度也。

一里, 同佛蘭西尺三千九百十迷爾【尺名】。

長崎, 以在本所周圍之府割, 爲限。

就瑞典那耳回人中, 有越右界外者, 日本政府拘捕, 可付授領事官, 領事官, 可應分罰右犯者。

第四條

居留日本之瑞典那耳回人, 無阻隨意信仰自國敎法, 且應聽隨便營宮社於其居留地內。

第五條

在日本 瑞典那耳回人, 因家産及所有物件所起之爭論, 都歸留在日本瑞典那耳回官吏裁斷。

瑞典那耳回人, 對日本人, 有可訴, 詣領事官, 可訟其旨, 領事官, 回付此訴訟後, 裁判所官吏, 考按, 愨實可裁。日本人, 對瑞典那耳回人, 有訟, 詣裁判所, 可訟其旨, 裁判所官吏, 回付此訴訟後, 領事官, 亦悃按, 愨意可斷。若裁判所官吏, 又領事官, 懇篤難處之爭論有起, 則裁判所官吏及領事官, 俱訊按, 正當可裁。

若日本人, 負債瑞典人, 將怠償, 又以僞計遁, 則日本官吏, 盡力正當裁斷, 可令勉償逋債。瑞典那耳回人, 怠償, 或將以僞計遁, 不償日本人逋債, 則瑞典那耳回領事官, 盡力正當處置, 令償逋債, 亦同。日本官吏, 瑞典那耳回領事官, 彼此俱無收管償其國人逋債。

第六條

對瑞典那耳回人爲惡之日本人, 日本官吏, 糾明, 從日本法度, 可罰之。

對日本人或外國人爲惡之瑞典那耳回人, 瑞典那耳回領事官, 或其有威

權瑞典那耳回官吏, 糾明, 從瑞典那耳回法度, 可罰。於裁斷, 彼此但可無偏頗, 正當裁斷。

第七條

犯此條約及副此交易規律, 罰銀收其品物, 可報知瑞典那耳回領事官。領事官所命之罰銀又官收品, 都可屬日本政府。租所官吏, 可捕拘輸品於領事官, 迄裁斷, 領事官, 與租所官吏, 於彼此, 可假受保之。

第八條

瑞典那耳回人, 於日本開港地, 勿論于自國貨物, 雖他[11]國貨物, 輸入非日本禁品, 交易諸品, 賣却, 又買收, 輸出自國又他國港, 任其自由。據副此條約稅則, 淸租後, 其他別無納稅。瑞典那耳回人, 買諸品物日本人, 又賣日本人, 任其意。又賣買之際, 凡日本官吏, 無臨場。日本人, 不問甲乙, 買品物瑞典那耳回人, 而蓄之, 又再賣之, 俱可無妨。軍需諸物, 非日本政府或外國人, 不可賣却。

第九條

留在日本 瑞典那耳回人, 傚日本人, 供其使令, 自非禁條諸事, 可無妨于日本政府。雖然, 此輩犯日本國禁, 於日本政府, 可罪之。

第十條

副此條約之交易規律, 與此條約, 爲一體者, 彼此可俱堅守。在日本 瑞典那耳回國公使, 與日本政府委任官吏, 同心商議, 諸開港地, 施行副此條約之交易規則之外, 可以設緊要規律之權。

---

11 他 : 底本에는 없음. 문맥을 살펴 보충함.

第十一條

在各開港地, 爲防密商奸曲, 應由日本官吏, 可設相當規則。

第十二條

瑞典那耳回國商船, 來日本開港地, 於入港, 雇水路導船, 任其自由。又
完納該國船所定各稅及賠償逋債後, 將出港, 亦同。

第十三條

瑞典那耳回國商民, 輸入貨物於各港, 完納稅項後, 得租所之證書, 任其
自由。帶右證書, 方再轉致其貨物, 他開港地出入, 共可不收重稅。

第十四條

瑞典那耳回人所輸入于開港地之貨物, 此條約所定租稅, 淸納後, 日本
人, 搬送國中何地, 不收其租及送租。

第十五條

彼此國人, 互償物價, 用日本竝外國貨幣, 無妨。
諸貨幣, 除日本銅錢, 得輸出。又外國金銀, 鑄貨幣與否, 竝得輸出。

第十六條

日本租所官吏, 若察貨主所報價値不當, 則由其官吏, 命相當價, 因其命
價, 可以談買收其品。若貨主, 沮之, 則準租所命價, 可收其租, 承旨, 則租
所官吏, 不減其價値, 可買收其貨物。

第十七條

瑞典那耳回國船, 在於日本海岸, 破摧或遭難風漂着[12], 又不得止來日本
國中港, 將遁其危難, 該所官吏, 速悃救厚助, 滿船人員, 可令赴旁近之瑞

典那耳回領事館。

第十八條

瑞典那耳回軍艦需蓄諸物, 搬岸以藏神奈川、長崎、箱館、兵庫竝大坂
之倉庫, 瑞典那耳回監人, 可得護之, 就此無納租。若賣其貨物於日本人
又外國人, 則須由買主, 完納所定租項於日本府。

第十九條

輸出入稅租, 據副之稅則, 而可納日本政府, 右稅則, 至千八百七十一年
第七月一日, 可再改。

改茶、生絲稅額一節, 正在與各國商議中, 若各國改稅後, 所揭于副之稅
則之稅額, 日本政府, 與瑞典那耳回公使, 俟至施行此條約時, 再行確定。

第二十條

凡有人, 輸入貨物於神奈川、長崎、箱館、兵庫竝大坂, 日本政府, 不
收稅項, 祗須將由外國輸入貨物, 寄頓於棧房之準備。

日本政府, 受托其品物間, 可受管, 令無盜難竝風雨損害。日本政府, 可
創築足優保外國商人輩右物品火難之堅牢土藏。就此品物輸入主又貨主,
將取去於庫, 可出租所定例之稅。欲再輸出其品物, 不及納輸入租。取去
品物甲乙, 從此賃庫規則, 可償庫賃。

第二十一條

日本產物, 運送水陸兩路, 爲其繕修收諸商業例租外, 別無收送。于日
本人, 又日本人內, 不問何地, 得恣運送爲外國交易所開各港。

---

12 着 : 底本에는 "菩"으로 되어 있음. 『日本國外務省事務』 다수의 용례에 근거하여 수정함.

第二十二條

日本人, 於日本開港地又海外, 隨便得買搭載旅客及搬送貨物之各種帆船、火輪船等。但軍艦, 無日本政府允準, 不得買收。

日本人所購諸外國船, 遵照火輪船每一噸一分銀三箇、帆船每一噸一分銀一箇之例, 納稅, 則當記載于船隻目錄, 以作日本船。但爲定其船噸數, 須應日本長官所需, 由當路領事官, 示各該國船隻目錄寫本, 以證其眞。

第二十三條

日本諸商人, 無政府官吏臨場, 以日本開港地, 及此條約中第卅四條所載方法, 得到海外之準, 於各國, 亦可得與外國商人, 隨意交易。但日本商人, 就通常商販所收租稅外, 日本政府, 無收之。且諸侯伯竝其所使用之人, 守此規則, 完納定稅, 則雖無日本官臨場, 聽其赴諸外國, 又於日本諸開港地, 隨意交易。

第二十四條

日本人, 應聽其自日本開港地及各國各港, 隨意裝載貨物, 運往日本開港地及各國各港。且如慶應二年丙寅四月九日, 西曆千八百六十六年第五月卅三日, 日本政府所頒諭文, 經由該管官廳, 得領政府印章, 可得爲修學又商販赴各國。且在與日本訂約之各國船中從事務, 無妨。外國人所雇日本人, 將到海外, 稟請開港地長官, 得政府印章, 亦無妨。

第二十五條

日本政府, 爲因保護出入, 爲外國交易所開各港旁近, 各船之安全, 可設照港燈、浮木、礁標等。

第二十六條

日本政府, 旣準他外國政府及臣民, 又爾後, 將準之殊典, 今兹確定瑞典

那耳回政府及臣民, 自此條約施行日, 一律均沾。

第二十七條

兩國, 要實驗此條約而改革, 至來壬申年千八百七十二年第七月一日後, 可上告此條約再校, 但要其一年前, 通報其旨。

第二十八條

瑞典那耳回國公使及領事官, 呈日本官吏公事文書, 可用佛蘭西語。自此條約施行日三年間, 從事可副和蘭語或日本語譯文。

第二十九條

此條約, 日本語二通, 和蘭於二通, 共計四通, 而其文, 雖固同義同意, 須以和蘭語爲原文。若有日本語, 與和蘭語, 意味相違, 則據和蘭語, 而可決定。

第三十條

此條約, 本書記捺日本天皇, 與瑞典那耳回國王之名璽, 而確定。其本書, 應須從速交換, 但此條約, 待千八百六十九年, 方可施行。

爲右證, 日本 明治元戊辰年九月廿七日, 卽西曆千八百六十八年第十一月十一日, 於神奈川府, 彼此委任全權等, 記姓名押印者也。

東久世 中將　花押

寺島陶藏　　　花押

井關齋右衛門 花押

西班牙條約[13]

明治元戊辰年九月卅八日, 西曆千八百六十八年第十一月十二日, 於神奈川, 捺印。明治庚午年二月卅三日, 批準本書。

大日本天皇陛下, 與西班牙女王【人名未繙】, 欲結永久信誼, 爲兩國人民開交易道, 決定結締和親貿易並航海條約。爲右全權, 大日本天皇陛下, 命第二等官外國官副知事東久世中將、第三等官外國官判事寺島陶藏、井關齋右衛門, 西班牙女王【人名未繙】, 命【官名人名未繙】在支那、安南國特派全權公使【人名未繙】, 彼此照應其委任狀, 檢查爲正實, 至適以合議決定左條約。

第一條
大日本天皇陛下, 與西班牙女王【人名未繙】, 及其兩國人民, 可有世世永久平和親暱。

第二條
大日本天皇, 任駐【地名未繙】全權公使, 及爲理商事, 領事官, 於互市之地, 此二臣, 旅行於西班牙國內, 皆任其意。西班牙國王, 任駐江戶府公使, 及爲理商事, 領事官, 於互市之地, 此二臣, 旅行日本國內, 皆任其意。

第三條
自此條約施行日, 爲各國人交易所開港口及市中, 亦爲西班牙人, 開作交易之處。

西班牙人, 可得居留右開港地及市中。於該各處, 借地買居宅, 或營建居宅倉庫, 雖任西班牙人之自由, 託建築而以營要害堡砦者, 禁之。爲證

---

13 約 : 底本에는 없음. 文脈을 살펴 보충함.

正守此規則, 建家屋, 改其摸制, 又修繕時, 由日本官吏, 隨時往勘。西班牙人, 建居宅之地所, 須當其時, 與日本官吏, 協議後定。各港規則, 亦同。若就其件, 各港日本官吏及【官名未繡】難議定, 可上告西班牙關政事官吏與日本政府。

西班牙人居留地周圍, 不設垣屛等圍, 任其自由出入。

西班牙人遊步規程, 與爲各國人所結定之規程同。若西班人, 無特許, 有出其規定外, 須由日本官吏, 諭令還規定內。若不聞, 則日本官吏, 携往旁近西班牙【官名未繡】館, 按照當時所定規則, 科罰。

第四條

居留日本 西班牙人, 應得隨意信仰自國敎法, 竝在其居留地, 建造其敎法之必要宮社。

第五條

在日本 西班牙人因身上或其所有貨物, 興起爭訟, 須歸在日本 西班牙官吏裁斷。

第六條

若有爭論, 起於西班牙人與日本人間, 其訴人, 可上告自國官吏, 訴人之國官吏, 與被告之國官吏, 應須彼此協議後, 公平裁斷。

第七條

日本人, 構惡於西班人, 應歸日本官吏, 糾明, 按照日本規律, 罰辦。

西班牙人, 構惡於日本人或外國人, 應歸西班牙【官名未繡】或其威權官吏, 檢覈, 按照西班牙規律, 罰辦。但要無互相偏頗處置。

第八條

日本人, 負債於西班牙人, 怠其償, 或將計策遁, 須由日本官吏, 盡力正當裁判, 務令償其逋債。

西班牙人, 負債於日本人, 亦同。但彼此官吏, 於其償逋債, 一切無關係。

第九條

在日本 西班牙人, 雇日本人, 充供不違法律之諸事, 日本政府, 可不妨。

第十條

凡外國貨幣, 準與同質之日本貨幣, 同量通行。

西班牙人及日本人, 彼此爲償還, 用日本貨幣或外國貨幣, 無妨。

日本銅錢外, 各貨幣竝不造貨幣之外國金銀, 輸出自日本國, 無妨。

在日本政府鎔鑄金銀所, 準將各外國貨幣, 及由日本人或外國人將金銀條, 稟請改鑄兌換, 則祇令繳納鎔減之費, 直將日本定價貨幣, 兌換。但該鎔減分數, 俟後, 彼此協議結定。

第十一條

西班牙國軍艦所用諸物, 不納稅項, 右日本諸開港地, 起貨寄頓倉庫, 令西班牙人, 監守。

若賣其諸物他, 則因其物件, 應由買主, 完納相當之稅。

第十二條

西班牙國船, 在日本海岸, 因難或遭暴風, 技窮爲避難, 入港來, 日本官吏知之, 勉加扶助, 懇待同乘及旅客。有要用, 可與送旁近西班牙【官名未繙】館, 以任其便。

第十三條

西班牙船, 入日本開港地, 雇用水路導船, 任其自由。西班牙人, 淸完償錢竝稅項後, 開帆, 欲出港外, 雇用水路導船, 亦同。

第十四條

西班牙人, 於日本開港地, 勿論自國貨物, 雖他國貨物, 自非日本禁物, 輸入賣買各種貨物, 輸出自國或他國, 俱可無妨。其時, 須從副此條約之稅則, 完納稅項。如武器, 除日本政府竝外國人之外, 不可賣。然其他各貨物, 不須日本官吏臨場, 賣買于日本人, 無妨。又償收物價, 亦同。

第十五條

日本租所長官吏, 以貨主所報價, 爲不相當, 應由租所評定評價, 以其價, 議買收。若貨主, 不聽, 須按照評價, 完納稅項, 若以其價, 肯諾, 則毫不減價, 速卽照償于貨主。

第十六條

西班牙人所輸來日本開港地之貨物, 按照此條約, 淸完定稅後, 由日本人, 搬送國中諸部, 別無收稅項。

第十七條

西班牙人所輸來日本開港地之貨物, 完納例稅後, 輸出之, 別不收其稅, 在他開港地起貨, 俱亦無妨。然必須稟請租所長官吏, 領有完納例稅憑單。

第十八條

爲防密商奸曲, 由開港地日本官吏, 便宜擬設相當規律。

第十九條

西班牙人, 因犯此條約及交易規則, 所科罰銀或收入物件, 應有西班牙
【官名未繙】裁斷。其【官名未繙】所命罰錢又輸入物件, 可納日本政府。其抑留
物件, 日本官吏, 與西班牙【官名未繙】, 查封, 俟至西班牙【官名未繙】處辦, 須
抑留於租所之倉庫。

第二十條

副此條約之交易規則竝稅則, 與此條約爲一體者, 彼此俱可堅守。

在日本 西班牙關政事官吏, 與日本政府委任高官, 協議後, 爲令施行此
條約各款竝稅則, 有應行議定緊切規則之權。

從來於開港地, 因租所公務, 且或上下貨物, 有種種阻碍。爲除其阻碍,
開港地[14]長官吏, 與西班牙【官名未繙】, 熟議後, 可設緊要規則。

第二十一條

此條約, 西班牙語二通, 日本語二通, 佛蘭西語二通, 都六通。雖三語,
咸同意同義, 有難解, 可從佛蘭西文。西班牙國【官名未繙】竝【官名未繙】, 送
日本高官書簡, 可用西班牙語書。然爲便利, 自此條約施行日三年間, 可
副英、佛或和語譯文。

第二十二條

至來壬申年則千八百七十二年第七月一日, 彼此實地經驗後, 欲行緊要
變革, 且令全備, 爰結定應得再議此條約竝稅目。但此再議, 須以一年前
報知。

---

14 地 : 底本에는 "港"로 되어 있음. 문맥을 살펴 수정함.

第二十三條

日本政府, 旣準他外國政府及臣民, 或爾後, 將準殊典及便宜之事, 今特確定自此條約施行日, 西班牙政府及臣民, 亦應得一律準允。

第二十四條

此條約, 本書大日本天皇陛下, 與西班牙女王【王名未繙】, 互記名捺印。捺印後, 十八月內, 於神奈川, 可交換。右本書, 交換未畢, 然此條約之旨, 自西洋千八百六十九年第五月一日, 可照行。

爲右證憑, 兩國全權, 記名捺印于此條約者。
明治元戊辰年九月廿八日, 西洋千八百六十九年第十一月十二日, 於神奈川。

東久世 中將　花押
寺島陶藏　　　花押
井關齋右衛門 花押
【人名未繙】　印

副規則

彼此全權, 千八百六十六年六月廿五日, 日本政府, 與佛蘭西、英佶利、米利堅、和蘭陀, 結定新定約書中揭載諸條, 不問揭不揭于此條約書, 爲其國政府竝臣民, 可堅遵守玆告, 代政府而承旨。

此條約中所載, 爲神奈川、長崎、箱館決定規則, 近來開港大坂、兵庫, 亦同樣可適用。

就茶、生絲稅, 外國諸公使決議後, 於西班牙國, 可從右各國決定規則。

爲右證憑, 彼此全權, 記名捺印于此條約者也.

明治元年戊辰九月廿八日, 西洋千八百六十八年第十一月十二日, 於神奈川.

　東久世 中將　　花押

　寺島陶藏　　　花押

　井關齋右衛門 花押

　【人名未繡】　印

澳地利條約 ──────────────────────────────

明治二年己巳九月十四日, 西曆千八百六十九年第十月十八日, 於東京, 捺印. 明治四年辛未十二月三日, 西曆千八百七十二年第一月十二日, 本書交換.

日本天皇陛下, 與澳地利皇帝婆希密等之王兼洪喝利之法王陛下, 欲永厚兩國交際, 便兩國臣民之互市, 爰結和親貿易航海之條約. 日本天皇陛下, 命澤外務卿從三位淸原朝臣宣嘉、寺島外務大輔從四位藤原朝臣宗則, 而澳地利皇帝兼洪喝利法王陛下, 命第三等水師提督特派全權公使【人名未繡】貴族【人名未繡】, 各帶全權. 彼此互示其委任狀, 察其狀實良好, 適當協議, 以定左之各條.

第一條

爰結條約之兩國及其人民間, 要有永世平穩無窮和親.

第二條

日本天皇陛下, 得置其全權公使於維那朝廷, 洪喝利澳地利之津港及市中, 許他國使臣駐紮之地, 又置日本領事官. 澳地利及洪喝利港及市中,

又置日本領事官吏及日本全權公使, 依互約束, 於澳地利及洪喝利, 與他國此全權公使並領事官吏, 同般, 今或後, 可受特許並權也。

澳地利皇帝兼洪喝利之法王陛下, 命其日本, 全權公使、領事官, 於日本何開港地何開市所, 可得命領事官或副領事官若全權公使, 命得此官吏們, 與日本政府最懇親國之領事官吏, 同般, 可受得特許及權。

澳地利皇帝兼洪喝利之法王陛下所命全權公使並領事官, 可得無阻旅行日本諸部。且有可裁判權, 澳地利兼洪喝利領事官吏, 若於其可裁判境界中, 有澳地利及洪喝利船, 爲破摧, 或危害人命及貨物等事, 可得爲監察其事實, 赴其地。雖然澳地利兼洪喝利之領事官吏, 方其時, 以書翰, 可先告知其地日本官府, 其旨意並其所詣。此時, 日本官府, 可使首重官吏, 必與之同導也。

第三條

從此條約施行之日, 爲澳地利及洪喝利人民其貿易, 開橫濱 神奈川縣內、兵庫、大坂、長崎、新瀉並佐州夷港、箱館市街其津港及東京市街。

於前條市街津港, 澳地利及洪喝利人民, 得永久住居。故借地區, 買家屋, 建家屋倉庫, 一任其自由。澳地利及洪喝利人民所住之地及所建築之地, 澳地利兼洪喝利領事官, 與其地之日本官吏, 協議定之。又港法, 倣之。若澳地利兼洪喝利領事官及日本官吏, 不能決此事, 則具申澳地利兼洪喝利全權公使及日本政府, 受其裁決。

於澳地利及洪喝利人民住地之周圍, 日本人, 不設墻壁若柵門, 其他凡可以碍其出入往來者, 一切不作之。

澳地利及洪喝利臣民得歷行之地, 如下條。

於橫濱 神奈川縣內, 則限六鄕川, 其他, 方十里, 爲限。

於兵庫, 則京師之路, 止十里, 他方位, 爲十里。

於大坂, 則南自大和川口, 至舟橋村, 從此過敎興寺村, 至佐太村, 爲限。

堺之市, 雖其線外, 澳地利及洪喝利人, 特許往復。

於長崎, 則限長崎縣管轄內。

於新瀉、箱館, 則各四方十里。夷港; 則佐州全島。

於東京, 則自新利根川口, 至金町, 從是沿水戶街[15]道, 至千住驛, 又從是溯隅田川, 至古谷上鄉, 自小室村、高倉村、小矢田村、荻原村、宮寺村、三木村、田中村, 至六鄉川之日野津, 爲限。

此十里道程, 從前條各地之裁判所, 算之。

其一里, 則當澳地利之一萬二千三百六十七尺, 英吉利之四千二百七十五尺, 佛蘭西之三千九百十尺。

若澳地利及洪喝利人民, 至前條規則以外之地, 則課墨斯哥銀百枚, 以爲罰, 再犯, 則課二百五十枚。

第四條

日本留在澳地利及洪喝利人民, 得隨意奉其國之宗敎及建祠堂於其居留地。

第五條

日本留在澳地利及洪喝利人之間, 因其身若資産之事, 有爭論起, 則澳地利兼洪喝利官吏, 裁斷之。

澳地利及洪喝利人民, 與他訂約諸國之人民, 爭論, 日本長官, 亦無干涉。

若澳地利及洪喝利人民, 訴日本人民, 則日本長官, 裁斷之。

若日本人, 訴澳地利及洪喝利人, 則澳地利及洪喝利長官, 裁斷之。

若日本人, 負債於澳地利及洪喝利人, 而緩漫不償逋, 及欲欺僞以逃走, 則日本長官, 裁斷之, 命償其逋債。[16]

---

15 街 : 底本에는 없음. 일본어 조약에 근거하여 보충함.
16 債 : 底本에는 없음. 문맥을 살펴 보충함.

又澳地利及洪喝利人, 欲欺僞以逃走, 及緩漫不償逋于日本人, 則澳地利兼洪喝利長官, 裁斷之, 命償其逋債。

第六條

澳地利及洪喝利人, 對日本人及外國人犯罪, 則訟之澳地利兼洪喝利領事官, 領事官, 乃以澳地利及洪喝利法律, 罰之。

日本人, 對澳地利及洪喝利人民犯罪, 則訟之日本長官, 日本長官, 乃以日本法律, 罰之。

第七條

犯此條約若屬此條約貿易規則若稅則者, 澳地利兼洪喝利領事官, 裁斷之, 以沒入其貨物, 或課罰金, 而其罰金及沒入物, 都歸日本政府之有。

所拘留之貨物, 日本長官, 與澳地利兼洪喝利長官, 共緘封藏府庫, 以待澳地利兼洪喝利領事官之裁斷。

澳地利兼洪喝利領事官之裁斷, 以其貨主若代理人, 爲直, 則可速還付其貨物於領事官。雖然日本長官, 若不是領事官之裁斷, 欲更仰高官之裁判, 則貨主若其代理人, 把其貨物之價金, 納託之於澳地利兼洪喝利領事官, 以待審判之畢。

所拘留之貨物, 其質, 若易腐敗, 易損傷, 則雖裁判未畢, 澳地利兼洪喝利領事官, 徵其價金, 貨物, 則還付之貨主若其代理人。

第八條

於日本諸港旣爲貿易開者及將來可開者, 澳地利及洪喝利人民, 輸入從澳地利及洪喝利之版圖內及他邦之港口, 輸無禁之貨物來, 以販賣之, 或購收貨物, 輸出之於澳地利及洪喝利, 若他邦之港口等, 竝任其所欲, 而官不問。營此業者, 出此條約所附錄之稅目中所揭之稅而已, 都不要出他諸稅。

若日本收稅官吏, 不信商人所告之估價, 則自定貨物之估價, 得與其商人, 議以所定價購求之。

若商人, 不肯此評價, 則當從日本收租官吏之評價, 致其稅銀, 若甘受其評價, 則收租官吏, 不減殺其價直, 償之。

第九條

澳地利及洪喝利商人輸入貨物於日本開港地, 納其租稅, 以取其證書於日本收租長官。既帶此證書者, 雖携此貨物, 更入他之日本開港地, 不復納商稅而可也。

第十條

日本政府, 要務置倉庫於其諸開港之地, 貨物輸入人或貨主, 若請姑無納其貨物之租, 而託貨物於庫中, 則日本政府, 許而藏其貨物。日本政府, 既受貨物之寄託, 務保藏之, 但爲其所保藏外國商人貨物, 設火災保險法等, 都要作緊要之備。又輸入其貨物之人或貨主, 欲收復倉庫貨物, 則循租稅目錄, 出其租。若欲再輸出貨物, 則不要納其租。

凡收復貨物者, 皆可償庫賃, 而庫賃及貸庫之規則, 彼此協證以定之。

第十一條

澳地利及洪喝利人民, 於日本開港地, 所買收之日本產物, 則得無出諸稅, 而輸送日本他之開港地。

若澳地利及洪喝利商人, 欲以日本產物, 從日本開港地, 輸送他開港地, 以輸出其貨物, 則以當出之租, 奇托之於收稅廳, 而六月以內, 於其地, 取搬岸其物於他開港地之證書, 以來示, 則前所之稅金, 當速返付。

日本法禁輸出他邦之品物, 於前條所定之期限中, 不出前條證書而積載者, 當出以其品物代價盡償之於日本官吏之證書。

雖然, 其船, 若從開港地, 輸送他開港地, 其航海中, 遇破摧之禍, 則別

持所破船之證憑, 還原地而示之。但商人出此證憑, 當在一年內。

第十二條

澳地利及洪喝利人民, 輸入日本開港地內, 旣納此條約所定之商稅, 則不問日本人若澳地利洪喝利人, 得輸送其貨物於日本國諸部, 其他諸租及道路之租等, 竝不出。

日本產物, 爲陸路水路繕修所商賈所納例租之外, 別無出運送稅。日本人, 日本內, 不問何地, 運送貨物於諸開港地, 一任其所欲。

第十三條

澳地利及洪喝利人民, 諸商物, 得買收之于日本人, 又賣之于日本人, 其賣買及價金授受, 日本官吏, 無關係之。

日本人, 於澳地利及洪喝利若日本開港地, 得無日本官吏之臨視, 而諸商物, 從澳地利及洪喝利人民買收, 貯藏及供其用若再販賣, 一在其所欲。但於日本人民, 與澳地利及洪喝利人民之貿易, 日本商人, 於自國所出之例租之外, 日本政府, 不得收之。

凡日本人民, 守現在課稅規則, 納例稅, 從尋常規則, 赴澳地利及洪喝利若日本諸開港地, 於其地, 無日本官吏臨場, 與澳地利及洪喝利人民交易, 一在其所欲。

凡日本人, 輸日本產物若他國產物, 于日本開港地, 或從日本開港地, 輸于日本開港地之間, 或從他國港, 或于他國港, 積載輸送, 日本人民或澳地利及洪喝利人民, 以其所有船, 爲此, 則一任其所欲。

第十四條

貿易規律及租稅目錄, 副此條約者, 實與此條約爲一體, 兩國人, 當共堅守之。

日本駐紮澳地利兼洪喝利全權公使, 有與日本政府所任之官吏, 協議以

施行別冊貿易規則, 及於爲貿易所開之諸港制立緊要至當之規則之權。

日本官吏, 於各港, 豫防奸詐及密商, 以設至當之規律。

第十五條

日本在留澳地利及洪喝利人民之用日本人, 爲衆胥若師若給事, 其他諸備役, 自非違法禁, 日本政府, 不得制止之。而其被備役之日本人, 若犯罪, 則以日本法律, 罰之。

日本人, 於澳地利及洪喝利船中, 應其雇使, 從事諸職業, 一任其所欲。

澳地利及洪喝利人, 雇用日本人, 其人, 若欲從所雇之主人, 出海外, 則請之於其地之官府, 得政府之允許。

倚日本 慶應二年丙寅四月九日, 西洋千八百六十六年諸五月卄三日, 日本政府所頒示之令, 日本人, 持政府之印章, 以學藝講修若商業之故, 赴澳地利及洪喝利, 一任其意。

第十六條

日本政府, 宜急作日本貨幣製造法之重要改正, 且於日本, 貨幣大製造局, 及諸開港地將來當設立之貨幣局, 外國人及日本人, 不問其貴賤, 得把諸種外國貨幣及未鑄金銀, 算去其改鑄費, 以日本貨幣同一置價, 兌換。此開鑄費, 彼此協議以定之。

除日本銅錢外, 諸種貨幣及未鑄之外國金銀, 得自日本國, 輸出於外國。

第十七條

日本政府, 爲澳地利及洪喝利人貿易所開之各港其近旁, 設燈臺、燈船、浮標竝瀨標, 以圖出入諸船之安全。

第十八條

澳地利及洪喝利船, 於日本海岸, 破碎若漂着若一時避難於日本港內,

則日本當任之長官, 懇加扶助, 其船人要之, 則授赴其近旁澳地利兼洪喝利領事館之方便。

第十九條

澳地利及洪喝利海軍所備之諸物, 搬岸日本開港地, 以藏之于澳地利及洪喝利官吏所保護之倉庫, 則不出租稅。然若賣之日本人若外國人, 則自其買主, 納至當之租稅於日本長官。

第二十條

旣予他國政府及其人民或將來可予之諸特許及便益, 從此條約施行之日, 亦同予之, 澳地利及洪喝利政府及其人民, 是日本天皇陛下之爰所確約也。

第二十一條

壬申年卽千八百七十二年第七月一日, 若其後, 實驗此條約貿易定則及輸出入商稅. 而加緊要變革若改正時, 可再議之。雖然再議之事, 當豫告知之一年前。若日本天皇陛下, 欲先此期, 議各國條約之改正, 而他訂約各國, 許之, 則澳地利及洪喝利政府, 亦從日本所望, 參此會議。

第二十二條

澳地利兼洪喝利全權公使若領事官, 贈書於日本長官其公事書翰, 用獨逸語記之。雖然, 從此條約施行之日三年以內, 當副英語若日本語記文, 以圖日本官吏之便。

第二十三條

此條約, 獨逸文二通, 英文三通, 日本文二通, 計七通。其文意, 雖固相同, 然若有徑處者, 當以英文, 作標準。

第二十四條

此條約, 日本天皇陛下及澳地利皇帝兼洪喝利法王陛下, 互記名押印, 以確定。本書, 於十二箇月以內若其前, 交換。此條約, 自今日施行。

爲右證憑, 兩國全權官吏, 記名捺印。

日本 明治二年己巳九月十四日, 西洋千八百六十九年第十月十八日, 於東京。

澤　外務卿　從三位 淸原宣嘉 花押

寺島 外務大輔 從四位 藤原宗則 花押

【官名人名[17]未繕】　　　　　　印

布哇條約 ────────────────────────

明治四年辛未七月四日, 西曆千八百七十一年第八月十八日, 於東京, 捺印。同日, 交換本書。

大日本國天皇陛下, 與布哇諸島皇帝陛下, 欲興親睦交際, 於兩國間, 爲兩國利益, 決定締條約之事。大日本國天皇陛下, 任大臣從三位守外務卿淸原朝臣宣嘉、大臣從四位守外務大輔藤原朝臣宗則全權, 布哇諸島皇帝陛下, 任大臣【人名未繕】在大日本國天皇陛下之政府下特派全權公使。彼此互示其委任狀, 察其情實順正, 適當同意, 決定左各條。

第一條

大日本國天皇陛下, 與布哇諸島皇帝陛下, 要有永久平和無窮親睦于各

───────────────

17 官名人名 : 底本에는 "官名人名"이 원문처럼 기록되어 있으나 『日本國外務省事務』 다수 용례에 근거하여 원주(原註)로 수정함.

後嗣及兩國人民間。

第二條

爰締條約兩國臣民, 自由安全, 以其船舶貨物, 得來于準與他國臣民交易之諸港及各河。故兩國臣民止諸港諸地, 占住居, 借家屋倉庫, 或領之, 無妨。貿易各色産物製造物, 不違商禁之物。所旣準于他國臣民, 或嗣後將準別格準許, 不擇何件, 一般準他國者, 兩國臣民, 亦可同沾。惟於爰締約之兩國部內, 營事業或居留者, 按照他國臣民所納稅項, 一律完納可常納之。

第三條

爰締條約兩國, 如爲緊要, 須命全權公使, 留在於兩國政府之首府, 又命領事官或領事官公使, 駐在于該國內準與他國臣民貿易之諸港各地。兩國領事官或領事官公使, 可得與他最親國同位階公使, 且卽今所現得公理別樣之準除自由殊典, 又嗣後可得者, 亦然。

第四條

大日本國天皇陛下, 準他國竝臣民或將來可準之諸事, 爰約布哇政府竝其臣民, 亦同及。

第五條

布哇人, 雇日本人, 供禁外諸事, 日本政府, 不妨之。

第六條

外國人所備日本人, 請開港地知事, 得到海外印章。

第七條

爰締條約之兩國, 照行此條約, 互有不便之處, 須于六月前, 豫行報知, 彼此協議改正。

第八條

此條約, <u>大日本國</u>天皇陛下, 與<u>布哇諸島</u>皇帝陛下, 互相確證。本書, 與此條約, 於<u>東京</u>, 同日交換。又此條約, 待本書交換日, 立卽施行。

爲右證憑, <u>大日本</u> <u>明治</u>四年辛未七月四日, 西曆千八百七十一年第八月十八日, 彼此全權, 於<u>東京</u>, 記捺名印, 於此條約。

從三位 守外務卿　<u>淸原朝臣宣嘉</u>　印

從四位 守外務大輔　<u>藤原朝臣宗則</u>　印

【官名人名[18]未繕】　　　　　　　　印

日本國外務省事務卷之六終

---

[18] 官名人名 : 底本에는 "官名人名"이 원문처럼 기록되어 있으나 『日本國外務省事務』 다수 용례에 근거하여 원주(原註)로 수정함.

外務省 四

日本國外務省事務 卷之七

清國修好條規

大日本國、大淸國, 素敦友誼, 歷有年所, 茲欲同修舊好, 益固邦交。是以, 大日本國欽差全權大臣從二位大藏卿伊達, 大淸國欽差全權大臣【辨理通商事務太子太保協辦大學士兵部尙書直隷總督部堂一等肅毅伯】李, 各遵所奉諭旨, 公同會議, 訂立修好條規, 以期彼此信守, 歷久不渝。所有議定各條, 開列於左。

第一條

嗣後大淸國、大日本國, 倍敦和誼, 與天壤無窮。卽兩國所屬邦土, 亦各以禮相待, 不可稍有侵越, 俾獲永久安全。

第二條

兩國旣經通好, 自必互相關切。若他國, 偶有不公及輕藐之事, 一經知照, 必須彼此相助, 或從中善爲調處, 以敦友誼。

第三條

兩國政事禁令, 各有異同, 其政事, 應聽己國自主, 彼此均不得代謀干

預, 强請開辦。其禁令, 亦應互相爲助, 各飭商民, 不準誘惑土人, 稍有違犯。

第四條

兩國均可派秉權大臣, 竝携帶眷屬隨員, 駐紥京師。或長行居住, 或隨時往來, 經過內地各處, 所有費用, 均係自備。其租賃地基房屋, 作爲大臣等公館, 竝行李往來, 及專差送文等事, 均須妥爲照料。

第五條

兩國官位, 雖有定品, 授職各異。如彼此職掌相等, 會晤移文, 均用平行之禮。職卑者, 與上官相見, 則行客禮。遇有公務, 則照會職掌相等之官轉申, 無須經達。如相拜會, 則各用官位名帖。凡兩國派員, 初到任所, 須將印文送驗, 以杜假冒。

第六條

嗣後兩國往來公文, 大淸用漢文, 日本國用日本文, 須副以譯漢文, 或只用漢文, 亦從其便。

第七條

兩國旣經通好, 所有沿海各口岸, 彼此均應指定處所, 準聽商民來往貿易, 竝別立通商章程, 以便兩國商民, 永遠遵守。

第八條

兩國指定各口, 彼此均可設理事官, 約束己國商民。凡交涉財産詞訟案件, 皆歸審理, 各按, 己國律例覆辦。兩國商民, 彼此互相控訴, 俱用稟呈, 理事官應先爲勸息, 使不成訟。如或不能, 則照會地方官, 會同公平訊斷。其竊盜逋欠等案, 兩國地方官, 只能查挐追辦, 不能代償。

第九條

兩國指定各口, 倘未設理事官, 其貿易人民, 均歸地方官, 約束照料。如犯罪名, 準一名查拏, 一面將案情知照附近各口理事官, 按律科斷。

第十條

兩國官商, 在指定各口, 均準雇傭本地民人, 服役工作, 管理貿易等事。其雇主, 應隨時約束, 勿任藉端欺人, 猶不可偏聽私言, 致令生事。如有犯案, 準由各地方官, 查拏訊辦, 雇主, 不得徇庇。

第十一條

兩國商民, 在指定各口, 彼此往來, 各宜友愛, 不得携帶刀械, 違者議罰, 刀械入官。竝須各安本分, 無論居住久暫, 均聽己國理事官管轄。不準改換衣冠, 入籍考試, 致滋冒混。

第十二條

此國人民, 因犯此國法禁, 隱匿彼國公署、商船、行棧, 及潛逃彼國各處者, 一經此國官查明, 照會彼國官, 卽應設法查拏, 不得徇縱。其拏獲解送時, 沿途給予衣食, 不可凌虐。

第十三條

兩國人民, 如有在指定口岸, 句結强徒, 爲盜爲匪, 或潛入內地, 防火殺人搶劫者, 其在各口, 由地方官, 一面自行嚴捕, 一面將案情飛知理事官, 倘敢用兇器拒捕, 均準格殺勿論。惟須將致殺情跡, 會同理事官查驗。如事發內地, 不及赴驗者, 卽由地方官, 將實在情由, 照會理事官查照。其拏獲到案者, 在各口, 由地方官, 會同理事官審辦, 在內地, 卽由地方官, 自行審辦, 將案情, 照會理事官查照。倘此國人民, 在彼國, 聚衆滋擾, 數在十人以外, 及誘結通謀彼國人民, 作害地方事情, 應聽彼國官, 經行查拏。

其在各口者, 知照理事官會審, 其在內地者, 由地方官審實。【照會理事官查照均在犯事地方正法】

第十四條

兩國兵船, 往來指定各口, 係爲保護己國商民起見。凡沿海未經指定口岸, 以及內地河湖支港, 槪不準駛入, 違者截留議罰。惟因遭風避險收口者, 不在此例。

第十五條

嗣後兩國, 倘有與別國, 用兵事情事, 應防各口岸, 一經布知, 便應暫停貿易及船隻出入, 免致誤有傷損。其平時, 大日本人, 在淸國指定口岸及附近洋面, 大淸人, 在大日本指定口岸及附近洋面, 均不準與不和之國, 互相爭鬪搶劫。

第十六條

兩國理事官, 均不得兼作貿易, 亦不準兼攝無約各國理事。如辦事不和衆心, 確有實據, 彼此均可行文知照, 秉權大臣, 查明撤回, 免因一人僨事, 致傷兩國友誼。

第十七條

兩國船隻旗號, 各有定式, 倘彼國船隻, 假冒此國旗號, 私作不法情事, 貨船, 均罰入官, 如查係官爲發給, 卽行參撤。至兩國書籍, 彼此如願誦習, 應準互相採買。

第十八條

兩國議定條規, 均係預爲防範, 俾免遇生嫌隙, 以盡講信修好之道。爲此兩國欽差全權大臣, 先行畫押蓋印, 用昭憑信, 俟兩國御筆批準互換後,

卽刊刻通行各處, 使彼此官民, 咸知遵守, 永以爲好。

　明治四年辛未七月二十九日　花押
　同治十年辛未七月二十九日　花押

臺灣蕃地措置之件與淸國政府訂約如左 ─────────

互換條約

會議條款, 互以辨法之文, 照事。各國人民, 有受保護之害, 則各國, 應設法保全之, 如在何國有事, 應何國自行事辨。慈臺灣生蕃, 嘗將日本國屬地之人民, 妄爲加害。故日本之本意者, 興問罪之師, 爲詰責生蕃等, 而今與淸國退兵, 竝善後之辨法, 兩議明焉。爲開陳後之三條。

一, 日本國此舉, 原爲保民之義也, 淸國指之, 勿爲不是。
一, 前次逢害人民之家, 淸國爲給撫恤銀兩。日本在該處, 修道路建屋等件, 淸國留原自用, 先行議定, 籌補銀兩, 別有識辨據。
一, 就所有此事兩國一切往來之公文, 彼此撤回註銷, 永爲罷論。至于該處生蕃, 淸國宜設法, 永爲約束, 以永保航客, 再期不能受凶害。

互換憑單

爲會議憑單事, 笪蕃之一事, 現在業英國威大臣, 與兩國, 同議明焉, 竝經本日互立辨法文據。

日本國從前被害人民之家, 淸國先給撫恤銀十萬, 又日本兵之退也, 在台地修所有之道建房等件, 淸國留願自用, 給費銀四十萬兩。亦經議定, 於【日本 淸】國, 【明治七年十二月十二日同治十三年十一月十二日】, 【日本 淸】國, 準【全退兵全數付給】, 均不得愆期。日本國兵, 未全退盡時, 淸國銀兩, 亦不

全給。立此爲據, 彼此各執一紙而存照。

淸國在留日本人規則 ──────────────

今般, 爲寄寓淸國 日本人, 設規則, 嚴可奉之, 不敢容違背焉。若有犯之者, 照違式註違條例, 處罰金。

一, 除海軍士官及官員外, 不允帶劍銃及武器類。

一, 暴驅車馬於路上, 不可妨行人。

一, 醉倒放歌, 不可妨車馬之驅馳。

一, 不可折花園或市街之草木。

一, 投於溝河又街上, 不可投棄土芥瓦礫。

一, 於市街道路, 猥不放尿及糞。

一, 裸體又袒裼或露股脚, 不可現醜態。

一, 不可施刺繡於身體。

一, 男女相撲竝弄蛇, 其他現醜態者, 總不可鬻諸市。

一, 婦人無謂而不可斷髮。

一, 凡出戶外, 斷髮者必冠, 結髮者不冠, 不可握髮而出行。

一, 男女共出戶外, 必着適當之服, 且以手巾不可覆頭或面。

一, 婦女裝淫風, 不可擬娼妓之所業。

秘魯國和親貿易航海假條約 ──────────────

明治六年, 西曆千八百七十三年八月二十一日, 於東京, 捺印。

日本國大皇帝, 與秘魯國大統領, 方今幸存于兩國間, 依欲令永久堅固

平和懇親之交誼, 且容易兩國人民貿易, 決以其須要之目的, 結條約。各命
其全權焉, 卽日本國大皇帝, 命外務卿副島種臣于全權, 秘魯國大統領, 命
日本及支那 秘魯國特派全權公使【人名未繕】甲比丹【官名人名未繕】于全權。
各示其委任狀, 察其相當。且凡日本結締條約, 本年以起手改正, 迄右改
正, 於日本政府, 與秘魯政府, 欲修他各國同般交誼, 爲保全兩國利益。結
和親貿易航海假條約約諾, 記名捺印于是, 決定左各條。

第一條

日本國大皇帝, 其後裔及共和政秘魯國立兩國人民間, 可存永世平和懇
親之交誼。於結締此條約兩國, 領內互爲其人民身體及所有物可受十分保
護。

第二條

日本國大皇帝, 爲令留在于利馬府, 可得命全權公使, 又可得命領事
官、代理領事官或領事官、代理公使于許他國領事官官吏在留秘魯諸港
及市中。

右官吏, 無甲乙, 可有蒙最優待國官吏同等權理及殊典, 可有恣旅行秘
魯國諸部之權。

秘魯國大統領, 爲令在留日本帝國都府, 得命全權公使, 又爲在留爲外
國交易旣開, 又此後可開日本諸港及市中, 可得命領事官、代理領事官或
領事官、代理公使。

右官吏, 無甲乙, 可有與被最優待各國官吏同等權理殊典, 且秘魯國全
權公使及領事官, 可有恣旅行日本帝國諸部之權。

第三條

於日本, 爲外國人民及其交易開, 又此後可開諸港及市中, 此條約施行
日, 可爲秘魯人民及其貿易開。

因秘魯人民, 得居住右地區, 以其船, 至其所貿易, 且可有與被最優待國
人民同等權理殊典。

日本人民, 秘魯國於何地, 可得居住, 且得以其船, 至爲外國交易開諸
港, 可有於秘魯與最優待國人民者同等之權理殊典。

第四條

若秘魯船, 於日本海, 岸破摧或漂着或避難不得已入來日本港內, 則相
當日本官吏, 聞之, 直與力所及之扶助, 懇待其一船滿員。要用, 則可與可
送其各名旁近秘領事館之方便。

於秘魯海岸, 破船或漂着日本船, 秘魯海岸收轄官吏, 可與前同船之扶
助。

第五條

於日本各開港地, 爲外國交易規則, 方今所施行, 輸出入稅額, 可適用與
秘魯之交易。

於秘魯諸港, 日本人, 輸出入貿易, 不出就與他被最優待國貿易而所徵
收稅額之外, 又不可上之。

第六條

秘魯國政府其官吏及人民, 自施行此條約之日, 日本國大皇帝, 旣與他
國政府其官吏及人民, 或此後可與之百般權理殊典特例裁判權, 其他諸利
益等, 可受特明術于玆。

右同般, 日本政府其官吏及人民, 亦可受於秘魯國所與最優待他政府官
吏及人民之白般權理殊典特例。

第七條

日本人民及秘魯人民, 就相互用適法諸役, 又被用, 兩國政府可不妨之。

且各於其國法經所要手, 數爲往來, 付其自由。

第八條

日本政府, 及條約改定之期, 與共和政秘魯國, 結定和親貿易航海之條約, 而可廢止此假條約。

第九條

此條約, 記日本文三通, 西班牙文三通, 英文三通, 合九通, 可以記名。其文意, 雖各同文同義, 有就文義, 生議論, 可以英文, 見原文。

第十條

此條約, 日本國大皇帝批準之, 又共和政治秘魯國大統領, 秘魯國會許諾後, 批準之。本書, 可勉速, 於東京, 交換。

此條約約定者本日可施行。

爲右證憑, 彼此全權, 記名鈐印此條約於東京。

明治六年八月二十一日

千八百七十三年八月二十一日

副島種臣印

【官名人名未繙】印

萬國郵便聯合【規則與細目事務係于農商省驛遞局】 ─────

日耳曼、兒然弱晉共和國、澳地利、洪葛利、白耳義、白西兒、丁抹及同諸植民地、埃及、西班牙及同諸植民地、北亞米利加合衆國、佛朗西及同諸植民地、大不列顚及同諸植民地、英領印度、加那太、希臘、伊太

利、日本、歷山堡、墨西哥、滿得涅各羅、那威、和蘭及同諸植民地、白
露、波斯、葡萄呀及同諸植民地、羅馬尼亞、魯西亞、塞爾維、薩瓦多、
西典、瑞西、土耳其間所締結萬國郵便聯合條約。

連書氏名于冊後, 前揭各國政府全權委員。千八百七十四年十月第九
日, 於白爾尼所締結萬國郵便聯合條約據其第十八條, 玆會巴里之大會議
而協議, 爲受各國君王之批準, 如左改正條約。

一, 結此條約諸國, 竝今後可加盟此條約之諸國, 各於其郵便局之間, 互
爲交換之, 如萬國郵便聯合之名稱, 成單一之邦彊。

一, 可照此條約之條件者, 聯合中發於甲國而赴于聯合中之乙國信書、
端書、各種之印刷物、商務之書類、商品之見子。又聯合中諸國, 與聯合
外諸國, 方交換前記之郵便物, 經二箇以上之聯合國而遞送之際, 就其聯
合中之遞送, 則同可隨此條約。

一, 境界相接國之不要媒介而直可得交換郵便物諸國, 驛遞局者, 協議
后, 互通境界, 或從甲國之境界, 迄乙國之境界, 關彼我之間, 條約定之而
可。
兩國間, 屬其一國郵船, 直海運, 則除他之約定外, 效媒介之運搬。竝在
甲國, 兩郵便局間, 要乙國之海漕若要陸送之媒介者, 共照左條可理之。

一, 左聯合邦內, 則互課遞送之自由無妨。故聯合之諸驛遞局者, 依貿
易之景況, 與郵便事務之順序, 以開曲囊或開囊所交換之郵便物, 可收經
費于所通過之諸國。

一, 陸地者, 信書或端書, 每一量目, 二【財名】, 其他物品, 每一量目, 二
十五【財名】。

二, 海路者, 信書或端書, 每一量目, 十五【財名】, 其他之物, 每一量目一【財名】。

但所揭左條者, 不在此例。

一, 現今已不收經費, 或更行低下之約束者, 除左條之三項外, 隨舊來之例。

二, 舊例信書或端書, 每一量目六【財名】十五【財名】, 自今後, 減爲五【財名】。

三, 運送三百海里以下郵便物, 管之驛遞局, 已所收於陸地, 復不收之經費。若不然, 則於海運信書竝端書, 每一量目二【財名】, 其他之物品, 一量目二十五【財名】, 收之。

四, 二國以上爲海運, 則其全路之經費, 信書竝端書, 每一量目十五【財名】, 其他之物品, 一量目一【財名】收之。如此時, 應其遠近, 而兩國割其費。

五, 記本條經費, 不問聯合之內外。爲一局又數局之便宜, 施別法條約, 亦無妨。

郵便經費, 所發其物之局, 棄之。
此經費, 總會計, 每二年, 卽以第十四條所約細目規則, 定之。
各驛遞局間, 互往復郵便物, 竝再配誤配等, 其他關于郵便事務書類, 陸海共不收經費。

一, 聯邦內郵便物遞送之稅, 舊來之聯國又可加諸國, 皆定如此。

一, 信, 每一通十五量目二十五【財名】, 豫不收稅者, 相倍。
二, 端書, 每一葉十【財名】。
三, 各種之印刷物、商務之書類、商品之見者, 每一包五十量目五【財名】收之。但如此品物中, 不可含信書, 且要檢之易。

商務上之書類, 每一箇二十五【財名】, 又其見子, 每一箇十【財名】, 以概等收之.

前項之外, 郵稅及最少稅額, 得增之如此.

一, 信書竝端書, 一量目十五【財名】, 其他之物品, 每一量目一【財名】, 可收海運費, 信書, 每一通二十五【財名】, 端書五【財名】, 其他之物品, 五十【財名】, 得收之.

二, 聯合外之運搬, 又雖聯合內, 特別之運搬物品者, 皆準之.

豫出稅而生不足, 則不郵便之何種, 受領人, 收其倍.

一, 汚穢他物又損傷之者.

二, 除信書之外, 凡抵稅額規則者.

三, 有市價商品見子及重量二百五十量目長二十【尺名】幅十【尺名】五厚【尺名】者.

四, 所過重量二【量名】商務之書類及各種印刷物.

一, 所記第五條郵便物, 加書而得遞送之, 加書郵便者, 所發人可收左之稅.

一, 依其物之性質, 通常豫所收之稅額.

二, 加書費金, 歐州各國, 二十五【財名】, 其他各國, 十五【財名】.

加書郵便物所發人, 得求其領證, 但費金, 二十五【財名】, 凡要之.

失加書郵便物, 則除天災之外, 驛遞局, 探海陸之沿道, 而尙不得, 則償之.

歐州各國及其他之各國, 現不任辨償國. 迄改正其法制, 一時爲便宜, 追前節實行之. 其間聯合各國, 亦不要償之.

兩驛遞局間, 失於途上者, 不得實跡, 則償之必折半, 而兩局出之, 此償

要無遲期, 決不可過一年。償金者, 從發之日非一年以內, 不得請之。

一, 以【財名】不爲貨幣之基數各國, 以自國之貨幣, 隨所定于第五、第六條, 以定稅額。其端數, 從第十四條所定之稅目規則, 以立全數。

一, 不拘郵便物之種類, 豫所出之稅, 以其所發國之郵便付。
就郵便事務, 而郵便局間, 互交換信書者, 無稅遞送之。

一, 隨第五條、第六條、第七條、第八條所領之金額, 各局, 全爲其所得。故爲之聯合各國, 不問何件, 不要計算。
信書及他郵便物, 皆所發地若所受地或人, 除所揭于諸條, 再雖配郵便物, 不要增稅。

一, 聯合內, 有時配達郵便物, 別不要增稅。

一, 不允遞送郵便物如左。
一, 金銀、地金、貨幣、寶玉封入高價之物品信書又包物。
二, 封入可課海關稅物品各種郵便物。
所犯此禁郵便物, 聯合中從甲局, 配乙局時, 乙局, 照其規則而處之。聯合中各國, 低稅遞送之物品, 若有與其國之法律觸者, 則有不配之權。

一, 與聯合外諸國, 相所關聯合內郵便局者, 爲交換郵便物, 可與利益于聯合諸國。
聯合中一國, 與聯合外一國間, 依他之媒合, 以開囊而所交換郵便物, 就遞送諸聯合外, 其所媒介國, 與聯合外國, 整理郵便事務條約, 各隨其便。

就此種之郵便物, 可收稅者, 如左。

一, 所定第五條、第六條及第七條聯合中定稅。

二, 所收爲遞送于聯合邦外郵便物。

此二種第一項分之如左。

一, 發於聯合外, 往聯合外郵便物, 而豫出稅者, 不收于交換局。

二, 發於聯合外, 往聯合內郵便物, 而豫出稅者, 所到局, 收其稅。

第二項者, 出入皆收交換局。

從聯合外往聯合外郵便物, 通過聯合內, 則以聯合國與聯合外所相關之例, 理事。

但豫全不出稅者, 隨第四條所定, 而有收稅而權。

爲遞送聯合邦外所收稅, 隨第四條, 算之。

聯合中之一國, 與聯合外之一國, 依他之媒介, 以開囊所交換之稅, 如左。

聯合邦內, 照第四條, 收金額。

聯合邦外所關係之驛遞局間, 有爲之所約, 則隨之。

一, 公記書價額及郵便交換兌金者, 聯合中之數國間, 以特別之約定, 可定之。

一, 此聯合內諸國之驛遞局者, 協議後, 按所必要之順序稅目, 而得定實施必要之規則。

且右諸國之驛遞局者, 不關聯合一般之事項, 而互相可得結必要之約定。

但此約定者, 要不觸此條約。雖然依彼此之協議, 於三十【尺名】之地, 更可得減郵稅, 或爲配達信書, 別之約束, 或爲收返答稅後, 交換端書之約束。方此時, 收其返答稅之端書, 還送所出諸之地時, 不要收繼越運送賃, 尙同

第四條之末節。

一, 此條約之諸條中, 除所明記外, 此條約者, 各國內地之郵便成規, 無相關係。

又此條約者, 以使郵便更改良之目的, 締盟各國之間, 若保續他之條約, 或更無束縛保續親密聯合之自由。

一, 以萬國郵便聯合總理局之名義, 置一箇之中央局, 使瑞西驛遞局監理之仍舊。其經費者, 各驛遞局, 可給之。

總理局之主務者, 集所關于萬國郵便事務各般之報, 而印刷頒賦之。若兩國之間, 生異議, 則應彼此之請求, 而附其意見。又所決於大會議之條目, 有欲變更之而建議者, 則報告之, 又公告結局之變更。且考察所關聯合之利害各般之問題, 隨其宜, 而裁理之。

一, 於解說此條約之意味, 生聯合之二國以上異見, 則中裁者, 可裁決之。故生異見各國者, 關此事件無直接之關係, 推選他之聯合局, 可爲其中裁。

此決定裁判者, 以中裁裁判員過半多數, 可定之。若不得其多數, 則推選裁判總員無關係于此事件他之一局, 而更可令爲其裁決。

一, 不如盟此條約諸國者, 依其請願, 可許加盟之。

欲爲此加盟, 則在留公使, 而通知瑞聯邦政府, 可通知諸聯合各國。

加盟于此聯合之後, 遵奉所定此條約之諸節目, 且其可亨受利益爲無論。

瑞西聯邦政府, 與其國之政府, 協議後, 自其國之驛遞局, 可出金, 定聯合總理局之經費。且依其時, 從第七條, 於右驛遞局, 可定所收郵稅。

一, 聯合諸國之政府若驛遞局全數之三分之二以上, 請會議之開設, 或贊成之, 則從其事項之輕重, 可開各國全權委員之大會議, 若驛遞局員之

小開議。雖然, 於通常大會議, 雖少每一年可開之。各國, 出一名若數名之委員, 或使他國之委員代理, 亦無妨。雖然, 一國之委員者, 竝自國不得爲二國以上之委員。

會議扱決之權者, 各國, 各爲一。

各大會議, 豫可定次會之地。

小會議之時, 依聯合總理局之發言, 而可定其會合之地。

一, 聯合各國之驛遞局, 於不開大會議之前, 亦經聯合總理局, 有他之各締盟國關聯合之成規爲發議之權。雖然, 爲實行之, 可要左之同意。

一所記載于前欲變更第二條、第三條、第四條、第五條、第六條及第九條之約束, 則要聯合諸國之同意。

二, 此條約中之第二條、第三條、第四條、第五條、第六條及第九條之外, 欲變更他之約束, 則要聯合諸國中三分之二以上之同意。

三, 所記于前記載于第十七條時之外, 改此條約之解說, 則單要過半之數同意。

此決議者, 於第一第二兩項之時, 以申告狀者, 於瑞西聯邦之政府調成之, 送付諸締盟各國者也。於第三項之時, 單自聯邦總理局, 可通知諸聯合驛遞局。

一, 第十六條、第十九條及第二十條, 方實施之, 左之諸國者, 因事直, 可看做各一國或一局。

一, 英領印度。

二, 加那太領。

三, 丁抹諸植民地。

四, 西班牙諸植民地。

五, 佛朗西諸植民地。

六, 和蘭諸植民地。

七, 葡萄牙諸植民地。

一, 此條約者, 自一千八百七十九年四月一日, 實施之, 永久無期, 可有其效。雖然締盟各國, 自其政府, 一箇年前, 報知瑞西聯邦政府 則有離聯合之權。

一, 從前於各國或各局之間所結條約之中, 於第十五條所保存之約定外, 所觸此條約之節目者, 凡自此條約施行之日廢止。

此條約者, 要之可受速各國君主之批準, 而此批準者, 於巴里斯, 可交換之。

爲確證此條約, 所揭于前各國政府之全權委員, 明治十一年, 千八百七十八年六月一日, 於巴理, 連書氏名也。

日本　鮫島尙信

日耳曼　三【人名未繙】

兒然弱音共和國【人名未繙】

澳地利【人名未繙】

洪葛利【人名未繙】

白耳義　二【人名未繙】

白西兒【人名未繙】

丁抹諸植民地【人名未繙】

埃及【人名未繙】

西班牙諸植民地【人名未繙】

北亞米利加合衆國　二【人名未繙】

佛朗西　三【人名未繙】

佛朗西諸植民地【人名未繙】

大不列巓諸植民地　三【人名未繙】

英領印度【人名未繙】

加那太 三【人名未繙】

希臘 二【人名未繙】

伊太利【人名未繙】

歷山堡【人名未繙】

墨西哥【人名未繙】

滿得涅各羅【人名未繙】

那威【人名未繙】

和蘭諸植民地 二【人名未繙】

白露【人名未繙】

波斯【人名未繙】

葡萄牙諸植民地【人名未繙】

羅馬尼亞【人名未繙】

魯西亞 二【人名未繙】

薩瓦多【人名未繙】

塞爾維【人名未繙】

西典【人名未繙】

瑞西 二【人名未繙】

土耳其【人名未繙】

電線萬國條約書【規則與事務係于工部省電信局】 ────────────

一, 同盟各國, 不問何人, 依萬國聯合電信之法, 承諾有通信之權。

一, 同盟各國, 爲擔當通信之秘密且速達, 可爲緊要百端之處置。

一, 雖然, 同盟各國, 可任萬國電信事務一切之責。

一, 同盟各國政府, 設備爲擔當通信之速達線數, 以特別之電線, 充萬國電信之用。

此特線, 用今於電機學經驗所發明之最良法而可建焉。

一分電信爲三種。

一, 官報, 謂同盟國之首長大臣、陸海軍將帥、公使又領事之通信。

一, 局報, 謂同盟各國所發電報, 關于電信之事務, 或各國協議, 而關于公益者。

一, 私報, 謂各人民之通信。

傳送, 總先官報, 後他之報信。

一, 官報及局報, 隨時得用暗號報之。

私報, 非得兩國政府之準, 則不得用暗號贈答之。雖準用暗號贈答之國, 除第八條停止之外, 得傳送其私報。

一, 同盟各國私報, 而有害治安, 悖法律若風俗者, 則有抑留其傳送之權。

一, 各國政府, 不定期而一時有停止電報, 則告諸同盟各國政府, 停止電線之全道若其一部, 或定其種類之權, 存焉。

一, 同盟各國, 爲保全信音之傳送及其配送, 同盟國各電信各本國, 以協議所決之法, 勉與利益于出音信人。

不問何國, 傚音信之傳送及其配送, 定特別之法, 有報知之, 則以其法, 亦勉與利益于出音信人。

一同盟各國, 定萬國稅法, 以左之諸件, 爲標準。

同盟各國, 以同局同線, 所通音信稅, 彼此必要同一。方行此法, <u>歐羅巴</u>, 以一國, 分得爲二大區。

稅額, 首尾之政府, 與中間之政府, 協議後, 順次定之。

同盟各國間, 互所授受稅額, 協議後, 不問何時, 得改革增減之。

際定萬國稅法, 以【財名】爲貨幣之本位。

一, 同盟各國, 關于萬國電信局事務之音信所過線路, 悉不課其稅。

一, 同盟各國, 互計算其收稅。

一, 此條約書, 合稅目規則爲全備者, 而其規則之條件, 同盟各局, 協議后, 不問何時, 得改正之。

一, 所揭稅目規則同盟國中各政府所設之萬國電信事務局, 集諸般之報告, 刊行之, 有請改正稅目規則自, 則回送其事務于同盟國各本局, 而廣告衆議決定之件, 且勉求萬國傳信之裨益等, 皆任其責。

且事務局, 爲理庶務所要之費金, 同盟國各本局給之。

一, 所揭第十條稅法及所揭第十三條稅目規則, 屬此條約書者也, 故與此條約書, 有同一之效。且其行之, 亦以同時。

稅法及稅目規則, 會議後, 得更改之, 其際從來所參與各國, 皆得會同焉。

此會議, 每定期開之, 而每回, 定其次會之期與其地。

一, 此會議, 以自同盟各局所差遣之理事官, 爲之。理事官者, 雖一局, 出數名, 方決議, 以一局一人算焉。

蓋一政府下之諸局, 各欲列此會, 則經外國交際之順序, 豫告諸所開會

政府。差遣特別之理事官, 不在此例。

於會議, 雖所改正之件, 非經同盟各政府之準, 則不可施行焉。

一, 同盟各國, 儻不關于萬國一般事務, 各國, 各有爲他約定之權。

一, 今雖不與此條約國, 依其請, 可準加同盟。

加同盟國, 經外國交際之順序, 而照會所開會政府, 其政府, 直報告諸各國。

加同盟, 則當受此條約, 且共衆益。

一, 不加此條約國及私立會社之音信, 原於所揭第十三條規則, 愈以進步之通信法, 圖衆利, 可行之。

一, 此條約, 自歐曆一千八百七十六年一月一日行之, 爲永可守之者。若雖欲廢之, 自其日後, 非過全一年, 不得廢之。

不問何國, 雖廢此條約, 除其國外, 他同盟國, 依然遵守焉。

一, 今般之條約, 得各政府之批準, 而爲確定之者。因之所定了之憑證, 速於比特堡府, 互可交換之。

右爲信證條件, 各國全權公使, 各署名且鈐印。

日本國、日耳曼國、澳地利國

匈牙利國、白耳義國、丁抹國

埃及國、西班牙國、佛蘭西國

大不列巓國、英領印度國【印度竝歐羅巴間管轄】、希臘國

伊太利國、那威國、荷蘭國

波斯國、葡萄牙國、露西亞國

西典國、瑞西國、土耳其國

下關取極約書

元治元年甲子九月二十二日, 千八百六十四年第十月二十二日, 於橫濱, 押印.

長文、周防諸侯毛利大膳, 爲敵對, 於大君因有難眞實施行條約各款之 憂慮. 大不列顚、佛蘭西、合衆國、和蘭副幹事, 因打壞外國船, 且妨害 貿易. 故欲破壞其諸侯所建築之砲臺, 不得已送同盟船隊于下關海路矣. 而罰反逆諸侯, 是大君政府之職務也, 大君政府可收管條約各國貿易之損 害, 與軍隊諸雜費. 爲此下名條約各國副幹事, 與大君政府全權參政酒井 飛彈守, 欲調處千八百六十三年第六月以來毛利大膳, 向條約各國旗章, 爲敵對及暴擧之憤悶, 且同時爲確定戰爭償金竝送于下關同盟軍隊諸雜 費等, 結定次載四條.

第一

應償各國之數, 約定三百萬弗. 其數額, 係爲向來長門諸侯, 因爲暴擧, 可還之總共償金, 亦在其內. 右可謂償金及不燒下關之償金竝各國同盟船 隊諸雜費.

第二

上文償法, 自各國副幹事, 奉約定. 此原書竝各國政府命令, 報告大君 政府之日起, 將上文總數, 分作六股, 卽五十萬弗, 四季償還每三月.

第三

雖然, 於右各國, 無敢求金子之意, 而爲與日本, 厚交際也, 惟尙所希望, 全成彼此之利。故於大君殿下, 代右償金, 爲損失竝損害之償, 若發欲開下關港, 或在海內適宜于貿易港之旨, 於各國政府諾之歟。或有正金受償金之意, 則如前約。

第四

自此約書所注之日起, 十五日內, 於大君政府, 可交換本書。爲右證憑, 各國與日本全權, 綴此條約書, 英、佛及和文, 錄各五通, 而押印。此內, 須以英文爲原文。

元治元年甲子九月二十二日

酒井 飛彈守　　　　　　花押

英國特派全權公使【人名未繙】　手記

佛國全權公使【人名未繙】　　手記

米國辨理公使【人名未繙】　　手記

和蘭總領事兼公使【人名未繙】　手記

書翰進白。我去月二十二日, 參政酒井 飛彈守, 其地派遣際, 與卿等, 接談後, 爲交換約書之旨, 於我政府諾了, 因以此書爲證, 此條約, 爲進白。拜具謹言。

元治元年甲子十月三日

水野 和泉守

阿陪 豊後守

英、佛、美、蘭公使姓名擬

計開 ───

爲廣橫濱外國人居留地之意見並其他關之公然事件, 下名各國公使等, 與柴田 日向守、白石 下總守接談, 從八月八日西洋第九月八日, 九月二十四日西洋第十月二十四日, 及十月九日西洋第十一月八日面晤, 如彼此同意, 結定約諾, 明記右改革擴張及其工業基本。及約定, 各國公私, 日本全權, 手記于此書, 自此約定日, 五日內, 江戶大君殿下政府, 可承諾, 故互約定下條。

第一

周圍日本里程十八町, 英法一里, 方位如旣示, 以開鑿之前地, 爲各國人練兵地, 且本地居留外國人競馬場, 永久可免。右地基, 方今沼池, 故以日本政府, 失費可埋之。且此地, 爲彼此操兵場, 故雖不出地稅, 爲競馬所設外面周圍地租, 逐後, 可結定出之。

第二

爲結條約各國海陸軍病者, 其他疱瘡病人之假舍屋並其場地, 旣指示焉, 故【人名未繡】等保管償家屋建築造費, 則任右【人名未繡】等望, 日本政府了解直增加。

第三

其他外國人墓地, 與在住地接境界, 則因官吏之請, 尙廣其地。

第四

外國人及日本人, 皆要保其健康, 故如屠牛舍, 則得海外之一區而設之。是以日本政府, 照豫所定之圖, 可設之, 而此舍, 非得【官名未繡】之許諾者, 則不得入焉。

竣功後, 以經費之一分, 爲租額, 年年可納焉。蓋其全費, 大槪以一萬元爲率, 此等皆從官吏之所議。

第五

以日本政府之經費, 塡現存之沼, 竣功, 則可移中央市街于他處。蓋土功, 方未竣而有失火燬家, 則右市街復不可造之。

竣功, 則如示圖中以赤線稅關與公使館之間通諸一直線大田町、大岡川中間廣地, 日本政府, 仍舊存之, 是各國公使等所嘗議, 而備他日貸之也。若有貸之, 則以其金, 充道路溝渠之修繕。蓋其地稅, 與他居住地, 無有差。

第六

於圖中所記第二, 爲建各國公使館, 存之, 其他市街等, 皆毀之, 而分此地也, 各國公使議之, 日本官吏, 不得與議。皆其地租, 各所借之國納之。

第七

從稅關止陂場沼海岸, 至于所貸佛國之地, 從海岸, 迄大路, 皆如圖中第三, 爲外國人準備焉, 故漸次以投票, 可賣諸外國人及日本人。

至行此約, 則日本政府, 不得不廣外國人居住之地, 故以八月八日, 卽西洋第九月八日, 九月二十四日, 卽西洋第十月二十四日, 隨所議定, 日本政府, 可辦其諸雜費。蓋其地租, 餘他居住地, 無有差。

第八

條約各國公使等, 再不能其在江戶議, 因之要營適當之官舍於橫濱。是以佛蘭、和國、普國公使, 皆得擇適當之地, 故如圖上記第四, 從普國地, 於西位, 爲合衆國及英國, 可備適當之地。其步數, 自今後, 日本官吏, 與兩國公使, 議之。

第九

爲各國士官等相會, 如圖上記第五, 就英國【官名未繙】所住之地, 或其近地, 速可定其位置。然而移現在之屋舍, 或購之等, 其費, 皆爲士官等所出。又其地租, 與其他地, 無有差。

第十

日本人爲商飮食品, 設適當之市場等, 如圖中記第六, 於廣空地, 建小屋等, 皆決定之。

第十一

現今有戒心, 日本政府, 勉使外國人可成旅行東海道, 故日本政府, 通根岸村圓轉之, 擇長四五【尺名】, 幅二十【尺名】以上之街道, 任外國人運動隨工【人名未繙】之所畫, 可營之, 而其經費, 日本政府, 辦之。

第十二

從來外國人以納多額之地租, 日本官吏所管道路溝渠等, 每有協議, 爲減其順序。自今後, 借地外國人, 自負任其事, 故爲償其費, 可減租額十二分之二。爲證之, 署名日本全權及外國公使, 元治元年甲子十一月二十一日, 西洋千八百六十四年十二月十九日, 各手記五通, 且捺印焉。

柴田 日向守	花押
白石 下總守	花押
佛國全權公使【人名未繙】	手記
英國特派全權公使【人名未繙】	手記
米國辨理公使【人名未繙】	手記
阿蘭陀總領事兼公使【人名未繙】	手記

約書

爲防火災, 隨數回所改正, 今改造橫濱居住地之中心, 最爲緊要, 且千八百六十四年第十二月十九日所約條中某條, 又欲爲保居住地。且議他約束, 日本政府, 任其全權于會計官小栗上野介、外交官柴田 日向守、神奈川邑宰水野 若狹守, 協議後, 署名外國代理等, 定左之條約十二條。

第一條

爲設競馬場、練兵場及遊步場, 塡沼池, 條約中爲第一條, 今全廢之。且代之以根岸灣上之原野, 今用已所存競馬場。且從來, 以港崎町之地, 爲外國人、日本人公園, 廣之坦之, 植草木等, 日本政府, 已諾之。蓋可移港崎町於大岡川南地, 日本政府, 而此園地諸費, 神奈川邑宰竝外國公使等, 可協議之。

第二條

稅關止陂場與弁天間, 日本人居住地, 付諸糶賣之件, 右約書第七條, 外國代理者, 今廢之。且代之以築左錄之道等, 日本政府, 皆許諾之。

第一, 廣六十【尺名】路, 從海岸, 迄佛國公使館前, 可通之。

第二, 續右街路, 同廣平坦道, 迄吉田橋, 以直線, 可通之。

第三, 同廣路, 從右橋沼大岡川北, 迄西之橋, 可通之。

日本政府, 從決之日, 十四月以內竣功, 且常修理之等, 皆諾之。

第三條

改造外國人及日本人居住之地, 又爲防火災, 廣百二十【尺名】街道, 從海岸, 迄公園, 通居住地之中央, 可造之。且此地, 悉照諸前後, 而平坦之。

別紙地圖如【未繙】號, 分八區等契約之。

中央街東及新三區, 隨下條所約, 其所有, 歸外國人。又此條約中, 塡池

或平坦之件, 從約定之日, 七月以內, 可竣功。

第四條

可設中央街道, 東新三區之地, 其一區, 則外國人, 爲設公館, 可存置之。
稱公館者, 爲町會所、公會所、脚夫所、官市場、消火器場等也。
蓋每百步, 二十七【財名】九十七【財名】之地租, 可納諸日本政府。
別紙地圖如【未繙】號, 改市街中央高燥之道路平坦之且穿溝渠等, 日本政府, 給其經費。故以餘二區, 付諸投票, 賣諸外國人等, 皆決之。故爲告諸外國人, 日本政府, 報諸各國公使館。

第五條

別紙地圖如【未繙】號, 改造中央街道竝其兩街其他岐路, 通溝渠等, 日本政府, 皆任之。蓋其廣狹方位等, 各國公使, 與神奈川邑宰, 商議之。
築於中央街道兩側, 以廣【尺名】岐路, 其兩側, 皆可列植綠木。

第六條

別紙地圖如【未繙】號, 所建於其範圍內家屋, 不問外國人、日本人, 必主堅固, 可以築之, 屋以土瓦, 壁以磚石。內外人, 若有違之, 則可沒收其地券, 而其地區, 收諸日本政府。

第七條

大岡川北, 塡沼池等之件, 今果之者, 惟第五條耳。故今所契約, 日本政府, 從定之日, 七月以內, 可竣功, 日本人居住地後, 通溝渠等, 必要其準備。

第八條

別紙地圖如揭【未繙】號, 右地內一區, 隨約書中第十條, 可設市場。

且所約小舍, 日本政府建造之, 收家稅而可貸之。所載約書第三條, 各國人民墳墓地, 爲廣其境界, 地圖如【未繡】號, 今決定之。

第九條

大岡川東江, 底甚淺, 日本政府, 可浚之。居住地周圍全流, 干潮際, 其深要不減於四【尺名】。

第十條

居住地東山邊地, 每一年, 每百步, 十二【財名】地租納之。故日本政府, 從約定之日, 三月後, 可貸諸外國人。日本政府, 以投票, 貸之, 其所得金, 充修補此地費。

地圖如【未繡】號, 山邊地, 每百步, 以六【財名】租, 爲公園, 爲外國人存之, 從約定之日, 三月以內, 經外【官名未繡】, 而可請之。現今所存草木, 皆存之, 別不要金等, 日本政府, 諾之。

所揭于第一條競馬場, 別紙地圖如【未繡】號誠判然。且其地租, 每一年, 每百步十【財名】, 歲歲納之, 其修繕經費, 外國人負擔之。

第十一條

所載此約書第四條、第八條及第十條, 家屋、墓地、公園及競馬場之地, 外國代理者, 作適當之證, 而可任諸各國【官名未繡】等。

外國【官名未繡】等, 處此地, 不可用諸約定外之事, 且【官名未繡】等, 納定租於日本政府等, 亦可處之。

神奈川邑宰, 背此約定, 以何等之件, 雖議外國【官名未繡】, 不改其違背, 則日本政府, 與外國代理者, 商議後, 可收地區于日本政府。【官名未繡】, 地若用諸私宅, 或他事, 則從來地券, 日本政府, 可廢之。是如示第六條, 此地, 必不可代用於他事。

第十二條

外國人居住地, 皆已充塞, 故外國代理者, 欲要他地, 則日本政府, 別紙地圖如【未繙】號, 迄新道之入口, 可貸諸外國人。是以, 自今後, 當約定之地, 卽爲廣溝渠也, 故可準備之。皆此地, 從此約定日, 四年以內, 不可請之。到其期, 而爲廣其地, 移日本人家屋于他, 故外國人給其費。蓋其地, 現存社及寺, 仍舊而不可移。

署名外國代理者, 與日本全權等, 千八百六十六年第十二月二十九日, 於江戶, 各署名捺印, 且別楮地圖四葉, 皆可【未繙】及【未繙】記號者, 各記名者也。

小栗上野介
柴田 日向守
水野 若狹守

日本外務省事務卷之七終

日本國外務省事務 卷之八

兵庫港、大阪定外國人居留地結約

慶應三年丁卯四月十三日, 西曆千八百六十七年第五月十六日。

第一條

訂約各國人民, 居留兵庫, 日本政府, 定以爲神戶市街生田川間之地。築造別紙圖上紅色所染之地, 去海岸漸高隆以宜水之下, 設長四百間許之

石垣, 猶要開鑿爾後, 可決定道路溝渠之用。

第二條

爲前條所定外國人所準備之地, 漸次闕塞, 猶至需其他限, 其用擴至後山。側近於<u>神戶</u>市街, 有地基若家屋<u>日本</u>人, 得擅貸付之外國人。

第三條

倚條約, <u>大阪</u>之外國人, 可借一區之地, 卽別紙圖上施紅色之地, <u>日本</u>政府存之。然區內有家屋<u>日本</u>人, 嫌貸付外國人, 則不得强之。又<u>日本</u>政府, 欲與訂盟各國人民, 於<u>大阪</u>港, 借地建家屋之便利, 就右圖上藍色所染之地, <u>日本</u>政府, 爲外國人家屋建造, 可貸與之。於<u>日本</u>政府, 以右之地西邊現農耕之地, 築立同其高, 設石垣, 開要用道路, 鑿溝渠, 在來樹木等, 注意存舊觀。

第四條

右家屋構建之地, 外國人借用, 猶至需其他限, 其需南方廣之。

第五條

右<u>兵庫</u>、<u>大阪</u>兩地, 限今于丁卯十二月七日, 西洋千八百六十八年一月一日, 如上文, 爲外國人所用爲準備。

第六條

<u>日本</u>政府, 爲外國人所用準備, 右地區之支費, 以地券賣却料, 可償。分割地區, 其價, 因其地位好惡, 雖有多少差異, 其金數, 要以充<u>日本</u>政府之費, 爲計算, 算此支費數, 可以定糶賣外國人之原價。訂盟各國人民, 因此糶賣, 得借所需之地區, 此糶賣, 有軼原價之金數, <u>日本</u>政府收之, 以充<u>日</u><u>本</u>政府所費金數無息之償, 且冒不能償還其支費危險之償。

第七條

於大阪、兵庫, 貸與外國人地區, 可納其地稅。此地稅, 道路溝渠修繕,
居留地掃除、夜燈及警察等, 諸費算定, 思足可優償之數量, 宜可出從來納
日本政府之地稅。

第八條

於兵庫、大阪, 爲設外國人居留地, 前條約所備之地區, 非前條所揭糶
賣, 則雖外國政府若會社其他何等人, 勿論于家屋建築, 其他何所需, 日本
政府, 不可貸與之。且日本政府, 不論居留地內外, 爲領事官, 無別貸與地
區。

第九條

於兵庫、大阪, 可貸與外國人地之原價, 每歲可納地稅, 道路地區, 溝渠
員數廣狹, 可一擧糶賣地基多少, 糶賣方法及日限, 其他下文所載墓地築
造法, 日本政府, 今後當與各國公使, 商議定之。

第十條

倣千八百六十六年六月二十五日, 於江戶約定書, 於大阪、兵庫兩地,
日本政府, 可設爲藏外國人貨物, 可保險之貸庫, 於兵庫, 圖中施藍色之
地, 爲貸庫。其他日本政府用地, 可除存, 卽今起工修船所, 可撤去。

第十一條

各國人墓地, 兵庫, 於外國人居留地背後山邊。大阪, 日本政府, 設之瑞
軒山, 但地區垣墻, 日本政府設之, 如掃除修繕支費, 居留外國人, 每頭出
之。

第十二條

選外國人可居留一港於西海岸, 又於江戶, 定外國人可賃居地區之件, 各國公使協議決定于江戶而日本政府, 從此條約及右所揭約書之旨, 且據此結定, 可以施行。

箱館港規書

慶應三年丁卯九月十八日, 西曆千八百六十七年第十月十五日。

第一

向來所施行箱館港諸規則, 待公行此規則書, 其日廢止之。

第二

箱館港下錨經界, 爲自砲臺, 至七重濱之直線路。

第三

入港各商船, 表其旗章。船主, 著船後, 除日曜日, 四十八時間, 藏領事官船中書類貨物目錄及同乘人名簿, 而迄呈租所, 領事官, 領此書, 表樹右旗章。

第四

港內船隻, 不可投出石, 又載脚物。且下錨所經界內, 日出至日沒外, 不可觧卸輸品若載脚物。

第五

無租所之允準而搬岸, 又移之他船貨物, 倚條約中規律, 沒入之, 且其船

主, 可出罰銀。

第六

多載火藥, 其他可發火物之商船, 至艀卸右物種, 限租所官吏指示之地, 可下錨。

第七

同乘輩上陸, 就其行狀, 因領事官決斷, 其船主, 可奉承。且日出至日沒外, 雖水手一口, 不聽上陸。

第八

水手輩, 日沒後, 在陸地, 或酩酊或有不軌之行, 則拘捕, 課至當之罰銀。本人若不能出之, 則領事官, 令其船主, 辦之。其他船主等, 理事有不盡, 亦令出其罰銀。

第九

商船水手, 不得允許而辭去其船, 要急告知之於領事官廳。

第十

商船水手, 若其他人, 非受領事官之特許及一一遵守領事官所望之約束, 則雖一人, 不許殘在。

第十一

商船船主, 不得令訂盟外國臣民之外外國人, 無特許而上陸, 若載來此臣子于當港, 則船主, 出犯律之罰銀, 且可協議右臣民歸路。

第十二

商船爲出港之準備, 船主以先出船時限二十四時, 揭出帆暗號之旗章, 先收還船中書類倂出帆許狀輸品目錄。乘此船, 去本港者, 非同乘人員內, 記名書, 共呈出領事官廳。

第十三

港內及箱館市街禁路小銃。

第十四

箱館市街禁乘馬暴驅, 且水手輩, 一切禁承馬行市街中。

第十五

乖右規則中條款者, 以各國領事官權, 非稞洋銀五百枚以下罰銀, 或處三月以下之禁錮。

第十六

船主特注意, 可嚴守前記本港規則外, 附日本與外國條約書之貿易規則。諸罰銀, 如揭載于條約上, 可出日本政府。

右每條, 與本港留在各國領事議定。
杉浦　兵庫頭　手記
各國　領事　　手記

會議書

慶應三年丁卯十月九日, 西曆千八百六十七年十一月四日, 小笠原 壹岐

守決定。

千八百六十七年七月十五日, 橫濱外國人居留地內借地人等, 會議右居留地之管理, 可以付日本政府。因出書各國公使, 公使咸集會議書旨, 且議定居留地之管理及居留人緊切攝生之條件, 其言如左。

第一條
日本政府, 於橫濱別創建居留地管理廳, 傚奉神奈川奉行指揮之, 外國人一人, 定爲管理吏。

第二條
神奈川奉行所隷管理吏, 注意於橫濱在留外國人居留地內道路溝渠之修繕掃除等事, 檢視其淸成, 且就管理上及道路溝渠件, 廳外國人所稟右廳之訟, 又有外國人犯罪者, 奉神奈川奉行之指揮, 於其國領事官之目前, 按驗之。

第三條
神奈川奉行所隷管理吏, 保護橫濱居留地內外國人, 且帶可拘捕神奈川港內外國人爲犯罪者外國巡視官, 管理而爲其指揮。右管理吏及神奈川奉行所隷日本人, 若外國人巡視官, 捕捉訂盟諸國人犯法者, 則付之其國領事官, 領事官受領之, 按驗畢而留之自己之舍。

第四條
橫濱居留地若神奈川港內, 支那人或約條未了之外國人, 其管理及刑法, 神奈川奉行, 問其管理吏之意見, 且與外國領事官, 商議處置之。

第五條
外國人, 納地租, 至其納期, 管理吏, 速斂收。若滯納, 可報其國領事官。

第六條

各國公使, 命其領事官, 爲不害衆人生産, 可以減省居留地內神奈川港內飮食遊戲商家及販酒類者之數。且向後, 準此商業時, 領事官, 可速出其膽書於神奈川奉行, 若有私作其商業者, 管理吏, 報其領事官。

第七條

日本政府, 爲令外國人安全, 輸入神奈川港物種內, 火藥及可自發火物, 出至當之積貸而藏之, 爲設適當之地。又各國公使, 令其國人, 勿貯如是諸品于他所。

千八百六十七年第十月二十八日
慶應三年丁卯十月二日
【四人名未繙】

外國人江戶居留結約 ——————————————————

慶應三年丁卯十一月朔日, 西曆千八百六十七年第十一月二十六日。

第一條

別紙圖中所施赤色之區內, 訂盟各國人民, 得爲商賣借家屋, 且住居其地。而其區內, 有家屋日本人, 若嫌貸付外國人, 則無令返其意, 强借之。又日本政府, 欲與於江戶訂盟各國人, 於開港地, 可借地基建家屋條約旨趣, 同一般便宜, 就右圖上藍色所染之地, 可爲家屋構建貸與之準備。

第二條

爲右家屋構建所存之地, 漸次闢塞, 猶至需其他, 日本政府, 準備別紙圖

上所記何號之地, 其周圍可設幅六間四尺四十【尺名未繙】以上道路。 然嗣
後, 猶需地區, 每需於所施赤色區內, 逐次廣張。

第三條

別紙圖中藍色所染之地, <u>日本</u>政府, 迄十二月七日, 撤在來家屋, 其周
圍設幅六間四尺四十【尺名未繙】以上道, 設適宜溝渠。除道, 其區內地區,
據「大阪兵庫外國人居留地結定」第六、第七、第八、第九旨, 可貸與于外
國人。

第四條

通過別紙圖上赤色所染區內之鑿開, <u>日本</u>政府, 至十二月七日掃除, 嗣
後可令掃除無怠。右鑿開掃除諸費, <u>日本</u>政府, 支給之。

第五條

別紙圖上記何區內, 起工外國人旅店, <u>日本</u>政府, 期二月七日, 可令落
成。此旅店, 屬<u>日本</u>人管理。

第六條

<u>日本</u>政府, 設便宜之搬岸場于別紙圖上某號地。爲各國人所有貨物, 若
搬岸或搬載船中, 從便宜設置素舍, 以庇雨露之所廠, 而暫時所置輸品。
且<u>江戶</u>, 非開港地, 故外國商船, 不可下錨。外國人所有貨物, 卽據條約附
錄交易規則, 而受檢查於<u>橫濱</u>。於同所若他開港, 已納輸入稅後, 可搬岸
<u>江戶</u>。且於<u>江戶</u>之他收出租, 雰間外國人, 欲自<u>江戶,</u> 輸出物産, 請檢查於
<u>橫濱</u>租所, 非已納輸出租後, 不問何國, 同港不得搬載他國船。

第七條

從本書附錄規則及條約附錄交易則, 外國人所有輸品運送船、引船或

同乘船等, 無帆船、汽船之別, 得往復于江戶、橫濱間。

第八條

入江戶外國人, 官員, 着官服, 士官之外, 收受神奈川奉行閱一覽鑑札于留在橫濱本國領事官而可蓄, 而取陸路者, 於六鄕渡津, 出示之, 取水路者, 詣江戶砲臺, 示日本官吏。但官員外, 無鑑札入江戶者, 押拘以付授其國領事官, 此爲令外國人, 遵奉江戶開市旨及條約上。

第九條

輸品運送船、引船、同乘船等, 槪外國船, 入江戶, 自非軍艦附屬船, 要依樹白標木, 兩砲臺間而入。但每船, 至右砲臺, 暫可止其行, 是爲日本官吏, 入其船。此時日本官吏, 有需各船, 船主, 授同乘人目錄, 外國人, 各可示其鑑札。

第十條

日本政府, 右砲臺入口, 迄外國人居留地之線路, 可設標杙或浮標。

第十一條

江戶留在外國人, 左記境界內, 得恣遊步, 卽新利根川或謂江戶川口, 至北方金町關, 若沿西方水戶街道, 至千住驛大橋, 又隅田川以南, 遡川上, 至古谷上鄕, 又沿小室村、高倉村、小谷田村、荻原村、宮寺村、石畠村、三木村、田中村諸村落, 至日野村, 引路線日野渡, 至玉川口, 爲限。

外國人, 江戶市街各所水陸往來, 同日本人, 無加障害。

設江戶、橫濱間引船、輸物運送船及外國人混乘船規則 ——

慶應三年丁卯十一月朔日，西曆千八百六十七年第十一月二十六日。

第一條

都外國引船、運送船或混乘船等，不帶日本長官之允準狀者，不許往來江戶、橫濱間。

第二條

有出而請允準狀者，神奈川奉行，與其船所隸之領事官檢查，決其可授乎否。右允準狀，以兩國之語，細記船形等，神奈川奉行記之名，領事官旁記之。

第三條

自出允準狀，過一年，奉行及領事官檢查，決允準狀可抑止乎否，又可令再出乎否。勿論于最初其後，每授允準狀，時時爲費手賃，收日本政府，每一頓，金一分。

第四條

載貨物船脚，至入水六尺以上，不可授許狀，非得日本長官特許狀者，不可砲臺外，上下人及貨物。

第五條

租所吏，乘于得許狀之船，往復于江戶、橫濱間，凡皆任日本政府之所欲。

第六條

於橫濱, 載貨物於所得許狀之船, 因其事機, 要資主, 副其納稅證書, 或無納證書若不帶此證書而搬岸于江戶者, 其貨物, 或押捕, 或官沒入之。

第七條

所授許狀之船, 於江戶若橫濱, 上下貨物, 限日本政府所命埠頭, 或爲之, 日本政府所準艀船。

第八條

得許狀之船, 於江戶、橫濱間, 搬送貨物若人, 或引其船之外, 有如何之用, 不可供他用。且前兩地之外, 不可寄維, 又於途中, 不論外國船、日本船, 不可寄維。

第九條

得許狀之船, 自非船長, 水手等, 一切不可上陸于江戶。

第十條

有輩此規則及將來當設之規則者, 收入其許狀。且其隷船領事官, 以其本國政府, 爲令其人民, 守條約及約定, 所與之權, 可罰其輩。

越後、新瀉、佐州夷港外國人居留結定 ────────────

慶應三年丁卯十一月朔日, 西曆千八百六十七年第十一月二十六日。

第一條

日本政府, 爲供貿易用, 創建佐州夷坊內適可貨納舍, 可令積在舶來貨

物, 但日數三十日間, 不收其積賃。

第二條

爲下錨新瀉夷港海上之商船, 設適應貨物搬運船, 令搬岸搬載輸品。且
設往來新瀉夷港之運送船, 可令無阻搬送輸品。右每簡收應分賃銀。

第三條

爲便新瀉夷港間渡船, 日本政府, 備置汽船, 以供往來者及搬送貨物, 又
挽貨物搬送船。雖取至當應賃銀, 外國人, 以所有汽船, 或運送船, 供其
用, 亦無妨。

第四條

若夷港海岸輸品上下不便, 則日本政府, 可開海邊, 抵夷坊後湖之往來
通路。

第五條

日本政府, 創建新瀉川口邊適宜之燈臺, 點第一等燈火。且水口, 具標
木或浮標, 以便川口出入。

第六條

於新瀉, 創築他開港地, 同搬貸納舍, 且爲便輸品上下, 可築適宜上口。

第七條

外國人, 於新瀉及夷港市中, 直向日本人爲旅寓, 或借倉庫, 或買收, 付
其自由。又於兩所, 爲公明所, 用借受地區, 亦同前。但別不定居留地, 於新
瀉外國人借受地區之經域, 東北限海岸及川脈, 西南限卽今奉行提下, 有
標杙之地。田畝其他納貢政府之地, 不聽直爲, 前上稟奉行所, 可得其準。

第八條

於新潟, 訂盟各國人民遊步程規, 雖以奉行所各方十里, 爲限, 由其山川, 景況可定, 佐渡全島, 不立其限。

在大阪外國人貿易竝居留規則 ——————————————

慶應三年丁卯十二月七日, 西曆千八百六十八年第一月一日。

第一條

大阪, 非開港地, 外國船等, 不可下錨。迄建租所于大阪, 準備完了, 其暫時間, 外國人, 欲輸入所有貨物于本府, 沿條約附錄交易規則, 出請兵庫租所, 可納稅。本所, 但納他開港地輸入稅之貨物, 可不及納稅。至搬載貨物于大阪外國船, 其暫時間, 外國人, 大阪取輸出貨物, 前同船都請輸出兵庫租所, 可納稅銀。

第二條

從本書附錄規則及條約附錄貿易規則, 外國人所有輸品運送船、引船若混乘船等, 無帆船、汽船之別, 得往復于大阪、兵庫間。

第三條

大阪居留外國人, 左記境界內, 得恣遊步, 卽南界大和川至船橋, 就又劃經敎興寺, 迄佐田之線境。市井, 雖在大和川外, 準其遊步。

但兵庫至大阪路線, 以去京師十里, 爲界限。外國人往來大阪府內水陸共同日本人, 無加障害。

大阪、兵庫間設挽船及貨物運送船規則 —————————

第一條
凡挽船、貨物運送船, 或混乘船等, 外國人, 不帶日本長官之準狀者, 不許往復於大阪、兵庫間。

第二條
有出請準狀者, 兵庫奉行, 與其當路領事官, 檢查, 決其可授乎否。右準狀, 以兩國之語詳, 記加船形等, 兵庫奉行押印, 領事官捺印其傍。

第三條
自出準狀, 過一年, 奉行及領事官, 檢查後, 訂決準狀可抑止乎否, 若可令再出乎否。勿論于最初其後, 每授準狀, 時時爲費手賃, 收之日本政府, 每一噸, 金一分。

第四條
外國船貨物搬載上, 入水六尺以上船, 不可授許狀。

第五條
官吏乘于得許狀之船, 或副官吏, 於大阪、兵庫間往復, 惟日本政府之所欲也。

第六條
於兵庫, 載得許船之貨物, 要資主, 副其稅了證書, 或無稅證書若有不帶此證書, 搬岸于大阪者, 或押捕, 或沒入之。

第七條

搬載貨物于大阪竝兵庫所準船, 又爲搬岸, 限日本政府所命之埠頭, 或爲之, 日本政府所俊之艀船。

第八條

得許準之船於大阪、兵庫間, 搬送貨物若人, 且挽船之外, 有何等之事, 不可他用。且禁渡海中寄附外國船若日本船若他地。

第九條

得許狀之船, 除同乘外國人船長外, 水手等, 不許上陸于大阪。

第十條

有背此規則及將來當設之規則者, 收入其許狀。且其輩, 本國政府, 爲使其國民, 守諸條約及約定, 以所與領事官之勸力, 罰之。

大阪、兵庫外國人居留地約定 ——————————

慶應四戊辰年七月八日, 西曆千八百六十八年八月七日。

第一條

據去年之條約, 爲大阪之各國居留人所準之地區糶賣日期, 其地日本官吏, 與各國領事官, 協議約定西洋九月一日若定其近日。前日所布告右地區圖面, 雖勉可用之, 其地日本官吏及各國領事官同意, 則改之, 亦可也。若改之, 其各件, 先糶賣五日, 於大阪, 布告之。

第二條

於兵庫, 初日本官吏, 與各國領事官協議, 可以定當糶賣外國人居留地
之廣狹方向。及其糶賣日期於五日前, 日本政府, 可出于糶賣地區圖, 於
兵庫布告, 可令以知區地之數及方向, 且逐後, 可開道路溝渠。地區步數,
二百步迄六百步, 道路幅員, 不可狹於四十尺。

第三條

如前件, 於大阪、兵庫, 當貸付地區, 糶賣原價, 步金二兩, 其一兩二分,
以充外國人家屋建築其地區之諸費, 剩餘二分, 則日本政府收之, 以付之
積金受保所, 爲居留地之積金, 以充道路建築溝渠繕修及夜燈及居留地用
金。且於大阪及兵庫, 糶賣原價昂貴, 則代價半數, 日本政府, 約讓加於右
積金中。

第四條

大阪、兵庫居留地地區糶賣之件, 可從屬此結定書法則。糶賣殘地區,
他日可再出于糶賣, 其日期, 本所日本官吏, 與各國領事官相定, 如其旨
趣, 不問何時, 布告于一月前。

第五條

大阪、兵庫地稅, 一步一年, 定金一分。此地稅內, 以於大阪金三百八十
一兩, 於兵庫金四百十兩一分, 爲地稅元數, 每年納之於日本政府。殘金
爲居留地積金, 充道路溝渠修造夜燈其他居留地用金。盖右之稅, 預可納
之。

第六條

依設立右積金, 爲非常天災所破損之他道路溝渠造營繕修夜燈其他居
留地支費, 日本政府皆關係。就非常天災破損有之, 則日本政府, 可出金

數, 兩國官吏協議以定之。

第七條

依此結定書, 爲居留人積金所收于借地區外國人之金, 先納其領事官, 領事官, 可復付之積金受保所。居留地赤金, 因本所日本官吏各國領事官及居留人行司, 協議而可管接。此行司, 不可過三人。但可選擧, 記姓名於各國領事官各名籍之內, 其選擧之方, 勤役之年期, 各國領事官, 定之。

第八條

若爲管轄大阪若兵庫居留地, 要傚外國管轄吏。爲此支費, 借地人, 以一步, 不過金一分之三分一之數, 年可出于積金內。右年年可出金數及收納日期, 本所官吏各國領事官及前居留人行司, 協議定之。

第九條

日本政府, 以此支費, 繕修兩所居留地石垣及上陸所。且浚上陸旁近海河, 雖干潮, 可令上陸無阻。

兵庫、大阪外國人居留地地基糶賣條款

第一條

設左地圖各數枚, 以爲後證, 兵庫、大阪兩地官府竝各國領事官分遣所, 奉行印章捏鈐之, 寫之一枚, 可具存。糶賣件, 以一番居地, 爲始, 逐附號次序, 悉可出于糶賣。

第二條

糶賣代價, 可必賣于高價, 若糶賣有同價之地區, 猶可改出糶賣。

第三條

買主可高聲投價, 糶上金數, 一步可不少於金一步之五分。糶賣人, 不準爲自己若他人投標。落標時, 糶賣人, 高聲唱買主姓名, 可速記于簿上, 其後, 書付地券, 可限買主之名。

第四條

落標未出其次居地于糶賣內, 買主金百兩爲內金, 卽場可納。是後至付授地券時, 可算除淸計。若右金不速納者, 因爲破約, 次居地不出于糶賣前, 改令別人投標。

第五條

地券, 要如別紙書, 右記日, 以千八百六十八年三月一日, 可付授, 要爲準備。此可付授地券記名之本主, 雖勿論出收領者買收, 帶來受收領之權, 代人之證標, 或揭示其他可證憑者, 付授其本主而可也。但此人, 可納日本政府其證書, 或當任領事官檢印了之寫本。若迄三月十五日, 有不全買受方者, 定爲破約。後日糶賣之時, 令他人, 更投標, 其納內金, 納之日本。

第六條

付授地券, 爲費手賃, 納金五兩。

第七條

沽券金之外, 如別紙結定書第五條所定, 每一步金一分之地租, 年年居地本主, 或後嗣, 又代理人, 可納之。

第八條

右地租之外, 居留地管理費等, 因時宜, 每歲可納之。
但此, 每一步, 不過金一分之三。

第九條

無爲訂盟外國人之證憑者, 一切不可付授地券。

地券模形 ────────────

金何兩收受, 由是, 余代日本政府, 何國某, 如公之地圖, 有何步第何番居地, 永久貸付, 實正也。右貸付條款, 如左。

千八百六十八年八月七日, 日本政府, 與外國公使交換條款書, 從第五條一步金一步, 卽地價總計何兩, 每年當西洋何月幾日不誤, 以前金, 可納其領事官。且從右條款書八條, 以所結定居留地管理費, 每年不誤, 可納其領事官, 但地一步, 不過金一分三分一。且右第何番居地若一部之地, 除與日本結條約外國人民之他, 不可讓付他人, 且讓付, 可必出告之於兩國之領事官。有違右條者, 日本政府, 可告其國領事官。因書地券二通, 一通, 付置借主, 一通, 日本長官, 爲副存者也。

年月日　地方長官姓名　印

記臆書 ────────────

日本政府代理甲之部, 兵庫知縣事伊藤俊介, 與外國衆人代理乙之部, 下名各條約國領事等之間, 調達此約定書。

於神戶地區賣却結約書第九條所揭海河之石垣, 旣顯記于官圖, 且含有在現今建築起工所居留地周圍街道之各溝石垣, 且覆掩等之意, 此意判然

矣。右溝取在居留地後邊地區, 爲緊要溝流。故代右甲部, 其官府受後人, 爲令日本政府, 爲保護淸潔, 無損害爲約定。

右乙部, 速收管右地區, 且可爲賣却發行。故居留地內, 閭坊之溝, 以周幅可架渡之橋梁, 爲趁早可完成, 右乙部爲約定。

爲保護右甲部石垣, 且生田川堤, 爲約定, 此防居留地滿水漲溢, 且爲令堅固也。

爲證據, 千八百六十八年第十月八日, 我輩捺印也。

兵庫知縣事 伊藤俊介
米國領事【人名未繕】
蘭國領事【人名未繕】
於證明伊藤俊介貴下及【人名未繕】貴下之捺印, 於【人名未繕】氏之目前, 捺印交換。

兵庫 神戶外國居留地所有嚮稱墓地地基一區之約定地券書

下記兵庫縣令神田孝平, 與在留本港條約國領事等, 代理各其政府, 當其任, 稱墓地之步數有千步內外之區地, 但此地北邊三十二番、三十三番、三十四番之地基, 東西南界于西坊、明石坊, 用于公園地, 若於其地必需係居留地所用建築, 則可設之。其一年地租, 以一分銀五百箇, 爲各國衆民, 以後應須貸付。右條約國領事等, 爲之此地基, 以後須於當居留地主事各員, 提管償納地租。自此約定書捺印日起, 須由地所積金內, 每年前約。爲右證憑, 千八百七十二年第四月十二日, 各官捺記印名。

兵庫縣令神田孝平
丁抹國領事【人名未繕】

白耳義國代辨領事【人名未繕】

米國領事【人名未繕】

瑞西領事代兼荷蘭代辨領事【人名未繕】

英澳領事兼佛、伊、西事務代理【人名未繕】

布告

沿租所前埠頭下錨之川, 火船下錨, 過二十四時間, 則須轉錨下流之事, 今與各國領事熟議上結定規則, 無論內外區別, 應當遵守此告。

明治六年二月二日

大坂府權知事 渡邊昇

關大坂港經界之件書簡

一, 大坂港之經界, 北左門川, 南大和川, 海上自天保山燈臺, 爲出三里, 左門川、大和川, 可樹標木。

港則第四則未定之經界, 今如別紙確定, 奉政府許可, 希將此事, 徧告貴國人民, 爲此知照。謹言。

明治六年三月十二日

大坂府權知事 渡邊昇

各國領事貴下

布告

租所前埠頭東盡十二間之川, 定爲貨物上下, 禁火船入。右文係爲計各便利, 經與各國領事熟議上結定, 爲此不分內外人民區別, 應當堅守此告。

明治六年四月四日
大坂府權知事 渡邊昇

大坂開港規則

明治二年己巳四月八日, 西曆千八百六十九年五月十九日。

第一則
爲辨事便利, 在居留地近傍之租所外, 可創建分遣租所於安治川 波除山近傍。

第二則
商船出入港口之事, 限本租所。

第三則
因不時風波, 間有陸與下錨船之間, 難爲往來, 除日曜日休業日, 於四十八字間, 不能爲入港規例之事。然不得已之事碍, 不明晰, 則須於結定時限內, 爲規例各事。外國商船, 一經入港投錨, 商船每一艘, 應行卽速差遣租所官吏, 將開港規則抄本, 送交其船長。因風波於決定時限內, 不能做入港規例各事, 則應由其船長, 記入港月日時及租所官吏入其船之時, 將其所記書標, 交付官吏。

第四則

大阪港經界, 可俟後定, 其時須由日本官吏, 與各國領事, 會同查勘, 建立標木。

但建立標木, 應於日本政府管任。

第五則

因於本港經界中, 投棄船脚物之事, 爲令遵守規則, 須由各國領事, 嚴行管辦。

第六則

將諸貨物搬岸搬載之件, 須限於爲其所創建二所, 若有違背, 當將其貨物, 據條約上收公。

第七則

除右搬岸場外, 須於居留地內, 創建二所之上口。

但此二所, 不可上下商物。

第八則

凡火船及帆船, 爲其試驗運轉器械, 或遊行过, 爲運出港外之時, 須油其船長, 告其國領事, 則當由領事, 轉行報知租所。

但本船監士, 不可卸。

第九則

日本祝日、祭禮日、休業日, 不許貨物上下。

但領有許狀或檢了之類, 告租所後, 可準。如郵遞船, 雖祝日、祭禮日等休業日, 欲行搬岸載船, 其稟請書, 由領事館印鑑, 或領事裏書, 可準。

日本休業日, 如左。

正月三箇日, 正月七日, 三月三日, 五月五日, 六月二十五日, 七月七日, 七月十四日迄十六日, 八月朔日, 九月九日, 九月二十二日, 十二月二十七日迄晦日。

但限十二月二十七日、二十八日兩日, 朝九字, 迄十二字, 應須準辦行緊要各事。

第十則

西曆五月迄十月間, 朝九字, 迄夕五字, 自十一月, 迄四月間, 應須辦理入出港之規例各事竝其他緊要之事。

第十一則

若商人輸送可收稅貨物於日本開港地, 於左揭限內, 由輸到之租所, 不出搬岸書標, 則須呈納其當然租之證書。又將禁止輸送海外之貨物, 載送日本開港地, 於期限內, 不出搬岸書標, 則須呈納其貨物價金之證書。

但長崎、橫濱港四閱月, 箱館、新瀉六月, 若期限內, 不帶證書來, 卽當照會其港, 船來, 則應徵收證書上金數, 船不來, 則遲之六月間, 果決于破船, 有確證, 則廢其證書。

第十二則

將經貨物置搬岸場而過四十八字, 或於第十則所定期限內, 不出請查書, 則須將貨物入車庫, 其庫費, 須由貨主, 或收管人, 完納。但如檢查等時, 不可遲延時刻。

第十三則

合藥其他烈性爆發物, 應當寄頓爲其所設之庫內, 其庫費, 須俟後約定。

第十四則

輸出入貨物許狀, 必於本租所接受。然輸入許狀, 依其貨主之請, 於安治川分遣租所, 亦可接受。

第十五則

載有貨物, 或船客搭坐之各船, 往復神戶之時, 須維舟安治川租所分遣廳, 而告稟。如右之輪船入津, 則須於分遣廳, 限十五分時間, 令士官登船, 同迄搬岸所。輪船出, 則由其出船之搬岸場士官又登船, 同迄分遣廳, 由其士官, 告非不正船, 檢過貨物, 則可速出船。若檢查不了貨物, 喫捷可檢, 若輪船, 不經分遣廳脫過, 則捕抑, 照脫貨一般辦理事。

火船通過, 若於安治川租所分遣所, 不做登船準備, 則可一直通過。

川火船, 除例定埠頭外, 其他各處, 於欲過時, 無別請, 不得碇泊。

第十六則

自治川沖洌, 迄分遣租所前, 開浚一丈四尺至一丈之深, 俟至告竣之間, 許各船隨便經過木津川、安治川, 其浚工告竣, 由日本司人, 報各國領事, 轉行布告人民後, 須限由安治川過船。

木津川一番監所, 迄本租所前, 應令吏人, 登坐輪船。自他各川, 輸入貨物, 於監所抑留, 可命其船, 廻至安治川。

烈風之時, 許將其貨物, 迄尻無川一番監所旁近, 爲避風波廻舟。但風波就靜, 可廻安治川, 或木津川。

第十七則

右規則, 西曆千八百六十九年第五月十九日, 左各員會盟所締條約也。雖然, 若有可改之條款, 至千八百七十年第一月一日, 更改全文, 或二三條規則, 俱須會議者也。

日本 大阪府判事兼外國官判事 五代戈助 花押
英國 手記
英國 手記
蘭國 副 手記
孛國 代 手記

新瀉天渡船約定 ──────────────────────────────

明治四年辛未七月十七日, 西曆千八百七十一年第九月一日, 捺印。
依新瀉規則第二條, 爲利外國人之商物搬岸及搬載, 嚮造號大天渡搬船, 當從前所定, 暫行, 則上所載小天渡三艘, 其小天渡, 亦可混用。爾後, 爲便用之協議, 改定左規則。

第一

需用搬岸時, 接談租所吏員, 將可貨物多寡等件, 由雇主, 或代理人, 帶來證憑者, 詳細手記簿上。

第二

需用搬船, 前日有請告, 則備具其數, 遽爾請告, 亦勉趁早出之, 但爲備準, 費些分暑。

第三

大小天渡船, 由租所埠頭, 達外國船下錨所, 一往返之運費, 擬定如左。
大天渡船一艘, 費錢三兩二分。
小天渡船一艘, 費錢一兩二分。
但携帶物件外, 載貨物, 須償一倍費錢。

右費錢, 嗣後在領事中, 有異見者過半, 猶可再議。

第四

所備準船, 屬不用時, 其謝之, 請告時限前一字者, 則不須償費, 又請告時限後出謝, 則不搬載, 亦須償出定額費錢之三分一。

達于本船, 空歸, 則須償定額費錢之半。

一日留滯於下錨所, 則由本船, 或雇主, 授證契, 雖空歸, 亦須償定額費錢。

由租所, 將船費請單, 送交該雇主, 須於二十四時間償銷。

第五

須於請告時限, 準備船隻, 雨天, 或風波, 港口不穩, 叵搬運, 則彼此可破約。

但請告時限, 不準備船隻, 須由搬船主, 償定額三分一。

第六

凡出船, 自西曆三月十五日, 迄同十月十五日, 以午後第四字, 爲限, 西曆十月十六日, 迄三月十四日, 限午後第三字, 爲止。

第七

搬送貨物及人, 俄罹暴風, 其他非常災, 如船及貨物等, 傷損, 則係互相災損。

水丁怠懈, 或將不適之船, 供用之事, 晰明, 則由搬船, 出償金。

本船竝貨主, 載八斤量過當之貨物, 爲之致搬船損傷, 須由船主, 或資主賠償。

雖如右擬定, 實驗上不便之件, 須在一年後, 改正。

日本 明治四辛未年七月十七日
西曆千八百七十一年第九月一日
新瀉知縣事　從四位平朝臣時厚 花押
英國領事 勤方【人名未繡】　　手記
獨逸北部聯邦 領事【人名未繡】 手記

就襦袢、股引減稅之件與英、佛、米公使書翰 ─────────

手簡啓呈。卽條約租稅目錄內, 毛木綿交織物部中, 左件之品, 輸入減稅之件, 曾與獨逸北部聯邦, 締結條約之際, 有協議所定, 減其稅, 如左項。

木綿襦袢、股引	十二	元稅	壹分銀	零三
	同	減稅	同	零二五
毛織襦袢、股引	同	元稅	同	壹箇
	同	減稅	同	零八
綿毛交織襦袢股引	同	元稅	同	零六
	同	減稅	同	零五

右輸入減稅, 自我本年十一月三十日, 西洋千八百七十年第一月一日施行, 宜布告之貴國人民。

己巳九月二十日
外務大輔 寺島從四位藤原宗則
外務卿　澤從三位淸原宣嘉
佛、英、米公使 閣下

請以橫濱 山手爲公園地書 ─────────────

據千八百六十六年第十月二十九日結定條約書中第十條,　欲於山手以六千步許之地區, 爲公園, 請見貸此地。

於日本 橫濱
千八百七十年第一月十一日
【人名未繙】手記
【人名未繙】手記
【人名未繙】手記
神奈川知縣事執事

前書之旨, 承諾之。
英、米、佛、伊、白、瑞、蘭、丁、日、葡各領事姓名 印

千八百六十六年第十二月二十九一臆記書第十箇條 ─────────

此約書所副之圖中波號所揭山手地區,　以百步六弗之廉地租,　爲公園地, 爲外國人民置之。自此約定之日, 三月以內, 經外國領事官等手, 可依此分數出請, 此間, 其地所有卉木, 依然存置。且右地區, 至作公園地之時, 與地區共可付此卉木于其餘無賃, 日本政府, 契約焉。

神奈川縣權知事所與山手公園地券 ─────────────

據千八百六十六年第十二月二十九日, 於江戶, 決議約書, 下名之神奈

川縣權知事, 代于日本政府, 如別紙圖面山手 妙香寺附近之地一區, 計六千七百十八步及其地所屬樹木, 貸付日本國訂約各國領事官及其次官, 以共居留外國人民之用。但右地區, 與所揭于前文約書附屬之圖波號山手地存置之, 分卽爲公遊園者交替, 而右地區, 前文各國領事官, 傚左條規則, 爲居留人民收受, 供之公之遊園。

第一

如前文約書所定, 每年地租, 百步六佛, 總計墨斯哥銀三弗八錢之額, 居留人民, 每年可前出。但爲修理其他, 無減却右銀額內。

第二

右委托領事官, 命右居留人民, 右公園之提管及管接歟, 否則爲右居留人民代理, 可定管下部, 右管下部者, 設公園管接之規律。地租, 每年四月一日, 可納居留地課。右但云規律, 可受日本長官竝各國領事官承諾。

第三

貸付于右委托領事官之地區, 爲居留外國人, 用之公園而用之, 他無敢供他用, 且無設建築於右地區。但附屬于公園之建築, 非此例。

第四

背右規則, 此地券, 屬無用, 而本地所屬物現質, 可爲日本政府所有。但至此後, 日本長官, 與各國領事官, 決議, 有所設之規則, 可從之。

神奈川縣權知事

外國人東京居留規則附錄 ────────────

明治三年庚午四月四日，千八百七十年第五月四日。

第一條

別紙圖上，以朱線所示之區所內，約諾訂約外國人，借日本人家屋，爲營商業得住居之旨。且日本人，於右地區內，貸家屋于外國人，不得過五年。但彼此接談上，延期限，不爲無。右區內借家屋日本人之外國人、日本人，同般可納道路溝渠或開鑿等修繕之街費。

第二條

據千八百六十七年第十一月二十六日所定東京外國人居留地規則第一條及二條別紙圖上青線內地區，日本政府，許而貸付之外國人。右地區，與接近其地日本人地區，以幅一百尺之道，可界北。且印呂呂印區及印波波波三區之地基，貸付外國人之後，速可排去伊號在正面地區日本人家。

第三條

別冊圖上所印呂正面二區地竝波印後面三區地，悉可以第六月二日，出于競賣。右五區地競賣原價，一步，金一兩二分，一年地租，一步，金一分二朱。

以伊印一區內地及仁仁仁印開鑿爲境界地內，競賣原價，一步金二兩，一年地租，一步一分二朱。

第四條

競賣，可從此規則中所錄競賣各條書，於居留地內外國人，要其他地區之事，各國領事官，上告日本政府歟，若於政府，欲競賣都一月前，可出。此後競賣之事，日本政府，布告。

第五條

以外國人出前文地租之故, 日本政府, 海及閘河之石壁及居留地道路等, 皆堅固築造, 又修繕之, 且居留地設小溝道路, 揭夜燈。

第六條

爲居留地調理, 雇使外國人, 向後日本政府, 與外國公使, 彼此約定, 則爲補此支費, 外國借地人, 其借地一步, 每年納不過二朱之稅。但右每年當納之金數及右償出日限, 其地之日本長官及領事官, 可決定。

第七條

今後欲設與方今施行於兵庫 大坂外國人統轄規則同法則, 日本政府, 可斟酌外國公使等之意見。

東京外國人居留地區競賣條款

第一條

及可競賣之地, 悉賣畢, 依日本政府之望, 區分其地, 其地之日本長官押印圖面, 本地日本府及東京 橫濱各國領事官廳, 各藏一枚, 以爲後日之證。

第二條

競賣, 必賣其高直者, 若競數二人, 又二人以上之間, 有異論起, 則更出于競賣。

第三條

買者高聲評價, 競評金數, 每評不得寡於金一分之五分。競賣人, 不可爲自他評價。落標之際, 競賣人, 高聲唱買者姓名, 速留之帳簿。但今後,

付地券時，右買者之他，不可敢記于他名。

第四條

入最高價者，落標之際，未出次地區于競賣之內，證後可出競落代金，內金百兩，卽場可納，此方後付地券之時，可刪去。若不速納右內金者，決于破談，不出次一區于競賣內，改可更出之競賣。

第五條

地券，當如別紙所記右日注盡千八百七十年第七月一日稟準，同日交付可爲準備。雖不俟論，可付于地券，記名本主出受者，持來爲代人之委任狀，或買收其地區又領可受地券之權之確證，則授本者無妨。但右證書，於當路所記之寫本，亦日本留在長官。若迄同年七月一日，不全了買收之方者，決爲破談，於次競賣，改令競于他人，旣納內金，可收日本政府。

第六條

授地券時，納金五兩於日本地方官，以充其勞費。

第七條

從日本政府，與外國公使，千八百七十年第五月四日取締別紙約書第三條，沽券金之外，借地人等及收管人、後嗣人，於永久地代，可納一坪，金一分二朱。且從右約書第六條，爲居留地收轄支費等，借主，可出每年一坪，不越金二朱之數。

第八條

無日本訂約外國人之證者，地券不付與。

東京外國人居留地地券案 ————————————

第幾番地所

金幾圓, 正落手焉, 余因代日本政府, 于何某, 或收保人, 或後嗣人, 東京外國人居留地如公之圖上, 有幾步第幾番地所, 以左方法, 永久貸付焉。

第一

從千八百七十年第五月四日, 日本政府, 與外國公使所結締約條書第三條, 何某, 或收保人, 或後嗣人, 以一步金三十七錢五厘之分數, 地代總數金何圓, 每年十二月十五日, 無相違, 可以前金, 相納。

第二

何某, 或收保人, 或後嗣人, 依右約書第六條所結定, 居留地收轄費用, 無相違, 每年可納之領事官。但每坪, 不可過金二錢五厘。

第三

右第幾番地所, 或雖爲其內一部, 日本訂約外國人民之外, 不可讓他人。若讓之, 可必於彼此領事前, 且本地日本地方長官, 可書加此事于帳簿。

右揭條內, 有違背, 其領事, 可接查。若不納地租, 爲其地租及罰銀, 每一月, 可令出右地租數之二分, 與訴訟裁斷支費, 日本長官, 可裁斷。右不納間, 爲其罰銀, 自裁斷之日, 右可納之數前同般二分之利子, 可徵收。因書此地券于二枚, 一枚, 付于借主, 一枚, 可爲日本長官之備。

年月日 日本 地方官姓名 捺印

新瀉外國人墓地約定書 ——————————

明治三年庚午七月晦日, 西曆千八百七十年第八月二十六日, 捺印。

第一條
新瀉裁判所, 結定爲外國墓地於寄居近傍一番山。東南迄西北, 長九十【尺名未繙】, 但日本曲尺九十尺, 東北迄西南, 幅三十【尺名未繙】, 但日本曲尺三十尺, 一區之地, 與方今現在立木, 可正交付證約各國領事官。

第二條
如此交受之地, 訂約外國人墓地之外, 不可用于餘事。

第三條
外國領事官, 可領知以墓地之故, 出柵行落等, 其他雜費。是故爲一墳墓所與之地, 每命相當費額, 其總雜費, 可以充墓地之用。

第四條
當今墓地道, 要常開啓, 左右墓地十五間內之樹林, 雖要依舊, 萬一可洗伐, 與各國領事官, 可協議。

第五條
至後來墓地, 爲可增者, 故附近地區, 新瀉裁判所, 不前報知之外國領事官, 而不可用之他事。且猶有請此地區于墓地, 遏閣他事, 可用得其所請。

第六條
就墓地保有之諸雜費還償, 外國領事官, 雖管受, 防兇徒輩犯墓地, 新瀉裁判所警察吏, 可注意。

明治三年庚午七月三十日

新瀉知縣事 三條西公允 花押

新瀉大參縣事 名和道一 花押

　　　　　　本野盛亨 花押

英國兼澳國領事官 勤方　　　　　【人名未編】手記

獨逸北部聯邦領事官　　　　　　【人名未編】手記

和蘭副領事官兼伊國代理領事官【人名未編】手記

箱館外國人墳墓地證書 ——————————————————

明治三年庚午閏十月十三日, 西曆千八百七十年十二月五日。

　於當箱館港, 爲外國人墳墓地, 自山脊泊, 西南至地藏堂前後, 表口我七十八尺, 經線百八尺地, 定于耶蘇新敎墓地, 表口百二十尺, 經線百三十尺地, 定于希臘敎墓地, 又以其南, 表口百八尺, 經線八十四尺地, 定于羅馬天主敎墓地, 都此三所, 新樹標杙, 右構內結定外國人全墓地之上, 不可猥動。右地內, 日本政府, 無加繕修。

　同所往來道路, 山脊泊 稻荷側, 迄海岸, 修造, 可以幅十八尺。

　右明治三年庚午閏十月十三日, 於當裁判所會議決定。

巖村 判官　印

衫浦 權判官 印

英國領事官兼澳國代理領事官【人名未編】手記

米國領事官　　　　　　　【人名未編】手記

魯國領事官　　　　　　　【人名未編】手記

獨逸北部聯邦領事官　　　　【人名未編】手記

長崎地所規則[1]

萬延元年庚申八月十五日, 西暦千八百六十年第九月二十九日, 押印。

第一, 得地基法之事

爲借地外人所定之地, 若外人, 欲借之, 則可請諸其【官名未繙】又【官名未繙】副官。但不置【官名未繙】地, 則可出請和親國, 此時, 務詳悉記載地區方所竝境界, 可以出請。又副官, 可訊問地區吏人及他, 此地區先約, 其他阻障相有無。若右等阻障發, 彼此借地人, 混合, 則與初請者, 相當時日, 可令爲受借之擧, 若其時日中, 不爲其擧, 右地區受借, 可讓次請者。但遲延之義, 出不可已, 付先者, 無阻, 無其故及遲延, 勿論可讓次者。

第二, 地基配分之事

地基, 貸付實居住者也, 不可貸付有名無實者, 故地基借主, 地券日限六月內, 可建築, 若怠之, 可絜收右地券。且建築於海岸所, 百步, 百五十【財名】, 後面之地, 百步, 五十【財名】以下之建築, 不可爲之。

第三, 得地基落著竝地券之事

如前條第一地基, 請人結定後, 請人交付, 【官名人名未繙】手記押印書于地區吏人。地區吏人, 速同請者, 詣其地, 可量地基步數。

步數測定後, 一年地料, 可速出地所課長官。長官, 記載其步數與境界, 副驛文于三紙收領書, 可與借主。借主, 出右收領書內二紙于【官名未繙】, 可出其內一紙于府廳。府廳, 如別紙談了出地券三通, 一通, 寄藏府廳, 一通, 寄藏【官名未繙】, 一通, 可授借主。但府廳, 記載其地步數竝境界, 可報

---

1 나가사키(長崎) 지소(地所) 규칙 : 원문에는 없는데, 「長崎地所規則」에 근거하여 제목을 만들었다.

出右地券之旨他【官名未繙】。

第四, 設石標于境界事

地基借受時, 【官名未繙】所出之吏人, 地所課吏人, 又地所課吏人代員, 借主面前, 可埋築雕地基番數之界石。但此石標準, 不碍道路竝他境界而 爲之, 又要期日後, 要不起爭論。

第五, 市街、道路、暗渠、埠頭之事

市街、道路等, 係一般之公用, 故不可編入借地限內, 要準諸般無阻碍 爲之。

有受借新地基旁近, 可爲設市街、道路竝埠頭之準備。

土地, 爲日本政府所有, 竝市街、道路竝埠頭, 日本政府, 常整齊之, 要 溝渠, 則必用作之, 爲之時, 無收租稅于借主。

第六, 納地價期限之事

凡於外國人居留地內所貸付地基, 賃料, 每年十二月十日, 可前納來年 之額。

奉行, 先右期日十日前, 何月何日, 可納何處某地代之旨, 報衆, 【官名未 繙】, 可報之借主輩。被任地代收受課之吏人, 造三紙收領事, 副之譯文, 一 紙, 受藏奉行所, 一紙, 受藏【官名未繙】所, 一紙, 可授借主。若借主, 定日 怠納地價, 奉行, 可報此旨提管本主【官名未繙】, 令其輩, 速納銀, 必承管。

第七, 地基讓付之事

地基之儀, 載名其證書者, 住居, 常奉規定, 可持有之。假令, 地基讓受 後, 三日內, 于證書, 書入不畢, 則不可替名。但何地基地券日注, 一年之 內, 不許賣之。

右外國人居留地內, 外國人住舍, 又商場旁近, 連接爲火患之距離, 不可

以新創建日本人家屋及小舍。若有如此, 奉行, 可抑止其妨害。或爲防妨害,【官名未繙】等, 以下條所定罰銀法。【官名未繙】不許, 則日本人, 不可開遊興場于居留地內。

第八, 地基制限竝可守法則之事

稿茸小舍, 以竹或板, 所造家屋類, 凡易燃家屋, 不可創建居留地內。又其境界中, 可害人命, 又爲害健康之職業等, 不可營爲。若爲之, 則每二十四時, 可令出二十五【財名】罰銀。火藥、硝石、硫黃, 或多量揮發酒精等, 總危害人命竝所有物之禁品, 不可貯家屋及地內。犯之者, 令出二十五【財名】罰銀, 不除去右妨害間, 每二十四時, 可令出二十五【財名】罰銀。爲如此職業之地, 又貯藏右物品之地, 遠隔家藏之地, 可防諸危殆, 右區地吏人, 評議後, 可定。公道路落成後, 造木閣置材木, 或庇柵、門入口、登階, 又張出門口, 或累積貨物, 而妨通行者, 日本吏人, 又【財名】可命除去, 後猶怠之, 每二十四時, 可令出十【財名】罰銀。累堆溝、道路塵芥, 或放發火器, 或喧騷不法, 或馴馬于公道, 或爲煩擾事, 妨害人此等, 咸禁之, 犯之者, 咸可徵收十【財名】罰銀。若本港【財名】不在, 出日本重吏, 重吏, 可付之外國提管吏。但此提管吏, 依此規則中第九條之任者。

第九, 燈火竝監人之事

就每坊燈火掃除監人件, 定規律爲要。故【官名未繙】等, 每年首, 集會借地人, 可議募右雜費金之法。每會, 借地人, 從其所有地建築, 定諸雜費分除, 且從此時搬上右外國人居留地貨物之數, 亦可結定埠頭稅分除。且右分除徵收償出之方, 設外國人三口, 或三口以上提管吏, 從右集會定議方法, 可令爲提管。故若有未納者, 依【官名未繙】裁判, 提管吏, 可檢之。若統管其者【官名未繙】官吏, 不在港, 提管吏, 以他國【官名未繙】, 出請長崎奉行府廳, 徵收右分除金, 可授提管吏分除金。前年分之計算, 提管吏, 每年集會之期, 出借地人面前, 可以受許諾。【官名未繙】滿員, 或其一人, 有以爲集

會見要用, 又借地人, 出請之事, 雖何時, 爲集會, 更無阻。方此時, 爲令各員, 考案其事, 以十日前, 可令知爲集會之事理, 請右集會之書, 雖少, 五名以上, 連印, 可以記載十分之條理。

集會時, 以其是之者多數, 決之, 一席借地人, 是之者, 滿三之一則, 他人, 皆從之。蓋集會, 以長老【官名未繙】, 爲其會長, 長老【官名未繙】不在, 則就其席借地人中以投標, 可選之。集會借地人者, 以會議一事, 不爲畢事, 關土地全體利益之事, 有可議者, 則報諸會長, 會長報諸長老【官名未繙】, 請滿座之承諾, 而非公然決之, 則其事件, 不要遵守之。

第十, 開遊興所商賣酒類之事

居留地內, 無【官名未繙】許, 外國人們, 不可賣酒類開遊興所, 又日本人, 同之, 無奉行許, 不可營右業。且爲右樣商賣, 爲令不騷雜, 確乎可設保管人。

第十一, 犯法之事

【官名未繙】中不云何時察出犯法者, 又有人告官吏者, 又日本官吏報知, 則官吏, 呼其犯者, 檢按後, 可直戒之。不置官吏外國人犯法, 則他官吏中, 告日本重吏, 爲令確守規則, 可戒右犯人。

第十二, 豫備揭條

此後, 有欲改革右規則歟, 又欲此他立規則乎, 又依事理有懷疑, 前同般奉行, 與【官名未繙】公平可談決, 且【官名未繙】報在日本輔幹事, 可確定之。

第十三, 附錄

前八條、九條、十一條內, 有奉行如統管外國人之事, 此等非本所而已之事, 關公法之議, 於奉行難承諾。奉行, 問江戶重吏, 【官名未繙】, 問在江戶官吏, 因待六十日間, 自江戶有其報, 則於右揭條內八條、九條、十一

條, 除之, 其他, 全守之, 右廢除旨, 可記附錄。

右規則, 中稱者【官名未繙】, 謂與日本, 結締條約國各等【官名未繙】, 正掌其職務者。

萬延元年庚申八月十五日

岡部 駿河守 花押

地所賣渡券書

長崎奉行, 何國商人某, 於長崎港, 爲外國人居留地所設地區內, 請借受一區地基之旨書, 何國【官名未繙】, 呈出受領券焉, 則此地基, 於長崎港內外國人居留地, 表徑何十何間, 裏徑何十間何尺, 步數, 何百何十步何合, 則繪圖面中號第何番。界于西方何地, 東方何地, 北方何地, 南方何地者也。

右地基, 一年地價, 以百步, 墨斯哥銀, 何十枚分數, 當何月迄何月, 一年借地價, 官吏, 何十枚相納去, 承後, 某, 或後嗣者, 又收管人, 依後件規定, 出每年地賃間, 右地基可無阻貸置之旨, 表于此。

據條約, 外國人借用地基法, 如左。借地本主, 不可敢望分外事, 就受居留日本帝國中之允準。外國人, 又持有其地基, 或建築, 日本重吏, 或【官名未繙】, 讓付不唱異論者, 雖無阻, 其他者, 不可敢讓付。日本人, 於外國人居留地內, 無持有地基, 或建築之理, 日本重吏竝【官名未繙】, 非以其官印公然許之, 不可讓付其地基于他人。但許否, 在日本重吏, 與【官名未繙】之權事。故右券書法則, 如左。

某, 又其後嗣人, 或收管人, 讓付所借用之地基利益于他人, 出告其旨本

國【官名未繙】, 出請奉行所。彼此相得後, 書載了其事理於帳簿之後, 可傳付。又曾借地區之全地, 又其內地不問何時分割, 無受前文許讓他人歟, 又貸付日本人耶, 又地每百步以墨斯哥【財名】何枚之分數, 怠年次先納歟, 或不從奉行竝【官名未繙】方今所設之規則, 又今後所議立之規則, 則此證書, 歸廢物, 其地基中建築, 可歸日本政府之有。

右地基貸付證書如件。

年號月日

千八百六十年月日 長崎奉行所印

地所規則添書 ─────────────────────────

以本文地區規則書增加第十三條, 遣白江府, 第一條中請地基賃借者, 其國【官名未繙】職不在, 令處分結和親他國【官名未繙】職事, 與第八條、九條、十一條中, 對約了各國者, 其國【官名未繙】職不在, 於長崎奉行, 可裁斷諸書之件及令處分于約了他國奉【官名未繙】職者件, 悉因不相當, 有關係于前文處置上之各條, 不可採用之旨, 與各國官吏議了之旨, 來報, 故爲置添書者也。

文久元年辛酉九月

岡部 駿河守 花押

千八百六十年地所規則第二之附錄 ──────────

與日本結條約各國【官名未繙】及長崎奉行, 一月承諾後, 地所規則第七條

內廢謂但何地基地券一注一年內不可讓付他人之章。右七條，除此章已，其餘，凡決定于採用事。

　於長崎，千八百六十二年第四月今二十九日，文久二年壬戌四月朔日，各以自筆記名，押印。

　岡部　駿河守　花押

日本外務省事務卷之八終

外務省
三 · 四

외무성 삼 · 사

여기서부터는 영인본을 인쇄한 부분으로 맨 뒤 페이지부터 보십시오.

千八百六十年地所規則第二之附錄

與日本結條約各國𡺸𡻕及長崎奉行一月承諾后

地所規則第七條內廣貫但何地基地務日注一年

內不可讓授他人中之意古七條除此章已其餘凡

決定于採用事

於長崎千八百六十二年第四月今二十九日文久

二年壬戌四月朔日各以自筆誌名押印

岡部駿河守 花押

岡部駿河守 花押

岡部駿河守 花押

日本國外務省事務卷之八終

190   189

地所貸渡券書　一

長崎奉行何印國商人某於長崎港為外國人居
留所設地區內請借受一區地基於長崎港之書何國
未締呈受領券為則此地基於長崎港內外
國人居留地來往何十何間　圖面何號何尺
步數何百何十何步何合則繪圖面中號茅何番
界于西方何地東方何地北方何地南方何地
者也

右地基一年地價以百步墨斯哥銀何十枚分數當
何月迄何月一年借地價官支何十枚相納去後

185

其或後嗣者父扠管人依後件規定出每年地貸間
右地基可無阻貸置之青来于此
撿條約外事就外國人借用地基法如左借地本主不可取
堂分外事就受居留日本帝國中之允准外國人又
持有其地基或建等目本重支或未締讓付日本人於外國人
論者雖無阻其他者不可取讓付日本人唱異
居留者雖無阻持有地基或建等之理日本重支並作
禾非以其官印公然許之不可讓付其地基于他人
繕名以其官印公然許之不可讓付其地基法則
但許否在日本重支與末繕名之權事故右券書法則
如左

186

某又其後嗣人或扠管人讓付所借用之地基利益
于他人出告其青本國未締出請奉行所彼此相得
后書載了其事理於帳簿之後可得傳又曾借地區
之全地又其內地不問何情介割無受前文許
人歟又貸付日本人耶又地貸百步以墨斯哥方何
枚之分數怠年次先納歟或不滯奉行並未締方今
所故之規則又今後所議立之規則則此證書歸廣
物其地基中建等可歸日本政府之有

右地基貸付證書如件

年號月日

187

千八百六十年月　　長崎奉行所印

地所規則添書

以本文地區規則書增加茅十三條遺白江府茅一
條中請地基借備者其國未締職事與茅八條九條十一條中對約了
各國者其國未締職事不在於長崎奉行可裁斷書
親他國者未締職事端者以上之各條不可採用之青
之件反令處分于前文處置上之青來報故為置添書者也
相當有關係于前文處置上之青來報故為置添書者四
與各國官支議了之青來報故為置添書者四

文久元年辛酉九月

188

上提管吏從右集會定議方法可令為提管故若有
未納者依裁判提管吏可擔之若為統管其者
未繕官吏不在港提管吏以他官名出請長寄奉行
府廳徵取右分除金可授提管吏分除金前年分之
計算提管吏每年集會之期出借地人兩前可以受
許諾滿員或其一人有以為集會更無阻方此時為令
地人出請之事雖何時為集會見要用又借
各員考按其事以十日前可令知為集會之事理請
右集會之書難少五名以上連印可以記載十分之
條理

181

集會時以其是之者多數決之一席階地人是之者
滿三之一則他人皆從之蓋集會以長老為其
會長長老不在則就在席借地人中以投標可
撰之集會借地人者以會議一事不為畢事閥土地
全體利益之事有可議者則報諸會長報諸長
老未繕請滿座之承諾而非公然決之則其事件不
要遵守之
茅十開逛興呀商賣酒類之事
居留地內無未繕許外國人們不可賣酒類開逛興
所入日本人同之無奉行誅不可營右業且為右採

182

商賣為令不驗報確乎可誅保管人
茅十一犯法之事
中云何時察出犯法者又有人告官吏者又
日本官吏報知則官吏呼其犯者擴按后可直戒之
不置官吏外國人犯法則他官吏中告日本重吏為
令確守規則可戒右犯人
茅十二稼備揭條
此後有欲改革右規則歟又欲此立規則乎又依事
理有懷愍前同敷奉行與公平可誅決且未繕
報在日本輔幹事可確定之

183

茅十三附錄
前八條九條十一條內有奉行如統管外國人之事
此等非本所而已之事關公法之義於奉行難承諾
奉行問江戶官吏固待六十日
間自江戶有其報則於右揭條內八條九條十一條
除之其他全守之右廢除亮可記附錄
右規則中補者謂與日本結締條約國各等
未繕正掌其職務者
萬延元年庚申八月十五日
岡部駿河守 花押

184

凡於外國人居留地內。所貸付地基賃料每年十二
月十日可前納來年之額
奉行先期日十日前何月何日可納何處某地代
之旨報象。官名可報之借主輩任地代收受課之
支人造三紙收領事。副之譯文一紙受藏奉行所一
紙受藏。官名未繕所一紙可授借主若借主定
日息納地價奉行可報此旨提管本主。官名未繕令其輩速納銀必
承管

茅七地基讓付之事

地基之儀載名其證書者。住居常奉規定可持有之。

假令地基受后三日內于證書書入不畢則不可
替名。但何地基地券日注一年之內不許賣之
右外國人居留地內外國人住舍又商場旁近連接
為火患之距離不可以新初建日本人家及小舍若
有如此患可抑止其妨害或為防妨害。官名未繕以
下條所定罰銀法。官名未繕不許則日本人不可開遊與
場于居留地內。

茅八地基制限並可守法則之事

葺草小舍以竹或板所造家屋類兀易燃家屋不可
初建居留地內又其境界中可害人命又為害健康

之職業等不可營為若為之則每二十四時可令出
二十五。官名可罰銀火藥硝石硫黄或多量揮發酒精等
總危害人命並所有物之禁品不可貯家屋及地內
犯之者令出二十五。官名可罰銀不除去有妨害間每二
十四時可令出二十五。官名可罰銀為如此職業之地內又
貯藏右品物之地建隔家藏之地。可防諸危殆右區
地支人許諾后可定公道路落成淺造木閣置材木
或疵柵門入口登階又張出門口或命除去淺猶怠之每二
通行者日本支人又。官名可出十。官名可罰銀累堆潰道路塵芥或致發火
四時可令出十。官名可罰銀

器或喧驕不法或馴馬于公道或為煩擾事妨害人
此等咸禁之犯之者咸可徵收十。官名罰銀若本港。官名
不在出日本重吏重吏可付之外國提管吏但此提
管吏依此規則中茅九條肯任者。

茅九煙火並監人之事

乾每坊燈火掃除監人。官名可讓諸券右雜規律為故。官名未繕等借地
年首集借地人可議券右雜賣金之法。每會借地
人淀其所有地建等定諸雜賣分除且淺此時搬上
右外國人居留地貨物之數亦可結定埠頭稅分除
且右分除徵收償出之方談外國人三口或三口以

萬延元年庚申八月十五日西曆千八百六十年茅
九月二十九日押印。

茅一得地基法之事

為借地外人所定之地若外人欲借之則可請諸其
官名又未繕副官但不置未繕地則可出請和親國。
此時務詳悉記載地區方並境界所以出請又副
官可訊問地吏人及他此地區先約其他所有
無若右等阻障相發彼此借地人混合則與初請者有
相當時日可令為受借之舉若其時日中不為其舉。
右地區受借可讓次請者但遲延之義出不可已付

先者無阻無其故及遲延勿論可讓次者。

茅二地基配分之事

地基貸付實居住者也不可貸付有名無實者故地
基借主地券日限六月內可建等若怠之可絜收右
地券且建等於海岸所百茨若後面之地百
茨五十附以下之建築不可為。

茅三得地基落著並地券之事

如前條茅一地基請人結定後請人交付官名人手
記押明書于地區吏人地區吏人速同請者請其地
可量地基茨數

步數測定后二年地料可逐出出地所課長官長官記
載其步數與境界副驛文于三紙收領書可與借
主出右收領書如別紙談了出地券于未繕可出
府廳府應其內二紙于未繕三通一通寄藏府廳
一通寄藏府應未繕一通可授借主但府應記載其地步
數並境界可報出右地券之吉他官名未繕

茅四設石標于境界事

地基借受時未繕所出之吏人地所課吏人又地所
課吏人代負借主面前可埋等雕地基番數之界石。
但此石標準不碍道路並他境界而為之又要期日

後要不起爭論。

茅五市街道路臘渠埠頭之事

市街道路等係一般之公用故不可編入借地限內。
要準諸般無阻碍為之
有受借新地基旁近可為該市街道路並埠頭之準
備
土地為日本政府所有並市街道路並埠頭日本政
府常整齊之要溝渠則必用作之為之時無收租稅
于借主。

茅六納地價期限之事

此地區于墓地遁閣他事可用得其所請

第六條

就墓地保有之諸雜費遷償外國領事官雖管受防

兇徒輩把墓地新潟裁判所警察吏可注意。

明治三年庚午七月三十日

新潟知縣事

　三條 西公允 花押

新潟大参縣事

　名〓道 一花押

　木野盛 亨花押

169

英國兼澳國領事官 勤方　　人名末繕 手記

獨逸北部聯邦領事官　　人名末繕 手記

和蘭副領事官兼伊國代理領事官　　人名末繕 手記

箱館外國人墳墓地證書

明治三年庚午閏十月十三日四曆千八百七十

十二月五日。

於當箱館港爲外國人墳墓地自山脊泊西南至地

170

藏堂前後表口〓七十八尺。經線百八尺地定于耶

穌新教墓地表口百二十尺。經線百三十尺。地定于

希臘教墓地又其以南表口百八尺。經線八十四尺。

地定于羅馬天主教墓地都此三所新樹標杙右構

內結定外國人全墓地之上。不可根動右地內日本

政府無加繕修。

同所徃來道路山脊泊稻荷側迄海岸修造。可以幅

十八尺。

右明治三年庚午閏十月十三日。於當裁判所會議

決定。

171

嚴村判官 印

杉浦權判官 印

英國領事官兼澳國代理領事官　　人名末繕 手記

米國領事官　　人名末繕 手記

魯國領事官　　人名末繕 手記

獨逸北部聯邦領事官　　人名末繕 手記

172

後千八百七十年茅五月四日。日本政府與外國公
使所結締約條書茅三條。何京或收保人。或後嗣人
以一炎金三十七錢五厘之分數。地代總數金何圓
每年十二月十五日。無相違可以前金相納。

茅二
何京或收保人。或後嗣人。依右約書茅六條所結定。
居留地收轄費用無相違每年。可納之領事官。但每
坪。不可過金十二錢五厘。

茅三
右茅幾番地所或雖爲其內一部。日本訂約外國人

民之外。不可讓他人。若讓之可必於彼此領事前且
本地日本地方長官可書加此事于帳簿。
右揭條內有違背其領事可接查。若不納地租爲其
地租及罰銀每一月可令出右地租甃之與訟
訟裁斷支費日本長官可裁斷右不納間爲其罰銀
自裁斷之日。右可納之數前般二分之利子可徵
收日書此地券于二牧一牧付于借主一牧可爲日
本長官之儲。

年月日　日本地方官姓名捺印

新潟外國人墓地約定書

明治三年庚午七月晦日。西曆千八百七十年茅八
月二十六日捺印。

茅一條
新潟裁判所結定爲外國墓地於寄居近傍一番山
東南延西北長九十。但日本申尺三十尺九十尺東北
迄西南幅三十。繼
與方今現在立木可正交付証約各國領事官

茅二條
如此交受之地。訂約外國人墓地之外。不可用于餘
事。

茅三條
外國領事官可領知以墓地之故出枘行落等其他
雜費是故爲一墳墓所與之地。委命相當費額其總

茅四條
雜費可以充墓地之用。

茅五條
當今墓地道要常開啓左右墓地十五間內之樹林。
雖要俟舊爲一可洗代與各國領事官可恊議。
至後來墓地爲可增者故附近地區。新潟裁判所不

前報知之外國領事官否不可用之他事且猶有請

賣元價一毎金二兩一年地租一毎一分二朱。

第四條
競賣可從此規則中所録競賣各條書於居留地内
外國人要若於政府欲競賣之事都一月前可出此後競賣之
府歟若於政府欲競賣之事各國領事官上告日本政
事日本政府布告。

第五條
以外國人出前文地租之故日本政府海及開河之
石壁及居留地道路等皆堅固等造又修繕之且居
留地設小溝道路揭夜燈。

者之他。不可敢記于他名。

第四條

八最高價落票之際末出次地區于競賣之内證
可出競落代金内金百兩即場可納此方後付地
券之時可算去若不速納右内金者次于破談不出
次一區于競賣内改可更出之競賣。

第五條
地券當如別紙所記右日注畫十八百七十年第七
月一日彙准同日交付可爲準備雖不俟論可付于
地券記名本主出受者持來爲代人之委任状或買

收其地區又領可受地券之權之確證則授本者無
妨便右證畫於當路所記之寫本亦日本留在長官
若遲同年七月一日不全于買收之方者次爲破談
於次競賣改令競于他人旣納内金可收日本政府

第六條
授地券時納金五兩於日本地方官以免其勞費。

第七條
後日本政府與外國公使千八百七十年五月四
日取締別紙約書第三條法券金之外借地人等及
收管人後嗣人於永久地代可約一坪金一分二朱

且從右約書第六條爲居留地收輕支費等借主可
出毎年一坪不越金二朱之數。

第八條
無日本訂約外國人之證者地券不付與。

東京外國人居留地券案

第幾番地所
金幾圓正落手爲余日代日本政府于何某武牧保
人武後嗣人東京外國人居留地如公之圖上有幾
番地所

第一
毎幾番地所以左方法永久貸付爲。

銀三弗八錢之額居留人民毎年可前出但爲修理
其他無減卻右銀額内、

第二
右委托領事官命右居留人民代理可公園之提管及管
接歟否則爲右居留人民代理可定管下部右管下
部者設公園接之規律每年四月一日可納
居留地課右但云規律可受日本長官並各國領事
官承諾、

第三
貸付于右委托領事官之地區爲居留外國人用之

157

公園兩用之他○無敢供他用○且無設建等於右地區○
但附屬于公園之建等非此例○

第四
背右規則○此地券屬無用而本地所屬物現質可爲
日本政府所有但○至此後日本長官與各國領事官○
決議有所設之規則可從之○

神奈川縣權知事
外國人東京居留規則附録
明治三年庚午四月四日千八百七十年第五月四
日○

158

第一條
別紙圖上以朱線所示之區所内約諾訂約外國人
借日本人家屋爲營業得住居之旨且日本人於
右區内貸家屋于外國人不得過五年但彼此接談
上延期限不爲無右區内借家屋日本人之外國人
日本人同般可納道路溝渠或開鑿等修繕之街費
第二條
據千八百六十七年第十一月二十六日所定東京
外國人居留規則第一條及二條別紙圖上青線
内地區日本政府許而貸付之外國人右地區與接

159

近其地日本人地區以幅一百尺之道可界北且印
呂呂二區及印波波波三區之地基貸付外國人之
後速可排去伊號在正面地區日本人家○
右青線内地區悉八外國人所有○則至別紙圖上所
印仁仁仁之開鑿可廣居留地○
第三條
別丹圖上所印呂正面二區並波印後面三區地
悉可以第六月二日出于競賣右五區地競賣原價
一爻金一兩二分一爻一爻金一分二朱○
以伊印一區内地及仁仁仁印開鑿爲境界地内競

160

153

錦毛交織　橋絆股引

右輸入減稅自我本年十一月三十日西洋千八百
七十年莽一月一日施行宜布告之貴國人民。
巳巳九月二十日
外務大輔
外務卿　　寺島從四位藤原宗則
澤従三位清原宣嘉
佛英米公使
閣下
請以横濱山手為公園地書

154

據千八百六十六年莽十月二十九日結定條約莽
中莽十條欲於山手以六千炎許之地區為公園請
見賞此地。
於日本横濱
千八百七十年莽一月十一日
人名　末踏　手記
人名　末踏　手記
人名　末踏　手記
神奈川知縣事執事
前書必旨承諾之。

155

此約書所副之圖中波號所揭山手地區以百炎六
弗之廉地租為公園地。為外國人置之自此約定
之日三月以内經外國領事官等手可依此分數出
請此間其地所有草木依然存置至右地區至作公
園地之時與地區共可付此卉永于其餘無賃日本
政府契約焉。
莽十箇條
神奈川縣權知事所與山手公園地券
千八百六十六年莽十二月二十九日臨記書
英米佛伊白瑞蘭丁日葡各領事姓名印

156

據千八百六十六年莽十二月二十九日於江户決
議約書下名之神奈川縣權知事代于日本政府如
別紙圖西山手妓香寺附近之地一區計六十七百
十八炎及其地所喬樹末貸付日本國訂約各國領
事官及其次官以供居留外國人民之用但右地區
與所揭于前文約書附喬之圖波號山手地存置之
分畠為公游園者交替而右地區前文各國領事官
傚左條規則為居留人民攷受之公之游園
莽一
如前文約書所定每年地租百炎六弗總計墨斯哥

右賃錢副後在領事中。有異見者過半猶可再議。

第四

所備準船屬不用時其謝之請告時限前一字者則
不須賞。又請告時限後出謝則不搬載亦須償出
定額賞錢之三分一。

一日留滯於下錨所則由本船或雇主授証契雖空
歸亦須償償定額賞錢。

由租所將船賞清單送交該雇主須於二十四時間。
償銷。

第五

須於請告時限準備船隻兩天或風波湊口不穩正
搬運則役此可破約。

但請告時限不備船隻須由搬船主償定額之
三分一。

第六

凡出船自西曆三月十五日迄同十月十五日以午
後茅四字為限西曆十月十六日迄三月十四日。限
午後茅三字為止。

茅七

搬送貨物及人偏雇暴風其他非常災如船及貨物
等傷損則係互相災損。

水丁怠懈或將不適之船供用之事。晰明則由搬船
出償金。

本船並貨主戴八斤量過當之貨物為之致搬船損
傷須由搬船主或資主賠償。

雖如右擬定實驗上不便之件須在一年後改正。

日本明治四年未七月十七日
西曆千八百七十一年九月一日

新潟縣知事

從四位平朝臣時厚 花押

英國領事勤方 入名 手記

獨逸北部聯邦領事 入名 手記

乾橋祥股引減税之件與英佛米公使書翰

手簡啓呈帛條約租税目録内毛木綿進北部聯邦締結

左件之品輸八減税之件曾與獨進北部聯邦交織物部中

條約之際有恊議所定減其税如下項。

木綿橋袢股引 同目 十二 元税一分銀 減税同 ○○二五

毛織橋袢股引 同目 元税同 減税同 一筒 ○一八

第十六則

自治川冲洲迄分遣租所前間渡一丈四尺至一丈
之深俟至告竣之間許各船隨便經過木津川安治
川其浚工告竣由日本司人報各國領事轉行布告
人民後須限由安治川過船。
未津川一番監所迄本租所前應令吏人登坐輪船
自他各川輸八物貨於監所抑留可命其船迴至安
治川。
烈風之時許將貨物迄兄無川一番監所旁近為避
風波迴舟俟風波就靜可迴安治川或未津川。

第十七則

右規則西曆千八百六十九年第五月十九日左各
貿會盟所締結約也雖然若有可改之條欵至千八
百七十年第一月一日變改全文或二三條規則俱
須會議者也。

日本大阪府判事兼外國官判事
　五代戈肪　花押
英國　　　　手記
英國　　　　手記
蘭國副　　　手記

新潟天渡船約定

李國代　　　手記

明治四年辛未七月十七日西曆千八百七十一
年九月一日捺印。

依新潟規則第二條為利外國人之商物搬岸
父搬載驚造號大天渡三艘其小天渡亦可混用罾
則上所載小天渡三艘搬船當俟前所定暫行
後為便用之恠議改定左規則。

第一
需用搬船時接談租所吏員將可貨物多寡等件由

雇主或代理人帶來證憑者詳細手記簿上。

第二
需用搬船前日有請告則備具其嚴遣甬請告亦起
早出之俱為備準費些分盡。

第三
大小天渡船由租所埠頭達外國船下錨所一徃返
之運費擬定如左。

大天渡船一艘　費錢三兩二分
小天渡船一艘　費錢一兩二分
但撈持物件外載貨物須償一倍貴錢。

二月二十七日迄晦日。
但限十二月二十七日二十八日兩日朝九字迄
十二字應須准辨行緊要各事。
　　第十則
西曆五月迄十月間朝九字延夕五字自十一月迄
四月間應須辨理八出港之規例各事並其他緊要
之事。
　　第十一則
若商人輸送可收稅貨物於日本開港地於左揭限
内由輸到之租所不出搬岸書標則須納其當然

租之證書又將禁止輸送海外之貨物載送日本開
港地於期限内不出搬岸書標則須呈納其貨物價
金之證書。
但長崎橫濱港四閏月租館新潟六月若期限内
不帶證書來卽當照會其港船衆則應徵收證書
上金穀船不來則遲之六月間果決于破船有確
證則廢其証書。
　　第十二則
將經物貨置搬岸場而過四十八字或於第十則所
定期限内不出請查書則須將貨物八借庫其庫賃

須由貨主或收管人兑納但如檢查等時不可遲延
時刻。
　　第十三則
合藥其他烈性爆發物應當寄頓爲其所設之庫内
其庫費須俟後約定。
　　第十四則
輸出八貨物許狀必於本租所接受然輸八許狀依
其貨主之請於安治川分遣租所亦可接受。
　　第十五則
載有貨物或船客搭坐之各船往復神戸之時須維

舟安治川租所分遣廳而告票如右之輸船八津則
須於分遣廳限十五分時間令士官登船又登船同延
所輸船出則由其出船之搬岸場士官又登船同延
分遣廳由其士官告非不正可檢若輸過物貨則可速出
船若檢查不了貨物喚提可檢若輸船不經分遣廳
胳過則捕抑照脫貨一般辨理事。
火船通過若於安治川租所分遣所不做登船準備
則可一直通過。
川火船除例定埠頭外其他各處於欲過時無別請
不得碇泊。

為辨事便利在居留地近傍之祖所外可刱建分遣
祖所於安治川波除山近傍

第二則
商船出入港口之事。限本祖所。

第三則
曰不時風波間有陸與下錨船之間難為往來除日
曜日休業日於四十八字間不能為八港規例之事
然不得已之事碍不明晰則頇於結定時限為規
例各事外國商船一經八港投錨商船每一艘應行
即速差遣祖所官吏將開港規則拔本送交其船長。

137

曰風波於決定時限內不能做八港規例各事則應
由其船長記八港日時及祖所官吏八其船之時
第四則
將其所記書標交付官吏。
大阪港經界可俟後定其時頇由日本官吏與各國
領事會同查勘建立標末。
但建立標末應於日本政府管任。
第五則
因於本港經界中投棄船脚物之事為令遵守規則
頇由各國領事嚴行管辨。

138

第六則
將諸貨物搬岸搬載之件頇限於為其所刱建二所。
若有違背當將其貨物據條約上收公。
除搬岸場外頇於居留地內刱建二所之上口。
但此二所不可上下商物。
第七則
凡火船及帆船為其試驗運轉罢機或游行並為運
轉出港外之時頇由其船長告其國領事則當由領
事轉行報知祖所。
第八則

139

但本船監士不可卸。
第九則
日本祝日祭禮日休業日不許貨物上下。
但領有許狀或檢了之數告祖所後可准。如郵遞
船雖祝日祭禮日等休業日欲行搬岸載船其票
請書有領事館印鑑或領事裡書可准。
日本休業日如左。
正月三個日正月七日　三月三日　五月五日
六月二十五日　七月七日　七月十四日迄十六
日　八月朔日　九月九日　九月二十二日　十

140

下記兵庫縣令神田孝平與在當本港條約國領事
等代理各其政府當其仕補基地之爻爲有千歩内
外之區地但此地北邊三十二番三十三番三十四
番之地基東西南界于西坊明石坊用于公園地若
於其地必需係居留地所用建等則可設之其一年
地租以一分銀五百箇爲各國家民以後應須貸付
右條約圖領事等爲之此地基地自以後居留地
主事各員提管價納地租自此爲定書捺印日起須
由地所積全内每年前約爲右證憑千八百七十二
年㐧四月十二日各官捺記印名。

兵庫縣令神田孝平

丁抹國領事 入名

米國領事 入名

白耳義國代辨領事 末編

瑞西領事代無荷蘭代辨領事 末編

英澳領事無伴伊西事務代理 末編

布告

沿祖所前埠頭下錨之川火船下錨過二十四時間、
則須曓錨下流之事今與各國領事熟議上結定規
則無論内外區別應當堅守此告。

明治六年二月二日。

大坂府權知事渡邉昇

閱大坂港經界之件盖簡

一大坂港之經界北左門川南太和川海上自天保
山燈臺爲出三里左門川大和川可樹標木。
港則茅四則未定之經界今如別紙確定奉政府
許可希將此事偏告貴國人民爲此知照謹言。

明治六年三月十二日 大坂府權知事渡邉昇

各國領事貴下

布告

祖所前埠頭東盡十二間之處定爲貨物上下禁火
船八右文係爲計各便利經與各國領事熟議上結
定爲此不分内外人民區別應當堅守此告。

明治六年四月四日 大坂府權知事渡邉昇

大坂開港規則

明治二年巳巳四月八日西曆千八百六十九年五
月十九日。

㐧一則

129

無爲訂盟外國人之證憑者。一切不可付授地券。

地券模形

金何兩玫受由是、余代日本政府何國恳如公之地
圖有何芟芽何番居地永久貸付實正也。右貸付條
欵如左。

兩每年當西洋何月幾日不誤以前金可納其領事
官。且從右條欵書八條以所結之居留地管理費每
年不誤可納其領事官。但地一玫不可過金一分之

交換條欵書從多五條一玫金一玫。即地償總計何
千八百六十八年八月七日。日本政府與外國公使

130

三分一。且右芽何番居地若一部之地除與日本結
條約外國人民之他不可讓付他人。且讓付可必出
告之於兩國之領事官有違右條者日本政府可告
其國領事官因書地券二通。一通付置借主一通日
本長官爲副存者也。

年月日

記臆書

地方長官姓名　印

日本政府代理甲之部下兵庫知縣事伊藤俊乂與外
國衆人代理乙之部下名各條約國領事等之間調
達此約定書

131

於神戸地區賣却結約書芽九條所揭海河之居垣
既顯記于官圖且含有在現今建等起工所置地
周圍街道之各溝石垣。且震撼等之意此意判然矣。
右溝取在居留地後邊地區爲緊要溝流故代右甲
部其官府受後人爲令日本政府爲保護清潔無頎
害爲約定。

右乙部速牧管右地區。且可爲賣却發行故居留地
内閣坊之溝以周幅可架渡之橋梁爲趁早可完成
右甲部爲約定。

爲保護右甲部石垣。且生田川堤爲約定此防居留

132

地滿水漲溢且爲令堅固也。

爲證據千八百六十八年芽十月八日我輩捺印也。

兵庫知縣事

伊藤俊乂　人名末縞

米國領事　人名末縞

蘭國領事　人名末縞

於證明伊藤俊乂貸下反　人名末縞貸下之捺印於末縞
氏之目前捺印交換。

兵庫神戸外國居留地所有罻補墓地地基一
區之約定地券書。

第九條

日本政府以此支費繕修兩所居留地石垣及上陸
所且渡上陸傍近海河難干潮可令上陸無阻

第一條

兵庫大阪外國人居留地地基難賣條款

設左地圖各敷枚以爲後證兵庫大阪兩地官府並
各國領事官分遣所奉什印章捺鈐之寫之一枚可
其存難賣件以一番居地爲始逐附號次序悉可出
于難賣

第二條

難賣代價可必賣于高價若難賣有同價之地區猶

可改出難賣

第三條

買主可高聲投價難上金數一爻可不火於金一爻
之五分難賣人求准爲自己若他人投標落標時難
賣人高聲唱買主姓名可速記于簿上其後書付地
券可限買主之名

第四條

落標未出其次居地于難賣内買主金百兩爲内金
即場可納是後至付授地券時可算除清計若右金

不速納者目爲破約次居地不出于難賣前改令別

入投標

第五條

地券要如別紙書右記日以十八百六十八年三月
一日可付授地要爲准備此可付授地券記名之本主
雖勿論出投領者買爻帶來受投領之權代人之證
標或揭示其他可證憑者付授地券本主兩可也但此
人可納日本政府其證書或當仕領事官撿印了之
寫本若迄三月十五日有不全買受亏者定爲破約
後日難賣之時令他人更投標既納内金納之日本

付授地券爲賣手賣納金五兩

第六條

第七條

沽券金之外如別紙結定書第五條所定每一爻金
一分之地租年年居地本主或後副又代理人可納
之

第八條

右地租之外居留地管理費等日時宜每歲可納之

但此每一爻不過金一分之三

第九條

難賣外國人居留地之廣狹方向及其難賣日期於
五日前日本政府可出于難賣地區圖於兵庫布告
可令以知區地之廣狹方向且逐後可開道路溝渠
地區炭數二百炭迄六百炭道路幅負不可狹於四
十尺。

第三條
如前件於大阪兵庫當貸付地區難賣原價一炭金
二兩其一兩二分以充外國人家屋建等其地區之
諸費剩餘二分則日本政府攷之以付之積金受係
所為居留地之積金以充道路等造溝渠繕修及夜

燈及居留地用金且於大阪及兵庫難賣原價旦賣
則代價半毀日本政府約讓加于右積金中。

第四條
大阪兵庫居留地地區難賣之件可從僧此結定書
法則難賣殘地區他日可再出于難賣其日期末所
日本官吏與各國領事官相定如其旨趣不問何時
布告于一月前。

第五條
大阪兵庫地稅一炭一年定金一分。此地稅因以於
大阪金三百八十一兩。於兵庫金四百十兩一分為

地稅元數每年納之於日本政府殘金為居留地積
金充道路溝渠修造及夜燈其他居留地用金蓋右之
稅預可納之。

第六條
依設立右積金為非常天災所破損之他道路溝渠
造營繕修夜燈其他居留地支費日本政府皆無關
係就非常天災破損有之則日本政府可出金數而
國官吏悦議以定之。

第七條
依此結定書為居留人積金所攷于借地區外國人

之金充納其領事官領事官可復付之積金受保所
居留地積金日本所官日本官吏各國領事官及居留
人行司悦議而可管接此行司不可過三人。但可選
舉記姓名於各國領事官各名籍之內其選舉之方
勤役之年期各國領事官定之。

第八條
若為管轄大阪若兵庫居留地要僱外國管轄吏為
此支費借地人以一炭不過金一分之三分一之數
年可出于積金內右年年可出金數及收納日期末
所官吏各國領事官及前居留人行司悦議定之。

第三條
自出准状過一年。奉行及領事官檢查後。許決准状。
可抑止守否。若可令再出字否。論于最初其後。每
授准状。時時為費手債授之日本政府。每一碩全一
分。

第四條
外國船貨物搬載上八水六尺以上船。不可授准状。
復惟日本政府之所欲也。

第五條
官吏乘于得許状之船或副官吏於大阪兵庫間往

117

第六條
於兵庫載得許船之貨物。要資主副其稅了證書或
無稅證書若有不帶此證書搬完于大阪者或押捕
武沒入之。

第七條
搬載貨物于大阪並兵庫所准船又為搬完限日本
政府所命之埠頭或為之日本政府所准之將船

第八條
得許准之船於大阪兵庫間搬送貨物若悅船
之外有何等之事不可他用且禁渡海中寄附外國

118

船若日本船若他地

第九條
得許状之船除同乘外國人船長外水手其不許上
陸于大阪。

第十條
與領事官之權加罰之
其輩本國政府為使其國民守諸條約及約定以所
有背此規則及將來當設之規則者投八其許状且
大阪兵庫外國人居留地約定
慶應四戊辰年七月八日。西暦千八百六十八年八

119

月七日

第一條
據去年之條約為大阪之各國居留人。所准之地區
難賣日期。其地日本官吏與各國領事官恢議約
西洋九月一日。其地日前日所布告右地區圖。
西雖勉可用之。其地日前日所布告右地區圖
則政之亦可也。若改之其各件先難賣五日。於大阪
布告之。

第二條
於兵庫初日。日本官吏與各國領事官恢議可以定當

120

於新潟箇等他間港地同搬貨納金且爲便輸品上
下可等適宜上四

第七條

外國人於新潟及夷港市中。直向日本人。爲旅寓武
借倉庫武買焋付其自由又於兩所。爲公明所用。
受地區亦同前但不別定居留地於新潟外國人借
受地區之經域東北限海岸及川脈西南限卽今奉
行提下有標杙之地田卽其他納貢政府之地不聽
直爲前上票奉行所可得其准。

第八條

於新潟箇盟各國人民游步程規難以奉行所各方
十里爲限田其山川景况可定佐渡全島不立其限

在大阪外國人貿易並居留規則

慶應三年丁卯十二月七見西曆千八百六十八年
第一月一日

第一條

大阪非開港地外國人船等不可下錨迄建等祖所于
大阪準備完了其暫時間外國人欲輸入所有貸物
于本府沿條約附錄交易規則出請兵庫租所可納
稅本所但納他開港地輸入稅之貨物可不及納稅

114

至搬載貨物于大阪外國船。其暫時間外國人大阪
取輸出貨物前同服都請輸出兵庫租所可納稅銀

第二條

從本盡附錄規則及條約附錄貿易規則外國人所
有輸品運送船引船若混乘船等無帆船滊船之別
得往復于大阪兵庫間。

第三條

大阪留在外國人。左記經界內得恣游步即南界大
和川至船橋龍又盡經教輿寺迄佐田之線境市井
雖在大和川外准其游步

115

庫奉行押印領事官捺印其儔
其可授受否左准狀以兩國之語詳記加船形等兵
有出請准狀者兵庫奉行與其當路領事官檢查決

第二條

長官之准狀者不許徃復於大阪兵庫間
凡挽船匘貨物運送船武混乘船等外國人。不帶日本

第一條

大阪兵庫間設稅船及貨物運送船規則
人往來大阪府内。水陸共同。日本人無加障害
但兵庫至大阪路線以去京師十里爲限外國

116

113

第六條
於橫濱載貨物於所得許状之船因其事機要資主
副其納税證書或無税證書若不帶此證書而搬去
于江戸者其貨物或押捕或官没入之
第七條
所授許状之船於江戸横濱若横濱上下貨物限日本政
府所命埠頭或爲之日本政府所准辭船
第八條
得許状之船於江戸横濱間搬送貨物若人或引其
船之外有如何之用不可供他用且前兩地之处不

109

可寄維又於途中不論外國船日本船不可寄維
第九條
得許状之船自非船長水手等一切不可上陸于江
啓
第十條
有輩此規則叟将來當設之規則者故八其許状且
其隸船領事官以其本國政府爲令其人民守條約
及約定所與心權可罰其輩
越後新潟佐州夷港外國人居留結定
慶應三年丁卯十一月朔日西暦十八百六十七年

110

第十一月二十六日
賃。
第一條
日本政府爲供貿易用創建佐州夷坊内適可貨納
舍可令積在舶來貨物但日數三十日間不攺其積
第二條
爲下錨新潟夷港海上之商船設適應貨物搬運船
可令搬送輸品且設往來新潟夷港間之運送船
令無阻搬送輸品若每箇按應分賃錄

111

第三條
爲便新潟夷港間渡船。日本政府備置流船以供往
來者使搬送貨物又搯貨物搬送船雖往至當貨銀
第四條
若夷港海岸輸品上下不便則日本政府可間海邊
抵夷坊後湖之往來通路。
第五條
外國人以所有流船若運送船供其用亦無妨
第六條
日本政府創建新潟川口邊適宜之燈臺點第一等
燈火且水口具標木或浮標以便川口出入

112

慶應三年丁卯十一月朔日。西曆千八百六十七年十一月二十六日。

第一條

都外國引船運送船或混乘船等不帶日本長官之允准狀者。不許往來江戸橫濱間。

第二條

有出而請允准狀者。神奈川奉行與其船所隷之領事官檢查。決其可授乎否。右允准狀以兩國之語細記船形等。神奈川奉行記之名領事官旁記之

第三條

自出允准狀過一年奉行及領事官檢查。決允准狀可抑止乎否。又可令再出乎否。勿論于最初其後每授允准狀時。爲質手賃授日本政府。每一硯金一分。

第四條

載貨物船脚至八水六尺以上。不可授許狀非得日本長官特許狀者。不可砲臺外上下人及貨物

第五條

租所吏乘于得。許狀之船往復于江戸橫濱間。元皆住日本政府之所欲

第九條

輸品搬送船引船同乘船等概外國船八江戸自非軍艦附屬船要依樹白標末兩砲臺間而八但每船至左砲臺暫可止其行是爲日本官吏之其船此時日本官吏有需各船船主投同乘人目録外國人各可示其鑑札

第十條

日本政府右砲臺八口迄外國人居留地之船路可設標杙或浮標

第十一條

江戸留住外國人八左記境界內得恣游黃即新利根川或謂江戸川口至北方全町關若沿西方水戸街道至千住驛大橋又隅田川以南遡川上至古谷上鄕又沿小室村高倉村小谷田村荻原村官寺林石畠村三木村田中村諸村落至日野村引路線日野渡至玉川口爲限

外國人江戸市街各所水陸往來同日本人無加障罸。

設江戸橫濱間引船輪物運送船及外國人無混乘船規則

可為家屋搆建貸與之準備

第二條

為右家屋搆建所存之地。漸次間憑至需其他日本政府準備別紙圖上所記何號之地。其周圍可設幅六間四尺四十（末結）以上道路然。嗣後猶需地區每需於所施赤色區內逐次廣張。

第三條

別紙圖中藍色所染之地。日本政府迖十二月七日。撤在來家屋其周圍設幅六間四尺四十（末結）以上道設通宜淸渠除道其區內地區擴大阪兵庫外國人居留地結定第六條第七第八第九合。可貸與于外國人。

第四條

通過別紙圖上赤色所染區內之鑿開日本政府至十二月七日掃除嗣後。可令掃除無意右鑿開掃除諸費日本政府支給之。

第五條

別紙圖上。記何區內起工外國人旅店日本政府期

第六條

二月七日可令落成此旅店屬日本人管理

日本政府設使宜之搬岸揚于別紙圖上某號地為各國人所有貨物若搬岸或搬載船中從便宜設置素舍以庇雨露之小廠而暫時所置輸品且江戶非開港地故外國商船不可下錨外國人所有貨物即擴條約附錄交易規則而受檢查枚橫濱於同所若他開港已納稅後可搬岸江戶且於江戶必他收出租寰間外國人欲自江戶輸出物產諸撿查於橫濱租所非已納輸出租後不問何國同港不得搬載他國船。

第七條

從本書附錄規則及條約附錄交易則外國人所有輸品運送船引船或同乘船等無帆船嵐船之別得往復于江戶橫濱間

第八條

八江戶外國人官員著官服士官之外投受神奈川奉行閱一覽鑑札于留在橫濱本國領事官而可蓄而取陸路者。於六鄉渡津出示之。取舟路者詣江戶砲臺示日本官吏但官員外無鑑札八江戶者押拘以付授其國領事官此為令外國人達奉江戶開市旨及條約上。

且就管理上及道路溝渠件廳外國人所禀右廳之
諭又有外國人犯法者。奉神奈川奉行之指揮於其
國領事官之目前接驗之

第三條

神奈川奉行所隷管理吏保護橫濱居留地內外國
人且帶可拘捕神奈川港內外國人爲不法者外國
巡視官管理而爲其指揮右管理吏及神奈川奉行
所隷日本人若外國人。巡視官捕挺訂盟諸國人犯
法者。則付之其國領事官領事官受領之。接驗異而
當之自已之合

第四條

橫濱居留地若神奈川港內支邦人或約人了之
外國人其管理及刑法。神奈川奉行問其管理吏之
意見且與外國領事官相議處置之

第五條

外國人納地租至其納期管理吏。速斂投若滯納可
報其國領事官

第六條

各國公使命其領事官爲不害衆人生産。可以減省
居留地內。神奈川港內飲食遊戲高家及販酒類者

之繋且向後准此。商業時領事官可速出其謄書於
神奈川奉行若有私條其商業者管理吏報其領事
官

第七條

日本政府爲令外國人安全而神奈川港物種內
火藥及可自發火物出至當之積貯而藏之爲誤適
當之地又各國公使令其國人勿貯如是諸品于他
所

千八百六十七年苐十月二十八日

慶應三年丁卯十月二日

外國人江戶居留結約
四人名 末繼

慶應三年丁卯十一月朔日西曆千八百六十七年
苐十一月二十六日

第一條

別紙圖中所施赤色之區內。訂盟各國人民得爲商
賣借家屋且住居其地而其區內有家屋日本人若
漁貨付外國人。則無令遂其意強借之又日本政府
故與於江戶訂盟各國人於開港地。可借地基建家
屋條約旨趣同一般便宜就右圖上藍色所染之地

商船水手若其他人。非受領事官之特許及一連
守領事官所望之約束。則雖一人。不許殘在

第十一
商船船主。不得令訂賣外國臣民之外外國人無特
許而上陸。若載來此臣子于當港則船主出犯律之
罰銀。且可依議右臣民歸路

第十二
商船爲出港之準備。船主以先出船時限二十四時
揭出帆號之旗章。先爲還船中書類併出帆許狀
輸品目錄。乘此船去未港者。非同乘人員內記名書

093

共呈出領事官廳

第十三
港內及箱舘市街禁路小銃

第十四
箱舘市街禁乘馬暴驅。且水手輩。一切禁乘馬行市
街中。

第十五
年右規則中條欵者。以各國領事官權。非稞洋銀五
百枚以下罰銀或處三月以下之禁錮

第十六

094

船主特注意。可嚴守前記本港規則外附日本與外
國條約書之貿易規則。諸罰銀如揭載于條約上可

出日本政府。

右每條與本港留在各國領事議定

會議書
慶應三年丁卯十月九日。西曆千八百六十
一月四日小笠原壹岐守決定

杉浦 兵庫頭 手記
各國 領事 手記

千八百六十七年七月十五日橫濱外國人居留

095

地內借地人等。會議右居留地之管理。可以付日
本政府同出書各國公使公使咸集會議書畢。且
議定居留地之管理及居留人緊切攝生之條俤
其言如左

第一條
日本政府於橫濱。別創建居留地管理廳。儀奉神奈
川奉行措揮之。外國人一人定爲管理吏。

第二條
神奈川奉行所隸管理吏。注意於橫濱在留外國人
居留地內道路溝渠之繕修。掃除等事。撥視其清成

096

各國人墓地。兵庫於外國人居留地背後山邊大阪
日本政府設之瑞軒山但地區垣墻日本政府設之
如掃除繕修支費居留外國人毎頭出之。

第十二條

撰外國人可居留一港於西海岸又於江戸定外國
人可貸居之地區之件各國公使恊議決定于江戸而
日本政府從此條約,反右所揭約書之旨且擄此結
定可以施行。

箱館港規書

慶應三年丁卯九月十八日。西曆千八百六十七年

第十月十五日。

第一

向來所施行箱館港諸規則待公行此規則書。其日。
廢止之

第二

箱館港下錨經界為自砲臺至七重濱之直線路。

第三

八港各商船表其旗章船主著船後除日曜日四十
八時間藏領事官船中書類貨物目錄及同乘人名
簿而延呈租所領事官領此書表樹右旗章

第四

港內船隻。不可投出石又載脚物且下錨所經界内
日出至日没外不可將卸輸品若載脚物

第五

無租所之允准而搬岸又移之他船貨物恃條約中
規律湮八之且其船主可出罰銀

第六

多載火藥其他可發火物之商船。至將卸右物種限
租所官吏指示之地可下錨

第七

同乘輩上陸範其行狀。因領事官決斷其船主可奉
承且日出至日没外雖水手一口。不聽上陸。

第八

水手輩日没後在陸地武酩酊或有不軌之抒則拘
捕課至當之罰銀求人若不能出之則領事官令其
船主辨之其他船主等理事有不盡示令出其罰銀

第九

商船水手不得允許而辭去其船要急告知之於領
事官廳

第十

與之於日本政府以右地之西邊現畏耕之地等立
同其高設石垣間要用道路繫溝渠在栞樹木筭注
意存舊觀。

第四條

右家屋搆建之地外國人得用櫁至需其他限其需
南方廣之。

第五條

右兵庫大阪兩地限今丁卯十二月七日西洋千八
百六拾八年一月一日如上文爲外國人所用爲準
備。

第六條

日本政府爲外國人所用準備右地區之支費以地
蔘賣却料可償分劃地區其價曰地位好惡雖有多
少差異其全數要以充日本政府支費爲計筭其此
支費數可以定糶賣外國人之原價訂盟各國人民
因此糶賣得借所需之地區此糶賣有軼原價之金
毀日本政府故之以充日本政府所賣金數無息之
價且冒不能償還其支費危險之償。

第七條

於大阪兵庫貸與外國人地區可納其地稅此地稅

地稅。

第八條

於兵庫大阪爲設外國人居留地前條約備之地
區非前條所揭糶賣則雖外國政府若會社其他何
筭人分論于家屋建等其他何所需日本政府不可
貸與之且日本政府不論居留地內外爲領事官無
別貸與地區

第九條

於兵庫大阪可貸與外國人地之原價每歲可納地
稅道路地區溝渠毀廣俟可一舉糶賣地基多多
糶賣方法及其日限其他下文所載墓地等造法曰
本政府今後當與各國公使商議定之

第十條

做千八百六十六年六月二十五日於江戶約定書
於大阪兵庫兩地日本政府可設爲藏外國人貨物
可保險之貸庫於兵庫圍中施藍色之地爲貸庫其
他日本政府用地可除存郤今起工修船所可撤去。

第十一條

締不改其遠背則日本政府與外國代理者商議庶
可收地區于日本政府宜名締地若用諸私㐖或他
事則從來地券日本政府可廢之是如示第六條此
地必不可代用于他事

第十二條

外國人居住地皆已充窒故外國代理者欲要他地
則日本政府新紙地圖如締造新道之入口可實他
諸外國人是以自今後當約定之地即為廣潟渠也
故可準備之蓋此地從此約定日四年以內不可請
之到其期兩為廣其地移日本人家屋于他故外國

081

人給共貫蓋其地現存社及寺仍舊而不可移
署名外國代理者與日本全權等千八百六十六年
第十二月二十九日於江戶。各署名捺印且別楷地
圖四葉皆可（未及未記號者各記名者也）

小栗上野介
柴田日向守
水野若狹守

日本國外務省事務卷之七　終

082

日本國外務省事務卷之八

兵庫港

大阪定外國人居留地結約

慶應三年丁卯四月十三日西曆千八百六十七年
五月十六日

第一條

訂約各國人民居留兵庫日本政府定以為神戶市
街生田川間之地等造別紙圖上紅色所染之地去
海岸漸高隆以宜水之下設長四百間許之石垣猶
要開鑿前後可決定道路溝渠之用

083

第二條

為前條所定外國人所準備之地漸次閴塞猶至需
其他限其用壙至後山側近於神戶市街有地基若
家屋日本人得擴貸付之外國人

第三條

倚條約大阪之外國人可借壹區之地即別紙圖上
施紅色之地日本政府存之然區內有家屋日本人
漁貸付外國人則不得強之又日本政府欲與訂盟
各國人民於大阪港借地建家屋之便利就右圖上
藍色所染之地日本政府為外國人家屋建造可貸

084

路通溝渠等。日本政府皆任之。盖其廣狹方位等各
國公使與神奈川邑宰商議之。
等於中央街兩側。以廣尺收路。其兩側皆可列植綠
木。

第六條

別紙地圖如揭建於其範圍內家屋不問外國
人。日本人必主堅固。可以等之屋以土且壁以磚石。
內外人若有違之則可沒取其地券。而其地區收諸
日本政府。

第七條

大岡川北填沼池等之作今果之者。惟第五條耳。
今前契約。日本政府從定之日。七月以內可竣切日。
設市場。

第八條

別紙地圖如揭錄右地內。一區隨約書第十條可
本人居住地後。通溝渠等。必要具準備。
且前約小倉。日本政府起造之。收家稅而可賣之所。
載約書第三條。各國人民墳墓地。爲廣其境界地圖
如未錄諸今次定之。

第九條

大岡川東江底甚淺。日本政府可浚之。居住地周圍
全流于潮際。其深要不減於四尺。

第十條

居住地東山邊地。每一年。每百步十二名。財納之。
故日本政府從約定之日。三月後可賣諸外國人。日
本政府以投票賣之。其府得金充修補此地費。
地圖如錄諸山邊地。每百步以六財租爲公園爲外
國人存之。從約定之日。三月以內。經外國官名。而
可靖之。現今兩所存草未皆存之。別不要金等日本政
府諸之。

前揭于第一條競馬場。別紙地圖如錄家屋墓地公
其地租。每一年。每百步十名。歲歲納之。其修葺經費

第十一條

外國人負擔之。
所載此約書第四條第八條及第十條家屋墓地公
園及競馬場之地。外國代理者作適當之証而可任
諸各國官名錄等。
外國官名錄等慮此地。不可用諸約定外之事。且官
名續等納定租於日本政府等於可處之。
神奈川邑宰皆此約定。以何等之作雖議外國官名

交官柴田日向守神奈川邑宰水野若狹宗協議
后署名外國代理等定左之條約十二條
第一條
為設競馬塲練兵塲及遊歩塲填沼池等約中為茅
一條令全廢之且依之以根岸灣上之原野今用已
所存競馬塲即從來以港寄町之地為外國人日本
人公園擴之埋之槙草木等日本政府已諾之盖可
移港寄町於大岡川南地日本政府兩此圍地諸費
神奈川邑宰并外國公使等可協議之
第二條

稅關止阪塲與弁天間町本人居住地付皆難賣之
件右約書第七條外國代理者今廢之且代之以等
左錄之道等日本政府皆許諾之
第一、廣六十名尺路從海岸迄佛國公使館前可通之
第二、續右街路同廣平坦道迄吉田橋以直線可通
之、
第三、同廣路從右橋沿大岡川北迄西之一橋可通之
日本政府從決之日十四月以內竣功且常修理之
等皆諾之
第三條

改造外國公及日本人居住之地又為防火災廣百
二十尺街道從海岸迄公園通居住地之中央可造
之且此地悉照諸前後而平坦之
別紙地圖如補蘇縣分八區等契約之
中央街束及新三區隨下條所約其所有歸外國人
又此條中填池或平坦之件從約定之日七月以內
可竣功、
第四條
可設中央街道東新三區之地其一區則外國人為
設公館可存置之

稱公館者朗町會所公會野脚夫或官市塲消火器
塲等也
蓋東百步二十七名則九十七名則之地租可納諸日本
政府、
別紙地圖如補蘇縣改市街中央高燥之道路平坦
且穿溝渠等日本政府給其經費故以除二區付諸
投穀賣諸外國人等皆次之故為告諸外國人日本
政府報諸各國公使館
第五條
別紙地圖如補蘇縣改造中央街道並其兩側其他岐

故以八月八日。即西洋第九月八日。九月二十四日
即西洋第十月二十四日。隨所議定日本政府可辦
共諸雜費。蓋其地租與他居住地無有差。

第八

條約各國公使等。再不能起在江戸議國之要營適
當之官舍於橫濱是以佛國和蘭普國公使皆得擇
適當之地故如圖上記第四從普國地於西位為合
衆國及英國可備適當之地。其步數自今後日本官
吏與兩國公使議之。

第九

為各國士官等。相會如圖上記第五就英國官名稱
所住之地。或其近地速可定其位寘然而移現在之
屋舍。或贍之等。其費皆為士官等所出。又其地租與
其他地無有差。

第十

日本人。為商歐食品。設適當之市場等。如圖中記第
六於廣空地。建小屋等皆決空之。

第十一

現今有戚心。日本政府勉使外國人可成旅行東海
道故日本政府通根舁村圓帨之擇長四五名尺幅二

十尺以上之街道任外國人運動隨工人名稱之所

第十二

從來外國人以納多額之地租日本官吏所管道路
自負任其事故為减其順序自今後借地外國人
溝渠等。每有協議為减其費可减租額十二分之二為
証之署名日本全權及外國公使元治元年甲子十
一月二十一日。即西洋千八百六十四年十二月十九
日各手記五通且捺印焉

柴田日向守　花押

畫可營之而其經費日本政府辦之。

約書

為防火災。隨數回所改正今改造橫濱居住地之
中心最為緊要且千八百六十四年第十二月十
九日。將約條市其條又欲為保居住地且議他約
東日本政府任其全權于會計官小栗上野及外

白石下総守　花押

佛國全權公使人名稱未　手記

英國特派全權公使人名稱未　手記

米國辨理公使人名稱未　手記

阿蘭陀総領事無公使人名稱未　手記

右政草廣張及其工業基本及約定各國公使日
本全攬手記于此書、自此約定日五日内、江戸大
君殿下政府可承諾故互約之下條

第一

開圖日本里程十八町英法一里劣位如既示以開
鑒之前地為各國人鍊兵地、且本地居留外國人競
馬塲永久可免右地基方今沼池故以日本政府失
費可理之且此地為彼此操兵塲雖不出此地税
為競馬所設外面周圍地租逐後可結定出之。

第二

066

為結條約各國海陸軍府省、其他疙瘩病人之假舍
屋並其塲地、既指示焉故人名縑等保管償家屋建
造費則任在人名縑等笠日本政府。了解直增加

第三

其他外人墓地與住在地接境界則固官吏之請尚
廣其地。

第四

外國人及日本人皆要保其健康故如屠牛舍則得
海外之一區而設之是以日本政府照豫所定之圖
可設之而此非得官名縑之許諾者則不得入焉

065

竣功后以經費之一分為之租額年年可納焉蓋其全
費大概以一萬元為率此等皆從官吏之所議

第五

以日本政府之經費現存之沼埈功則可移中央
市街于他處蓋土功方未竣而有失火燬家則右市
街復不可造之。

竣功則如示圖中以赤線税關與公使館之間通諸
一直線大田町大岡川中間廣地日本政府仍爲修
之是各國公使等兩寧議而備他日貸之也若有貸
之則以其金充道路溝渠之修繕蓋其地税與他居

住地無有差。

第六

於圖中所記第二為建各國公使館存之其他市街
等皆毀之而分此地也各國公使議之日本官吏不
得與議蓋其地租各所借之為國納之。

第七

從税關止陂塘沼海岸至于所賃佛國之地從海岸
迄大路皆如圖中第三為外國人準備焉故漸次以
投票可賣諸外國人及日本人
至行此約則日本政府不得不廣外國人居住之地

068

067

061

敵對及暴擧之憤悶即同時為罷息戰爭償金並
送于下關同盟軍隊諸雜費等結定次載四條

第一
應償各國之數約定三百萬弗其數額係為向來長
門諸侯目為長藝可罷之總共償金亦在其內右可
謂償金及不燒下關之償金並各國同盟舩隊諸雜
費。

第二
上文償法自各國副幹事奉約定此原書並各國政
府命令報告大君政府之日起將上文總數分作六

062

股即五十萬弗四季償還每三月。

第三
雖然於右各國無敢求金子之意而為與日本厚交
際也惟尚兩希笠全成從此之利故於大君殿下代
右償金為損失延損害之償若發欲開下關港或在
內海適宜于貿易港之音於各國政府諾之欲或有
正金受償金之意則如前約。

第四
自此約書所注之日起十五日內於大君政府可交
換本書為右證為各國與日本全權緻此約書其關

063

及和文錄各五通而押印此內須以英文為原文

元治元年甲子九月二十二日

酒井飛彈守　花押

英國特派全權公使人名稱　手記

佛國辨理公使人名稱　手記

米國辨理公使人名稱　手記

和蘭總領事無公使人名稱　手記

書翰進白我去月二十二日整政酒井飛彈守其
地派遣際與卿等接談后為交換約書之音於我
政府諾了因以此書為證此條約為進白拜具護

064

言

元治元年甲子十月三日　水野和泉守

阿部豐後守

英佛米蘭公使姓名擬

計開

為廣橫濱外國人居留地之意見並其他關之公
然事件下名各國公使等與柴田日向守百石下
總宰接談從八月八日西洋第十月二十四日西洋
十四日西洋第十月二十四日及十月九日西洋
第十一月八日兩晤如彼此同意結定約諸明記

蓋一政府下之諸局各欲列此會則經外國交際
之順序據告諸所開會政府差遣特別之理事官
不在此例。

於會議雖所改正之件非經同盟各政府之准則。
不可施行焉。

一同盟各國儻不關于萬國一般事務各國各有為
他約定之權。

一今雖不與此條約依其請可准加同盟。
加同盟國經外國交際之順序而照會所開會政
府其政府直報告諸各國。

058

加同盟則當守此條約且共眾益。

一不加此條約國及私立會社之音信原於所揭第
十三條規則。愈以進步之通信法圖眾利可行之。

一此條約自歐曆一千八百七十六年一月一日行
之為求可守之者若雖欲廢之自其日後非過全
一年。不得廢之。
不問何國雖廢此條約除其國外他同盟國依然
遵守焉。

一今般之條約得各政府之批准而為確定之者因
之所定了之過證速於此特寶府互可交換之。

057

右為信證條佐各國全權公使各署名且鈴印。

日本國	澳地利國
勾牙利國	日耳曼國
白耳義國	丁抹國
埃及國	西班牙國
	佛蘭西國
大不列顛國	希臘國
英領印度國 印度并歐羅巴間管轄	
伊太利國	荷蘭國
那威國	
波斯國	葡萄牙國
瑞典國	露西亞國
瑞西國	
下關取極約書	土耳其國

元治元年甲子九月二十二日千八百六十四年第

059

十月二十二日於橫濱押印。

長門周防諸侯毛利大膳為敵對於大君因有難
真實施行條約各欵之憂慮犬不列顛佛蘭西合
眾國和蘭副幹事因打壞外國舩且妨貿易故欲
破壞其諸侯而建等之砲臺不得已連同盟舩隊
于下關海路美而爵友逆諸侯是大君政府與
務也大君政府可收贖條約各國貿易之損害與
軍隊諸雜費為此下名條約各國副幹事與大君
政府全權鑒定酒井飛彈守欲調處千八百六十
三年第六月以來毛利大膳向條約各國旗章為

060

得傳送其私報。

一同盟各國私報而有官治安悖法伴若風俗者則

有抑留其傳送之權。

一各國政府不定期而一時有傳止電報之權則告諸同

盟各國政府傳止電線之全道若其一部或定其種

類之權停焉、

信人。

電信各本國以協議所決之法勉與利益于出音

一同盟各國為保全信音之傳送及其配送同盟國

不問何國俾音信之傳送及其配送定特別之法

有報知之則以其法亦勉與利益于出音信人。

一同盟各國定萬國稅法以左之諸件為標準、

同盟各國以同局同稅將通音信稅彼此必要同

一方行此法歐羅巴以一國分得為二大區

税頗首尾之政府與中間之政府協議後順次空

之。

同盟各國開至所授受稅額協議后不問何時得

改革增減之、

除定萬國稅法以財名為貨幣之本位。

一同盟各國關于萬國電信局事務之音信所過線

路悉不課其稅。

一同盟各國互計算其收稅。

一此條約書合細目規則為全備者而其規則之條

件同盟各局以協議后不問何暇得改正之

一所揭細目規則同盟國中各政府所設之萬國電

信事務局集諸般之報告刊行之有請改正之

規則者則回送其事于同盟國各本局而廣告眾

議決定之件且勉求萬國電信之裨益等皆任其

責。

此事務局為理應務所要之費金同盟國各本局

給之。

一所揭第十條稅法及所揭第十三條細目規則為

此條約書者也故與此條約書有同一之効且其

行之亦以同時。

税法及細目規則會議后得更改之其際從來所

此會議每定期開之而每回定其次會之期與其

委與各國皆得會同焉。

地。

此會議以自同盟各國所差遣之理事官為之理

事官者雖一局出數名方決議以一局一人算焉

049

大不列巓諸殖民地三人名﹙譜未﹚

英領印度人名﹙譜未﹚

加那太三人名﹙譜未﹚

希臘二人名﹙譜未﹚

伊太利人名﹙譜未﹚

歷山堡人名﹙譜未﹚

墨西哥人名﹙譜未﹚

滿得涅各羅人名﹙譜未﹚

邦威人名﹙譜未﹚

和蘭諸殖民地二人名﹙譜未﹚

050

白露人名﹙譜未﹚

澳斯人名﹙譜未﹚

葡萄牙諸殖民地人名﹙譜未﹚

羅馬尼亞人名﹙譜未﹚

魯西亞二人名﹙譜未﹚

薩尾多人名﹙譜未﹚

塞爾維亞人名﹙譜未﹚

瑞典人名﹙譜未﹚

瑞西二人名﹙譜未﹚

土耳其人名﹙譜未﹚

051

電線萬國條約書規則與事務係于工卸省電信局

一同盟各國不問何人依萬國聯合電信之法承諾有通信之權。

一同盟各國為擔當通信之秘密且迅達可為緊要百端之處置。

一雖然同盟各國政府設備為擔當通信之迅達線數以為特別之電線先萬國電信之用。

此特線用令於電機學經驗而發明之最良法而可進焉。

052

一電信為三種。

一官報謂同盟國之首長大臣陸海軍將師公使及領事之通信

一局報謂同盟各局所發電報開于電信之事務或各國協議而關于公益者。

一私報謂各人民之通信

傳遞總先官報後得他之報信。

一官報及局報隨時得用暗報之

私報非得兩國政府之准則不得用暗號報之

之雖准用暗號贈答之國除第八條停止之外

合諸國中三介之二以上之同意。

三兩記載于前記于第十七條時之外關此條

約之解說則單要過半數之同意。

此決議者於第一第二兩項之時以申告扶者於

瑞西聯邦之政府諭成之遞付諸締盟各國者

也。於第三項之時單自聯邦總理局可通知諸
國者
，

一第十六條第十九條及第二十條方實施之左之

諸國者。因事直可省做各一國或一局。

聯合驛通局。

一英領印度

二加邪太領

三丁抹諸殖民地

四西班牙諸殖民地

五佛朗西諸殖民地

六和蘭諸殖民地

七葡萄牙諸殖民地

一此條約者自一千八百七十九年四月一日實施

之。永久無期。可有其効。雖然稀盟各國自其政府

之簡要前報知瑞西聯邦政府則有離聯合之權

一從前於各國或各局之間將糍條約之中，於第十

五條所保存之約定外昨關此條約之節目者凡

自此條約施行之日廢之。

此條約要之可受速各國君主之批准而此批

准者於巴里斯可交換之。

為確證此條約而揭于前各國政府之全權委員

明治十一年千八百七十八年六月一日於巴里

連署姓名也。

日本鮫島尚信

日耳曼三人名繕末

亞然的音共和國人名繕末

澳地利人名繕末

洪葛利人名繕末

白耳義二人名繕末

白西兒人名繕末

丁抹及諸殖民地人名繕末

埃及人名繕末

西班牙諸殖民地人名繕末

北亞米利加合衆國二人名繕末

佛朗西三人名繕末

佛朗西諸殖民地人名繕末

一於解說此條約之意味生聯合之二局以上異見
則中裁者可裁決之故生異見各局者關此事件
無直接之關係推選他之聯合局可為其中裁、

其宜而裁理之
之變更且考察兩關聯合之利害各般之間題隨
有欲變更之而建議者則報告之又公告其結局
此之請求而附其意見又兩次於大會議之條目、
之報而印刷頒賦之若兩國之間生異議則應彼
總理局之主務者集所開于萬國郵便事務各般
各驛遞局可給之、

驛遞局可出金定聯合總理局之經費且依其時
瑞西聯邦政府與其國之政府協議后自其國之
且其可享受利益為無論。
加盟于此聯合之後遵奉所定此條約之諸節目、
通知諸聯合各國、
欲為此加盟則在留公使而通知端聯邦政府可
一不如盟此條約諸國者依其請願可許加盟之
件他之一局而更可令為共裁決、
若不得其多數則推選裁判總員無關係于此事
此決定裁判者以中裁裁判員過半多數可定之

各大會議豫可定次會之地。

會議扱決之權者各國各為一

上之委員。
無妨雖然一國之委員者并自國不得為二國以
出一名若數名之委員或使他國之委員代理亦
開議雖然於通常大會議雖少每一年可開之各國
可開各國全權委員之大會議若驛遞局員之小
上請會議之開設或贊成之則從其事項之輕重
一聯合諸國之政府若驛遞局全數之三分之二以
從第七條於右驛遞局可定而收郵稅。

六條及第九條之外欲變更他之約束則要聯
二此條約中之第二條第三條第四條第五條第
國之同意。
五條第六條及第九條之約束則要全聯合諸
一所記載于前欲變更第二條第三條第四條第
議之權雖然為實行之可要左之同意、
合總理局有他之各締盟局關聯合之成規為發
一聯合各國之驛遞局於不問大會議之前亦經聯
合之地。
小會議之時依聯合總理局之發言而可定其會

聯合中一國與聯合外一國間依他之媒合以開
囊而所交換郵便物就遞送諸聯合外其所媒介
國與聯合外國整理郵便事務條約各隨其宜
就此種之郵便物可收稅者如左
二兩收為遞送于聯合邦外郵便物
此二種中第一項分之如左
一發於聯合外往聯合外郵便物而豫出稅者不
一發於聯合外往聯合外郵便物而豫出稅者所
此定第五條第六條及第七條聯合中定稅
二發於聯合外往聯合內郵便物而豫出稅者所

037

列局收兵稅
第二項者出入皆收交換局
從聯合外往聯合外郵便物通過聯合內則以
聯合國與聯合外所相關之例理事
但獲全不出稅者隨第四條所定而有受稅兩
權
為遞送聯合邦外所收稅隨第四條算之
聯合中之一國與聯合外之一國依他之媒介
以開囊所交換之稅如左
聯合邦內照第四條收全額

038

聯合邦外所關係之驛遞局間有為之所約
則隨之
一公記書價額及郵便交換兌金者聯合中之數國
間以特別之約定可定之
一此聯合內諸國之驛遞局者協議之后按所必要
之順序細目而得定實施必要之規則
且右諸國之驛遞局者不關聯合一般之事項而
相互可得結必要之約定
但此約定者要不觸此條約雖然依彼此之協議
於三十名之地更可得減郵稅或為配達信書別

039

之約束或為收遞答稅後交換端書之約束方此
時收其返答稅之端書遞送所出諸之地時不要
收遞越遞送貨物尚同茅四條之末節
一此條約之諸條中除所明記外此條約者各國內
地之郵便成規規無相關係
又此條約者以使郵便更改良之目的締盟各國
之間若保續他之條約或更無束縛保續親密聯
合之自由
一以萬國郵便聯合總理局之名義置一箇之中央
局使瑞西驛遞局監理之仍萬共經費者自聯合

040

三有市價商品見子及重量二百五十量目長二
十。名幅十。名五寮訳者。
四所過重量二、以商務之書類及各種印刷物
者所發人可收左之税。
一所記第五條郵便物加書而得遞送之加書郵便
者所發人可收左之税。
二加書費金歐州各國二十五。名其他各國五十。財名
一依其物之性質適常孃所收之税額。
加書郵便物。所發人得求其領証便費金二十
五。財名
名九要之。

失加書郵便物則除天災之外驛遞局擦海陸之
沿道而尚不得則償之。
歐州各國及其他之各國現不仕辨償國遉改正
其法制一時為便宜遉前節實行之其間聯合各
國亦不要償之。
兩驛遞局間失於遞上者不得實跡則償之必折
半兩局出之此償要無遞期決不可過一年償
金者從發之日非一年以內不得償之。
一以財不為貨幣之基數各國以自國之貨幣隨所
定于第五第六條兩定税額其端數從第十四條

所空之細目規則而立全數
一不拘郵便物之種類孃所出之税以其所發國之
郵便付。
就郵便事務而郵便局間互交換信書者無税遞
送之。
一隨第五條第六條第七條第八條所領之金額各
局全為其所得故為之聯合各局不問何件不要
計算。
信書及他郵便物皆所發地若所受地或人除所
揭右諸條再雖配郵便物不要增税

郵便物可與利益于聯合諸國。
一與聯合外諸國相所關聯合內郵便局者為交換
與其國之法從綱者則有不配之權。
則兩處之聯合中各稅遞送之物品若有
郵便物聯合中從甲局配乙局時乙局照其規
二封入可課海關稅物品各種郵便物而犯此禁
包物。
一金銀地金貨幣寶王封入高價之物品信書又
一不宄遞送郵便物如左。
一聯合內有時配郵便物別不要增稅。

二、海路者信書武端書每一量目十五、財其他之物每一量目、一財倘所揭左條者不在此例、

一、現今已不收經費或更行低下之約束者除在之三項外随舊來之例。

二、爲例信書武端書每一量目六、名財五十。自今後減爲五、財

三、運送三百海里以下。郵便物管之驛遞局已所於陸地復不收之經費若不然則於海運信書並端書每一量目二、名財其他之物品、量目二十五、名財收之。

四、二國以上、爲海運則其全路之經費信書並端書每一量目十五、財其他之物品、量目、一財收之如此時應其遠近而兩國割其費。

五、記本條經費、不問聯合之内外爲一局又數局之便宜施別法條約亦無妨。

郵便經費所發其物之局之。

此經費總會計每二年即以第十四條所約細目規則定之。

各驛遞局間互往復郵便物並再配誤配等其他關于郵便事務書類陸海共不收經費。

一、聯邦内、郵便物遞送稅舊來之聯國又可加諸國皆定如此。

一、信每一通十五、量目二十五、名財豫不取稅者相倍。

二、端書每一葉十、名財

三、各種之印刷物商務之書類商品之見子、每一包五十量目五、名財收之但如此品物中不可舍信書旦要擔之易。

商務上之書類每一筒二十五、名財又其見本每一筒十、名財以帆等收之。

前項之外郵稅及最少稅額得增之如此

一、信書並端書每一量目十五、財其他之物品、每一量目一、財可收海運費信書並端書每一通二十五、名財端書五、名財其他之物品五十、名財得收之。

二、聯合外之運搬又離聯合内特別之運搬物品者皆樂之。

豫出稅而生不足則不郵便之何種受領人稅其二信。

一、汚穢他物又損傷之者。

二、除信書之外、犯低稅規則者。

此條約定自本日可施行。
為右證憑彼此全權記名鈐印此條約於東京。
明治六年八月二十一日
千八百七十三年八月二十一日
　　　　副島種臣印
　　　官名人名籍未
　　　　　　印
萬國郵便聯合規則與細目事務係
于農商省驛遞局。
日耳曼亞然約音共和國澳地利洪葛利自耳義白
西兒丁抹及同諸殖民地埃及及西班牙同諸殖民地大不列
北亞米利加合衆國佛朗西及同諸殖民地大不列

顛及同諸殖民地英領印度加那太希臘伊太利日
本歷山堡墨西哥滿得涅及羅邪威和蘭及同諸殖
民地白露波斯葡萄呀及同諸殖民地羅馬尼亞魯
西亞塞甫羅薩尼多瑞典瑞西土耳其之間所締結
萬國郵便聯合條約。
連署氏名于丹後前揭各國政府全權委員千八百
七十四年十月九日於白爾尼所締結萬國郵便
聯合條約擴其第十八條茲會議而協
議為受各國君王之批准如左改正條約。
一結此條約諸國并今後可加盟此約之諸國各於

其郵便荷包之間互為交拟之如萬國郵便聯合之
名稱成單一之邦驛。
一可照准此條約之條件者聯合中發於甲國而赴
于聯合中之乙國信書之端書各種之印刷物商務
之書類商品之見子又聯合之諸國與聯合外
諸國方交換前記之郵便物經二箇以上之聯合
國而遞送之際就其聯合中之遞送則同可隨此
條約。
一境界相接國之不要媒介。而直可得交換郵便物
諸國驛遞局者協議右至通境界或從甲國之境

界迄乙國之境界關彼我之間條約定之而可也
兩國開關其一國郵船貰海運則除他之約定外
倣妹介之運搬迚在甲國兩郵便局間要乙國之
海濱若要陸送之媒介者共照左條可理之。
一左聯合邦的則互課逓送之自由無妨故聯合之
諸驛逓局者依貿易之景况與郵便事務之順序
以開曲農武開饗而交換之郵便物可拔經費于
所通過之諸國。
一陸地者信書或端書每一量目二十五鈍其他物品。
每一量目二十五鈍附

因秘魯人民得居住在地區以其船至其所貿易且
可有與彼最優待國人民同等權理殊典。
爲日本人民於何地。可得以其於。至
爲外國交易開諸港。可有於秘魯與最優待國人民
者同等之權理殊典。

第四條
若秘魯舩於日本海岸。破權或漂著或避難不得已
入來日本港內。則相當日本官吏開之直與力所及
之扶助懇待其一舩滿員要用則可與可送其各名
旁近秘魯領事誼之方便。

於秘魯海岸。破舩或漂著日本船秘魯海岸收轄官
吏可與前同舩之扶助。

第五條
於日本各開港地。爲外國交易規則方今所施行輸
出入稅額可適用與秘魯之交易

於秘魯諸港日本人輸出入貿易不出就與他被最
優待國貿易而所徵收稅額之外又可不上之。

第六條
秘魯國政府其官吏及人民。自施行此條約之日。
本國大皇帝陛下與他國政府其官吏及人民或此後

021

022

可與之百般權理殊典特例裁判權共他諸利益等
可受特。明述于茲
右同般日本政府其官吏及人民亦可受於秘魯國
所與最優待他政府官吏及人民之百般權理殊典
特例。

第七條
日本人民及秘魯人民就相互用適法諸侯又被用
兩國政府可不妨之且各於其國法經兩要手數爲
往來付共自由。

第八條

日本政府及條約改定之期與共和政秘魯國結定
和親貿易航海之條約而可廢止此假條約。

第九條
此條約記日本文三通西班牙文三通英文三通合
九通可以記名其文意雖各同文同義有就文義生
議論可以英文見原文。

第十條
此條約日本國大皇帝批準之又共和政治秘魯國
大統領秘魯國會許諾後批準之本書可勉速於東
京交換。

023

024

一凡出戶外斷髮者必冠結髮者不冠不可捲髮而
出行。
一男女共出戶外必著適當之服且以手巾不可覆
頭或面。
一婦女裝濃風不可儌娼妓之所業。
両國間依欲令永久堅固平和懇親之交誼且容
秘魯國和親貿易航海假條約
日本國　大皇帝與秘魯國大統領方今率存于
東京捺印。
明治六年西曆千八百七十三年八月二十一日於

易両國人民貿易決以共須要之目的結條約各
命其全權為卽日本國　大皇帝命外務卿副島
種臣于全權秘魯國　大統領命日本及支那秘
魯國特派全權公使（人名未結甲比丹官名未精于全權）
各示其相當且凡日本結締條約本
年以起手段正近右改正於日本政府與秘魯政
府欲修他各國同般交誼為保全両國利益結和
親貿易航海假條約諾記名捺印于是決定左
各條。
第一條

日本國　大皇帝其後嗣後裔及共和秘魯國並両
國人民間可存永世平和懇親之交誼於結締此條
約両國領內互為共人民身體及所有物可受十分
保護。
第二條
日本國　大皇帝為令留在于利馬府可得命全權公
使又可得命領事官代理領事官武領事官代理公
使又許他國領事官代理領事官武領事官代理公
右官吏無甲乙可有蒙最優待國官吏同等權理及
殊典可有恣旅行秘魯國諸郡之權。

秘魯國　大統領為令在留日本帝國都府可得命全權
公使又為在留為外國交易既開又地後可開日本
諸港及市中可得命領事官代理領事官武領事
代理公使。
右官吏無甲乙可有與彼最優待各國
公使及領事官可有恣旅行
理珠典以秘魯國全權公使及領事官可有恣旅行
日本帝國諸郡之權。
第三條
於日本為外國人民及共交易開又此後可開諸港
凡市中此條約之施行日可為秘魯人民及共貿易開

013

明治肆年辛未七月貳拾玖日　花押

同治拾年辛未七月貳拾玖日　花押

臺灣蕃地措置之件與清國政府訂約如左

互換條約

會議條款至以辦法之文照事各國應設
護之害則各國應設法保全之如在別國有事應
何國自行查辦茲臺灣生蕃曾將日本國屬地之
人民妄為加害故今與清國退兵
詰責生蕃等而今與問罪之師為
議明為為開陳後之三條。

014

一日本國此舉原為保民之義也清國指之勿為不
是。

一前次遠害人民之家清國為給撫恤銀兩日本在
該處修路建壘等件清國雷願自用先行議定籌
補銀兩別有議辦之據

一茲所有此事兩國一切往來之公文俱此撤回註
銷录為罷論至于該處生蕃清國宜設法永為約
束以求保航客再期不能受兒害。

互換憑單

為會議憑單事答簽之一事現在簽英國威大臣。

015

與兩國同議明為並經本日立辨法文據

日本國從前被害人民之家清國先給撫恤銀十萬
又日本先之退兵也在臺地修所有之道建房等件清
國雷願自用給費銀四十萬兩亦經議定於
清國同治十三年十二月二十日　日本
清國同治十三年十一月十二日清國進　全退兵
　　　　　　　　　　　　　　　　　金數付給不
得愆期日本國兵未全退盡時清國銀兩亦不全給
立此為據彼此各執一紙而存照

清國在留日本人規則

今般為寄寓清國日本人設規則嚴可奉之敢不
容違背焉若有犯之者照違式註違條例處罰金

016

一除海陸士官及官員外不允帶釼銃及武器類

一暴驅車馬於路上不可妨行人

一醉倒放歌不可妨車馬之驅馳

一不可折花園或市街之草木

一投於溝河又街上不可捜棄土芥瓦礫

一於市街街道路猥不放尿及糞

一裸體又袒裼或露股脚不可現醜態

一不可施刺繡於身體

一男女相撲並弄蛇其他現醜態者總不可常諸市

一婦人無謂而不可斷髮

第十三條
兩國人民如有在指定口岸句結強徒為盜為匪或
潛入內地放火殺人搶劫者其在各口由地方官一
面自行嚴捕一面將情飛知理事官倘敢用凶器拒
捕均准格殺勿論惟將致殺情跡會同理事官查
驗其拏獲到案者在各口由地方官自行審辦在
內地即由地方官將實在情形照會理事官查照
倘此國人民在彼國境聚擾數在十人以外及誘
結通謀彼國人民作害地方

009

事情應聽彼國官經行查拏其在各口者知照理事
官會審其在內地者由地方官審實照會理事官查
照均在犯事地方正法

第十四條
兩國兵船往來指定各口係為保護己國商民起見
凡沿海未經指定口岸以及內地河湖支港不准
駛入違者截留議罰惟因遭風避險投口者不在此
例

第十五條
嗣後兩國倘有與別國用兵情事應防各口岸一經

010

布知便應暫停貿易及船隻出入免致誤有傷損其
平時大日本人在清國指定口岸及附近洋面均不准與不和
之國互相鬥殺劫掠清國人在大日本指定口岸及附近洋
面均不准與不和之國互相鬥殺劫掠

第十六條
兩國理事官均不得無故作貿易亦不准無故偏庇各
國理事官如辦事不合眾心確有實據彼此均可行文
知照秉權大臣查明撤回免因一人憤事致傷兩國
友誼

第十七條

011

兩國船隻所有定式倘彼國船隻假冒此國所
號私作不法情事船貨均罰入官如查係官為發給
即行繳撤至兩國書籍彼此如願誦習應准互相探
買

第十八條
兩國議定條規均係預為防範俾免偶生嫌隙以
盡講信修好之道為此兩國
欽差全權大臣先行畫押蓋印用昭憑信俟兩國
御筆批准互換後即行刊刻通行各處使彼此官民咸
知遵守永以為好

012

第五條

兩國官位雖有定品授職各異如彼此職掌相會
晤文移均用平行之禮職卑者與上官相見行客禮
遇有公務則照會職掌相等之官轉申無須經達如
相拜會則各用官位名帖凡兩國派員初到任所須
將印文送驗以杜假冒。

第六條

嗣後兩國往來公文大淸用漢文。大日本用日本文。
須副以譯漢文。或只用漢文亦從其便。

第七條

兩國旣經通好。所有沿海各口岸彼此均應指定處
所准聽商民來往貿易並另立通商章程以便兩國
商民承遠遵守。

第八條

兩國指定各口。彼此均可設理事官約束己國商民
凡交涉財産詞訟案件皆歸審理各案己國律例覈
辦兩國商民彼此互相控訴俱用稟呈理事官先爲
勸息使不成訟如或不能則照會地方官會同公
平訊斷其竊盜通欠等案兩國地方官只能查拏追

第九條

兩國指定各口。倘未設理事官。其貿易人民均歸地
方官約束照料如犯罪名准一名查拏一面將案情
知照附近各口理事官按律科斷。

第十條

兩國官商在指定各口均准雇用本地民人服役工
作管理貿易等事其雇主應隨時約束勿任生事如有犯案准由各地
人尤不可偏聽私言致令生事。如有犯案准由各地
方官。查拏訊辨雇主不得徇庇。

第十一條

兩國商民在指定各口。彼此往來各宜友愛不得携
帶刀械違者議罰刀械入官並償各安本分。無論居
久均聽己國理事官管帖不准改換衣冠入籍考
試致滋冒混。

第十二條

此國人民因犯此國法禁隱匿彼國公署商船行棧
及潛逃彼國各處者一經此國官查明照會彼國官。
卽應設法查拏不得徇縱其拏獲解送時沿途給子
衣食不可凌虐。

006 · 005 · 008 · 007

外務省
四

日本國外務省事務卷之七

清國修好條規

大日本國、

大清國素敦友誼歷有年所玆欲同修舊好益固
邦交是以

大日本國。

欽差全權大臣從二位大藏卿伊達。

大清國。

欽差全權大臣辦理通商事務太子太保協辦大
學士兵部尚書直隸總督部堂一
等伯李。

敬備事

各遵所奉

諭旨公同會議訂立修好條規以期彼此信守歷
久不渝所有議定各條開列於左

第一條

大日本國。

大清國倍敦和誼與天壤無窮卽兩國所屬邦土亦
各以禮相待不可稍有侵越俾獲永久安全。

第二條

兩國既經通好自必互相關切若他國偶有不公及

輕藐之事一經知照必須彼此相助或從中善為調
處以敦友誼。

第三條

兩國政事禁令各有異同其政事應聽己國自主彼
此均不得代謀干預強請開辦其禁令亦應互相為
助各飭商民不准誘惑土人稍有違犯。

第四條

兩國均可派秉權大臣并帶眷屬隨員駐劄京師
或長行居住或隨時往來經過內地各處所有費用
均係自備其租賃地基房屋作為大臣等公館并行

于准與他國臣民交易之諸港及各河故。兩國臣
止諸港諸地占住居借家屋倉庫或頒之無妨貿易
各色産物製造物不違商禁之物卽餘催于他國臣
民或嗣後將准別格准訴不擇何件。一般准他國臣者。
兩國臣民亦可同沾惟於爰締約之兩國部內管事
業或居雷者按照他國臣民所納稅項一律兌納可
常納之

第三條
爰締條約兩國如爲緊要須命全權公使雷在於兩
國政府之首府又命頒事官或頒事官公使駐在于

該國内准與他國臣民貿易之諸港各地兩國頒事
官或頒事官公使。可得與他最親國同位階公使且
卽今昨現得公理別樣之准除自由殊典又嗣後可
得者亦然。

第四條
大日本國天皇陛下准他國並臣民或將來可准之
諸事爰約布哇政府並其臣民亦同及。
第五條

第六條
布哇人催日本人供禁外諸事。日本政府。不妨之

外國人昨傭日本人。請開港地知事得到海外印章

第七條
爰締條約之兩國照行此條約。互有不便之處須于
六月前預行報知後此協議改定

第八條
此條約大日本國天皇陛下與布哇諸島皇帝陛下。
互相確證本書與此條約於東京同日交換又此條
約待本書交換日之卽施行

為右證憑大日本國明治四年辛未七月四日西曆千
八百七十一年第八月十八日彼此全權於東京記

捺名印於此條約。

從三位守外務卿清原朝臣宣嘉　印

從四位守外務大輔藤原朝臣宗則　印

官名　八名續　印

日本國外務省事務卷之六　終

於東京

澤外務卿從三位清原宣嘉花押

寺嶋外務大輔從四位藤原宗則花押

官名　人名様

印

布哇條約

明治四年辛未七月四日。西曆千八百七十一年第
八月十八日。於東京捺印。同日。交換本書。

大日本國天皇陛下。與布哇諸島皇帝陛下。欲與
親睦交際於兩國間。為兩國利益。決定締約之
事大日本國天皇陛下。任大臣從三位守外務卿

清原朝臣宣嘉大臣從四位守外務大輔藤原朝
臣宗則全權布哇諸島皇帝陛下。任大臣人名在
大日本國天皇陛下之政府下特派全權公使彼
此互示其委任狀察其情實順正適當同意決定

左各條

第一條

大日本國天皇陛下。與布哇諸島皇帝陛下。要有永
久平和無窮親睦于各後嗣及兩國人民間。

第二條

爰締條約。兩國臣民自由安全。以其船舶貨物得來

于准與他國臣民交易之諸港及各河故。兩國臣民
止諸港諸地占住居借家屋倉庫或頭之無妨買易
各色產物製造物不違商禁之物而既准于他國臣
民或嗣後將准別格准許。不擇何件。一般准他國者
兩國臣民亦可同沾惟於爰締約之兩國部內管事
業或居賈者按照他國臣民所納稅頂一律兌納可
常納之

第三條

爰締條約。兩國如為緊要須命全權公使。寓在於兩
國政府之首府。又命領事官或領事官公使駐在于

該國內准與他國臣民貿易之諸港各地。兩國頒事
官或領事官公使。可得與他最親國同位階公使且
即今昨現得公理別樣之准除自由殊典又嗣後可
得者亦然。

第四條

大日本國天皇陛下。准他國並臣民或將來可准之
諸事。爰約布哇政府並其臣民亦同反。

第五條

布哇人催日本人供禁外諸事。日本政府不妨之。

第六條

第十七條

日本政府、為澳地利及洪噶利人、貿易所開之各港
其近旁設燈臺、燈舡、浮標並瀨標、以圖出入諸舡之
安全。

第十八條

澳地利及洪噶利舡、於日本海岸破碎若漂着若一
時避難於日本港內、則日本當任之長官、懇加扶助。
其船人要之、則授起其近旁澳地利洪噶利頭事
館之方便。

第十九條

177

澳地利及洪噶利海軍所備之諸物搬岸日本開港
地、以藏之于澳地利及洪噶利官吏、所保護之倉庫。
則不出祖稅然若賣之日本人若外國人則自其買
主納至當之祖稅於日本長官。

第二十條

既予他國政府及其人民、或將來、可予之諸特許及
便益從此條約施行之日亦同予之澳地利及洪噶
利政府及其人民是日本天皇陛下之發所確約也。

第二十一條

壬申年、卽千八百七十二年、第七月一日、若其後實驗

178

此條約貿易定則及輸出入商稅、而加緊要變革若
改正時可再議之雖然再議之事當穰告知之一年
前、若日本天皇陛下、欲先此期、議各國條約之改正
而他可約各國許之、則澳地利及洪噶利政府、亦從
日本所望參此會議。

第二十二條

澳地利魚洪噶利全權公使若頭事官、贈書於日本
長官、其公事書翰用偶逸語記之、雖然、從此條約施
行之日三年以內當副英語若日本語記文以圖日
本官府之便。

179

此條約獨逸文二通英文三通日本文二通計七通
其文意雖同相同然若有徑庭者、當以英文作標準。

第二十三條

此條約、日本天皇陛下、及澳地利皇帝魚洪噶利法
王陛下、互記名捺印以確定本書、於十二個月以內
若其前交換此條約、自今日施行。

第二十四條

為右證憑兩國全權官吏、記名捺印。

日本明治二年己巳九月十四日
西洋千八百六十九年、第十月十八日

180

本人民與澳地利及洪噶利人民之貿易日本商人
於自國肝出之例租之外日本政府不得牧之
九日本人民守現在課祝規則納例祝從尋常規則
赴澳地利及洪噶利若日本諸開港地於其地無日
本官吏臨場與澳地利及洪噶利人民交易一任其
或于他國港積載輸送日本人民或澳地利及洪噶
凡日本人輸日本物産若他國物産于日本開港地
或從日本開港地輸于日本開港地之間或從他國
利人民以其肝有舡爲此則一任其肝欲
肝欲

第十四條
貿易規律及租祝目錄割此條約者實與此條約爲
一體兩國人當共堅守之
日本駐紮澳地利魚洪噶利全權公使有與日本政
府肝任之官吏協議以施行別丹貿易規律及於爲
貿易肝開之諸港制立緊要至當之規則之權
日本官吏於各港豫防奸節及密商以設至當之規
律
第十五條
日本在雷澳地利及洪噶利人民之用日本人爲象

脊肝師若給事其他諸傭役自非違法某日本政府
不得制止之而其彼備役之日本人若犯罪則以日
本法律罰之
日本人於澳地利及洪噶利僱用日本人其人若欲從事諸
職業一任其肝欲
澳地利及洪噶利人僱用日本舡中應其僱使從事
之主人出海外則請之於其地之官府得政府之允
許
倚日本慶應二年丙寅四月九日西洋千八百六十
六年第五月廿三日日本政府肝領示之令日本人

持政府之印章以學藝講修若商業之故赴澳地利
及洪噶利一任其意
第十六條
日本政府宜急作日本貨幣
於日本貨幣大製造局及諸開港地將來當設立且
貨幣局外外國人及日本人不問其貴賤得把諸種外
國貨幣及未鑄金銀等去其改鑄費以日本貨幣同
一值兌換此改鑄費後此協議以定之
除日本銅錢外諸種貨幣及未鑄之外國金銀得自
日本國輸出於外國

169

兩可也。

第十條

日本政府要務置會庫於其諸開港之地貨物輸入
人或貨主若請姑無納其貨物之租而託貨物於庫
中則日本政府許兩藏其貨物日本政府既受貨物
之寄託務保保藏之但為其所保藏外國商人貨物之
火災保險法等都要作緊要之備又輸入其商物之
人或貨主欲收復倉庫貨物則循租稅目錄出其租
若欲再輸出其貨物則不要納其租
凡收復貨物者皆可償庫貨而庫貨及貨庫之規則

170

彼此協證以定之。

第十一條

澳地利及洪噶利人民於日本開港地貿買收之日
本產物則得無出諸稅而輸送日本他之開港地
若澳地利及洪噶利商人欲以日本產物從日本開
港地輸送他開港地以輸出其貨物則以當出之租
寄託之於收稅廳而六月以內於其地取撤岸其物
於他開港地之證書以來示則前條所定之稅金當速返
付
日本法禁輸出他邦之品物於前條所定之期限中。

171

不出前條證書而積載者當出以其品物代價盡償
之於日本官吏之證書
雖然其船若從開港地輸送他開港地其航海中遇
破推之禍則別持所破船之證憑還有地而示之但
約所定之商稅則不問日本人若澳地利洪噶利
商人出此證憑當在一年內。

第十二條

澳地利及洪噶利人民輸入日本開港地內既納此
條約所定之商稅則不問日本人若澳地利洪噶利
人得輸送其貨物於日本國諸部其他諸租及道路
之租等並不出。

172

日本產物為陸路水路繕修所商賈所納例租之外。
別無出運送稅日本人日本內不問何地運送貨物
於諸開港地一任其所欲

第十三條

澳地利及洪噶利人民諸商物得買收之于日本人
又賣之于日本人其賣買及價金受授日本官吏無
關係之。
日本人於澳地利及洪噶利若日本開港地得無日
本官吏之臨視而諸商物從澳地利及洪噶利人民
買收貯藏及供其用若再販賣一任其所欲但於日

又澳地利及洪噶利人欲嵌偽以逃走及緩漫不償
遁于日本人則澳地利魚洪噶利長官裁斷之命償

其通償

第六條

澳地利及洪噶利人對日本人及外國人犯罪則訟
之澳地利魚洪噶利頒事官頒事官乃以澳地利及
洪噶利法律罰之

日本人對澳地利及洪噶利人民犯罪則訟之日本
長官日本長官乃以日本法律罰之

第七條

165

犯此條約若屬此條約貿易規則若者澳地利
魚洪噶利頒事官裁斷之以沒入其貨物或課罰金
而其罰金及沒物鄰歸日本政府之有
所拘雷之貨物。日本長官與澳地利魚洪噶利長官
共織封藏府庫。以待澳地利魚洪噶利頒事官之裁
斷。

澳地利魚洪噶利頒事官之裁甄以其貨主若代理
人為直則可速還付其貨物於頒事官雖然日本長
官若不是頒事官之裁斷欲更俾高官之裁判則貨
主若其代理人把其貨物之價金納記之於澳地利

166

魚洪噶利頒事官。以待審判之畢。
所拘雷之貨物其實若易腐敗易損傷則裁判未
畢澳地利魚洪噶利頒事官徵其價金貨物則還付
之貨主若其代理人

第八條

於日本諸港甄為貿易開者及將來可開者澳地利
及洪噶利人民輸入從澳地利及洪噶利之版圖內
及他邦之港口輸無禁之貨物來以販賣之或購救
貨物輸出之於澳地利及洪噶利若他邦之港口等
金任其所欲而官不問管此業者出此條約所附錄

167

之稅目中所揭之稅而已都不要出他諸稅
若日本牧稅官吏不信角人所告之估價則自定貨
物之估價得與其商人議以所定價購求之
若商人不肯此評價則當從日本牧租官吏之評價
致其稅銀若甘受其評價則牧租官吏不減殺其價
直償之

第九條

澳地利及洪噶利商人輸入貨物於日本開港地納
其租稅以取其簽書於日本牧租長官。既帶此證書
者雖將此貨物更入他之日本開港地不復納商稅

168

居故借地區買家屋建家屋倉庫一任其自由
澳地利及洪噶利人民所住之地及貯建築之地並澳
地利魚洪噶利領事官與其地之日本官吏協議定
之又港法倣之若澳地利魚洪噶利領事官及日本
官吏不能決此事則具申澳地利魚洪噶利全權公
使及日本政府受其裁決
於澳地利及洪噶利人民住地之周圍日本人不設
牆壁若枅門其他凡可以碍其出入往來者一切不
作之澳地利及洪噶利臣民得歷行往之地如下條
於橫濱神奈川縣內則限六鄉川其他方十里為限

於兵庫則京師之路止十里他方為十里
於大坂則南自大和川口至舟橋村從此過教與寺
村至佐太村為限埈之市雖其綠外澳地利及洪噶
利人特許往復
於長崎則限長崎縣管轄內
於新瀉箱館則各四方十里嵐港則佐州全島
於東京則自新利根川至金町從是浴水戶道至
千住驛又從是湖隅田川至古谷上鄉自小室村高
倉村小矢田村獲窠集村官寺林三木林田中村至六
鄉川之日野津為限

此十里道程從前條各地之裁判所等之
其一里則當澳地利之一萬二千三百六十七尺英
吉利之四十二百七十五尺佛蘭西之三十九百十
尺
第四條
　若澳地利及洪噶利人民至前條規則以外之地則
　課墨斯哥銀百枚以為罰再犯則課二百五十枚
第五條
　日本曾在澳地利及洪噶利人民得隨意奉其國之
宗教及建祠堂於其居曾地

日本曾在澳地利及洪噶利人之間因其身若資產
之事有爭論起則澳地利及洪噶利官吏裁斷之
澳地利及洪噶利人民與他訂約諸國之人民爭論
日本長官亦無干涉
若澳地利及洪噶利人民訴日本人民則日本長官
裁斷之
若日本人訴澳地利及洪噶利人則澳地利及洪噶
利長官裁斷之
若日本人負債於澳地利及洪噶利人而綏漫不償
通及欲欺偽以逃走則日本長官裁斷之命償其通

澳地利條約

朴名印

明治二年己巳九月十四日。於東京。捺印。明治四年辛未十二月
第十八日。西曆千八百六十九年
西曆千八百七十二年第一月十二日。本書交
換。

日本天皇陛下。與澳地利皇帝娑希蜜等之王無
洪噶利之法王陛下。欲永厚兩國交際。便兩國臣
民之互市。爰結和親貿易航海之條約。日本天皇
陛下。命澤外務卿從三位清原朝臣宣嘉寺島外

務大輔從四位藤原朝臣宗則兩澳地利皇帝無
洪噶利法王陛下。命第三等水師提督特派全權
公使朴纚貴族朴纚各帶全權彼此互示其委任
狀。察其狀實良好適當協議以定左之各條

第一條

爰結條約之兩國及其人民間要有永世平穩無窮
和親。

第二條

日本天皇陛下。得置其全權公使於維那朝廷洪噶
利澳地利之津港及市中許他國使臣駐箚之地又

置日本領事官。澳地利及洪噶利港及市中。又置日
本領事官吏及日本全權公使依東約。澳地利
及洪噶利。與他國此全權公使並領事官吏同般今
或後。可受特許並權也。澳地利皇帝無洪噶利之法
陛下。命其日本全權公使。或副領事官於日本開港地
何開市處。可得命領事官。若全權公使
命得此官吏們與日本政府最懇親國之領事吏
同般可受得特許及權。澳地利皇帝無洪噶利之法
王陛下。所命全權公使並領事官。可得無凹旅行日
本諸部且有可裁判權澳地利魚洪噶利領事官吏

若於其可裁判境界中有澳地利及洪噶利船為破
損或危害人命及貨物等事可得為監察其事實赴
其地雖然。澳地利魚洪噶利之領事官吏方其時以
書輸可先告知其地日本官府。其旨意並其所論此
時日本官府。可使首重官吏必與之同導也。

第三條

從此條約起行之日。為澳地利及洪噶利人民。其買
易開橫濱神奈川縣內。兵庫大坂長崎新潟並佐州
夷港箱館市街津港澳地利及東京市街。
於前條市街津港澳地利及洪噶利人民得永久住

西班牙國ヨ船舶並ニ船舶送日本ノ高官書簡可用西班
牙語書然ヲ為便利自此條約施行日三年間可副英
佛或和語譯文。

　第二十二條

至ル壬申年則千八百七十二年第七月一日。彼此。
實地經驗ノ后。欲行緊要變更且令全備發結定得
再議此條約並税目。但此再議價以一年前報知

　第二十三條

日本政府。既准他外國政府及臣民或用後將准殊
典及便宜之事。今特確定自此條約施行日西班牙

153

政府及臣民亦應得一律准允

　第二十四條

此條約本書大日本天皇陛下。與西班牙女王。王名
互記名捺印捺印後十八月内於神奈川可交換。
右本書交換未畢然此條約之旨。自西洋千八百六
十九年第五月一日。可照行為右證憑兩國全權記
名捺印于此條約者。

明治元戊辰年九月廿八日

西洋千八百六十九年第十一月十二日

於神奈川

154

彼此全權千八百六十六年六月廿五日。日本政府並
與佛蘭西英吉利米利堅和蘭陀結定新約書中
揭載諸條。不問揭不揭于此條約書為其國政府並
臣民可堅遵守茲告代政府兩承旨
此條約中所載為神奈川長崎箱館決定規則近來

　副規則

　　井関斎右衛門花押

　　寺嶋陶藏　　花押

　　東久世中将　花押

　　　入名印

155

開港大坂兵庫。亦同様可適用。
就蒸生系祝外國諸公使決議后。於西班牙國可従
為右各國結定規則。
右證憑。彼此全權記名捺印于此條約者也。

明治元戊辰年九月廿八日

西洋千八百六十八年第十一月十二日

於神奈川

　東久世中将　花押

　寺嶋陶藏　　花押

　井関斎右衛門花押

156

149

第十四條

西班牙人於日本開港地。勿論自國貨物雖他國貨
物自非日本禁物。輸入賣買各種貨物之祝。輸出自國或
他國俱可無妨。其時須從副此條約之祝。完納祝
項。如武器除日本政府並外國人之外。不可賣然其他
各貨物。不須日本官吏臨場賣買于日本人。無妨又
價牧物價亦同

第十五條

日本祖所長官吏以貨主所報價為不相當。應由祖
所評定平價以其價議買牧若貨主不聽。須按照評

150

價完納祝項若以其價肯諾則毫不減價速卽照償
于貨主

第十六條

西班牙人所輸來日本開港地之貨物按照此條約。
清完定祝后由日本人搬送國中諸部。別無牧祝項。

第十七條

西班牙人所輸來日本開港地之貨物。完納例祝后。
輸出之別不牧其祝在他開港地。起貨俱亦無妨。然
必須禀請祖所長官吏領有完納例祝憑單

第十八條

151

為防窩窹奸曲由開港地。日本官吏便宜設相當
規律

第十九條

西班牙人因犯此條約及交易規則所科罰銀或收
入物件。應由西班牙官緝裁飭其科罰計錢。又
牧入物件。可納日本政府其抑賣物件日本官吏與
西班牙緝查封俟至西班牙緝處辦須抑賣於
祖耶之會庫

第二十條

副此條約之交易規則並祝則與此條約為一體者

152

彼此俱可堅牢

在日本西班牙關政事官吏與日本政府委任高官
協議后為令施行此條約各欵並祝則則有應行議定
切緊規則之權

從來於開港地因祖所公務且或上下貨物有種種
阻碍為除其阻碍開港港長官吏與西班牙緝商熟
議后可設緊要規則

第二十一條

此條約。西班牙語二通日本語二通佛蘭西語二通
都六通雖三語咸同義有難解。可從佛蘭西文

若有爭論起於西班牙人與日本人間其訴人可上
告自國官吏訴人之國官吏與被告之國官吏應須
彼此協議后公平裁斷。

　第七條
日本人搆惡於西班牙人應歸日本官吏糺明按照日
本規律罰辦。
西班牙人搆惡於日本人或外國人應歸西班牙領
事或其威權官吏撽覈按照西班牙規律罰辦但要
無互相偏頗處置

　第八條

日本人負債於西班牙人怠其償或將討索遁須由
日本官吏盡力正當裁判務令償其通償
西班牙人負債於日本人亦同但彼此官吏於其償
通償一切無關係

　第九條
在日本西班牙人雇日本人充供不違法律之諸事
日本政府可不妨

　第十條
凡外國貨幣准與同質之日本貨幣同量通行
西班牙人及日本人彼此為償還用日本貨幣或外

國貨幣無妨
日本銅錢外各貨幣並不造貨幣之外國金銀輸出
自日本國無妨
在日本政府鑄金銀貯准將各外國貨幣及日
本人或外國人將金銀條票請改鑄兌換則祇令繳
納鑄減之費直將日本定價貨幣免換但該鑄減分
數候後此協議結定

　第十一條
西班牙國軍艦所用諸物不納稅項右日本諸開港
地起貨寄傾倉庫令西班牙人監守

若賣其諸物他則因其物件應由買主完納相當之
稅。

　第十二條
西班牙國船在日本海岸因難或遭暴風找窮為避
難入港來日本官吏知之勉加扶助懇待同乘及旅
客有要用可與送旁近西班牙領事館以任其便

　第十三條
西班牙船入日本開港地雇用水路導船任其自由
西班牙人清完債錢並稅項後開帆欲出港外雇用
水路導船亦同

民可有世世永久平和親睦。

第二條

大日本天皇任駐地各名全權公使及為理商事領事
官於互市之地。此二臣、旅行於西班牙國內皆任其
意。西班呀國王。住駐江戶府公使及為理商事領事
官於互市之地。此二臣、旅行日本國內皆任其意。

第三條

自此條約施行日。為各國人交易那開港口及市中。
亦為西班牙人開作交易之處。
西班牙人。可得居雷右開港地及市中於該各處皆

定左條約

第一條

大日本天皇陛下。與西班牙女王。私名及其兩國人

大日本天皇陛下。與西班牙女王。私名欲結永久
信諳為兩國人民,開交易道。決定結締和親貿易
並航海條約為右全權大日本天皇陛下命第二
等官外國官副知事東久世中將第三等官外國
判事寺嶋陶藏井關齋右衛門,西班牙國
特派全權公使,私名
彼此照應其委任狀,檢查為正實至適以合議決。
[小字: 未命官私各人名稱,在支那安南國特派全權公使,私名]

第六條．

須歸在日本西班牙官吏裁斷。

第五條

在日本西班牙人因身上或其所有貨物、典起爭訟
其居雷日本西班牙人應得隨意信仰自國教法並在
居雷日本西班牙人因身上或其所有貨物、典起爭訟
居雷地建造其教法之必要宮祠。

第四條

繼脿按照當時所定規則科罰。
西班人無特許有出其規定外。須由日本官吏諭令
遂規定內若不聞則日本官吏將往旁近西班牙館

八。
西班牙人游步規程與為各國人所結定之規程。同若
西班牙人居雷地周圍。不設垣屏等圍任其自由出
府。
議后定各港規則。亦同若若其件各港。日本官吏及
棺橇難議定可上告西班牙開政事官吏與日本政
西班牙人建居宅之地。地須當其時與日本官吏協
達家屋歐其慎制又籍修時由日本官吏隨時往勘。
託建築而以管要害堡岩者禁之為證正守此規則。
地買居宅。或營達居宅倉庫雖任西班牙人之自由

137

日本人應聽其自日本開港地及各國各港。隨意榮

載貨物運往日本開港地及各國各港且如慮應二

年丙寅四月九日西曆十八百六十六年第五月廿

三日。日本政府所頒諭文。經由該管官廳得領政府

印章可得為修藥又商販赴各國。且任與日本前約

之各國中從事務無妨外國人所雇日本人將到

海外稟請開港地長官得政府印章亦無妨

第二十五條

日本政府為因保護出入。為外國交易所開各港旁

近各船之安全可設照港燈標木礁標等

138

第二十六條

日本政府既准他外國政府及臣民又自後將准之

殊典今兹確定。瑞典那耳回政府及臣民自此條約

施行日一律均沾。

第二十七條

兩國要實驗此條約兩改革至來壬申年十八百七

十二年第七月一日後可上告此條約再校但要其

一年前通報其旨。

第二十八條

瑞典那耳回國公使及領事官呈日本官吏公事文

139

書。可用佛蘭西語或日本語譯文

第二十九條

此條約日本語二通和蘭語二通共計四通而其文,

雖固同義同意。須以和蘭語為原文若有日本語與

和蘭語意味相違。則據和蘭語而可次定

第三十條

此條約本書記搭日本天皇與瑞典那耳回國王心

名重。兩確定其本書應須從速交換但此條約待千

八百六十九年方可施行為右證日本明治元戊辰

140

者也

年九月廿七日。卽西曆千八百六十八年第十一月

十一日。於神奈川府後此委任全權等記姓名押印

西班牙條

明治元戊辰年九月廿八日。西曆千八百六十八

第十一月十二日。於神奈川捺印明治庚午年二月

廿三日。批准本書

東久世中將花押

寺島　陶藏花押

井關齋右衞門花押

瑞典那耳回軍艦需蓄諸物撤岸以藏神奈川長崎
箱館兵庫並大坂之舍庫瑞典那耳回監人可得護
之就此無納租若賣其貨物於日本人又外國人則
須由買主完納所定租項於日本府。

第十九條
輸出入祝租據副之祝則而可納日本政府右祝則
至十八百七十一年第七月一日可再改
改蒸生糸稅額一節正在與各國商議中若各國改
稅后所揭于副之稅則之稅額日本政府與瑞典那
耳回公使俟至施行此條約時再行確定

第二十條
凡有人輸入貨物於神奈川長崎箱館兵庫並大坂
日本政府不收祝項祝須將由外國輸入貨物寄頓
於棧房之準備
日本政府受托其品物間可收管令無遺難並風雨
損害日本政府可創築足優保外國商人堂石物品
火難之堅崒止藏龍此品物輸入主义資主將取去
於庫可出祖師定例之祝欲再輸出其品物不及納
輸入祖取去品物甲乙從借庫規則可償庫貨

第二十一條

日本産物運送水陸兩路為其繕修收諸商業例租
外別無收送于日本人又日本人內不問何地得恣
運送為外國交易所開各港

第二十二條
日本人於日本開港地又海外隨便得買搭載旅客
及搬送貨物之各種帆舡火輪船等俱軍艦無日本
政府允准不得買收
日本人所購諸外國舡遵照火輪舡每壹噸壹介銀
三箇帆舡每壹噸賣介銀壹箇之例納稅則當記載
于舡隻目錄以作日本舡但為定其舡噸數須應日

本長官所需由當路頒票官示各該國舡使目錄寫
本以證其真

第二十三條
日本諸商人無政府官吏臨場以日本開港地皮此
條約中第廿四條所載方法得到海外之准於各國
亦可得與外國商人隨意交易但日本商人就通常
商販所收祖稅外。日本政府無收之且諸俟俱其
所使用之人守此規則雖無日本官臨
場聽其赴諸外國又於日本諸開港地隨意交易

第二十四條

人不可賣却、

　第九條
雷在日本瑞典那耳四人、傚日本人、供其使令自非
禁條諸事、可無妨于日本政府、雖然此革犯日本國
禁於日本政府、可罪之。

　第十條
副此條約之交易規律、與此條約為一體者。彼此可
俱堅守。在日本瑞典那耳國公使與日本政府委
任官吏、同心商議、諸開港地施行副此條約之交易
規則之外、可以設緊要規律之權。

129

　第十一條
在各開港地、為防密商奸曲、應由日本官吏、可設相
當規則。

　第十二條
瑞典那耳回國商船來日本開港地於八港催水路
導舩任其自由又完納該國舩所定各稅及賠償通
債后、將出港亦同。

　第十三條
瑞典那耳回國商民輸入貨物於各港完納稅項后、
得祖所此證書任其自由帶右證書方再轉致其貨

130

物他開港地、出入共可不收重稅、

　第十四條
瑞典那耳回國人、所輸入于開港地之貨物、此條約所
定租稅清納后、日本人搬送國中何地、不收其租及
送租。

　第十五條
彼此國人互賣物、儻用日本金外國貨幣典與
諸貨幣除日本銅錢得輸出、又外國金銀鑄貨幣與
否、丕得輸出。

　第十六條

131

其價直可買收其貨物
之則準祖所命價可收其租承肯則祖所官吏不減
吏命相當價因其命價可以誤買收其品若貨主沮
日本祖所官吏若察貨主所報價值不當則由其官

　第十七條
瑞典那耳回國舩、在於日本海尾破攫或遭艱風漂
著、又不得止來日本國中港將遇真危難該所官吏
連憫救厚狀助、滿舩人員可令赴旁近地瑞典那耳
回頭事館。

　第十八條

132

崎以在本州周圍之府轄爲限
瑞典那耳回人中有赴右界外者日本政府拘捕
可付被領事官領事官可應余罰右犯者

第四條

居留日本之瑞典那耳回人無阻隨意信仰自國教
法且應聽便管社於其居留地內

第五條

在日本瑞典那耳回人因家產及所有物㕞所起之
爭論都歸雷在日本瑞典那耳回官吏裁斷
瑞典那耳回人對日本人有可訴諸其領事官可訟

其言領事官回付此訴訟後裁判所官考慇實
可裁日本人對瑞典那耳回人有訟諸裁判所可訟
其官裁判所官吏回付此訴訟後領事官亦州按慇
意可斷爲裁判所官吏又領事官懇篤難處之爭論
有起則裁判官吏及領事官俱託通則日本官
日本人員領事官裁判又以偽託正當可裁若
吏盡力正當裁凱可令勉償通債瑞典那耳回
償或將以僞計遁下償日本人通債亦同日本官
吏盡力正當處置令償通債瑞典那耳回
典那耳回領事官從此供與权管償其國人通債

第六條

對瑞典那耳回人爲惡之日本人日本官吏糺明後
日本法度可罰之
對日本人或外國人爲惡之瑞典那耳回人瑞典那
耳回領事官或其有威權瑞典那耳回官吏糺明後
瑞典那耳回法度可罰於裁斷後此但可無偏頗正
當裁斷

第七條

犯此條約及副此交易規律罰銀収其品物可報知
瑞典那耳回領事官領事官所命之罰銀又官収品

都可屬日本政府所官吏可捕拘輸品於領事官
迨裁斷領事官與租那官吏於後此可懷受保之

第八條

瑞典那耳回人於日本開港地勿論于自國貨物雖
國貨物輸入非日本禁品交易諸品賣却又買収輸
出自國又他國港付其自由據副此條約稅則清租
后其他別無納稅瑞典那耳回人買諸品物日本人
又賣日本人任其意又賣買之際凡日本官吏無礙
塲日本人不問甲乙買品物瑞典那耳回人而賣之
又再賣之之俱可無妨軍需諸物非日本政府或外國

享守崎陽阿蘭藏井関齋右衛門、瑞典那耳回國王命
官末編人　醫任日本和蘭國王殿下名末編人後此照
應其委任狀檢查爲正實至通以合議次定在各
條、

第一條

日本代代天皇瑞典那耳回國王延兩國臣民
間可有永久平和無窮懇親之約。

第二條

日本天皇有鑑緊要之件。任其在雷瑞典那耳回國四都
府地編名　公使名末編人又任在雷瑞典那耳回國諸港

頒事官名末編人右日本公使及總栢領事
無阻於旅行瑞典那耳回國内瑞典那耳回國王鑑
緊要命其在雷稗編日本首都公使及在雷因此條
約爲瑞典國人貿易所開日本各港領事官右公使。
及總栢領事無阻於旅行日本國内

第三條

神奈川長崎箱館兵庫大坂各港及市中角此條約
施行日爲瑞典那耳回臣民交易可開可准居住前
掑居宅倉庫禁托之以營要害堡砦爲證亦此規定

方修補改樣其建築日本當課官吏時臨查爲當
然、
瑞典那耳回國臣民可住居住地區及可管建築場所
日本官吏與瑞典那耳回頒事官可定之各港規則
亦同若日本政府與瑞典那耳回頒事官難夾可托其
事件于日本官吏與瑞典那耳回頒事官廣覽
瑞典那耳回國臣民周圍日本人無設
門栅不可妨自由出入瑞典那耳回人無阻於将步
規程之境界如左
神奈川以在川崎品川間注入江戸海灣六鄉川脈

爲限其他各方十里
箱館各方十里
兵庫際京都方西各方十里。
大坂
一　南界大和川釜逃舟橋村龍迄教興寺村佐太
二　界市中離境外可准将步
横斷
三　大坂至兵庫往來道祿距京師雖十里外可准
所有里數係由各港裁判所打箕之陸路程度也
一里同佛蘭西尺三千九百十迷爾。叺

船隻毎壹噸當壹分銀壹簡之租金俾法納之則為日本
船隻何記載之於船舶目錄為定其船噸數應日本
長官需當路頒事官示本國船舶目錄之膽寫以證
其真

第九條

日本諸商人無政府官吏臨塲直因日本開港地及
此約書中所揭第十條之方法得出海外之允准於
各外國得禮與外國商人交易特日本商人尋通商
祝外無別納日本政府且諸侯伯及其使用之人現
守締拮規律納其租則不經日本官吏之臨塲赴諸

外國若日本諸開港地每地交易依前據任其自由

第十條

日本人不問導乘得檀運貨物於日本開港地若各
外國諸口達日本開港地若各外國諸口日本人所
持之船若訂約外國船且既如慶應二年丙寅四月
九日西洋千八百六拾六年第五月廿三日日本政
府以回書布告因庚手路得政府印章為修學若商
販游各外國或做諸般職業於日本親睦各外國船
中無妨

外國人嘗雇之日本人請開港地本行得政府印章

以赴海外

第十一條

日本政府圖各船之安全設燈臺浮木淵標等於為
外國交易所開之各港旁近

為此結定日本慶應二年丙寅十二月七日於江戶

兩國全權委任記名押印

　柴田　日向守　花押

　栗本　安藝守　花押

　大久保　帶刀　花押

　官名　人名籙　手記

輸出入稅目答之

瑞典那耳回條約

明治元年戊辰九月二十七日西曆千八百六十八
年第十一月十一日於神奈川捺印明治三年庚午
十一月七日西曆千八百七十年第十二月二十八
日交換本書

日本天皇與瑞典那耳回等名及等名國王等名
結懇親之因於兩國間次締緊要于兩國臣民和
親交易之條約日本天皇以其全權任第二等
外國官副知事東久世中將第三等官外國官判

第四條

日本政府於神奈川、長崎、箱館、應輸入者之請、不拒
其祖、而予藏外國輸物于倉庫之準飾、日本政府受
堅牢主庫、可令外國商人絶雁火念慮、雖政府不保之築
將出自庫、可照祖目、納其頒、欲再輸出、其品物不及
納輸入悅品物狀、頒要必償借庫銀、右庫銀並貸庫

第五條

日本產物搬送、為水陸兩路繕修卯狀于諸商例
當章俟後此恊議而定之

祖之外別無納送祖、日本內各地、得恣送達于外國
交易哷間之各港

第六條

從日本外國條約中外國貨幣與日本貨幣約定以
同種同量之數置可通用之條、欤向來日本祖哷以
堅是昳、納祖此較丁壹分銀壹目百枚以壹分銀三
百十一箇之數浗狀昳、而日本政府、革其公買鄙外
國貨幣、令無害、又令日本貨幣約與地
欲以便利交換以日本貨幣、故日本已次于盛大金銀鑄哷如
是則日本人丁抹入、可呈出絶外國金銀貨幣與地

金改鑄于日本貨幣、箕除其諸賞、以其實之真恠、其
於哷設之地、將交兊為行、此處置、以改條約哷載、哷
年第一月一日、可施行其處置

第七條

跪改鑄雜賞、可收之多寡分許、嗣後經兩國全權之
恊議以定之

祖哷諸管、接輸品之搬岸搬載、及備水夫等、向來於
開港地哷新出之不理、為除去之各港奉行速與外

國頒事官交談後、此恊議以達次使無不理之規律
各港為外國人輸品搬岸搬載等哷用之埠頭內設
小廄使為輸品、不為兩遯哷頒傷、當護此事伩規則中
今交易之道及各人哷務、要務必容易且安全後此
議定之

第八條

日本人不問買兔於日本開港地、若海外得槽買輸
送諸客若貨物各種帆船、濵船若軍艦然、不得日本
政府之准狀、不許買之

日本人買諸外國之船、濵船、每壹噸壹分銀三箇帆

庫丁抹監人護之此不状祝若賣之日本人若外國
人令買主納其定租於日本府。

第十九條

日本政府既而准外國政府臣民。再後不論何國當
准殊典丁抹政府及臣民。苟令確定此條約施行日
後亦同准。

第二十條

兩國驗條約之實地爲全備要改革載之壹年前可
以爲再驗期壬申年千八百七拾二年第七月一日。

第二十一條

109

丁抹全權公使及領事官贈日本官吏公事文書用
佛蘭西語此條約施行後不過五年間當以和蘭語
或日本語譯文爲副。

第二十二條

此條約計四通日本語二通和蘭語二通其文雖固
同義同意以和蘭語爲標準。

第二十三條

此條約以日本大君丁抹國王名重確定待本書師
成於江戶本書交換。

此條約以來丁卯年五月廿九日卽西洋千八百六

110

十七年第七月一日施行本書交替須於其前後爲
此決定日本慶應二年丙寅十二月七日卽西洋千
八百六十七年第一月十二月於江戶彼此委任全
權記名押印。

柴田　日向守　花押

栗本　安藝守　花押

大久保　帶刀　花押

官名　人名　樣　手記

副條約

第壹條

111

彼此全權代兩國政府議定左約書踐此條約書中
租祝目錄咸當堅奉之。

第貳條

此租祝目錄迄壬申年酉洋千八百七拾二年第七
月一日。雖可改之於茶生糸之租此約書押印二年
後彼此不問東西告知六月前可要求據前三年均
價之五分而改之又於本村之租告知此約書押印
五月後咸依時價而納租得從品物而定租數。

第三條

輸物搬荖搬載之准書雖依舊嗣後無出其謝郷

112

日本禁外物品。丁抹人不問其國及他品種於日本
每開港恣輸入賣買得輸之。自他諸港
禁外品種。規定稅清納別無出額。
丁抹人日本人賣買品物。其價受都無障害日本官
吏無薪之。日本人不問何人所購於丁抹人物品當
之。又再賣亦無妨。

第九條
在日本丁抹人雇使日本人給禁外諸用。日本政府
不妨之。

第十條

此條約中稅則約書為條約壹部。彼此確守之

第十一條
各開港。日本司吏要為防窗商好曲。達適當規律

第十二條
丁抹國船來入日本開港恣得僱水路導船同國艇
清丁定租及欠遁而出港亦同

第十三條

丁抹國商民輸入品物于開港。清納定租得簽書于
租所任其自向再轉搬凡于他開港不復況其稅

第十四條
丁抹人輸入港口貨物定租清納後。日本人輸送國
中不別況其租

第十五條
外國諸貨幣。與日本貨幣以同種同量通行。
兩國人互償物價無碍用彼此貨幣。
諸貨幣除日本銅錢得輸出外國金銀勿論與否。
其貴幣得輸出。

日本稅所吏員察貨主所言之。佑價有詐則吏氣護
以適價活其物。
貨主若沮之以稅所評價扺其稅。諾則不縮其價直
而買訖。

第十六條
丁抹國船於日本海岸如破摧或漂著或脱危難米
本所官吏厚加來護送致旁近頒事官。

第十七條
丁抹草應需用諸品。辨崖以納 神奈川長崎箱館倉

第十八條

日本國內亦任其意

第三條

神奈川長崎箱館港坊要待此條約施行之日而為
丁抹臣民交易期間前條港坊聽丁抹臣民居住又此
輩得貰借其地沾其居室雖准造居室倉庫托連之
禁營造變居地為謢守此定律方其緝修日本當路
地日本官吏與丁抹頭事官定之每港規條亦同之
丁抹國民為居住所得地區及可營建之地其每
官吏臨查亦無妨
若不同議則示之日本政府及丁抹全權公使取裁

決丁抹國臣民可居住地區周圍日本不得設墻栅
坊自由出入八日本開港各坊丁抹人將步規程如左
神奈川在川崎品川之間以那洼江戶海灣之六鄉
川為限其他四方各十里
箱舘四方各十里
都里數自各港本行邪取陸程度
壹里同于佛蘭西尺三千九百拾米的兒狄
長崎以本那周圍府轄為限

第四條

罔居于日本丁抹人慾信仰自國宗旨且營拜邪其

地不妨

第五條

在日本丁抹人間管一身或罪持品爭訟都從丁抹
有司郡裁
丁抹人將訟日本人告之於頭事官頭事官按偸可
怒裁
日本人或訟丁抹人共頭事官徆按亦同前若頭事
官難處分上稟日本有司共裁判
若日本人得丁抹人逋債將危償或遁非日本司吏
考裁令勉償之丁抹人於日本人丁抹頭事官處置

之亦相同
日本奉行邪丁抹頭事官後此無償國人之逋債

第六條

日本人搆惡丁抹人日本有司料按服國法罰之
或外國人于丁抹人搆惡日本人丁抹頭事官與外官
吏絆按從其法度西罰郆裁要正直無偏頗於彼此

第七條

犯此條約中秖則之規律罰錢及拘扨品為查考丁
抹頭事官命其吏人令稱按兩品共屬日本攺廋

第八條

097

外國人所雇日本人。隨便甲請開港地奉行爲到海
外。領政府印章。
外國政府印章。
　第十一條
日本政府爲各船出入安全。可具燈明臺浮木礁標
等於爲外國交易所開各港旁近。
爲凱結定慶應二年丙寅七月十六日於江戸彼凱
委任全權記名押印
　　柴田　日向守　花押
　　朝比奈甲斐守　花押
　　牛込忠左衞門　花押

098

日本國外務省事務卷之五
　　終
　輸出入税目署之
　　　人名　未編　手記

099

日本國外務省事務卷之六
　丁抹條約
慶應二年丙寅十二月七日。莊江戸。捺印。慶應三年丁卯九月四
日。西暦千八百六拾七年第十月一日於江戸本書
交換。
帝國日本大君與丁抹國王。訂親和之約於兩國
間各爲其臣民和親。航海交易條約之事。日本大
君命其臣柴田日向守東本安藝守大久保帶刀。
丁抹國王。命日本晉在和蘭國王之使民彼此照

100

應委任書示狀實良妙。其至適恊議決定下文各
條。
　第壹條
日本大君與丁抹國王。其親戚及後嗣約無彼此臣
民之別永久平和懇親。
　第貳條
日本大君以於哥邉哈戒丁抹都府置全權公使
莊丁抹港津都邑置領事官爲急務則得置之於丁
抹此二臣。旅行丁抹國內皆隨意。丁抹國王。駐於江
戸府公使置領事官於日本互市之地此二臣旅行

交兌爲辦此事以改條約所載關貨幣通用條欵爲
緊要卽由日本政府告條欵更改其條欵俟有肯諾
自來丁卯年十一月中西洋千八百六十八年第一
月一日施行其事

因改鑄雜貨應收多寡之數嗣後彼此全權帷同議
定

第七條

因稅關所辦合事正將貨物搬岾搬載及催用船丁差
夫等向來於開港所訟不便各事雜欲除去由各港
奉行速與外官續商議彼此帷議后擬立夹先不

便各事之規律務欲令交易之道及各人所務得以
容易且安全彼帷議定于玆

右規則中須加書在各港爲外國人將貨物搬岸搬
載所用埠頭內建造小廠使各貨物不爲兩露所損
傷等文

第八條

日本人不問尊卑在日本開港地或海外許其隨意
得日本政府准狀不得買收

贈輸送旅客若貨物之各種帆船火輪船若軍艦不
日本人所買收諸外國船遵照火輪船每壹噸壹分

銀三箇帆船船每壹噸壹分銀壹圓之例納稅則須作

第九條

日本船隻記載於船隻目錄俾爲定其船隻噸毃應
日本長官需由當路示本國船隻目錄之謄寫
以證其眞

載於帷約書中第十條之方法得至海外之准於各
外國得與外國商人隨便交易特日本商人通例商
稅外另外不必無納稅於日本政府且諸侯伯及其
使用之現守締拮規律納定稅則不經日本官吏

日本諸商人無政府官吏臨塲亩因日本開港地及

塲諸諸外國或日本諸開港地在其地交易依照上

第十條

文任其自由

日本人不問尊卑應得隨便載貨物於前往日本開
港地或自各外國諸口至日本開港地或赴各外國
諸口日本人所有於良正有約之外國船只旣如慶
應二年丙寅四月九日西洋千八百六十六年第五
月二十三日日本政府以諭文布告稟請簽領有政
府印章許其爲修學或商販游各外國或做各等職
業於與日本親睦之各外國船中

朝比奈甲斐守花押

牛込忠左衛門花押

　人名　末録寺記

日本所開各港伊太利商民貿易定則

伊太利貿易副約

第一條

彼呎全權代兩政府議定左開約書採用副呎約書
之關稅目錄兩政府臣民咸須堅奉遵照

第二條

副呎約書之關稅目錄俟至來壬甲年。西洋十八百

七十二年第七月一日。更改。其於茶生系之稅經呎
約書押印二年後。不問彼呎須在六月前預為告知
照從前三年均價之五分。再行更改。又於木材之稅
應於呎約書押印五月後告知其政。依時價納稅得
從貨物而定稅額

第三條

貨物搬呎搬載之准書雖依舊嗣後不必納其謝銀

第四條

日本政府應於神奈川,長崎箱館應輸入者諸不收
稅項預為將外國輸入之物寄頓棧房之准備由日

本政府代為寄頓之間。可保無盜難風雨損害。至於
火難政府不能保之。應該外國商人等造不懼火災
之堅牢棧房瓦輸入貨物貨。或貨主請領寄棧之物
須照關稅目錄完納其稅。欲再輸出其貨物不必納
輸入稅領貨之時收領償完棧費其棧費並係

借棧各等規則須俟彼呎協議而定

第五條

因搬送日本產物田諸商所收水陸兩路繕修例稅
外不必另納搬送稅項自日本內各地可得隨便轉
送為外國交易所開之各港

第六條

向照日本與外國條約中所載外國貨幣。與日本貨
幣。約定以同種同量之數量通用之條款。於日本租
所有以墨是可觸鑄納稅則比較于壹分銀壹同觸
名百枚以當壹分銀三百拾壹箇之數量同觸
照而日本政府。因欲革其兩側,將外國貨幣撰目
貨幣令先不便又令日本貨幣。無不足以便利交易
故日本已決盛大其金銀鑄所如呎則日本貨
太利人可呈出外國金銀貨幣與鑛金改鑄于日本
貨幣算除其諸費以其質之品佐。應於其所設之地

第十五條

外國諸貨幣與日本貨幣以同種同量通行

彼凱國人互價物價無碍用彼凱貨幣

諸貨幣除日本銅錢得輸出外國金銀勿論鑄貨幣
與否得輸出

第十六條

日本司稅所吏員察物主所言價有私則吏員議以
適價沽其物。

物主若沮之以司稅所評價收其稅諾則不縮其價
直買收。

第十七條

伊太利國船於日本海岸如破摧或漂着或脱危難
來本所官吏查知應即厚加救護送致旁近〔官名未詳〕

第十八條

伊太利軍艦需蓄諸物械岸以納神奈川長崎箱館
倉庫伊太利鹽人護之凱不收稅若賣之日本人及
外國人令買主納其定稅於日本府。

第十九條

日本政府既准外國政府臣民又爾後不課何國將
准殊典伊太利政府及臣民就今確定此條約施行

日後亦凖

第二十條

兩國驗條約之實地為全備要改革報之一年前可
以再驗期在壬申年千八百七十二年第七月一日。

第二十一條

伊太利國和官緒及和緒官吏致日本官吏公事之文
書可用佛蘭西語伊太利語凱條約施行後五年間
可添日本語或和蘭語譯文。

第二十二條

凱條約都七通副日本語伊太利語各二通及佛蘭

西語三通其文雖同同義同意須視佛蘭西語為原
文。

第二十三條

凱條約以日本大君伊太利國王名璽確定待繕就
本書於江戸交換本書

凱條約以來十一月二十六日即西洋千八百六十
七年第一月一日施行本書交換須於其前後

為凱決定慶應二年丙寅七月十六日於江戸役此
委任全權記名押印

柴田
日向守花押

共屬日本政府。

第八條

日本禁外貨物准伊太利人，不問其國及他國貨物，俱可隨意輸入日本諸港賣買，或輸出其國及他國諸港。

禁外貨物經完定稅不須再納稅項。

伊太利人與日本人賣買貨物，收受其價價，都無障碍，日本官吏不用渉問之，諸日本人不問何人，所購於伊太利人物件，蓄用或再賣俱無妨。

第九條

082

官名未繙亦相同。

日本奉行所伊太利(官名未繙)彼佩無償國人連債。

第六條

對伊太利人構惡之日本人，由日本司吏(官名未繙)科按照國繙與其他官吏科按從其法度而罰，所裁要正直无偏頗於彼佩。

法罰之

對日本人及外國人構惡之伊太利人，由伊太利館(官名未繙)

第七條

因犯副佩條約稅則之規律，所有罰錢及抑收物件

081

在日本伊太利人雇使日本人，供禁外諸事日本政府不妨之

第十條

副佩條約之稅則約書，須視為條約一部，要彼佩確守

在日本伊太利國(官名未繙)接日本政府委任吏為施行，附佩條約之稅則規律，議立貿易諸港之緊要公平章程

第十一條

各開港日本司吏，為防客商奸曲，擬設適當規律

083

稅

第十二條

伊太利國船來日本開港，雖水路導船得隨其便，同國船清完定稅及債錢兩出港亦同。

第十三條

伊太利國商人輸入貨物于開港，清納定稅得証書，于租所任其自由，再轉致搬岸于他處開港不收重稅

第十四條

伊太利人輸入港口，貨物清納定稅，由日本人輸送國中別不收稅項。

084

第一條
日本大君、與伊太利國王其親族及後昆、不問彼此
所領臣民之別、永久平和懇親。

第二條
日本大君、任駐劄於伊太利王都參政吏、並欲監視
在諸港貿易商賈則任其人、皆任其意而彼吏人者
遊行伊太利國內亦適意。
伊太利國王、以留在江戸府、[未繕名 依彼條約為臣民]
之緊要開貿易於日本港坊置領事官吏員、亦可命其
[未繕及未]遊行日本國內亦无礙。[官名]

第三條
伊太利臣民、開作交易之處。
神奈川長崎箱館等諸港坊、待彼條約施行之日為
伊太利臣民居住、並得賃借其地購其居
右港坊聽伊太利臣民居住、並得賃借其地為
室雖准造居室倉庫、不可托造兩營要害之地、為
證守彼約、方其繕修當由日本當路官吏臨查允許。
伊太利臣民得以居住及建造各物處並各港規
條、當由其地日本政府及伊太利[未繕名]以憑商辦。
諸則示之、日本政府及伊太利[未繕名]以憑商辦
伊太利國臣民可居住地區周圍、日本不得設墻栅

妨自由出入、日本開港各所伊太利人遊步規程如
左、
神奈川、以在川崎品川間於江戸海灣之六鄉川為限。
其他各方十里。
箱館各方十里。
壹里同于三千九百十[通][程]
凡其里數自各港奉行所及各官廳所算路程度。
長崎、以本所周圍府轄為限。

第四條
留居于日本伊太利人、信仰自國教法、且營拜所其

地亦俱不妨。

第五條
在日本伊太利人、關于一身或因所持物件有爭訟、
都從伊太利司吏所裁。
伊太利人、將訟日本人、須詣告其官於[官名 館名 未繕]
應須從公查辦。
日本人或訟伊太利人[官名 未繕]亦須一體從公查辦、若
難處、則上稟日本司吏會商平允訊斷。
若日本人員債於伊太利人怠不賠償、或詐逃則日
本司吏考裁令稱償之、伊太利人於日本人、伊太利

第十七條
白耳義國船於日本海岸知破推或漂着或免定難
來本府官吏厚救護送致旁近。官名未編

第十八條
白耳義軍艦需蓄諸品搬岸以納神奈川長崎箱館
倉庫白耳義人監護之凱不收稅若賣之日本人外
國人令買主納其定租于日本府。

第十九條
日本政府爾後向外國政府臣民有可聽殊典則就
令確定白耳義政府國民亦同。

073

第二十條
兩國求驗條約之實地兩改之報之一年前可以為

再驗凱期要在凡六年後。

第二十一條
白耳義國 官名 及官名 官吏致日本官吏公事之文
未編
高可用佛蘭西語凱條約施行後五年間可添日本
語或和蘭語譯文

第二十二條
凱條約書以日本佛蘭西和蘭語各反譯雖同義同
意以和蘭譯文原視。

074

第二十三條：
凱條約以日本大君及白耳義國王名重。確定待本書
飾成於江戶交換。
凱條約以來十一月二十六日卯西洋十八百六十
七年勞一月一日施行本書交督湏於其前後
為此結定慶應二年丙寅六月二十一日於江戶役
凱妥任官吏記名押印。

菊池伊豫守兆押
星野備中守花押
大久保筑後守花押

075

伊太利條約
人名未編 手記

慶應二年丙寅七月十六日西曆千八百六十六年
曆十八百六十七年勞十月三日。旁卯
第八月二十五日。旁卯慶應三年丁卯九月六日於江戶交換本書。

帝國日本大君與伊太利國王締退親之條約且兩
國各民人緊要事件並航海交易之條約今將決
之故日本大君以柴田日向守朝比奈甲斐守牛
込忠左衛門伊太利國王 官名未編 役凱關顧委
任書認其較校正確適當兩協議決定下文各條

076

更與其他官吏斜接擾日本國法而罰要無彼凱倘
煩裁断。

第七條

犯凱條約及稅則之規律罰錢及抑收品為查考告
本府。

白耳義官名〔未編〕吏人令撿拨兩品共屬日本府。

第八條

日本禁外物品白耳義人不問其國及他品種於日
本開港地恣得輸出入交易賣買。

禁外品種規定稅清納別無出額。

白耳義人日本賣買品物。都無障碍。其還錢日本

官吏無窪之日本人不問何人所得於白耳義人物
品蓄之或賣買無妨。

第九條

在日本白耳義人得雇使日本人給禁外諸用品。

第十條

以凱條約及稅則為全備交易規律者

在日本白耳義〔未編官名〕接日本政府委任吏為施行

附凱條約稅則規律為交易開諸港可議定適當之
規律。

第十一條

創開港。日本司吏要為防寄商奸曲連適當之規律。

第十二條

白耳義國船來日本開港清了定租及欠通而出港
任恣傭水路導船。

第十三條

白耳義國商民輸入于開港品物得清納定租証状

再將致搬岸于他開港不重稅。

第十四條

輸入貨物定租清納後。日本人輸送國中別不收租
額。

外國諸貨幣與日本貨幣以同種同量通行。

第十五條

彼凱國人互債物價無碍用彼凱貨幣。

日本諸貨幣除銅錢得輸出外國金銀貨幣勿論鑄
與否皆得輸出。

第十六條

日本司稅所察物主所言價有奸則司稅所議以通
價沽其物。

物主若沮之以司稅所評價收其稅從則以評價直
買收之。

良好其至適而協定于下幾條。

第一條

日本大君白耳義國王其親族及立共要彼此所部
臣民間永久平和懇親。

第二條

日本大君任駐白耳義國內宜領事官隨意白耳義
國王任駐江戸府亦結並置領事官于互市地处二
臣遊行日本國內亦任其意。

第三條

日本帝地处二臣旅行白耳義全權公使及為理商事實領事官
於互市地处二臣旅行白耳義臣民居住又幾葉得賃借其地沽

神奈川長崎箱館港坊要待幾條約施行之日而為
白耳義臣民交易開之。
右港坊聽白耳義臣民居住又幾葉得賃借其地沽
其居室雖准造居室倉庫托建之禁營造要害地為
證守凱定律方其繕修日本當隆官吏臨查勿論也
白耳義臣民為將居住其所得地區及居室及延港
規守其地日本官吏更白耳義未結恊定若意不諧則
示之日本政府及白耳義國臣民可居住地區周圍不得設門
墻妨自由出入

日本開港港各所白耳義人游步規程如左。

神奈川限六鄉川脈限外各方十里
箱館各方十里
凡里數自各港奉行所取陸程度
長崎本所周圍以府轄為限

第四條

雷居于日本白耳義人恣信仰自國宗旨且營懷所
其地不妨。

第五條

在日本白耳義人間爭訟從白耳義司吏所裁。

白耳義人將訟日本人詣告其旨官名館
按撿可懲裁日本人突然訟白耳義人官名
亦同前若官名難處則上票日本司吏為共查的
裁。
若日本人得懲裁白耳義人逋債將怠償或詐遁日本司
吏考裁令務償之白耳義人於日本人官名
亦相同。

第六條

白耳義臣民攝惡于日本人白耳義司吏絆按照國法
罰之日本人及外國臣民攝惡于白耳義人日本司

輸入之貨物完納定稅后由日本人輸送國中。無再徵稅項。

第十四條
外國諸貨貨幣。與日本貨幣。可以同種同量通用
彼此國人互償物價同用兩國貨幣。俱無妨
日本諸貨幣除銅錢得輸出。又外國金銀鑄貨幣與
否並可得輸出。

第十五條
日本租所臻貨主所告之價。有奸則由租所估相啇之
價讓買收其貨。若資主否之。須從租所估價完納其稅
承諾則直可以其價買收。

062

日本政府向后。有可許外國政府及人民之殊典則

第十六條
方今確定瑞西政府國民亦應得一律允許。

第十七條
兩國驗條約實地。而欲行改革。須在其一年前報知
方可再驗。此事可在自今九九年後。

第十八條
瑞西國全權公使。及領事吏人致日本官吏公事文
書須以佛蘭西語。但自此條約施行五年間可副
日本語又和蘭語譯文

061

第十九條
此條約以日本佛蘭西語書。雖各翻譯同義同意。須
以和蘭譯文為原文

第二十條
此條約日本署大君主名蓋印瑞西記捺末緒
印以為確定。至於本書須十八月內。於江戶交換。彼
為右證文久三年癸亥十二月二十九日。於江戶。彼
此委任官吏專記捺名印
竹本甲斐守　花押
菊池伊豫守　花押

白耳義條約
星野　金吾　花押
人名未稿　手記
慶應二年丙寅六月二十一日。西曆千八百六十六
年八月一日捺印。同三年丁卯八月十三日。西曆千
八百六十七年九月十日。於江戶。本書交換。
帝國大日本大君。白耳義國王締懇親之因於兩
國間且決及于各臣民緊要和親交易之條約曰後
本大君任菊池伊豫守。星野備中守大久保筑後
守。白耳義國王命　官名未稿 實名未稿　互相照委任書見狀實

064

063

斷之。

如上文。日本人對瑞西人生訴訟或異論瑞西領事可裁斷之。

若日本人負債瑞西人怠其償或將以爲遁則日本人瑞西領事處置之亦須一律。

第六條

對日本人或外國人爲兌之瑞西人應由領事或其他官人按之從瑞西法度罰辦對瑞西人爲兌之日

本人應由日本司人糺之從日本法度罰辦。

第七條

因犯凡條約。董稅則各規所徵罰錢及收沒物件。爲查覈報瑞西領事吏人其吏人查覈後罰錢及收沒物件均屬日本府。

第八條

瑞西人於日本所開各港勿論自國貨物雖他國貨物件均非日本所禁交易諸貨物賣却收買或輸出皆可自由禁外之物。完納定稅不納其他稅項。

買或持有亦俱無妨。

瑞西人與日本人賣買貨物俱可無阻。就其遠償等。日本官吏不涉之。諸日本人所得於瑞西人諸貨物賣

第九條

在留日本瑞西人催日本人役之法禁外諸事無問。

第十條

凡條約及稅則當作交易規律之全備者。瑞西合眾國以非海國無關海上規律故出八日本瑞西人可從他國人所設規則而裁斷。

瑞西船則不載凡條約中雖然有犯法破其規則之港各

在日本瑞西國全權公使與日本政府所委任官吏相接爲施行附屬凡條約之稅則規律之旨應須商

第十一條

定爲交易所開諸港緊用至當之規律業。

間港之地。應由日本司人爲防密商奸匪。擬之便宜規律。

第十二條

瑞西國商民輸入貨物于開港有完納定稅證書以其貨物轉致搬岸他處港亦可不收重稅

第十三條

搬本書

十四日西暦千八百六十五年六月七日於該地交

日本大君與瑞合眾國。館名 結懇親之因于兩國
間決定各人民所緊要之和親交易條約日本大
君任此事以竹本甲斐守菊池伊豫守星野金吾
瑞合眾國。館名 命以 職名各員照應彼此所奉
委任書見實良好為其至適合議決下文各條

第一條

日本大君及其立立。與瑞西合眾國。館名 可保永久
平穩懇親於各所領人民間。

第二條

瑞西合眾國。官名 以在晉江戸府。
則命之。並可命依此條約。為瑞西交易所開日本各
港中領事吏人其全權公使及領事可先阻巡行日
本國內。
日本大君任參政理事人于瑞西國部府。並可任諸
牧轄領事及吏人於市場理商事。
其參政理事人及吏人及頭目諸牧轄吏人可先阻旅行瑞
西合眾國、

第三條

為外國交易所開港口及其坊應從此條約施行日。
開為瑞西人民貿易之處
其港口及坊。可許瑞西國人民居住。並得賃借地區
及買在其地之建築又雜許建住宅倉庫不可托建
之以營安害之物
為遵守此規方維修其建築日本官吏撥視可為當
然
瑞西國人民可得居住之地。及建等並各港規則須
由其各所日本國官吏與瑞西領事定之若有意則
示之日本政府與瑞西全權公使以愚處辦

茫日本。瑞西國人民可住地區之周圍不設門。任
其自由出入
於為外國所開日本港。許瑞西人民行步境界都無
異于他各國人

第四條

居留日本瑞西人。為信仰自國發法。得營拜所於其
居留地內。

第五條

在日本之瑞西人。若起爭論須歸瑞西司人裁斷
若瑞西人對日本人生訴訟或異論日本官庭可或

避來日本港內由該管日本長官查知帆事須卽飭
加扶助其船且懇待一般滿員要用則指授其各員
赴旁近獨逸國領事館之方便。

第十八條

獨逸國海軍備用諸物搬岸日本國諸開港地可藏
買獨逸更人所保護之倉庫便不必因帆納稅若將
帆備用物有賣日本人或外國人則須由其買主將
例稅兑納日本長官。

第十九條

日本天皇陛下今玆確定與他國政府及其人民或

049

獨逸每國公使或領事更人贈日本長官各公事書

第二十一條

結條約之獨逸各國亦從日本政府之望八帆會議
下。先帆期限欲議帆條約如其他約了各國同意則
須將此年議之意雖少亦於一年吿知若日本天皇陛
驗帆條約各事欲行緊要變革或改正可得再議惟
至來壬申年卽十八百七十二年第七月第一日實

第二十條

人民侯帆條約施行日可蒙准凡
甫後將與之特准及便宜締約獨逸各國政府及其

050

翰可用獨逸語書然爲便利此條約施行日後三年
間可副和蘭語氏日本語譯文。

第二十二條

帆條約以獨逸語日本語記各四通其文意各同義
也。

第二十三條

帆條約印于日本天皇陛下及孛滿生皇帝陛下互記名
捺印以確定本書於十八月內可交換帆條約以記
名日可施行

爲右證憑役帆全權記名捺印于帆條約者也。

051

日本明治二年巳巳正月十日

西洋千八百六十九年二月二十日

於神奈川

東久世中將　花押

寺島陶藏　花押

井關齊右衛門花押

瑞西條約

文久三年癸亥十二月二十九日西曆千八百六十
四年第二月六日於江戸押印慶應元年乙丑五月

印

052

任其自由又其船清納通債及商稅將發港爲出
港外雇水路導者亦同

第十三條

獨逸國商人輸入商物於日本開港地而納租有諸
日本長官納其商稅等證書之理但常帄證書再出
八其商物於日本他開港地亦不必納商稅
日本政府務須建造倉庫於諸開港地且其倉庫因
輸者反貨主之願不收貨物之稅使其藏置
日本政府代管其物之間須保无損宮旦爲外國商
人輩欲置貨物應於政府作緊功之備以保其火災

又輸入商物之人或貨主意欲自庫退發須按租
稅目錄之稅將其貨物再行輸出不必納輸入稅退
收貨物之時須完庫費其庫費之數並借庫管接規
則彼帄商議約定

第十四條

獨逸國人民輸入日本開港地此條約所定商稅納
了之諸貨物不問日本人獨逸人可得輸送日本國
諸部但無出租稅或過隘租稅等稅
日本產物爲陸水路轉修而收諸商賣恒例稅外別
无收運送稅日本人日本內何地輸送諸開港地任

其自由

第十五條

外國貨幣於日本國內欲隨便通用日本政府廳
須速爲緊功于日本貨幣製造法之改正且於日本
首重貨幣局並諸開港地可建潤之貨幣及金
及外國人不問其尊早應得將諸種外國貨幣及金
銀筭簨宏其鑄費與日本貨幣以同種同量之分
數无換帄改鑄費彼帄協意後定之
獨逸國及日本民人互爲償還用外國或日本貨幣
任其自由

除日本銅錢外諸種貨幣蓋不造貨幣之外國金銀
得自日本國輸出

第十六條

若日本租帄更人就商人而上告之價有異意辭其
商物之價以其辭價議買收任其自由
若貨上不以此辭價諾則須照租帄更人而定價
其稅銀
若承諾其辭價則應不減其所報之價直償貨主

第十七條

若獨逸國船泊於日本海岸破摧或漂著又不得止兩

納。

獨逸國人民廳得將諸種商物買收於日本人又販
賣日本人至其賣買及銷償值之時日本吏人要庸
干涉。

獨逸國人民於日本國開港地所買收之日本產物
无納諸稅輸送日本國開港地。无日本官吏臨場買
收諸類商物於獨逸人民而貯藏之又供其用或另
販賣住其自由。但日本人民與獨逸各國人民為貿
易。日本人相共商販所收之稅外。日本政府不敢加
重稅項。

且諸侯伯並其使用之人。現守管束規則納租則
從一般通則許其至獨逸各國或日本諸開港地於
其地。不拘日本人之自國吏臨場得與獨逸各國人民
元日本人以自國產物或獨逸各國人民交易。
地或從日本開港地載往日本開港地或從他國港
往他國港等事不論日本人民或獨逸人民。所有
船許其自由裝載輸送

　第九條

留往日本獨逸各國人民使用日本人于通辭或師
表小丁等諸役又供不遠背禁法諸事。日本政府俱

不妨。

日本人於獨逸國船中准役各等職事任其自由
獨逸國人所能准日本人若隨其雇主出海外赴其
地官府則可准政府印章。若且既日本人慶應二年丙寅
四月九日西洋千八百六十六年榮五月二十三日
日本政府如以諭書布告之又日本人由其路領
有政府印章可得為修紫或商買赴獨逸國。

　第十條

副舭條約之交易規律與舭條約為一體者兩從舭
共可堅守

於日本獨逸國公使與日本政府所任吏人協議為
施行副舭條約之交易規律之旨趣。廳有立交易諸
港為所緊要定規之權。

　第十一條

日本政府於為獨逸人貿易所開各港。旁近為各船
出入安全可具燈臺燈船浮木及礁標
日本吏人在各港口領設便宜規則。以防奸商買
遠禁物件

　第十二條

獨逸國船來日本開港地為引到港內准水路導者。

第四條

獨逸國人民應有隨意自國宗教之理故。

其居留地為奉其宗教得營宮社。

第五條

雷在日本獨逸國人。因身上或其所有貨物有爭論

起則可任獨逸吏人裁斷之

日本長官。亦走于有約之獨逸各國人民與他有約

之外國人。爭論亦可無關係

若獨逸國人民。對日本人民有憾則。日本長官可裁

斷此事件。

若日本人。對獨逸國人。有憾獨逸長官可裁斷之

若日本人。負債獨逸人。怠其償。將或以欺偽逃之際

須由日本該管長官裁斷之。為令債主償其通償可

盡力諸事。又獨逸人。將以欺偽逃償或怠償通償于日

本人。須由獨逸長官。公正裁斷。為令償通償。可盡力

諸事

第六條

獨逸長官。日本長官。於兩國人民互相關之通債。當

不用償。

對日本人民或外國人民。為惡事之獨逸人民應訴

獨逸國領事吏人。以獨逸國規律罰之

對獨逸國人民。為惡事之日本人民應訴日本長官

以日本憲法。罰之

第七條

因把副帆條約之貿易規律。應徵罰金或其物須遵

獨逸國領事吏人。裁斷其所徵罰金或貨物皆屬日

本政府查獲之貨物。日本長官與獨逸領事長官令

同封其貨物。俟經獨逸領事裁斷之間。須由于租脐

倉庫。

若獨逸領事裁斷以其貨主或收管人為正理須速

送交其貨物于領事雖照日本長官若為不是領事

所裁斷猶欲依高官裁判則其貨主或收管人應將

其物真價寄於領事館以俟裁判之異。抑雷之貨物

其覽容易陽敗之物則獨逸領事館收存其代價將

貨物發交貨主或其收管人

第八條

在為貿易所開或可開之日本諸港獨逸國人民自

獨逸國領或他邦港輸入禁外諸種貿易貨物。販賣

之。又買收之。輸出獨逸國又他邦港任其自由惟須

完納附屬此條約稅目所揭稅項其他諸稅不必完

須以書簡先行告知之其地之日本官府於其吉意
正所赴之地其時日本官府當令貴重吏人必與之
同遵。

日本天皇陛下得遣公使於栢爾林王宮内若於倫
逸諸國各口岸及街坊有外國之領事在置日本亦
須派駐領事於各該處日本公使及領事吏人照互
依約於有約之獨逸各國公使並領事吏人一概令
或後所受之特許並權亦須一律同沾。

第三條

箱館兵庫神奈川長崎新潟並佐州炎港大坂市街

及港並東京市街自此條約施行日為有約之獨逸
各國人民及交易可開。

在前條市街及港獨逸各國人民應得永久居住故
倘地區買家屋建居宅倉庫任其自由。

獨逸國臣民可住之地正可逞其家產之地須由逸國
領事吏人與在其他相當之日本吏人協同議定且
不得議定須上告於獨逸國公使及日本政府,
港則亦同,若獨逸國吏人民及日本人因此事有所
事吏人同。

日本人於獨逸國人民可住地區周圍不設墻壁或
柵門其他不可營妨其自由之出入之圍。

獨逸國臣民應得隨意遊步境界如左
箱館新潟為各方十里於炎港為佐州全島
神奈川以在川崎品川間注落江戸灣之六鄉川為
其他各方十里。
長崎以在其周圍本府官地為限
兵庫向京師之處限以距京十里之地其他各方皆
為十里。
大坂南大和川口迄舟橋村從是引洞教興寺村迄
佐太之類以為限兮。起市中離轍外可准獨逸人遊
步

東京新利根川口迄金町從是沿水戸街道迄千住
驛大橋又向隔田川南登川上迄古谷上鄉又自小
室村高倉村小矢田村荻原村宮寺村三木村田中
村諸村落引線迄六鄉川日野渡津為限
右十里距離自前條各所裁判所起陸上立等
其一里抵字滿生一萬二千四百五十六富脕英吉
利四千二百七十五耶爾獨佛蘭西三千九百十米
兒
若獨逸各國人民有於前則出境外須徵墨是哥銀
百枚若再他亦須徵貳百五十枚罰銀

029

獨逸北部聯邦條約

萬延元年庚申十二月十四日。兩國全權官"於江戸
商記名捺印"以確定此條約。

村垣淡路守花押
竹本圖書頭花押
黒川左中　花押
阿連逼克　花押

030

明治二年己巳正月十日。西暦千八百六十九
年第二月二十日於神奈川捺印同年九月几日批
准

日本天皇陛下。與孛漏生國皇帝陛下獨逸北
部聯邦。雖不列于彼於其租稅與商賣之
為同盟各國。卽帝國(官名未詳)大官名人河
南(官名未詳)大官名人(官名未詳)大官名人
欲盡日本獨逸兩國間貿易通航之緒決定條
約。日本天皇陛下命第一等官議定為外國
官准知事東久世中將茅三等官神奈川縣知

031

事兼外國官判事寺島陶藏茅三等官外國官
判事幷關齋右衛門為全權。孛漏生國皇帝陛
下命在雷獨逸北部聯邦為全權使。此互示其
委任狀。察其狀實良好兩適當暢議。以決定左
開各條

第一條
慶結條約之國正其人民間。可有永世平穩。燕窮和
親。

第二條
孛漏生國皇帝陛下。應有命在雷日本公使之理此

032

公使代令今茲所結條約之獨逸各國旨執事之權該
各有約獨逸國應有命總領事及命在雷日本開港
地又間市地之領事或副領事正署領事之理此文
人等。可有與日本政府最懇親國之領事官同受特
許反各享權之理

孛漏生國皇帝陛下。所命之公使正總領事官應
得無阻旅行日本諸部之理有裁判之權獨逸國
領事吏人若於其境界中有獨逸國船或
破却或危害于人命反貨物等事則為監察其事
實有往其地之理。雖然獨逸國領事吏人方其時。

人輸送之國中不復徵其稅

第十五條
諸外國貨幣與日本貨幣可同種同量相通用、
兩國人互償物價用日本貨幣若外國貨幣、並屬無妨、
日本諸貨幣除銅錢許其齎去且外國金銀鑄為貨
幣者與未鑄為貨幣者。得齎去

第十六條
日本稅關疑李漏生貨主所甲告貨物估價有奸、則
加之適當之價賈主甘心聽從則稅關以其價買之。

貨主若不肯則準其所加之價而收其稅銀貨當照
估稅。

第十七條
李漏生國船過難破於日本海上、又漂著之、或來避
難於凱則其地之日本有司當務救護其人。加以憐
慘而送之於港近李漏生領事

第十八條
李漏生軍艦搬柴其須用物于神奈川長崎若箱舘
以藏於倉庫則李漏生國人看守之而不須納稅。
但賣之於日本人若外國人、則買之者納定稅於日

本政府

第十九條
日本政府向後有殊典以許之於外國政府及其臣
民則李漏生政府臣民亦當受其允許。

第二十條
兩國施行此條約欲改其不便者。豫於一年前互相
告知之期至則相商議改定但先行通報非自今閱
十二個月之後不得施行。

第二十一條
李漏生國欽差公使及領事所贈于日本有司之一

切公文須用獨逸國語書之。但自此條約施行之日
五年間可副日本若和蘭語之譯文。

第二十二條
此條約以日本獨逸及和蘭語書之各文雖同義
同意然當以文為標準。

第二十三條
此條約書日本大君署御名及印於卷尾李漏生國
王亦自記名捺印異日須於江戸交換之

此條約自庚申十二月閏二十四酉月即西洋千八
百六十三年一月一日然後當始施行。

日本人負債於孛漏生人。怠其償幷戎詐偽以過。
則日本有司裁判之。令清償其逋通償孛漏生人負債
於日本人則孛漏生領事處置亦同。
日本官廳孛漏生領事並亦爲償其國人之通償

第六條

孛漏生人對日本人若外國人有罪則日本司人按撿之照日
本法徃以罰之
日本人對孛漏生人有罪則孛漏生領事
或他有司披撿之照孛漏生法徃以罰之

第七條

021

孛漏生人把㐫條約納税定規則日本有司傚科
銀亥沒入其貨物以付之孛漏生領事審按㐭後其
科銀及所收之貨物皆歸於日本政府。

第八條

孛漏生人於日本所開各港勾諭自國貨物雖他國
貨物自非日本所禁皆隨意輸入或與日本物產
易戎青之戎買之戰以輸出皆任其自由
孛漏生船齎紫外貨物院完納其定税則不更納
他税可也。
孛漏生人與日本人賣買貨物㐫无阻其遠償等之

022

諸港之要緊規則等
以施行㐫條約及所附稅法之故應商議以設爲所聞
在日本孛漏生國全權公使與日本政府所委官吏
當視㐫條約及稅法以爲貿易規則之完備者。

第十條

日本在孛漏生人慨日本人使用之於法禁外之事
无阻

第九條

貨物賣買之或持有之並屬无妨
時日本官吏不雜視。諸日本人所得於孛漏生人之

023

諸開港地之日本有司須立至當之法。以防奸商黠
倫

第十一條

孛漏生國船齎貨物入日本所開港口完納其定稅
及清償通償則雇水路導船以出港往其自由

第十二條

孛漏生國商人輸入貨物於一港帶定稅完納之證

第十三條

狀則雖更轉輸其貨物於他港及搬㐰之不復徵税

第十四條

024

書而互諒其信照恊議商量以制定下文諸條

第一條

日本大君孛漏生國王。其宗族及兩國臣民之間爰
締平和懇親之約可垂垂宂渝。

第二條

日本大君差遣全權公使駐紮于伯林住孛漏生京
師及置領事於孛漏生各港公使及領事均得自由。
旅行孛漏生國内。

孛漏生國王以駐紮全權公使于江戸。東京及置領
事于各港爲急則得皆行之其公使及領事均得自

由旅行日本國内

第三條

神奈川長﨑箱舘三港及其市區領期𨑊條約施行
之日爲孛漏生臣民開之以使行貿易
𨑊三港及其市區孛漏生臣民得居住之出價借地
買其地所有之家屋及建營家屋倉庫不可托名於
建屋竊以作要害之處。
因欲使守此定規此孛漏生人。每有土木之舉日本
官吏必親蒞檢視之。
孛漏生國臣民所住之地。及家屋各港定規則其地

之日本官吏與孛漏生領事須商議以定之若議不
相諧則申告之日本政府與孛漏生公使以仰其商
量處置。
孛漏生國臣民所住地區之四周日本政府不設墻
屏等以圍之可任其自由出入
於日本開港諸地孛漏生人得游行各有限界其定
覩如左。
神奈川港兆以六郷川爲限其他四方十里。
箱舘港四方十里。
凢里程自各港官廳起算用陸路里法也。

長﨑以其市外四周屬大君地爲限

第四條

孛漏生人得隨意奉其國之教法及設
禮拜堂於其地居留惜而不禁。

第五條

孛漏生人在日本留者互爭論則孛漏生有司裁判之
孛漏生人與日本人相爭或訴日本人則日本政府
裁判之
日本人與孛漏生人相爭或訴孛漏生人則孛漏生
領事裁判之

港口。日本司人為防奸商奸曲。應設使宜規律

第十九條

罰錢公牧物類總。可屬日本府。

第二十條

應行相議其規律等。

聽國全權公使。為令全備此條約規則並別冊條欵

互相遵守。日本貫官又委任官吏與本書一經彼此臣民

剛此條約之商法別冊。均應與本書一經彼此葡萄民

第二十一條

此條約書以日本葡萄呀及和蘭語各繙譯同義同

013

意而以和蘭繙譯為原文

第二十二條

此葡萄呀全權公使及領事致于日本司人公事通

書。向後可以英語書。但此條約從捺印月日起三年

間。須副日本或和蘭譯書。

第二十三條

兩國驗條約實施求其改革之則可。一年前先行知

照。亦須自今凡十一年後酌改。

日本政府日後與外國政府及臣民有隨典允許之

時葡萄呀政府及國民同樣允許事

014

第二十四條

此本書日本署大君御名蓋印。葡萄呀國王首記名

押印十八月內須於江戶交換。高結定右條萬延元

年庚申六月十七日於江戶。前載兩國官吏等記名

押印

　　溝口讚岐守　花押

　　酒井隱岐守　花押

　　松平次郎兵衛　花押

　　　　八名　末繙　手記

015

字漏生條約

萬延元年庚申十二月十四日。西曆千八百六十一

年莫一月二十四日。於江戶。調印文久三年癸亥十

二月十三日。西曆千八百六十四年莫一月二十一

日於同所交換本書。

大日本帝國大君與字漏生國王共欲締平和懇

親之約並訂兩國人民和親貿易之條約。日本大

君命垣淡路守竹本圖書頭黑川左中字漏生

國命王族攝政大臣特命遣日本大使布峒力

亞爾伯列的喝喇布峒瑞連堡克谷照其委任之

016

第八條
日本府廳葡萄呀領事無償彼此國八債。

第九條
在醫葡萄呀人傭日本之小民而役之免妨

第十條
在留葡萄人自崇其國宗官營拱堂于居留地亦免妨

外國諸貨幣與日本貨幣以同種同量可通用
彼此國人互價物價混日本外國貨幣免妨
日本諸貨幣除銅錢皆得輸出外國金銀鑄貨與
否並可輸出。

009

第十一條
葡萄呀海軍需畜物件搬岼神奈川長崎箱館之中
納庫時於其葡萄呀監人守護者不須納稅若賣却
其物件須由照納定稅於日本府

第十二條
葡萄呀船有於日本海崖碎破又漂著或欲脫危難
各該處司人查知卽行捄救委保護送交旁近領事

第十三條
葡萄呀商船來日本開港清納定稅及償通債而出
港備水路導守船者任其自由

010

第十四條
葡萄呀人輸入諸貨物于各開港賣却買收輸出俱
任自由
禁外貨物完納定稅不須另納稅項
軍須諸物日本府所購之外不可賣諸他人俱外國
人互受授爲无干涉
彼此國人賣買貨物都无阻就其遠償等日本人
不葢之諸日本人所得葡萄呀人之物賣買之或持
有之俱无妨

第十五條

011

日本租廳察貨主所報價有奸則租廳佑討平當償
值可議買其貨物貨主若拒則從租廳佑價可納其
稅若承肯則以其價直可買收

第十六條
輸入貨物完納了定稅則由日本輸送國中亦不收
稅。

第十七條
葡萄呀商船輸入貨物於各港口領有完納了定稅
證書再轉致搬岼其貨物于他開港不妆重稅

第十八條

012

前載各港及坊應准葡萄牙听人民居住賃借一所基
地買其地所有建等竝葡萄牙听
其地不可抵建造以營塋柵等類令奉此律方欲修
造其建等頃由日本吏人撿視
應准葡萄牙听臣民建等之地及各港規則當由各
听日本官吏與葡萄牙听全權公使妥辦其居需他周圍
不設門墻任其自在出八日本開港地准葡萄牙听國
臣民游步規程如左

神奈川　限六鄉川其他各方十里

006

兵庫　距京都十里
其方向各方十里且來兵庫各船同來人
不可越儲名川迄海灣之河脈
凡里數從各港府廳取陸程起算
長崎　限到其坊周圍之官家管轄之地
新潟決定后可定境界
江戸　庚申六月凡十七月後千八百六十二年一
月一日
大阪亦同凡二十九箇月后千八百六十三年一月

005

一日
石二所止許為貿易遝留於此二坊應許葡萄牙听
臣民賃借家居相當一區地所及可步行規程逐
後日本吏人與葡萄牙听全權公使商定
第四條
在日本葡萄牙听民人生爭則歸葡萄牙听司人裁斷
第五條
對葡萄牙听臣民為惡事之日本人由日本司人裁斷
從日本法度罰辦對日本人或外國臣民為惡事之葡萄
牙听臣民由領事或其他官人糺之可從葡萄牙听法程

007

而罪之其裁斷可於彼此無偏頗
第六條
葡萄牙听人就有控訴所日本人之事應詣領事鎮稟告
其肯領事撿問后可以真實處置日本人控訴葡萄
人於領事領由領事實意裁處若領事難處置則告
日本司人會同撿問公平判決
第七條
葡萄牙听人負債日本商人怠償又有奸曲領事裁斷
之嚴令償之日本商人有負債葡萄牙人日本司人處
置之亦同

008

002

日本

國外務省事務卷之五

葡萄呀條約

萬延元年庚申六月十七日。西曆千八百六十年第
八月三日。於江戶。捺印文久二年壬戌三月十日。於
曆千八百六十二年第四月八日。於江戶交換本書
帝國大日本大君。與葡萄呀國王永固親睦且欲
令其臣民容易貿易交通。訂此平和懇親及貿易
條約日本大君。遣口讚岐守。酒井隱岐守
松平次郎兵衛葡萄國王。命遣日本名末繡人互相
較閱各所奉委任書合議決定下文各條

001

外務省 三

003

第一條

日本大君。與葡萄呀國王。其親族世世可保永久之
平和懇親于其各所領臣民間。

第二條

大日本大君。任在留□官名□參政官吏。且可任護在雷
葡萄呀於各港中人民。及處置貿易吏人。其參啟吏人
及管轄吏人可得無阻旅行葡萄呀國内。
葡萄呀國王。可命在雷江戶之全權公使未繡並依
此條約爲葡萄呀貿易所開留在日本各港中領事
官或元領事官則其全權公使可得无阻旅行日本

004

國内。

第三條

神奈川長崎箱館萬延元年庚申八月十七日,西曆
紀元一千八百六十年十月一日。可爲葡萄呀臣民
開之,其他所載下文各處不違其期限,可爲葡萄呀
臣民開之
兵庫,庚申六月凡二十九月後千八百六十三年
一月一日。
新瀉若有不便應於日本西海岸,別開港口,但決
定其港之時須告知可開之日期

外務省
三・四

—

외무성 삼・사

여기서부터 영인본을 인쇄한 부분입니다. 이 부분부터 보시기 바랍니다.

김용진(金鏞鎭)　1986년생, 남, 중국 연변대학교에서 동방문학 전공 박사학위를 취득하였고, 절강대학교 고적연구소(古籍所) 포닥 과정을 마쳤으며, 현재 상해외국어대학교에서 외국언어문학 포닥 과정을 밟고 있다. 연구 저서로는 『석천 임억령 한시문학 연구』가 있고, 자료집 『조선통신사 문헌 속의 유학필담』이 있으며, 논문으로는 「석천 임억령의 한시에 수용된 장자 사상」, 「석천 임억령의 한시 창작에 표현된 성정미학」, 「도연명이 16세기 조선 문인의 시가창작에 끼친 영향─임억령을 중심으로」, 「한국고전문학사 교학에서의 심미교육 연구」, 「日朝通信使筆談中的朱子學辯論」 등이 있으며, 서평으로는 「Explore the origin and center of east asian cultural territory─Ten Lectures on East Asian Cultural Circulation」, 「Reinvented as the Butterfly─Cultural Memory of the Miao Women of Xijiang」, 「Phoenix Nirvana─Cultural changes of She Ethnic Group in Southwestern Zhejiang in the Context of Tourism」 등이 있다.

조사시찰단기록번역총서 16

외무성 삼·사

2020년 9월 25일 초판 1쇄 펴냄

편자 심상학
역자 김용진
발행자 김흥국
발행처 보고사

책임편집 황효은
표지디자인 손정자

등록 1990년 12월 13일 제6-0429호
주소 경기도 파주시 회동길 337-15 보고사
전화 031-955-9797(대표), 02-922-5120~1(편집), 02-922-2246(영업)
팩스 02-922-6990
메일 kanapub3@naver.com / bogosabooks@naver.com
http://www.bogosabooks.co.kr

ISBN 979-11-6587-081-2　94910
　　　979-11-5516-810-3　(세트)
ⓒ 김용진, 2020

정가 32,000원
사전 동의 없는 무단 전재 및 복제를 금합니다.
잘못 만들어진 책은 바꾸어 드립니다.

이 번역서는 2015년 정부(교육부)의 재원으로 한국연구재단의 지원을 받아 수행된 연구임(NRF-2015S1A5B4A01036400).